于 展 ◎ 著

美国民权运动 —— 非暴力直接行动与

Nonviolent Direct Action
and
American Civil Rights Movement

社会科学文献出版社
SOCIAL SCIENCES ACADEMIC PRESS (CHINA)

目　录

CONTENTS

前　言……………………………………………………………………………… 001

第一章　非暴力直接行动的缘起……………………………………………… 001

　　第一节　非暴力直接行动的由来………………………………………… 001

　　第二节　非暴力直接行动初试锋芒……………………………………… 019

　　第三节　非暴力直接行动的大规模兴起………………………………… 031

第二章　非暴力直接行动的演变……………………………………………… 049

　　第一节　公民不服从策略的演变………………………………………… 049

　　第二节　社会组织策略的演变…………………………………………… 085

第三章　非暴力直接行动的成就……………………………………………… 116

　　第一节　对民权立法的推动……………………………………………… 116

　　第二节　对思想观念的影响……………………………………………… 130

第四章　非暴力直接行动面对的支持与挑战………………………………… 166

　　第一节　法律斗争………………………………………………………… 166

　　第二节　暴力斗争………………………………………………………… 182

　　第三节　惠特尼·扬的协调……………………………………………… 208

　　小结：非暴力直接行动主导下的竞争与合作…………………………… 213

第五章　非暴力直接行动的内部分歧、转向与衰落·················· 215

第一节　非暴力直接行动的内部分歧 ····················· 215

第二节　非暴力直接行动的转向与衰落 ····················· 221

结　语·· 277

第一节　非暴力直接行动在民权运动中的主导作用 ·········· 277

第二节　非暴力直接行动的历史地位 ····················· 280

参考文献·· 300

索　引··· 321

后　记··· 331

前　言

一　选题意义与研究内容

20世纪五六十年代席卷美国的民权运动①，是美国历史上发生的一场重

---

① 关于民权运动的起讫时间，美国学术界颇有争议。传统上，学术界通常认为民权运动的时
间在1955年的蒙哥马利运动（或1954年的布朗判决）和1965年的塞尔玛运动之间，20世
纪60年代后期的"黑人权力"运动则通常作为"后记"，被一笔带过。现在的一些研究则
大大扩展了运动的起始时间，运动的起源被推回到种族隔离的"吉姆·克劳"时期，很多
学者认为新政和二战时期经济、政治和意识形态的变化对黑人大众的激进主义有着特别的
重要性，他们也日益认识到"黑人权力"时期的重要性和复杂性，这样的研究逐步演变为
"漫长的民权运动"的解释模式。因为本书的研究对象是民权运动中的非暴力直接行动策
略，因此主要关注1955~1968年这段经典的"美国民权岁月"。关于民权运动的定义，美
国学术界也有争论。学者通常认为民权运动是一场由全国性的领导人领导、以取得全国性
的民权立法为目标的抗议运动。现在一些学者（主要代表是克莱鲍恩·卡森）认为，民权
运动是一种建立在地方基础上的社会运动，这些地方抗议运动更关注地方问题，而不是取
得全国性立法。黑人斗争不仅是要促使联邦政府为确保黑人的利益进行干预，也是为了在
参与者和所有的美国黑人中创造一种新的社会认同感。他们甚至主张用"黑人自由斗争"
来取代"民权运动"这个约定俗成的术语。笔者认为二者皆有偏颇，主张既要关注全国性
的民权立法，又不能忽视地方黑人的斗争与思想变化，还要探讨二者之间的关系，把它们
紧密地联系在一起论述。参见克莱鲍恩·卡森《民权改革与黑人争取自由的斗争》，
（Clayborne Carson，"Civil Rights Reform and the Black Freedom Struggle"），载大卫·刘易斯编
《美国民权运动论文集》（David Levering Lewis ed.，*The Civil Rights Movement in America*：
Essays），密西西比杰克逊1986年版，第19~37页；史蒂夫·劳森《那时自由，现在自由：
民权运动史学》（Steven F. Lawson，"Freedom Then，Freedom Now：The Historiography of the
Civil Rights Movement"），载《美国历史评论》（*American Historical Review*）第96卷第2期
（1991年4月）；亚当·费尔克拉夫：《研究综述：历史学家与民权运动》（Adam
Fairclough，"State of the Art：Historians and the Civil Rights Movement"），载《美国研究杂
志》（*Journal of American Studies*）第24卷第3期（1990年）；查尔斯·伊格尔斯：《民权时
代新史学》（Charles W. Eagles，"Toward New Histories of the Civil Rights Era"），载《南部史
杂志》（*The Journal of Southern History*）第66卷第4期（2000年10月）；杰奎琳·霍尔：
《漫长的民权运动和对过去的政治利用》（Jacquelyn Dowd Hall，"The Long Civil Rights
Movement and the Political Uses of the Past"），载《美国历史杂志》（*The Journal of American
History*）第91卷第4期（2005年3月）；孙迪塔·查约、克拉伦斯·朗：《作 （接下页注）

大的社会运动。美国有的学者称之为"第二次内战"或"第二次重建",甚至是"第二次革命",可见它对美国社会具有重要意义。它不仅改变了美国黑人的命运,赋予了他们很大程度上的平等、自由和正义,也深刻影响了所有美国人的生活与思想。具体来说,民权运动推动联邦政府实行铲除种族隔离制的改革,最终消灭了公开的白人至上主义。它推动美国社会从一个容忍种族主义、歧视黑人的社会,转变为一个不管肤色与种族、承认每一个公民的平等权利的社会,从而深刻地改变了美国民众的思想。不仅如此,民权运动也激发了后来美国社会争取平等和自由的斗争。妇女运动、反战运动、新左派运动和其他族裔争取权利的斗争等都受到民权运动的推动和影响。而所有这些成就,主要是由各民权组织通过各自的斗争策略,经过长期不懈的努力才争取来的。

　　五个民权组织在民权运动中发挥了重要作用,其中全国有色人种协进会和全国城市同盟是在 20 世纪初就已诞生的老牌组织,争取种族平等大会在二战中出现,马丁·路德·金领导的南方基督教领导大会和以青年学生为主体的学生非暴力协调委员会这两个新的更激进的民权组织,到 20 世纪五六十年代才登上历史舞台。在民权运动大规模兴起以前,全国有色人种协进会的法律斗争策略是美国黑人斗争的主要策略。在全国有色人种协进会法律诉讼基金会的领导人查尔斯·休斯顿和瑟古德·马歇尔的领导下,这个组织赢得了一系列反对教育隔离诉讼案的胜利,尤其是布朗诉教育委员会案的胜利产生了广泛的影响,成为民权运动兴起的重要标志之一。与此同时,南方种族主义暴行盛行,"三 K 党"任意使用私刑来处置黑人,很多黑人忍无可忍,被迫采取武装自卫的方式来保卫自己的生命和财产安全。暴力斗争成为民权运动开展前黑人斗争的另一个重要策略。另外,1942 年成立的争取种

　　(接上页注①) 为吸血鬼的"漫长的运动":近来黑人自由斗争研究中的时空谬误》(Sundiata Keita Cha-Jua and Clarence Lang, "The 'Long Movement' as Vampire: Temporal and Spatial Fallacies in Recent Black Freedom Studies"),载《美国黑人史杂志》(*The Journal of African American History*) 第 92 卷第 2 期 (2007 年春);佩尼尔·约瑟夫:《黑人权力研究综述》(Penvel E. Joseph, "The Black Power Movement: A State of the Field"),载《美国历史杂志》(*The Journal of American History*) 第 96 卷第 3 期 (2009 年 12 月);约翰·科克:《漫长和短暂的民权运动:民权运动研究新观点》(John A. kirk, "The Long and the Short of It: New Perspectives in Civil Rights Studies"),载《当代史杂志》(*Journal of Contemporary History*) 第 46 卷第 2 期 (2011 年 4 月);谢荣:《"漫长的运动"叙事模式及其超越》,《历史研究》 2014 年第 6 期;拙文《美国民权运动研究的新趋势》(《历史教学》2006 年第 9 期),《国际视野下的美国民权运动史研究新进展》(《世界历史》2014 年第 1 期);等等。

族平等大会深受和平主义思想的影响，开始采取非暴力直接行动来开展斗争，但没有产生影响。全国城市同盟则致力于开展社会工作，基本没有参与有关争取黑人民权的斗争。1955 年马丁·路德·金领导的蒙哥马利公车抵制运动的成功，使非暴力直接行动策略开始初步显现其成效，南方基督教领导大会也由此产生。1960 年，学生静坐运动大规模开展起来，公民不服从策略正式出台，学生非暴力协调委员会就在此浪潮中诞生。1961 年，由争取种族平等大会发起、学生非暴力协调委员会继续进行的自由乘车运动，扩大了公民不服从策略的影响，联邦政府开始干预"暴徒"对自由乘客的袭击。南方基督教领导大会和学生非暴力协调委员会成为公民不服从策略的主要实施者。最初，南方基督教领导大会在城市中举行大规模抗议时，采取非暴力劝说的方法，希望能唤起白人种族主义者的良知，但作用不大。后来，它改变策略，转向非暴力强制的方式，引发白人暴力，吸引媒体注意，迫使政府干预，实行民权立法。这种策略最突出的成就就是 1963 年伯明翰运动和 1965 年塞尔玛运动的成功。在静坐运动后，学生非暴力协调委员会除了继续进行非暴力抗议外，主要转向了社会组织与选民登记运动。学生非暴力协调委员会成员深入南部农村，挨家挨户组织动员，建立地方领导与组织，直接面对当地的种族主义分子，处境非常危险，其实也是一种非暴力的直接行动。不可否认的是，全国有色人种协进会虽然对南方基督教领导大会和学生非暴力协调委员会的非暴力直接行动很不满，但仍对其行动给予了很多法律和资金上的援助。全国有色人种协进会还努力游说国会，使民权法案得以顺利通过。武装自卫策略也产生了一定的作用，它与非暴力直接行动策略相结合，推动了联邦政府采取措施，结束了"三 K 党"公开的种族主义暴行。到民权运动后期，学生非暴力协调委员会、争取种族平等大会逐步转向激进，放弃了它们原来的组织传统和公民不服从的策略，走向了以暴力斗争和黑人民族主义为核心内容的"黑人权力"之路。马丁·路德·金虽然仍然坚持非暴力直接行动的策略，但为应对"黑人权力"的挑战，也开始左转，主张改造美国社会结构，走向了温和"革命"之路，只是未得到美国主流社会的支持，没有取得成效。

在众多的斗争策略中，以金为代表支持的非暴力直接行动策略显然成为民权运动的象征，它也直接关系到民权运动的兴衰。那么，非暴力直接行动策略在民权运动中的来龙去脉究竟怎样？它包括什么内容、有什么特点、取得了什么样的成就？在历史上地位如何？非暴力直接行动与同时期的法律斗

争和暴力斗争等其他策略相比，到底哪一种策略才是民权运动的主导和最行
之有效的策略？它们之间的关系如何？非暴力直接行动与民权运动的关系又
如何？这就是本书所要探讨的问题。

二 学术史回顾

自从民权运动发生以来，研究民权运动的著作就不断涌现。发展到现
在，可谓成果丰富。美国早期的民权运动研究（20 世纪六七十年代）大多
集中于全国性的民权运动领导人和组织。马丁·路德·金因在其中的重要地
位与杰出贡献，成为研究的焦点与中心。当时的学者们更多地把民权运动作
为一场全国民权运动组织与政府联合起来纠正种族不正义、进行政治改革的
运动来阐释，因而一直以自上而下的英雄视角集中论述重要的全国性领导人
和事件。他们大都认为，全国民权运动组织和领导人（主要是马丁·路
德·金）在动员南方黑人参加民权运动的斗争中发挥了决定性的作用，由
此形成了以金和他领导的非暴力直接行动为中心的研究路径。20 世纪 80 年
代以来，在以金为中心的研究继续发展深化的同时，很多学者对这种占主导
地位的研究思路进行了反思与挑战，不仅对它进行了修正，还提出了很多迥
然不同的新观点、新解释。正是在这些不同观点激烈交锋、融会的过程中，
美国的民权运动研究才形成了百家争鸣、丰富多彩的局面。

（一）以马丁·路德·金和他领导的非暴力直接行动为中心的
研究

翻阅美国学者的研究成果，可以清楚地发现，相当一部分著作把重点放
在马丁·路德·金领导的非暴力直接行动上，甚至一些著作把民权运动直接
等同于金领导的非暴力直接行动，形成了以金为中心的民权运动研究路径。
这些学者认为，金领导的非暴力直接行动摧毁了南方的种族隔离制度，取得
了全国性立法改革的胜利，为黑人赢得了自由、平等和正义。他们基本上忽
视了其他组织和策略的作用。其具体内容主要体现在以下三方面。

1. 关于马丁·路德·金的传记研究

马丁·路德·金作为全国民权运动的象征，自然成为学者们研究的焦
点，其中关于金的传记研究为数很多。最早的金的传记大部分是由熟悉他的

人撰写。金的朋友 L. D. 莱迪克具体描述了在蒙哥马利公共汽车抵制运动期间的一系列事件，围绕的中心就是金作为一名全国性领导人而出现。① 小莱昂·贝内特写的金的传记②，记叙了金一生的主要经历。虽然他们有关于金的第一手资料，但这些早期的论述都不是建立在广泛考察主要历史资料基础上的。他们主要强调金的历史重要性和他取得的巨大成就，实际上是在制造关于金的"历史神话"。奥古斯特·迈耶 1965 年的论文③和大卫·刘易斯于 1970 年出版的传记④略显客观，既颂扬了金作为一名民权运动领导人所取得的巨大成就，也承认他的局限性。

到 20 世纪 80 年代，马丁·路德·金仍然是学者们关注的热点，尤其是马丁·路德·金纪念日的设立，引发了一股研究金的新热潮，先后有好几部关于马丁·路德·金研究的传记出版，有两位作者因此获得普利策奖⑤。他们开始把金放到地方运动的背景下进行考察，不仅强调金的重要作用，也关注地方激进主义与全国政治之间的关系。布兰奇的著作集中体现了这一特点，它不仅讲述了金的故事，也论述了艾森豪威尔总统、学生非暴力协调委员会的地方领导人摩西、联邦调查局的胡佛、肯尼迪总统以及金在黑人教会中的对手与金之间错综复杂的关系，展现了广阔的历史背景。尽管如此，他们关注的重点与线索仍旧是以金为中心的重大事件，特别是把笔墨集中到金的非暴力直接行动策略上。

2. 对金思想的研究

很多著作致力于论述金的非暴力思想，不过侧重点有所不同。有的仍从

---

① L. D. 莱迪克：《不用暴力的运动干将》（L. D. Reddick, *Crusader Without Violence*），纽约 1959 年版。

② 小莱昂·贝内特：《一个人的风度：小马丁·路德·金传》（Lerone Bennett, Jr., *What Manner of Man：A Biography of Martin Luther King, Jr.*），芝加哥 1967 年版。

③ 奥古斯特·迈耶：《论马丁·路德·金的作用》（August Meier, "On the Role of Martin Luther King"），载奥古斯特·迈耶《一个白人学者与黑人社会（1945~1965）：论文与随想》（*A White Scholar and the Black Community, 1945–1965：Essays and Reflections*），马萨诸塞州阿姆赫斯特 1992 年版，第 212~222 页。

④ 大卫·刘易斯：《马丁·路德·金评传》（David L. Lewis, *King：a Critical Biography*），巴尔的摩 1970 年版。

⑤ 大卫·加里：《背负十字架：小马丁·路德·金与南方基督教领导大会》（David J. Garrow, *Bearing the Cross：Martin Luther King, Jr., and the Southern Christian Leadership Conference*），纽约 1986 年版；亚当·费克拉夫：《拯救美国的灵魂：南方基督教领导大会与小马丁·路德·金》（Adam Fairclough, *To Redeem the Soul of America：The Southern Christian Leadership Conference and Martin Luther King, Jr.*），乔治亚州阿森斯 1987 年版；泰勒·布兰奇：《分水：金年代的美国（1954~1963）》（Taylor Branch, *Parting the Waters：America in the King Years, 1954~1963*），纽约 1988 年版。其中加里和布兰奇的论著都获得了普利策奖。

传记研究的角度论述金非暴力思想的产生和发展①；有的从哲学层面对金的非暴力思想进行阐释②；有的则从国际比较的视野分析金非暴力思想的来源与影响③；还有的集中探讨金的公民不服从思想的特点与变化等④；等等。

学者们对金的思想来源比较关注。近年来一些学者认为金的思想不仅由其学术训练所塑造，也受到当时社会运动的影响。一些学者还认为金的思想受益于非裔美国人尤其是黑人基督教激进主义的传统。例如，理查德·利斯科尔⑤论述了金作为一名牧师的特征、类型与影响，尤其强调其布道风格来源于美国黑人宗教传统与西方基督教传统的结合，因而对美国社会产生了重要影响。克莱鲍恩·卡森⑥指出并纠正了学者的两个片面观点：一是强调金的非洲裔美国人宗教传统根基的重要性；二是强调他在正规的学术训练中受到的欧洲裔美国人思想的影响，认为金能够把非洲裔美国人与欧洲裔美国人的宗教传统完美地结合起来，并在此基础之上进行独特有效的跨种族领导。

也有一些学者关注金后期思想的演变。文森特·哈丁⑦重点论述了金后期激进而矛盾的思想，认为金不是今天人们通常所理解的那种流行的公众形象。迈克尔·戴森⑧阐述了金后期思想日趋激进的过程，认为其原因是现实

---

① 詹姆斯·汉尼根：《小马丁·路德·金与非暴力的基础》（James P. Hanigan，*Martin Luther King，Jr. and the Foundations of Nonviolence*），马里兰州兰海姆 1984 年版；詹姆斯·科莱科：《小马丁·路德·金：激进非暴力的使徒》（James A. Colaiaco，*Martin Luther King，Jr.：Apostle of Militant Nonviolence*），英国汉普郡贝辛斯托克 1988 年版。

② 格雷格·摩西：《信仰的革命：小马丁·路德·金与非暴力哲学》（Greg Moses，*Revolution of Conscience：Martin Luther King，Jr.，and the Philosophy of Nonviolence*），纽约 1997 年版。

③ 玛丽·金：《圣雄甘地与小马丁·路德·金：非暴力行动的力量》（Mary King，*Mahatma Gandhi and Martin Luther King，Jr.：The Power of Nonviolent Action*），巴黎 1999 年版。

④ 内森·施吕特：《一个梦想还是两个？美国的正义与马丁·路德·金思想中的正义》（Nathan W. Schlueter，*One Dream or Two?：Justice in America and in the Thought of Martin Luther King，Jr.*），马里兰州兰海姆 2002 年版。

⑤ 理查德·利斯科尔：《作为牧师的金：小马丁·路德·金与感动美国的言辞》（Richard Lischer，*The Preacher King：Martin Luther King，Jr. and the Word that Moved America*），纽约 1995 年版。

⑥ 克莱鲍恩·卡森：《马丁·路德·金与美国黑人社会的福音》（Clayborne Carson，"Martin Luther King，Jr.，and the African-American Social Gospel"），载保罗·约翰逊《美国黑人基督教论文集》（Paul E. Johnson，*African-American Christianity：Essays in History*），伯克利 1994 年版，第 159～177 页。

⑦ 文森特·哈丁：《马丁·路德·金：打扰人的英雄》（Vincent Harding，*Martin Luther King：The Inconvenient Hero*），纽约 1996 年版。

⑧ 迈克尔·戴森：《我或许不能与你一起到达那里：真正的马丁·路德·金》（Michael Dyson，*I May Not Get There With You：The True Martin Luther King，Jr.*），纽约 2000 年版。

生活中梦想的破灭。

3. 以金领导的重大运动为中心的综合研究

很多有关民权运动研究的综合性论著都围绕金的活动而展开。有的就直接以金领导的重大运动为序，比较典型地论述金与民权运动的关系①。有的还兼顾其他民权运动领导人与事件，对民权运动或做全面的综合介绍与分析，或做精练的阐述与解释②。这些作品虽然立场、视角不同，但基本上是以蒙哥马利公车抵制运动、伯明翰运动、向华盛顿进军运动和塞尔玛运动等重大事件为中心和线索来展开论述的，成为以金为中心的民权运动研究的重要内容。

但以金为中心的民权运动研究路径自形成以来③，就不断地受到其他学者的挑战，出现了很多与之对立或商榷的新解释。也有很多研究没有从根本上动摇以金为中心的研究思路，只是对它进行了很多重要的补充。

（二）以学生非暴力协调委员会的基层组织策略及地方运动为主导的研究

虽然关于金的传记和以金为中心的研究民权运动的著作不断出现，但是一些学者开始挑战把金作为民权运动的发起者和不可或缺的领导人的观点。他们认为，"金神话"强调个性而不是社会背景，它夸大了金对民权运动的贡献，而没有意识到他实际上大大受益于其他组织者和积极分子。

斯坦福大学的卡森教授首先发难，对以金为中心的研究方法与观点进行了猛烈抨击。他反对民权运动是由"全国性领导人——著名的马丁·路德·金，组织地方抗议运动来努力改变全国性的社会舆论和政府决策"的观点，认为民权运动由众多的地方抗议运动组成。在经过缜密分析后，他得出自己独到的结论："全国性民权组织及其领导人在发起大多数地方运动中

① 利利·帕特森：《马丁·路德·金与自由运动》（Lillie Patterson, *Martin Luther King, Jr., and the Freedom Movement*），纽约 1989 年版。

② 罗达·罗易斯·布隆伯格：《民权：20 世纪 60 年代的自由斗争》（Rhoda Lois Blumberg, *Civil Rights: the 1960s Freedom Struggle*），马萨诸塞波士顿 1984 年版；罗伯特·韦斯布劳特：《受局限的自由：美国民权运动史》（Robert Weisbrot, *Freedom Bound: A History of America's Civil Rights Movement*），纽约 1990 年版；哈佛·西特科夫：《为黑人的平等而斗争（1954~1992）》（Harvard Sitkoff, *The Struggle for Black Equality, 1954–1992*），纽约 1993 年版。

③ 关于金的研究综述见约翰·A. 科克《小马丁·路德·金研究综述》（John A. Kirk, "State of the Art: Martin Luther King, Jr."），载《美国研究杂志》（*Journal of American Studies*）第 38 卷第 2 期（2004 年 8 月）；谢国荣：《美国学术界对马丁·路德·金的研究》，《史学理论研究》2011 年第 4 期。

发挥了很小的作用。事实上，地方黑人运动造就了自己独特的思想和本土化的领导，而不是来自全国性领导人的发动。"① 他的代表作《在斗争中：学生非暴力协调委员会与 20 世纪 60 年代黑人的觉醒》② 就集中体现了这种基层组织、地方运动比全国性的领导更重要的思想。

研究学生非暴力协调委员会的其他重要论著还有很多。③ 关于学生非暴力协调委员会人物的传记研究，以关于罗伯特·帕里什·摩西④ 和范尼·鲁·哈默⑤ 的传记最为有名。这些研究大大丰富了人们对学生非暴力协调委员会基层组织策略的认识。

与此同时，很多关于地方民权运动的个案研究⑥，开始把焦点从全国性领导人和组织转向地方抗议中的地方人物、组织和制度。这些学者关注南方城

① 克莱鲍恩·卡森：《民权改革与黑人争取自由的斗争》，第 19～37 页。
② 克莱鲍恩·卡森：《在斗争中：学生非暴力协调委员会与 20 世纪 60 年代黑人的觉醒》 (Clayborne Carson, *In Struggle: SNCC and the Black Awakening of the 1960s*)，马萨诸塞州剑桥 1981 年版。
③ 艾米丽·斯托普：《学生非暴力协调委员会：激进主义在一个民权组织中的成长》 (Emily Stoper, *The Student Nonviolent Coordinating Committee: The Growth of Radicalism in a Civil Rights Organization*)，纽约布鲁克林 1989 年版；艾伦·马图梭《从民权到黑人权力：学生非暴力协调委员会的个案，1960～1966》 (Allen Matusow, "From Civil Rights to Black Power: The Case of SNCC, 1960–1966")，载雷蒙德·德安吉洛编《美国民权运动：读物与解释》 (Raymond D'Angelo, *The American Civil Rights Movement: Readings & Interpretations*)，康涅狄格州吉尔福德 2001 年版。
④ E. R·伯纳：《他会文雅地领导他们：罗伯特·帕里什·摩西与密西西比民权》 (E. R. Burner, *And Gently He Shall Lead Them: Robert Parries Moses and Civil Rights in Mississippi*)，纽约 1994 年版。
⑤ 凯·米尔斯：《我的些许光亮：范妮·鲁·哈默的生活》 (Kay Mills, *This Little Light of Mine: The Life of Fannie Lou Hamer*)，纽约 1993 年版；钱尼·卡伊·李：《为了自由：范妮·鲁·哈默的生活》 (Chana Kai Lee, *For Freedom's Sake: The Life of Fannie Lou Hamer*)，伊利诺伊州厄巴纳 2000 年版。
⑥ 著名的包括：威廉·查菲《礼貌与民权：北卡罗来纳州格林斯博罗与黑人的自由斗争》 (William H. Chafe, *Civilities and Civil Rights: Greensboro, North Carolina, and the Black Struggle for Freedom*)，纽约 1980 年版；罗伯特·诺雷尔：《收割旋风：塔斯基吉的民权运动》 (Robert J. Norrell, *Reaping the Whirlwind: The Civil Rights Movement in Tuskegee*)，纽约 1985 年版；吉姆·罗杰斯：《正当的生活：新奥尔良民权运动的陈述》 (Kim Lacy Rogers, *Righteous Lives: Narratives of the New Orleans Civil Rights Movement*)，纽约 1993 年版；亚当·费尔克拉夫：《种族与民主：路易斯安那的民权斗争 (1915～1972)》 (Adam Fairclough, *Race and Democracy: The Civil Rights Struggle in Louisiana, 1915–1972*)，佐治亚州阿森斯 1995 年版；珍妮·西奥哈里斯等编《使北方自由：南部以外地区的黑人自由斗争 (1940～1980)》 (Jeanne Theoharis and Komozi Woodard ed., *Freedom North: Black Freedom Struggles Outside the South: 1940–1980*)，纽约 2003 年版。

市、南部腹地农村甚至北方城市中的基层激进主义，超越了过去简单化地强调魅力型领导的研究路径，关注鲜为人知的普通人的作用。其中约翰·迪特默和查理斯·佩恩研究密西西比地方运动的著作①，堪称这方面研究的代表作。

迪特默论述了教会、争取种族平等大会、学生非暴力协调委员会等民权组织以及梅德格·埃弗斯等当地黑人领导人在密西西比民权运动中发挥的作用。作者将视角聚焦到当地人的身上，认为他们构成了密西西比民权运动的基石，并以此为线索，详细论述了密西西比民权运动的过程。佩恩则在自己的书中讲述了密西西比一些普通黑人冒着生命危险争取自由的故事，阐释了长久以来很少被人理解的基层式的美国黑人激进主义的传统。

在基层组织、地方运动研究兴起的同时，民权运动研究的范围开始向黑人社会内部制度②、妇女史③等方面扩展，民权运动的研究方法和资料来源也发生了重大转变，口述史④逐渐成为民权运动研究的主流。显而易见，基

---

① 约翰·迪特默：《当地人民：密西西比的民权斗争》（John Dittmer, *Local People : The Struggle For Civil Rights in Mississippi*），伊利诺伊州厄巴纳 1994 年版；查理斯·佩恩：《我得到了自由之光》（Charles Payne, *I've Got the Light of Freedom*），伯克利 1995 年版。

② 代表作有：道格·迈克亚当：《政治过程与黑人抗议的发展，1930～1970》（Doug McAdam, *Political Process and the Development of Black Insurgency, 1930 –1970*），芝加哥 1982 年版；奥尔敦·莫里斯：《民权运动的起源：为变革而在黑人社区开展组织工作》（Aldon D. Morris, *The Origins of the Civil Rights Movement : Black Communities Organizing For Change*），纽约 1984 年版。

③ 代表作包括：贝琳达·罗比内特：《还有多久？还有多久？民权斗争中的美国黑人妇女》（Belinda Robnett, *How Long? How Long? : African-American Women in the Struggle For Civil Rights*），纽约 1997 年版；贝蒂·科利尔、V. P. 富兰克林编《斗争中的姐妹：美国民权与黑人权力运动中的黑人妇女》（Bettye Collier-Thomas and V. P. Franklin, eds., *Sisters in the Struggle : African American Women in the Civil Rights-Black Power Movement*），纽约 2001 年版；威克奇·克劳夫德等编《民权运动中的妇女：先驱者与启蒙者（1941～1965）》（Vicki L. Crawford, Jacqueline Anne Rouse, and Barbara Woods, eds., *Women in the Civil Rights Movement : Ttrailblazers and Torchbearers, 1941 – 1965*），纽约布鲁克林 1990 年版；林恩·奥尔森：《自由的女儿：1830～1970 年民权运动中的无名女英雄》（Lynne Olson, *Freedom's Daughters : the Unsung Heroines of the Civil Rights Movement from 1830 to 1970*），纽约 2001 年版。

④ 对此进行理论总结和阐释的代表作有：吉姆·罗杰斯：《口述史与民权运动》（Kim Lacy Rogers, "Oral History and the Civil Rights Movement"），载《美国历史杂志》（*Journal of American History*）第 75 卷第 2 期（1988 年 9 月），第 567～576 页；布莱特·艾农：《口述史与 20 世纪 60 年代运动研究的新发展》（Bret Eynon, "Cast upon the Shore : Oral History and New Scholarship on the Movements of the 1960s"），载《美国历史杂志》（*Journal of American History*）第 83 卷第 2 期（1996 年 9 月），第 560～570 页；凯瑟琳·纳西多姆：《起与讫：民权运动的人物事迹与分期》（Kathryn L. Nasstrom, "Beginning and Ending : Life Stories and the Periodization of the Civil Rights Movement"），载《美国历史杂志》（*Journal of American History*）第 86 卷第 2 期（1999 年 9 月），第 700～711 页。

层组织、地方运动研究以及黑人社会史、妇女史和口述史研究的迅猛发展，对以金为中心的研究路径形成了重大的冲击和挑战，成为与它分庭抗礼的最重要的研究方法。但这一方法也有缺陷，其过分的碎化与刻意摆脱全国的影响，使整体的民权运动形象变得越来越模糊不清。

三 以全国有色人种协进会的法律斗争策略为主导的研究

一些学者认为，全国有色人种协进会的法律斗争比金领导的非暴力直接行动更重要、更有效。全国有色人种协进会前公关部主任邓顿·沃森是这一观点的主要代表。他对民权史学家强调金和南方基督教领导大会作用的观点不以为然，批评金的策略有严重的缺陷，认为他的非暴力策略不能破坏南方的种族体制。相反，沃森高度赞扬全国有色人种协进会的法律斗争和政治游说活动，认为全国有色人种协进会通过法院与立法斗争策略赋予第14条、第15条宪法修正案新的生命，并采取与共和党保守派联盟的策略，为一系列民权法案的通过做出了最重要的贡献。他尤其赞扬全国有色人种协进会华盛顿局主席小克拉伦斯·米切尔在民权法案通过过程中施展的高超游说技巧和发挥的独特作用。[1]

迈耶等人的观点相对客观，但也强调全国有色人种协进会所取得的重大成就，并着重阐述了全国有色人种协进会随时代、环境变化而进行的策略与战略转变[2]。此外，一些有关全国有色人种协进会律师查尔斯·休斯顿和瑟古德·马歇尔的传记研究，也赞扬了他们的法律斗争策略在民权运动中的重

---

① 邓顿·沃森：《国会大厦走廊里的狮子：小克拉伦斯·米切尔为民权法通过所做的斗争》（Denton L. Watson, *Lion in the Lobby*: *Clarence Mitchell*, *Jr.'s Struggle for the Passage of Civil Rights Laws*），纽约1990年版；《研究金的学者歪曲了我们对民权运动的认识吗？》（Denton L. Watson, "Did King Scholars Skew Our Views of Civil Rights?"），载《教育文摘》（*Education Digest*）第57卷第1期（1991年9月）；《评价全国有色人种协进会在民权运动中的作用》（Denton L. Watson, "Assessing the Role of the NAACP in the Civil Rights Movement"），载《历史学家》（*Historian*）第55卷第3期（1993年春）；《"第101个参议员"文集：小克拉伦斯·米切尔与民权》（Denton L. Watson, "The Papers of the '101st Senator': Clarence Mitchell Jr. and Civil Rights"），载《历史学家》（*Historian*）第64卷第3、4期（2000年春、夏）。美国参议院共有100名参议员，米切尔因为在国会中表现出强大的游说能力，又被称为"第101个参议员"。
② 奥古斯特·迈耶、约翰·布瑞斯：《全国有色人种协进会与改革运动1909~1965：触及美国的良知》（August Meier and John Bracey, "The NAACP as a Reform Movement, 1909–1965: To Reach the Conscience of America"），载《南部史杂志》（*Journal of Southern History*）第59卷第1期（1993年2月）。

大贡献。如吉纳·雷·迈克尼尔[1]高度评价了休斯顿作为民权运动"社会发动机"的重要作用。马克·塔欣内特和兰德尔·布兰德[2]赞扬了马歇尔作为全国有色人种协进会法律诉讼策略的主要策划与执行者，在一系列反对教育隔离案中起了关键作用。

四　以暴力斗争（自卫或革命）策略为主导的研究

有些学者认为，暴力斗争（自卫或革命）在美国黑人社会中传统深厚，比非暴力直接行动更重要、更有效。

罗伯特·威廉是早期很有影响的"黑人权力"和武装自卫思想的宣扬者。蒂莫西·泰森对威廉的研究卓有成就，发表了很多相关论著[3]。他认为，民权运动与"黑人权力"运动之间的区别被过分夸大。实际上，在民权运动发生的南方黑人社会中一直存在着武装自卫、种族骄傲与自决等"黑人权力"的传统。威廉的武装自卫思想在民权运动中起着重要的作用，对后来的黑豹党也有重要的影响。

马尔科姆激进的暴力斗争思想作为金非暴力思想的对立面，引起了很多学者的兴趣，他们出版了大量相关著作[4]，论述了马尔科姆在民权运动中的

---

[1]　吉纳·雷·迈克尼尔：《基石：查尔斯·汉密尔顿·休斯顿与民权斗争》（Genna Rae Mcneil, *Groundwork：Charles Hamilton Houston and the Struggle for Civil Rights*），费城1983年版。

[2]　马克·塔欣内特：《缔造民权法：瑟古德·马歇尔与最高法院，1936~1961》（Mark V. Tushnet, *Making Civil Rights Law：Thurgood Marshall and the Supreme Court, 1936–1961*），纽约1994年版；兰德尔·布兰德：《对公共法的个人压力：瑟古德·马歇尔的法律生涯，1934~1991》（Randall W. Bland, *Private Pressure on Public Law：the Legal Career of Justice Thurgood Marshall, 1934–1991*），马里兰州兰海姆1993年版。

[3]　蒂莫西·泰森：《自由南方电台：罗伯特·威廉与黑人权力的根源》（Timothy B. Tyson, *Radio Free Dixie：Robert F. Williams and the Roots of Black Power*），北卡罗来纳州查珀希尔1999年版；《罗伯特·威廉、黑人权力与美国黑人自由斗争的根源》（"Robert F. Williams, Black Power, and the Roots of the African American Freedom Struggle"），载《美国历史杂志》（*The Journal of American History*）第85卷第2期（1998年9月）。

[4]　代表性的作品包括：E. 维克特·沃芬斯坦：《民主的受害者：马尔科姆·X与黑人革命》（E. Victor Wolfenstein, *The Victims of Democracy：Malcolm X and The Black Revolution*），伯克利1981年版；布鲁斯·佩里：《马尔科姆：一个改变了美国黑人的人的生平》（Bruce Perry, *Malcolm：The Life of a Man Who Changed Black America*），纽约1991年版；威廉·塞斯：《从民权到黑人解放：马尔科姆·X与非裔美国人联合组织》（Willim Sales, *From Civil Rights to Black Liberation：Malcolm X and the Organization of Afro-American Unity*），波士顿1994年版；迈克尔·戴森：《制造马尔科姆：马尔科姆·X的神话与意义》（Michael Eric Dyson, *Making Malcolm：The Myth and the Meaning of Malcolm X*），纽约1995年版。

重要性。他们大都认为，马尔科姆强硬、激进的武装自卫和黑人民族主义思想鼓舞了黑人民众的斗争热情，提高了黑人的尊严和觉悟，也迫使立法领导人积极回应黑人对民权的要求，《民权法案》的通过在一定程度上是马尔科姆激进思想的功劳。更为重要的是，马尔科姆作为"黑人权力"思想之父，是民权运动转向"黑人权力"运动的关键人物。

密西西比"自由夏天"对民权运动从非暴力转向暴力斗争起了重要的作用，一些学者对此进行了论述。埃金耶尔·乌姆加①通过对密西西比"自由夏天"的论述，强调武装自卫在美国黑人反隔离、追求政治和经济权利以及基本的人权尊严中的重要性。

此外，美国学术界还出现了很多相关主题的博士论文。克里斯多佛·巴里·斯特兰的论文②讨论了自卫在 20 世纪五六十年代黑人追求平等过程中的作用。他认为自卫的思想与实践来源于更大的美国黑人抵制传统，它推动了运动从追求民权到反对白人至上主义自身的转变。兰斯·爱德华·希尔的论文③通过对民权运动中暴力自卫组织防卫与正义执事团的论述，驳斥了美国民权运动通过非暴力直接行动取得目标的"神话"，他认为，恰恰相反，黑人暴力和公民叛乱的威胁在强迫联邦政府实施新颁布的联邦法方面发挥了不可或缺的作用。埃金耶尔·乌姆加的论文④论述了武装自卫在南方斗争中的重要性，认为武装自卫在南方传统深厚，它是挑战白人至上主义者、减少种族主义暴行、增强黑人领导人与白人权力机构谈判能力的有效方法。

---

① 埃金耶尔·乌姆加：《1964 年：密西西比自由运动中非暴力终结的开始》（Akinyele O. Umoja, "1964：The Beginning of the End of Nonviolence in the Mississippi Freedom Movement"），载《激进史学评论》（Radical History Review）第 85 卷第 1 期（2003 年冬）。

② 克里斯多佛·巴里·斯特兰：《民权与自卫：非暴力的神话（1955～1968）》（Christopher Barry Strain, Civil Rights and Self-Defense：The Fiction of Nonviolence, 1955 – 1968），加州大学伯克利分校 2000 年版。

③ 兰斯·爱德华·希尔：《防卫与正义执事团：武装自卫与民权运动》（Lance Edward Hill, The Deacons for Defense and Justice：Armed Self-Defense and the Civil Rights Movement），图莱恩大学，1997 年。后来作者在此博士学位论文的基础上写成一本专著《防卫与正义执事团：武装自卫与民权运动》（The Deacons for Defense and Justice：Armed Self-Defense and the Civil Rights Movement），北卡罗来纳州查珀希尔 2004 年版。

④ 埃金耶尔·乌姆加：《以眼还眼：武装抵抗在密西西比自由运动中的作用》（Akinyele O. Umoja, Eye for an Eye：The Role of Armed Resistance in the Mississippi Freedom Movement），恩莫利大学 1996 年版。

五　以惠特尼·扬的协调策略为中心的研究

也有学者尽量回避不同策略的主次关系，强调协调不同策略的重要性。对城市同盟领导人惠特尼·扬的研究就集中体现了这一特点。

南茜·韦斯的文章《民权运动领导中的创造性张力》① 最具代表性。它论述了民权运动领导中的合作与竞争，尤其赞扬全国城市同盟主席惠特尼·扬利用温和派与激进派之间的竞争从而实现自己目标的能力。作者虽然没有强调哪个组织和策略占主导地位，但实际上突出了扬的协调作用。韦斯接着在自己所撰写的扬的传记②中，详细论述了扬在民权运动中的独特作用。他认为，扬是美国黑人与白人权力结构之间的桥梁和解释者，他理解温和派与激进派之间创造性的张力对运动的价值，在众多民权领导人中，发挥了作为策略家和协调者的重要作用。

丹尼斯·迪肯森在关于扬的另一部传记③中，也对扬做出了高度评价，认为扬发挥了黑人大使的作用，赞扬他与白人（主要是大企业和基金会代表）谈判及组织黑人领导人（包括黑人融合派与"黑人权力"派领导人）的高超的协调能力。

六　对以金为中心研究的其他重要补充

1. 对影响金的幕后人物的研究

20世纪90年代以来，很多以前不引人注意的、为金的辉煌成就所遮蔽的幕后人物和"无名英雄"被学者们不断地发掘而步入前台。以杰出的战略家著称的贝亚德·拉斯廷就是一例。他对金有重要的影响，是金领导的一系列非暴力运动的主要参谋，也是向华盛顿进军运动的实际组织者，主张联

---

① 南茜·韦斯：《民权运动领导中的创造性张力》（Nancy J. Weiss, "Creative Tensions in the Leadership of the Civil Rights Movement"），载大卫·刘易斯编《美国民权运动论文集》（David Levering Lewis, *The Civil Rights Movement in America : Essays*），密西西比州杰克逊1986年版。

② 南茜·韦斯：《惠特尼·扬与民权斗争》（Nancy J. Weiss, *Whitney M. Young, Jr., and the Struggle for Civil Rights*），新泽西州普林斯顿大学出版社1989年版。

③ 丹尼斯·迪肯森：《富于战斗性的协调者：惠特尼·扬》（Dennis C. Dickerson, *Militant Mediator : Whitney M. Young, Jr.*），肯塔基州列克星敦1998年版。

合政治，反对暴力与激进。但由于拉斯廷是同性恋者，支持同性恋运动，在当时受人非议，影响了人们对他的评价。20 世纪 90 年代以来，拉斯廷引起了很多学者的注意，学术界先后出版了关于他的几部传记及个人文集①，影响很大。

以民权运动"教母"著称的埃拉·贝克尔，是全国有色人种协进会和南方基督教领导大会的重要领导人，也是学生非暴力协调委员会的实际缔造者。她的思想对学生非暴力协调委员会影响很大，使之成为著名的基层组织。她提出以群体为中心的领导模式，反对以领导为中心的群体模式，认为人们不需要被领导，每个人都可以发挥自己的最大潜能。也正因为如此，贝克尔经常隐入幕后，成为不引人注意的"隐形人"。20 世纪 90 年代以来，像拉斯廷一样，贝克尔也逐渐受到人们的关注，两部关于贝克尔的传记接连出版②，也产生了很大的反响。

其他对金有重要影响的幕后人物还有斯坦利·利维森、安德鲁·扬等人，对他们的深入研究有助于我们了解金的决策过程，更全面地认识金的作用。

2. 对新闻媒体作用的研究

媒体在民权运动中发挥了动员群众参与、塑造公共舆论和影响民众思想的重要作用，它使得民权运动不是局限于政府与运动参与者，而是成为一场波及全国、影响广泛的大众运动。

大卫·加里比较早地关注新闻媒体对抗议运动的报道及公众的反应，他在 20 世纪 70 年代末的论著③中就提出，抗议活动只有在抗议者通过媒体成功地取得大众的支持后，才成为引发政治与社会变革的有效工具。

---

① 杰维斯·安德森：《我亲历过的动荡：贝亚德·拉斯廷传》（Jervis Anderson, *Bayard Rustin: Troubles I've seen: A Biography*），伯克利 1998 年版；丹尼尔·莱文：《贝亚德·拉斯廷与民权运动》（Daniel Levine, *Bayard Rustin and the Civil Rights Movement*），新泽西州新布伦兹维克 2000 年版；约翰·德埃米利奥：《消失了的预言家：贝亚德·拉斯廷的生活及时代》（John D'Emilio, *Lost Prophet: The Life and Times of Bayard Rustin*），纽约 2003 年版。

② 乔安妮·格兰特：《埃拉·贝克尔：受局限的自由》（Joanne Grant, *Ella Baker: Freedom Bound*），纽约 1998 年版；芭芭拉·兰斯贝：《埃拉·贝克尔与黑人自由运动：一个激进民主的视角》（Barbara Ransby, *Ella Baker and the Black Freedom Movement: A Radical Democratic Vision*），北卡罗来纳州查珀希尔 2003 年版。

③ 大卫·加里：《塞尔玛抗议：小马丁·路德·金与 1965 年选举权法》（David J. Garrow, *Protest at Selma: Martin Luther King, Jr., and the Voting Rights Act of 1965*），康涅狄格州纽黑文 1978 年版。

　　20 世纪 90 年代末以来，美国学术界出现了很多这方面的研究成果。一些论著集中于论述新兴媒体如电视、电影在民权运动中的作用。如艾里森·格雷厄姆①考察了民权运动时期好莱坞电影和电视里塑造的南方白人与黑人的形象，揭示了这些艺术形象如何影响公众对南方和种族关系的普遍理解。萨斯哈·托里斯②论述了电视台与民权运动的结盟，认为它们在种族问题上因为共同的利益而逐步达成新的共识。

　　一些论著主要论述了传统媒体如报纸在民权运动中的作用。其中一些作品集中于南方地方媒体，如苏珊·威尔③以密西西比报纸报道当地民权运动中的一些重大事件为例，阐释了密西西比地方媒体在维护当地传统生活方式与价值观、保持种族主义、抵制黑人争取民权和自由过程中的影响。与此相反，一些全国性的媒体，主要是北方的媒体，如《纽约时报》《华盛顿邮报》《洛杉矶时报》等在运动前期大都起了积极的作用。这在卡森和加里等人编著的《报道民权：1941~1963 年的美国新闻业》和其他一些相关著作中有集中的体现。④

　　有的论著对所有媒体甚至是文化在民权运动中的作用进行了综合阐述。布赖恩·沃德主编的论文集⑤共有 13 篇论文，包含电影、新闻、小说、音乐等领域的文化斗争，论述了媒体与文化在民权运动中为争取黑人的自由、自尊所发挥的作用和做出的贡献。

　　对媒体在民权运动中作用的研究，有助于加深我们对非暴力直接行动策略在社会与民众中影响的认识，从而对非暴力直接行动改变民众思想的特点

---

① 艾里森·格雷厄姆：《塑造南方：民权斗争时期的好莱坞、电视与种族》（Allison Graham, *Framing the South : Hollywood, Television, and Race During the Civil Rights Struggle*），巴尔的摩 2001 年版。

② 萨斯哈·托里斯：《黑人、白人与肤色：电视、警察与黑人民权》（Sasha Torres, *Black, White, and in Color : Television, Policing, and Black Civil Rights*），新泽西州普林斯顿 2003 年版。

③ 苏珊·威尔：《在疯人院的喧闹声中：密西西比报纸的民权报道 1948~1968》（Susan Weill, *In a Madhouse's Din : Civil Rights Coverage by Mississippi's Daily Press, 1948 – 1968*），康涅狄格州韦斯特波特 2002 年版。

④ 克莱鲍恩·卡森、大卫·加里等编《报道民权：1941~1963 年的美国新闻业》（Clayborne Carson, David J. Garrow, Bill Kovach, *Reporting Civil Rights : American Journalism 1941 – 1963*），纽约 2003 年版。

⑤ 布赖恩·沃德主编《媒体、文化与现代美国黑人的自由斗争》（Brian Ward, ed., *Media, Culture, and the Modern African American Freedom Struggle*），佛罗里达州盖恩斯维尔 2001 年版。

有更好的了解。

3. 对非暴力直接行动策略中的公关策略与教育策略的研究

早期论述非暴力直接行动策略的著作一般着眼于静坐、游行、示威等抗议活动，近年来很多论著转向了对公关策略与教育策略的研究。

利亚德·奇尔德斯·霍恩①集中论述了南方基督教领导大会的公关策略与计划，认为这些宣传策略和项目帮助组织取得了铲除种族歧视和隔离制的基本目标，但组织为美国黑人争取完全平等的长远目标仍没有实现。艾里斯·施梅瑟和瓦内萨·默弗里则分别论述了学生非暴力协调委员会的公关活动与策略。前者②论述了学生非暴力协调委员会中拍摄照片的宣传人员的工作经历，认为他们通过记录、宣传学生非暴力协调委员会本土化的基层组织、策略和主张，在运动中塑造了崭新的政治文化。后者③考察了学生非暴力协调委员会是如何利用媒体和采用其他一些方法向公众宣传组织的策略与主张，以唤起公众的觉醒以及在运动中吸引媒体注意、塑造公共舆论、迫使政府干预的。

关于教育策略，一些著作论述了自由学校等民权运动中出现的新的教育形式对民众的思想改造作用，如丹尼尔·伯尔斯坦④论述了学生非暴力协调委员会在密西西比建立自由学校的过程以及自由学校在改造密西西比地方黑人思想中的作用。作者认为，自由学校新的课程内容与教学方法为黑人带来了新的自尊与自信。

国内关于民权运动中非暴力直接行动策略的研究还比较薄弱。武汉大学

① 利亚德·奇尔德斯·霍恩：《重新恢复美国的灵魂：公共关系与民权运动》（Liada Childers Hon, "'To Redeem the Soul of America': Public Relations and the Civil Rights Movement"），载《公共关系研究杂志》（*Journal of Public Relations Research*）第 9 卷第 3 期（1997 年 9 月）。

② 艾里斯·施梅瑟：《面向基层的照相机：学生非暴力协调委员会与图像表现中的政治》（Iris Schmersser, "Camera at the Grassroots: The Student Nonviolent Coordinating Committee and the Politics of Visual Representation"），载帕特里克·米勒、弗瑞·斯蒂芬森等编《民权运动新论：论为美国的种族平等而斗争的批判性观点》（Patrick B. Miller, Therese Frey Steffen, Elisabeth Schäfer-Wünsche eds., *Civil Rights Movement Revisited: Critical Perspectives on the Struggle for Racial Equality in the United States*），印第安纳州芒斯特 2001 年版。

③ 瓦内萨·默弗里：《兜售民权》（Vanessa Murphree, "The Selling of Civil Rights"），载《新闻史》（*Journalism History*）第 29 卷第 1 期（2003 年 3 月）。

④ 丹尼尔·伯尔斯坦：《教导自由：学生非暴力协调委员会与密西西比自由学校的创立》（Daniel Perlstein, "Teaching Freedom: SNCC and the Creation of the Mississippi Freedom Schools"），载《教育史季刊》（*History of Education Quarterly*）第 30 卷第 3 期（1990 年秋）。

刘绪贻教授在 20 世纪 60 年代就写了一系列文章①对此问题进行了论述。他的《二次大战后十年美国黑人运动的起伏》，论述了战后十年间黑人运动从短期高涨到通过法院进行合法斗争从而陷入低潮的状况。《从合法斗争到非暴力群众直接行动——40 年代后期到 60 年代初的美国黑人运动》分析了合法斗争的局限性及其后果，重点论述了 1955 年蒙哥马利公车抵制运动以后非暴力群众直接行动的状况。《从蒙哥马利到伯明翰——50 年代中期到 60 年代前期的美国黑人运动》剖析了非暴力群众直接斗争的局限性，阐述了伯明翰斗争及其以后暴力斗争发展的必然性。作者主要运用阶级分析法，批评黑人中产阶级主张的合法斗争及非暴力直接行动策略，赞扬美国黑人无产阶级和美国共产党主张的暴力斗争。

20 世纪 80 年代以来的研究有一定的进展，但在整体上没有大的突破。有关非暴力直接行动策略的研究集中在马丁·路德·金研究和综合研究上，代表性的论著有侯文惠教授的《马丁·路德·金和美国黑人运动》②，通过与黑人民族主义做比较，论述了马丁·路德·金领导的非暴力直接行动的群众性、坚决性、不断探索以及正视现实的斗争精神；李道揆研究员的《争取正义乐队的指挥：小马丁·路德·金牧师》③，对马丁·路德·金一生的主要经历、思想、斗争等做了精彩的评述；孙宝珊教授的《马丁·路德·金黑人民权运动的理论与实践》④，从理论与实践两方面，论述了马丁·路德·金非暴力直接行动策略的理论来源（基督教义和甘地主义）、积极作用和局限性。

20 世纪 90 年代以来又有新的成果问世。张立平研究员的《林登·约翰逊与民权法案》⑤ 主要分析了约翰逊与民权法案的关系，揭示了他在其中的作用，也论述了马丁·路德·金领导的非暴力直接行动对约翰逊的重要影响。姬红研究员的《民权运动与美国南方黑人政治力量的兴起》⑥ 则以翔实的档案文献，论述了学生非暴力协调委员会在密西西比的选民登记运动和社会组织策略。

---

① 刘绪贻：《20 世纪 30 年代以来美国史论丛》，中国社会科学出版社，2001 年。
② 侯文惠：《马丁·路德·金和美国黑人运动》，《兰州学刊·美国史研究专辑》，1986 年。
③ 李道揆：《争取正义乐队的指挥：小马丁·路德·金牧师》，《美国研究》1987 年第 1 期。
④ 孙宝珊：《马丁·路德·金黑人民权运动的理论与实践》，《山西师大学报》1993 年第 4 期。
⑤ 张立平：《林登·约翰逊与民权法案》，《美国研究》1996 年第 2 期。
⑥ 姬红：《民权运动与美国南方黑人政治力量的兴起》，《美国研究》2000 年第 2 期。

近 10 年来，以谢国荣教授为代表的一些年轻学者以大量扎实的第一手资料为基础，撰写了很多民权运动论著①，在一定程度上提升了国内美国民权运动研究的水准。

国内的相关研究虽然无法与美国学者的研究成果相比，但也为笔者提供了重要的借鉴与启示。

七 研究思路、主要观点与研究方法

综上所述，美国学术界第一种以金为中心的研究路径优势很明显，缺陷也很突出。其他研究思路和方法的挑战与补充，虽然丰富了我们对民权运动的认识，但这些研究也有自己的不足，大多存在一种矫枉过正的倾向。况且，以金为中心的研究在这些巨大挑战和重要补充面前，也做了很多调整。② 鉴于这种各有侧重、彼此争鸣的研究状况，笔者认为，只有在充分考察历史事实的基础上，对各种斗争策略在民权运动中的作用、地位及其相互关系做出全面、准确的分析与评价，才能解决这一难题，得出比较公允的结论。

① 谢国荣：《民权运动之前奏：杜鲁门当政时期的黑人民权问题》，《历史研究》2005 年第 2 期；《二战对美国民权运动的影响》，《世界历史》2005 年第 3 期；《1960 年代中后期的美国"黑人权力"运动及其影响》，《世界历史》2010 年第 1 期；《美国联邦调查局对民权组织的监控——以学生非暴力协调委员会为中心》，《历史研究》2014 年第 3 期。
② 例如，为客观地、实事求是评价金的作用，1986 年 10 月在华盛顿召开了一次关于马丁·路德·金研究的学术会议。会议聚集了当代马丁·路德·金和民权运动研究最负盛名的学者，集中展现了当时马丁·路德·金研究的前沿成果。会议的参与者努力超越简单化的传说与流行神话的形象，而这种神圣化的殉道的全国性英雄的形象，深刻地塑造了有关马丁·路德·金的记忆。相反，他们寻求以更精确和平衡的方式来描述金真正的、充满活力的个性，评价他与民权运动的关系以及他的成功与失败。会议的成果很快就在第二年的《美国历史杂志》上以圆桌会议的方式有选择地刊出，四年后又以论文集的方式集中发表。参见大卫·加里、詹姆斯·科恩、文斯特·哈丁、内森·哈金斯、克莱鲍恩·卡森《圆桌会议：小马丁·路德·金》（David Garrow, James Cone, Vincent Harding, Nathan Huggins and Clayborne Carson, "A Round Table : Martin Luther King, Jr."），载《美国历史杂志》（*Journal of American History*）第 74 卷第 2 期（1987 年 9 月）；彼得·艾伯特、罗纳德·霍夫曼编《我们一定会胜利：小马丁·路德·金与黑人自由斗争》（Peter Albert and Ronald Hoffman ed., *We Shall Overcome：Martin Luther King, Jr., and the Black Freedom Struggle*），纽约 1990 年版。笔者也主张针对以金为中心的研究模式的缺陷，对它进行修正。因此，在具体论述金领导的非暴力直接行动时，需要考虑地方组织和领导人的作用、金幕后人物的影响、公民不服从策略与金实行的其他策略的关系、金后期思想与策略的转变等，并把它们有机地融合在一起，使其形象更全面和丰满。

　　在对各种策略进行分析前，首先要澄清一种误解，那就是把非暴力直接行动完全等同于马丁·路德·金领导的公民不服从运动。① 实际上，学生非暴力协调委员会、争取种族平等大会等民权组织也是公民不服从策略的主要实施者。它们还深入南部农村，组织地方黑人进行选民登记，直接与当地的种族主义分子对抗。在此过程中，民权积极分子们和地方黑人不断遭到地方当局和白人种族主义者的逮捕、殴打和经济威胁等，其危险性不亚于大街上的示威活动。因此，这种社会组织策略其实也是一种非常规的非暴力直接行动。总之，非暴力直接行动策略包括以马丁·路德·金为代表的"公民不服从"策略和以学生非暴力协调委员会为代表的社会组织策略。它们当然也有区别：前者侧重推动联邦政府进行立法改革，破坏南方的隔离制度；后者侧重发展地方黑人领导和制度，赋予地方黑人力量。但它们基本上都采取非暴力直接行动的方式来争取黑人的自由和平等，具有很多相似的特点，也经历了相似的发展阶段，并在运动中经常保持密切的合作（虽然也有很多矛盾和摩擦），尤其在改变黑人的思想观念方面都发挥了重要的作用，因此把二者统称为非暴力直接行动比较合适。②

　　法律斗争与政治游说、暴力自卫与革命等策略在民权运动中取得了重大成就，并对非暴力直接行动产生了影响，对其也有所支持，但它们并不是民权运动的主导策略。通过仔细比较，可以说非暴力直接行动在民权运动中扮演了主要角色，发挥了主要功能。

　　全国有色人种协进会的法律斗争在运动初期赢得了一系列法院判决，尤其是布朗判决的胜利，推翻了法律上的隔离制，但它也有很大的局限性，例如法院判决不能自我实施、白人对布朗判决进行了大规模抵制等，使它收效甚微。事实上，正是由于其局限性，才导致非暴力直接行动的兴起，这也成为民权运动兴起的重要标志。而只有当美国黑人动员起来与种族隔离制直接对抗时，联邦政府才被迫做出干预，进行制度变革。金等人领导的非暴力直接行动创造"危机"，吸引了媒体的注意，引发了公众的支持，推动了联邦干预，进行了民权立法。可见，非暴力直接行动对民权法案的提出起了决定性的作用。但在这一过程中，非暴力直接行动也受益于全国有色人种协进会

---

　　①　所谓"公民不服从"（Civil Disobedience），简而言之就是一种公开的、非暴力的"违法"行为，包括游行示威、联合抵制等，并甘愿接受法律的惩罚，以自我牺牲换取社会正义。
　　②　需要说明的是，狭义上的非暴力直接行动主要指的是"公民不服从"，本书扩大了其范围，也包括社会组织与选民登记运动。

的法律与资金援助。而且，在随后的民权法案的通过过程中，全国有色人种协进会的政治游说活动起了关键的作用。两种策略的分工合作大大加速了民权立法的进程。但民权运动不仅是一场全国性的立法改革，更是一场影响人心的大众运动。普通美国黑人通过直接行动获得的成果远大于通过民权法案获得的成果。它给美国黑人带来了新的尊严，深刻地改变了他们的思想观念。它帮助人们克服恐惧、增加自信、参与影响自己生活的决策，也促进了当地黑人领导人控制的新的地方组织的创立，给黑人带来了力量与信心。而且，它还影响了白人的思想观念，促进了很多白人的良知觉醒，使根深蒂固的社会文化心理得以改变，从而也推动了制度变革的顺利开展，使运动成果保持长久。

暴力斗争在美国南方社会中有深厚的传统，在民权运动中也有很大的影响。在民权运动兴起以前，私刑等种族主义暴行长期盛行，很多南方黑人采取武装自卫的方式来保卫自己的生命和财产。但在非暴力直接行动出现之前，这种策略并没有达到理想的效果。州与地方政府对种族主义暴行的祖护，联邦政府的漠不关心和放任自流，使黑人的暴力自卫甚至可能成为白人种族主义者进行暴力攻击与屠杀的借口。事实上，只是在后来非暴力直接行动风起云涌，尤其是 1964 年"自由夏天"运动中三位民权积极分子（包括两名北方的白人大学生）被害案发生后，联邦政府才在强大的压力下，命令联邦调查局进行调查，从而破坏了"三 K 党"组织，逐步消除了白人种族主义者公开的种族暴行。主张非暴力直接行动的人其实也并不反对自卫，认为那是自然法赋予的权利，毋庸置疑。他们坚持，当个人遭到种族主义者的侵害时，当然要采取任何必要的方式反抗；但在进行大规模抗议时，就另当别论，绝对不能使用暴力。否则，制造紧张局势、唤起白人良知、推动联邦干预的目的就无法实现。暴力斗争对民权立法也有一定的影响，但其作用远远小于非暴力直接行动和政治游说，只是起到某种加速进程的作用。非暴力策略者经常会利用激进派暴力的威胁，迫使政府干预和让步。至于暴力革命，就更不切实际。它言辞激烈而无具体计划，得不到大多数黑人的支持，更遭到白人和联邦政府的反对与镇压，根本不可能成功。"黑人权力"的衰落和城市骚乱的恶果就是明证。在对民众思想的影响上，它确实在一定程度上提高了黑人的尊严，促进了"黑人权力"运动的兴起。但它影响的只是部分黑人，在公众（尤其是白人）中产生了消极影响，使民权运动失去了主流社会的支持，甚至使非暴力直接行动策略也无法成功实施，从而导致运动衰落。

可见，非暴力直接行动策略相对于其他策略具有很大的优势。究其原因，除了非暴力直接行动对大众思想观念的影响远大于其他策略外，一个重要的因素在于它兼顾理想与现实，把二者紧密结合起来。解决民权问题最现实的策略是赢得联邦政府的支持与干预，因为只有它才有足够强大的力量从制度上铲除种族隔离与歧视。但联邦主义和州权至上的观念在美国根深蒂固，联邦政府在干预地方种族问题上一直小心谨慎，除非发生重大事件，一般不会事先去干预，以防激怒地方种族主义分子和国会中的南部议员，使政府的其他诸多政策无法顺利实施。简而言之，总统不会因为种族问题，而甘冒政治上失败的风险。因此只有给联邦政府施加足够大的压力，才能使之权衡利弊，采取必要的行动。在这一点上，非暴力直接行动策略做得非常出色。它通过游行示威，展示黑人的力量与勇气，引发暴力"危机"，塑造公共舆论，迫使联邦政府不得不进行干预，进行民权立法。它也注意适可而止，充分利用制度提供的一切有利条件，通过妥协和谈判为自己赢得最大的权益。而全国有色人种协进会的法律斗争策略完全把希望与主动权放到联邦政府、国会与最高法院手中，虽然取得了一些成就，但判决未能得到具体实施，离黑人尽快实现自由的目标相距甚远。至于暴力斗争策略，联邦政府当然是坚决反对的。没有联邦政府的支持，又得不到大多数民众的支持，暴力策略不可能成功。在道义方面，非暴力直接行动策略更是其他策略根本无法比拟的。它坚持爱与非暴力的主张，坚持目标与手段的一致性，甚至为实现理想而不惜宽恕敌人，牺牲自己。这种理想主义与道德力量在一定程度上促使了国家与白人社会的良知觉醒，赢得了他们的同情与理解，为美国自由民主的信条增添了新的维度，赋予了新的意义。更为重要的是，非暴力直接行动策略把理想主义与现实主义、道义力量与强制力量紧密地结合在一起，相辅相成，互相补充，更具影响与震撼力。相比之下，暴力策略既不理想也不现实（完全非法），过于激进；法律策略则过分理想与现实（完全合法），过于渐进。事实上，正是在非暴力直接行动的主导下，再辅之以其他策略的支持与帮助，民权运动才取得了辉煌的胜利，达到了顶峰。

但到民权运动后期，采取非暴力直接行动的组织内部发生分裂。学生非暴力协调委员会的社会组织传统衰落，走向了"黑人权力"之路，暴力革命策略逐步上升为运动的主导策略。马丁·路德·金的公民不服从策略为应对"黑人权力"的挑战，也开始左转，走向了温和"革命"之路（改造美国社会结构），但得不到美国主流社会的支持，也逐渐衰落了。其根源在于非暴力直接行动策略中原有的理想与现实的结合破裂了，越来越不切实际，失败在所难免，民权运动也由此走向衰亡。但考虑到民权运动后期各方面发生的巨大变化，这一策略上的激进转变也理应得到理解和同情。

从中可以看出，非暴力直接行动的兴衰与民权运动的兴衰有着非常相似的轨迹。民权运动兴于非暴力直接行动的初步尝试，衰于非暴力直接行动的分裂与转向，这更证明了这一策略在运动中的中心地位。

本书主要采用历史分析法进行研究，把非暴力直接行动策略放到当时的历史时空背景下进行论述，注意其自身的发展变化，给予它恰当的历史定位。此外，本书还采用跨学科和比较的方法来进行研究。在跨学科的方法方面，采用政治学、社会学、传媒学和教育学的一些理论和方法。例如，在具体论述非暴力直接行动策略时，采用政治学中的公民不服从理论；在论述非暴力直接行动对民众的思想影响时，借鉴社会学家所做的一些社会调查以及传媒学、教育学的学者对当时的媒体和学校在思想、策略传播过程中所起作用的分析等。在具体的研究过程中，注重使用比较的方法，不仅把非暴力直接行动策略做自身的前后比较、内部策略的比较，更重要的是把它与法律斗争、暴力斗争等其他策略进行比较，以凸显其特点和价值。

第一章　非暴力直接行动的缘起

第一节　非暴力直接行动的由来

一提起民权运动，人们马上就会联想到马丁·路德·金领导的非暴力直接行动：大规模的游行示威，激动人心的大众会议（演讲、布道），响彻云天的自由之歌，曾使许多人热血沸腾。而白人种族主义者的暴力袭击，地方当局的血腥镇压，游行示威者坦然的非暴力面对以及新闻媒体的广泛报道（尤其是电视荧屏上那一幕幕黑人挨打受难的惨不忍睹的镜头），使普通民众为之震惊。正是游行群众这种非暴力的受苦受难的精神与行动，制造了危急事态，形成了有利于民权事业的公共舆论，在一定程度上唤起了白人的良知，促使联邦政府进行干预，实行民权立法，颁布民权法案，民权运动才实现了其基本目标。不仅如此，非暴力直接行动还深刻地改变了民众的思想观念，使美国民主与自由的信条得以真正实现。可见，非暴力直接行动几乎成了民权运动的主要象征。但非暴力直接行动策略并不是在 20 世纪五六十年代由马丁·路德·金突然想出来的，它是经过美国黑人长期斗争的摸索才逐步发展和完善起来的。非暴力直接行动的主要思想来源，一是美国本土的基督教和平主义传统，二是外来的甘地非暴力斗争的影响。1942 年成立的争取种族平等大会就是脱胎于 20 世纪和平主义传统的代表性组织——和解之友会，它在成立初期进行了初步的非暴力直接行动的摸索，虽然影响不大，但为后来美国黑人的非暴力斗争积累了经验。甘地领导的非暴力斗争在印度的成功给美国黑人以极大的鼓舞，很多黑人领袖去印度参观访问，学习其成功的经验，大量相关的著作也在美国广泛流传，在美国奠定了非暴力斗争的思想基础。另外，非暴力直接行动也是美国黑人在借鉴其他斗争策略的基础上逐步发展起来的。实际上，20 世纪上半叶，黑人斗争的主要策略是以全国有色人种协进会为代表主张的法律斗争策略和普通民众自发产生的暴力斗争策略。它们取得了很大的成就，推动了黑人争取自由与权利的事业进一步向前发展，但又不可避免地存在着很大的局限。正是由于其局限性，才促发后来非暴力直接行动策略的兴起。

一　美国基督教和平主义传统与甘地思想的影响

非暴力直接行动策略直接来源于美国本土的和平主义思想与外来的甘地思想。美国和平主义思想的代表性组织是和解之友会，它的领导人A. J. 马斯特对民权运动有重要影响。贝亚德·拉斯廷、詹姆斯·劳森、詹姆斯·法默和菲利普·伦道夫等都是后来民权运动中非暴力思想的代表人物，他们早年都在和解之友会中接受训练，对马丁·路德·金非暴力思想的形成产生过重要影响。拉斯廷、劳森等人都去过印度，深受甘地思想的影响，认为甘地非暴力思想在印度的成功实施对美国黑人争取自由的斗争有重要的启示。

和解之友会是 20 世纪美国最著名的和平主义组织，于 1914 年由一些牧师建立。这些基督教和平主义者完全反对国家采取暴力的方式解决国际冲突。1940 年，马斯特被任命为组织的执行秘书。他在任内领导了反对美国参加二战的运动，被《纽约时报》称为美国头号和平主义者。两年后，他支持詹姆斯·法默、贝亚德·拉斯廷、乔治·豪斯等人建立了争取种族平等大会。和解之友会与争取种族平等大会两大组织在 20 世纪 40 年代成为宣扬和传播非暴力直接行动思想的最重要渠道。

争取种族平等大会完全扎根于美国的和平主义传统之中，于 1942 年春在芝加哥成立。其成员是一群年轻的和平主义者，大多属于基督教和平主义组织和解之友会。他们致力于运用甘地的非暴力直接行动方法来解决美国的种族与工业冲突。法默和豪斯等六人在争取种族平等大会的创建过程中居功至伟。拉斯廷先是和解之友会的一名地方秘书，后来成为种族关系部的秘书，也帮助和解之友会组织了争取种族平等大会。甘地的非暴力和种族合作思想是支撑争取种族平等大会的两大理念。组织领导人对非暴力的信仰建立在宗教和现实的基础上。组织成员伯妮斯·费舍尔曾写道，"非暴力对于我们来说是一种生活哲学"。法默则坚持和平主义哲学的基础在于犹太－基督教信仰。他们坚决反对暴力，认为少数群体使用暴力是一种自杀。他们也把非暴力直接行动作为代替无效的全国有色人种协进会和城市同盟策略的一种选择。①

争取种族平等大会在成立之初，主要采取在饭馆和游泳池静坐的方式，以挑战在地方公共设施中实施的种族隔离。但争取种族平等大会的早期工作不常为全国的媒体所报道，影响很小。它仅有的两个全国性的计划是豪斯发起的夏天讲习班和 1947 年春天的和解之旅。讲习班的参加者研究和检验非暴力直接行动策略，吸引公众对争取种族平等大会的注意，但最终收效甚微。主要原因在于它未能争取到当地社会的实质性支持，几乎没有尝试任何形式的非暴力行动。② 最有影响的活动还是 1947 年豪斯和拉斯廷等人发起的和解之旅。这是和解之友会首次尝试让非暴力直接行动引起公众的注意。和解之友会的白人成员豪斯在 1944 年写道："可能以前从未发生过一次真正的非暴力运动来反对种族偏见的邪恶，这也许是因为这种方法仍不为人所知……非暴力直接行动只有得到足够多人的支持，才有可能成功。"③ 1946 年最高法院在"摩根诉弗吉尼亚"一案中，裁决弗吉尼亚州际公共汽车隔离的法令违宪。这激发了争取种族平等大会利用非暴力直接行动挑战南方隔离制度的兴趣。和解之旅一共有 16 人参加，即 8 个黑人、8 个白人。他们乘坐公共汽车到上南部旅行以检验废除州际交通隔离的联邦法律是否有效。在公车上，白人坐在专为黑人设置的座位上，而黑人选择专门为白人保留的座位。这些抗议者意志坚定，不会因为警察、司机甚至白人乘客的威胁而动摇、妥协。他们为此付出了代价，在两个星期的行程中，包括拉斯廷在内的 4 名成员先后被捕入狱。④

这一时期争取种族平等大会主要依赖于和解之友会的资金与人力支持，没有和解之友会的支持，争取种族平等大会就不会存在；没有马斯特，和解之友会也不会提供这种支持。⑤ 可见，和解之友会和马斯特对争取种族平等大会的生存与发展起了关键作用。但争取种族平等大会又希望摆脱控制，成

---

① 奥古斯特·迈耶、艾略特·鲁德维克：《争取种族平等大会：民权运动的一个研究（1942～1968）》（August Meier and Elliot Rudwick, *CORE: A Study in the Civil Rights Movement*, *1942 - 1968*），伊利诺伊州厄巴纳 1973 年版，第 9~10 页。

② 奥古斯特·迈耶、艾略特·鲁德维克：《争取种族平等大会：民权运动的一个研究（1942～1968）》，第 22 页。

③ 德文·卡巴多、唐纳德·威斯：《贝亚德·拉斯廷的民权特性》（Devon W. Carbado and Donald Weise, "The Civil Rights Identity of Bayard Rustin"），载《得克萨斯法律评论》（*Texas Law Review*）第 82 卷第 5 期（2004 年 4 月），第 1152 页。

④ 乔·安·罗宾逊：《亚伯拉罕出走了：A. J. 马斯特传》（Jo Ann Robinson, *Abraham Went Out: A Biography of A. J. Muste*），费城 1981 年版，第 113 页。

⑤ 乔·安·罗宾逊：《亚伯拉罕出走了：A. J. 马斯特传》，第 114 页。

为独立的组织，这导致它们之间产生矛盾，随之发生冲突。尽管如此，它们的早期实践证明，非暴力策略可以用来挑战美国的种族不正义。

和解之友会还培养、影响了很多后来主张非暴力直接行动的著名民权运动领导人。许多非暴力抗议的策划者与实施者，如贝亚德·拉斯廷、詹姆斯·法默、詹姆斯·劳森和菲利普·伦道夫都曾是这个组织的成员，或与之关系密切。可以说，和解之友会为后来大规模兴起的非暴力直接行动奠定了领导基础。拉斯廷和法默既是和解之友会的秘书和马斯特的主要助手，又是争取种族平等大会的主要创立者和组织者，和解之友会对他们的影响自不待言。那么，和解之友会又是如何影响劳森和伦道夫的呢？

劳森的父亲是一名卫理公会牧师，因此劳森从小在教会长大，很早就学到基督教中有关非暴力的知识。然而，他自身并没有意识到基督教中和平主义思想的存在。他说："我作为一名大学新生参加了和解之友会后，才开始真正遇到和平主义者。……我听到了马斯特和拉斯廷的演讲，不久就参加了这个组织，开始得到每月一期的杂志。我看到了他们的书目，并据此开始找其中的一些书来看，仔细研究。"劳森早期的训练因此深受和解之友会的影响。之前他已经从教会中学到了一些进行公共演讲和组织社会群体的方法，他在和解之友会中的活动充分施展了这些技能。在大学中，他帮助和解之友会组织学生会议，发表演讲，宣传和平主义思想，逐渐崭露头角。[1] 1957 年劳森到达纳什维尔时，已经成为一名成熟的和平主义者。

在把非暴力直接行动引入美国黑人斗争的过程中，菲利普·伦道夫是一个重要的先驱者。伦道夫深受和解之友会和争取种族平等大会等和平主义组织的影响，并积极与它们结成联盟。他设想的非暴力直接行动把甘地的非暴力思想与劳工运动中的静坐罢工结合在一起。他已经清醒地看到争取种族平等大会仅开展小规模直接行动的局限性，准备发动一场大规模的、全国性的公民不服从运动。[2] 1941 年，伦道夫把其思想付诸实践，开始组织向华盛顿进军运动，并努力与和解之友会、争取种族平等大会中的和平主义者结成联盟。他不仅为争取种族平等大会的宣传小册子撰写序言，也积极寻求争取种族平等大会对其组织的激进非隔离斗争的援助。伦道夫还得到了和解之友会

---

[1] 莫里斯：《民权运动的起源》，第 162～163 页。
[2] 保拉·F. 普费弗：《民权运动的先驱者菲利普·伦道夫》（Paula F. Pfeffer, *Philip Randolph, Pioneer of the Civil Rights Movement*），路易斯安那州巴吞鲁日 1990 年版，第 62 页。

的大力支持。马斯特告诉和解之友会的会员，伦道夫本人是一名和平主义者，一贯主张采取和解与非暴力的和平主义方式为黑人赢得权利。①

伦道夫制定的向华盛顿进军运动的具体方案是组织大规模的抗议游行，以强迫总统富兰克林·罗斯福采取措施消除武装部队中的隔离以及颁布反歧视法律，使黑人能从繁荣的国防工业中受益。伦道夫预计，如果罗斯福对此不做出反应，1万多名美国黑人将于7月1日到达首都。在强大的压力下，罗斯福签署了8802号行政命令，宣布国防工业中建立在种族、信仰、肤色和民族起源上的就业歧视非法，并成立了公平就业实施委员会来发布新命令。伦道夫因此终止了进军运动。但拉斯廷和其他激进的和解之友会年轻成员对此非常不满，认为伦道夫把自己出卖给了罗斯福。因此，伦道夫虽然得到和解之友会的帮助，但他们之间也产生了很多矛盾。

当伦道夫开始宣扬非暴力直接行动的时候，通过公民不服从来争取民权的观念对美国黑人与白人来说都是陌生的，非暴力在当时是一种难以被接受的思想，他因此被称为"黑人的甘地"。② 通过20世纪40年代早期伦道夫发起的向华盛顿进军运动，1947年争取种族平等大会开展的和解之旅，以及武装部队的反隔离斗争，非暴力直接行动策略逐渐为较多的人所了解和接受。

和解之友会对后来马丁·路德·金非暴力思想的形成也有重要的影响。首先，马斯特的和平主义思想使早年的马丁·路德·金受益匪浅。1949年，金在克劳泽神学院就读时，曾听过马斯特的演讲。他后来回忆说："马斯特的谈话深深地触动了我。"③ 金虽然认为和平主义者反对战争的思想不现实，但这促使他进一步研究非暴力思想。马丁·路德·金后来宣称，没有马斯特，美国黑人就不会理解非暴力的含义。④

其次，和解之友会对蒙哥马利公车抵制运动中金非暴力思想的发展起了重要的作用。在蒙哥马利公车抵制运动之前，没有任何组织在美国开展过大规模的非暴力直接行动。根据和解之友会地方秘书格伦·斯麦利的说法，"和解之友会主要是一种思想运动"，和解之友会传播非暴力策略的基本方法是开展思想与哲学讨论。和解之友会与争取种族平等大会一起，通过小规模的抗议，也积累了一些关于非暴力直接行动的实际知识。当蒙哥马利公车抵制运

---

① 保拉·F. 普费弗：《民权运动的先驱者菲利普·伦道夫》，第149页。
② 保拉·F. 普费弗：《民权运动的先驱者菲利普·伦道夫》，第64页。
③ 乔·安·罗宾逊：《亚伯拉罕出走了：A. J. 马斯特传》，第117页。
④ 乔·安·罗宾逊：《亚伯拉罕出走了：A. J. 马斯特传》，前言部分。

动打着非暴力的旗帜出现时，和解之友会立即派遣它的地方秘书斯麦利到蒙哥
马利帮助运动的领导人学习非暴力抗议的方法。拉斯廷也被派到蒙哥马利帮助
金组织抵制运动。两人成为金政治策略的主要建议者，对金非暴力思想的发展
有重要的影响。金意识到非暴力不是一种软弱的方法，也不仅仅是一种斗争策
略，它更是一种生活方式。他确信，通过非暴力抵抗，黑人能在反对不正义的
体制且受压迫的过程中上升到高贵的地位。① 总之，通过和解之友会成员斯麦
利和拉斯廷的帮助，金的非暴力思想成熟了，有力地指导了运动的实践。

　　美国黑人早期的非暴力直接行动思想与实践还深受甘地非暴力哲学的影
响。甘地以爱和非暴力作为思想武器，领导印度人民开展大规模的非暴力直
接行动，赢得了民族的独立，使美国黑人深受鼓舞。在蒙哥马利公车抵制运
动前，美国黑人社会已经与甘地有着 30 年的紧密联系了。霍华德大学的牧师
教授霍华德·瑟曼、本杰明·梅斯（后来去莫尔豪斯学院做了院长）、威廉·
纳尔逊等著名美国黑人在 20 世纪三四十年代就曾访问过印度，从甘地那里学
习非暴力的思想。当时甘地同意在 1935～1937 年会见 6 个到印度寻求指导本
国人民开展反压迫斗争的黑人领导人。1936 年，瑟曼受邀和妻子及朋友一起
访问了印度等国。瑟曼回忆说，甘地当时正处于反对英国的积极主义的顶峰，
甘地成为印度大众的希望。瑟曼有机会会见了甘地。甘地问来访者一些关于
美国种族关系的问题，尤其是美国黑人为何信仰基督教而非伊斯兰教的问
题。② 这些问题后来促使瑟曼思考基督教和黑人自由斗争的关系。甘地还和
他讨论了非暴力及其赋予被压迫大众力量的问题，瑟曼从中深受教益。③
1936 年 12 月，梅斯也去印度会见了甘地。梅斯在与印度领导人会见期

---

① 莫里斯：《民权运动的起源》，第 159～161 页。
② 丹尼斯·迪克森：《美国黑人宗教知识分子与民权运动的神学基础（1930～1955 年）》
（Dennis C. Dickerson , "African American Religious Intellectuals and the Theological Foundations
of the Civil Rights Movement, 1930 – 1955"），载《教会史》（Church History）第 74 卷第 2 期
（2005 年 6 月），第 221～222 页。
③ 下面摘引部分谈话内容：瑟曼问："在你看来，非暴力是一种直接行动吗？"甘地说："它不
是一种，而是唯一的直接行动。它是世界上最伟大最积极的力量。一个人不可能是消极的非
暴力。它甚至比电更积极，比太空更强大。非暴力的核心是自我行动的力量。"瑟曼问："我
们该如何用这种困难的技术来训练个人或组织？"甘地说："只有在自己的生命中使非暴力的
信念保持长久，别无他途。"他教导瑟曼和其他美国黑人，非暴力是一种强大和积极的力量，
可以为任何想努力获取的人所掌握，不仅仅是印度人。可见这次面对面的交谈是甘地的非暴
力思想传到美国的非常重要的一步。参见肖恩·沙博《民权运动的跨国根基：美国黑人对甘
地非暴力的考察》（Sean Chabot, Transnational Roots of the Civil Rights Movement : African
American Explorations of the Gandhian Repertoire），马里兰拉纳姆 2012 年版，第 63～64 页。

间获悉，"非暴力不是消极的抵抗，而是积极的力量"，而且，它"一定要以绝对的爱来实施，不要仇恨"。甘地告诉梅斯，"非暴力的人遵守法律，他愿意为其违反不正义的法律付出代价。……非暴力不是一种可以使用的技术或策略，它是一种生活方式。……在非暴力运动中，对手的幸福必须予以考虑，如果运动破坏了你的对手，它必须被取消"。梅斯在访问印度期间也和甘地讨论了非暴力用于美国黑人的可能性，他是有幸这样做的几名美国黑人之一。① 梅斯回想他与甘地的会见，宣称"民权运动发生前 20 年的这次会见促使他比任何人都更加深刻地理解马丁·路德·金的计划"。② 他们一回国，就广泛宣传甘地。

　　这些黑人大学的教授在学校中训练了一批学生，他们成为后来民权运动非暴力直接行动的领导力量，其中包括马丁·路德·金和詹姆斯·法默等人。可以说他们为 20 世纪五六十年代的民权运动奠定了神学基础。他们认为隔离是罪恶、耶稣是民权斗争的盟友、种族和解影响方向和目标等系列思想激励了民权积极分子。马丁·路德·金是一个主要的受益者。当还是莫尔豪斯学院的学生时，他就受到院长梅斯和神学教授乔治·凯尔西的影响。他们塑造了他的观点：牧师能把熟练的传教、有效的实践和思想反思结合起来以攻击隔离的罪恶。梅斯和凯尔西在 20 世纪三四十年代表达的思想被融汇到金的言辞中，并塑造了其后来关于民权运动的思想。把金引入甘地思想中的另一个关键人物是霍华德大学的校长莫迪凯·约翰逊。金有一次去费城，正好听到约翰逊在演讲中讲述甘地的"坚持真理"的概念在有效影响社会变革中的作用。在听了那次演讲以后，金买了好几本关于甘地的书，并深入阅读，从此开始了解甘地的非暴力思想。金认为甘地创造了一种克服压迫的方法，与黑人教会思想很相似。他的非暴力思想以真理为基础，以不伤害为原则，与美国黑人宗教的爱与救赎性受难思想有共通之处。③ 争取种族平等

① 弗雷迪·科尔斯顿：《马丁·路德·金的精神和思想导师本杰明·梅斯博士的影响》（Freddie C. Colston, "Dr. Benjamin E. Mays: His Impact As Spiritual And Intellectual Mentor Of Martin Luther King"），载《黑人学者》（The Black Scholar）第 23 卷第 2 期（1993 年），第 7 页。
② 后来霍华德大学的神学教授威廉·纳尔逊总结了这些黑人宗教知识分子的观点。1947 年他也亲自到印度会见了甘地。他在印度待了一年，深入考察了甘地的非暴力哲学。他成为一名把甘地的非暴力思想介绍到美国的重要人物。纳尔逊从 20 世纪 40 年代末到 50 年代初在很多黑人大学做关于甘地的演讲，认为甘地的方法将极大地影响美国社会中黑人的境况。丹尼斯·迪克森：《美国黑人宗教知识分子与民权运动的神学基础（1930~1955 年）》，第 223~228 页。
③ 詹姆斯·法雷尔：《60 年代的精神：塑造战后的激进主义》（James J. Farrell, The Spirit of the Sixties: Making Postwar Radicalism），纽约 1997 年版，第 89 页。

大会的领导人法默是另一个受益者。他曾是霍华德大学宗教学院的学生,当时梅斯教他教会史,瑟曼教他伦理学。瑟曼指导法默撰写关于宗教和种族主义的毕业论文,并推荐他到和解之友会工作。为和解之友会工作后,法默还请求瑟曼支持伦道夫的向华盛顿进军运动。①

甘地关于非暴力直接行动的教诲在 20 世纪三四十年代对和解之友会领导人马斯特和争取种族平等大会领导人法默有特别深远的影响。受到甘地领导的印度解放运动的鼓舞,和解之友会的成员早在 20 世纪 30 年代就开始在美国宣扬非暴力直接行动。当马斯特在 1940 年当选和解之友会的全国秘书时,和解之友会完成了向激进的和平主义的过渡。他多次清楚地提出,和解之友会将鼓励在美国采用甘地式的非暴力。马斯特对甘地非暴力的热忱来自他作为劳工组织者和激进的基督教牧师的经历和信念。② 法默对甘地的非暴力思想也非常熟悉,他在 1942 年写给马斯特的信中(寻求马斯特对建立争取种族平等大会的支持),已经参照了印度的情况,设计了一套相对成熟的非暴力直接行动方法。例如,他认为美国与印度的社会、文化情况不同,因此在把甘地主义作为基础的前提下,需要对它进行创造性的改造以使它更有效;运动不能局限于和平主义者,需要尽力动员所有想铲除种族歧视的人;运动不能退化为暴动与骚乱;计划必须建立在宗教的基础之上;在发展大规模的非暴力直接行动前,需要进行周密的纪律训练;等等。③ 可见,法默已经把甘地的非暴力思想做了美国化的改造,以使其更适应美国的环境。

还有一些和解之友会的领导人亲自去印度参观、访问和生活,亲身感受非暴力思想的影响。例如,组织成员劳森 1953 年离开美国前往印度,在那里生活了三年。他读了甘地与瑟曼的谈话内容后,对甘地的非暴力思想越发

---

① 丹尼斯·迪克森:《美国黑人宗教知识分子与民权运动的神学基础 (1930～1955 年)》,第 233～234 页。

② 利拉·丹尼尔森:《极端窘迫的时候我转向甘地:美国和平主义者,基督教与甘地的非暴力 (1915～1941 年)》(Leilah C. Danielson, "In My Extremity I Turned to Gandhi: American Pacifists, Christianity, and Gandhian Nonviolence, 1915 - 1941"),载《教会史》 (Church History) 第 72 卷第 2 期 (2003 年 6 月),第 381 页。

③ 詹姆斯·法默:《敞开心扉:民权运动的一个自传》(James Farmer, Lay Bare the Heart: An Autobiography of the Civil Rights Movement),纽约 1985 年版,第 356 页;奥古斯特·迈耶等编《20 世纪黑人抗议思想》(August Meier and Francis L. Broderick, Black Protest Thought in the Twentieth Century),印第安纳波利斯 1965 年版,第 212 页。

感兴趣。① 拉斯廷受甘地的邀请，参加了 1949 年在印度召开的国际和平主义大会。在那里，拉斯廷受到和平主义者的广泛欢迎。尤其值得一提的是，和解之友会的重要领导人理查德·格莱戈 20 世纪 20 年代就曾旅居印度，与甘地关系密切，并深受其影响，成为第一个对印度独立运动及其非暴力策略进行广泛研究的美国人。他的最重要的贡献就是把甘地的非暴力思想经过自己的解释与修改而引入美国。格莱戈教导美国和平主义者和社会改革者，非暴力不仅是一种道德或宗教原则，它也是一种有其自身逻辑和策略的方法。他特别指出受难的方法将引发对手的罪恶感和羞辱感，引起旁观者的同情。格莱戈认为非暴力抵抗依赖于外部的自我觉醒，这种自我觉醒是与现代心理学联系在一起的。以前的和平主义者都认为非暴力是宗教的基本要求，格莱戈则认为非暴力的力量不仅来自宗教，也依赖于现代心理学的洞见、大众媒体的影响和旁观大众的经历。他在西方的概念和术语体系下重新陈述了非暴力的理论，推动和平主义者从道德主义转向了现实主义政治。马丁·路德·金后来把格莱戈的《非暴力的力量》（1934 年）作为影响他思想的最重要的著作之一。②

总之，和解之友会、争取种族平等大会和伦道夫在把非暴力思想引入美国黑人斗争的过程中起了重要的作用。当时美国黑人很少听说过非暴力的斗争策略或生活方式。和解之友会和争取种族平等大会通过不断召开非暴力研讨会和经常地对扎根于黑人教会中非暴力传统的呼吁，通过小范围、小规模的非暴力实践，才逐渐说服黑人开始把非暴力作为一种达到特别目的的策略来接受。③ 然而，它们也有自身的局限。和解之友会主要集中于思想层面的讨论，争取种族平等大会局限于小规模的斗争，伦道夫的卧车搬运兄弟会侧重于制造大规模抗议运动的威胁，并没有付诸实践。它们的共同缺陷是，都

---

① 当时瑟曼问甘地是否对美国人有一些建议，甘地说，他希望通过美国黑人的努力，非暴力能很快传遍世界。因为在美国发生的事件容易引起世界其他地区人们的注意。参见韦斯利·霍根《激进的风格：20 世纪 60 年代的学生非暴力协调委员会与新左派》（Wesley C. Hogan, "*Radical Manners*": *The Student Nonviolent Coordinating Committee and the New Left in the 1960s*），杜克大学博士学位论文 2000 年，第 42 页。
② 约瑟普·科斯克：《理查德·格莱戈、默罕达斯·甘地与非暴力的策略》（Josep Kosek, "Richard Gregg, Mohandas Gandhi and the Strategy of Nonviolence"），载《美国历史杂志》（*The Journal of American History*），第 91 卷第 4 期（2005 年 3 月），第 1318~1348 页。
③ 莫里斯：《民权运动的起源》，第 158 页。

没有动员广大民众积极开展非暴力直接行动，影响不是很大。尽管如此，它们还是为后来的非暴力直接行动策略提供了重要的思想来源和宝贵的经验教训。

二 黑人武装自卫的传统及其局限性

重建以来，美国黑人不仅很少听说过非暴力，还经常要面对暴力与流血。当时非法处死黑人的私刑盛行，针对黑人的种族骚乱也时有发生。私刑是恐吓、贬低和控制南方黑人的一种方法。据不完全统计，1882～1968 年，美国共有 4743 人死于私刑，其中有 3446 人是黑人，占 72.7%。[1] 黑人不能投票、当选公共官员和服务于陪审团，因此无法改变绝大多数暴徒逃脱法律惩处的事实。在种族骚乱中，白人可以任意攻击和杀害黑人。地方法律执行机关不仅对此反应迟缓，还常常煽动、支持白人暴徒，甚至侵扰、惩罚受害的黑人。事后，白人骚乱者同私刑实施者一样，也很少受到法律的惩罚。[2]

大规模的种族骚乱发生在一战前后。1915 年"三 K 党"在南部各州复活，并迅速蔓延到西部和北部。1917 年 7 月在东圣路易斯城，因黑人工人、白人工人的冲突爆发了一场流血的种族暴行。当地许多工会领导人挑起事端，激发白人疯狂地反对黑人。据一份国会调查委员会报告，当时至少有39 名黑人和 8 名白人被杀，数以百计的黑人受伤或残废，约 6000 名黑人无家可归。最后 10 名黑人和 4 名白人被判杀人罪，大多数被捕的白人被释放，或被判短期徒刑。1919 年头 6 个月内，发生了 25 起种族暴力冲突。战后的第一年，70 余名黑人遭受私刑，其中数人为退伍军人。1919 年 7 月，在芝加哥发生了更为严重的种族暴力冲突。由于芝加哥黑人人口的增长，黑人聚居区开始向外扩张，延伸至白人居住范围内，双方紧张关系加剧。暴力冲突的起因是，一名黑人少年被淹死在密执安湖畔白人居住的地段。暴力冲突持续了 13 天，38 人死亡，500 余人受伤。[3]

可见黑人经常生活在恐怖之中。像一位学者评论的那样："黑人长久

---

① 罗伯特·赞格兰杜：《全国有色人种协进会反对私刑的运动（1909～1950）》（Robert L. Zangrando, *The NAACP Crusade Against Lynching, 1909–1950*），费城 1980 年版，第 4 页。
② 罗伯特·赞格兰杜：《全国有色人种协进会反对私刑的运动（1909～1950）》，第 8 页。
③ 乔安妮·格兰特编《美国黑人斗争史：1619 年至今的历史文献与分析》，中国社会科学出版社 1987 年版，第 192 页。

以来被排除在人类大家庭之外，以至于大多数不人道的行为都能强加到他们身上。他们如此'低贱'，仅仅是因为一些无知的白人不喜欢他们衬衫的颜色或他们赶马车的方式，他们就可能被杀死。"① 另一位历史学家指出："黑人社会一直饱受恐怖统治之苦，黑人的心灵因此难以安宁，这也许就是 20 世纪早期美国种族关系最重要的特点。南方黑人住在一个警察国家里，种族主义者的暴力可以毫无理由地强加到他们身上……压迫者可以为所欲为。"②

面对私刑与骚乱，很多黑人被迫采取武装自卫的方式奋起反抗，形成了深厚的暴力斗争的传统。黑人记者约翰·布鲁斯在 1889 年一次演讲中激愤地说：

> 在一个野蛮的不文明世界里，要求以眼还眼、以牙还牙是一种习俗。让黑人要求南方的每一个白人凶手以命抵命。如果他们烧了我们的房子，我们就烧他们的房子；如果他们杀了我们的妻儿，我们就杀死他们的妻儿。无情地追踪他们，以暴力抵抗暴力，以血换血，直到他们停止迫害。……无论在哪里，无论在何时，黑人表现得有人的尊严，总是能赢得人们甚至是对手的尊敬。有组织的抵抗对有组织的抵抗是解决这个世纪难题的最好方式。③

杜波依斯也宣扬报复性的暴力，他经常预测黑人在激烈的种族战争中会成为胜利者。他在《危机》上发表文章，告诫黑人青年，不开展武装斗争，人民就不会获得解放。④ 1921 年克劳德·麦凯的名诗《如果我们必须死去》生动地表达了黑人进行英勇自卫斗争的决心：

> 如果我们必须死去，

① 佩恩：《我得到了自由之光》，第 15 页。
② 佛瑞德·波莱杰：《最后自由了吗？民权运动及其缔造者》（Fred Powledge, *Free At Last？：The Civil Rights Movement and the People Who Made It*），波士顿 1991 年版，第 33 页。
③ 佛洛伊德·巴布尔编《黑人权力反抗》（Floyd B. Barbour, ed., *The Black Power Revolt*），波士顿 1968 年版，第 51 页。
④ 休·戴维斯·格雷厄姆、特德·罗伯特·格尔编《美国的暴力：历史与比较的观点》（Hugh Davis Graham and Ted Robert Gurr, eds., *Violence in America：Historical and Comparative Perspectives*），纽约 1969 年版，第 401 页。

　　决不要像猪一样地被赶入可耻的地方。

　　让一群疯狂的饿狗围着我们嚎叫，

　　对我们倒霉的命运加以嘲笑。

　　如果我们必须死去，

　　那就让我们豪迈地死去，

　　让我们宝贵的血不要白流，

　　就连我们所蔑视的那些魔鬼，

　　也不得不对我们的死表示尊重！

　　哦，亲人们，我们必须同仇敌忾，休戚与共！

　　虽然是众寡悬殊，也要表现我们的英勇，

　　以致命的一击回敬他们的千百次进攻！

　　即使我们面前就是敞开的坟墓那又何妨？

　　昂首挺胸面对那些凶残怯懦的歹徒，

　　就是被逼到墙角，也要拼死反抗，决不投降。①

当时一首流行的诗歌这样写道：

　　提出要求而不要作无谓的乞求，

　　提出要求，如果不给就去夺取，

　　夺取那些理应属于你的东西，

　　以眼还眼，

　　以命抵命，

　　进击，黑人，进击吧！

　　再也不能这样了。②

　　甚至以支持合法斗争著称的全国有色人种协进会也承认报复性的暴力自卫的合法性，支持黑人个人与集体保卫他们的生命、家庭和财产免受白人暴徒的伤害与破坏。③

---

① 南开大学历史系美国史研究室等编《美国黑人运动解放简史》，人民出版社，1977 年，第223～224 页。

② 南开大学历史系美国史研究室等编《美国黑人运动解放简史》，第230 页。

③ 休·戴维斯·格雷厄姆、特德·罗伯特·格尔编《美国的暴力：历史与比较的观点》，第402 页。

　　但黑人一旦使用了武力来保卫自己和家人，那他们经常不得不离开故土以求得生存。为什么要逃亡，为什么不能留下来？原因很简单，因为白人有更多的枪，也有更多的执法的权力。黑人留下来只会遭到残酷的报复，并且无处申冤，得不到保护。而且，即便是逃离也只有在当地黑人社会的支持下才有可能成功。① 在抵御白人骚乱的斗争中，黑人的抵抗一般在骚乱初期就崩溃了。其结局或是逃跑或是屈服，都很悲惨。黑人死亡的人数也远远多于白人。面对占绝对优势的白人，许多武装黑人不得不逃离家园。尽管希望以武力自卫，但多年来的失败使黑人士气低落，以至于有效的武装自卫仅存在于他们的心理世界。② 可见，暴力自卫具有很大的局限性，后来黑人不得不寻找更合适的斗争策略来取代它。非暴力直接行动策略就是在吸取这一反面教训的基础上才得以诞生的。

三　全国有色人种协进会法律斗争的胜利及其局限性

　　面对白人暴徒的暴行，全国有色人种协进会从 1909 年建立起就致力于反对私刑的运动。它不断开展政治游说，希望国会通过联邦反私刑法案。全国有色人种协进会在 1922 年、1937 年和 1940 年三次确保众议院通过反私刑提案，但每次都在参议院被冗长的演说等阻挠议事的手段扼杀。通过要求联邦反对地方种族主义者的暴行，全国有色人种协进会面对着美国改革者长期以来面对的困境：地方与州在联邦体制下拥有很大的自主权。反对者一次又一次地提出，私刑是一种谋杀，谋杀是州负责解决的事务。就这样，南方的政治家利用州权来反对全国有色人种协进会推行反私刑立法的努力，把私刑排除在联邦干预之外。③

　　在游说国会进行反私刑立法的同时，全国有色人种协进会的另一个工作重点是开展法律斗争。全国有色人种协进会反对种族歧视的法律机构由著名律师休斯顿领导。休斯顿在反对种族隔离的公共教育体制问题上发挥了"社会发动机"的关键作用。他制定了三大策略：取消研究生院与职业学院

---

① 威廉·查菲：《诸神开始织网》（William H. Chafe, "The Gods Bring Threads to Webs Begun"），载《美国历史杂志》（Journal of American History），第 87 卷第 4 期（2000 年 3 月），第 1547～1548 页。

② 休·戴维斯·格雷厄姆、特德·罗伯特·格尔编《美国的暴力：历史与比较的观点》，第 404～405 页。

③ 罗伯特·赞格兰杜：《全国有色人种协进会反对私刑的运动（1909～1950）》，第 19 页。

的隔离，白人与黑人教师薪水平等，黑白小学、初中学校设施平等。他与其他全国有色人种协进会的律师制订计划，反对南方的隔离。他们致力于在南方各地开展诉讼斗争。这一时期两个重要的法律判决——1938 年密苏里州盖恩斯案和 1944 年史密斯案的获胜，是全国有色人种协进会民权律师的重大胜利。在密苏里案中，法官裁决，盖恩斯作为一个美国黑人，理应获得允许进入密苏里大学法学院学习。史密斯案的判决结果颠覆了南方各州否定黑人选举权的"白人初选"原则。①

此后，休斯顿最得意的学生马歇尔也加入全国有色人种协进会中来，成为它重要的法律顾问。1939 年，全国有色人种协进会成立了法律诉讼基金会和教育基金会。1940～1945 年，法律诉讼基金会和教育基金会在马歇尔的领导下主要致力于两大领域：消除黑人在法庭审判程序上遭受的不公正对待以及在投票过程中受到的歧视。全国有色人种协进会取得一系列诉讼的胜利，最高法院规定美国黑人有权参加陪审团，保证黑人得到公平、公正的审判，并废除"祖父条款"② 等，这使得黑人开始向享有平等司法权和选举权的目标迈出重要的一步。③

在反对教育隔离方面，马歇尔继承了休斯顿的斗争策略。他领导全国有色人种协进会法律诉讼基金会的律师首先集中处理有关研究生院和职业学院的案件。在一系列相关案件中，最高法院都以学校违背宪法第十四条修正案关于平等保护的条款为由，判决学校允许黑人进入大学研究生院和职业学院学习。④

到 20 世纪 40 年代后期，全国有色人种协进会开始把工作重点转向反对公共教育，尤其是中小学教育领域的隔离。1952 年，最高法院受理了布朗诉托皮卡教育委员会等 4 件相似的案件。布朗案的缘由是：黑人女孩琳达·布朗的父亲奥利弗·布朗竭力想让她在邻近的白人小学登记入读，但遭到拒绝，奥利弗就去寻求全国有色人种协进会的帮助；全国有色人种协进会长久以来一直在等待机会挑战公共学校的隔离政策，他们鼓励其他父母也参加进来，上诉到最高法院。马歇尔和法律诉讼基金会的律师们采取了新的策略，即利用

---

① 雷蒙德·德安吉洛编《美国民权运动：读物与解释》（Raymond D'Angelo, *The American Civil Rights Movement：Readings & Interpretations*），康涅狄格州吉尔福德 2001 年版，第 115 页。

② 当时南方一些州的地方法律规定，只有其祖父拥有选举权的黑人才有权投票。其实这就剥夺了黑人的选举权，因为当时绝大部分黑人的祖父都是奴隶，没有投票权。

③ 布兰德：《对公共法的个人压力》，第 26 页。

④ 雷蒙德·德安吉洛编《美国民权运动：读物与解释》，第 223 页。

心理学和社会学的相关证据来挑战隔离的假设。他们为此雇用黑人心理学家肯尼思·克拉克来证明隔离的影响。克拉克做了一个有趣的实验，他把黑人娃娃与白人娃娃玩具放到 16 个黑人孩子面前，让他们选择，结果显示，许多黑人孩子选择白人娃娃是"好"娃娃，而认为黑人娃娃是"坏"娃娃。一些孩子甚至认为白人娃娃最像他们自己。实验深刻表明，种族隔离与歧视严重影响了黑人孩子的自尊。[①]　克拉克对此评论说："我们为我们的发现而不安，（黑人）孩子们的自我排斥到了如此程度，令我们感到震惊。这对他们的个性发展有着非常消极的影响，使他们不能正确认识自己的肤色。我认为，我们还没有清楚地意识到种族主义的残酷性，反对或根除它是异常艰难的。"[②]

　　在社会学、心理学等一系列有力证据的支持下，经过艰苦的审理，1954年 5 月，最高法院推翻了公共教育中"隔离但平等"的普莱西原则[③]，裁决在中小学校中实施隔离违反宪法。判决回顾了布朗案等 4 个相关案件的发展过程以及最高法院对"隔离但平等"的普莱西原则的认识变化过程，强调"我们应看到种族隔离本身对公共教育的实际影响"，"我们应根据公众教育已获得充分发展和它当前在全国人民生活中所处的地位来考虑。只有这样，才能决定公共教育中的种族隔离是否剥夺了原告享有的宪法第十四条修正案规定的法律平等保护权"。判决认为教育在国家生活中的地位越来越高，影响到很多普通孩子的命运。因此，"在公立学校中仅仅由于种族不同而采取的隔离政策，即使在学校设施和其他表面平等的条件下，也剥夺了少数民族孩子们的平等接受教育的机会"。"在公立学校中实施白人与黑人孩子隔离的政策，对黑人孩子产生一些恶劣的影响。在获得法律认可时，其影响更大，因为种族隔离政策通常意味着黑色人种的卑劣。这种卑劣感影响黑人孩子学习的上进精神。因此在法律支持种族隔离的情况下，形成一种阻滞黑人孩子文化和智力发展的倾向，剥夺了他们在种族混合学校体制中可获得的某些好处。"沃伦大法官由此宣布，"我们决定，在公共教育的领域里，没有'隔离但平等'这一原则的位置。实行隔离的教育天生就是不平等的"。因

---

① 雷蒙德·德安吉洛编《美国民权运动：读物与解释》，第 224 页。

② 理查德·克鲁格：《不过是为了正义：布朗诉教育委员会与美国黑人为平等而斗争的历史》（Richard Kluger, *Simple Justice: The History of Brown v. Board of Education and Black America's Struggle for Equality*），纽约 1977 年版，第 318 页。

③ 在 19 世纪 90 年代末，当荷马·普莱西挑战路易斯安那隔离火车车厢的合法性时，最高法院以 7∶1 投票裁决这种隔离是合法的。从此，"隔离但平等"的隔离制在南方合法地建立起来。

此，最高法院宣布所有有关教育隔离的立法违宪，它侵犯了宪法第十四条修正案规定的黑人应该拥有的权利。①

布朗案的胜利标志着"合法"的种族隔离在美国公共教育领域的终结，但布朗判决没有废除其他公共设施中的隔离，它也没有要求在一个特定时间内废除学校隔离。全国有色人种协进会虽然要求立即废除隔离，但反对者认为，由于南方种族问题的复杂性，隔离制的废除应该缓慢执行。最高法院随后颁布了一个指导原则，同意地方学校委员会以审慎的速度实行非隔离化。这成为南方各地拖延实行非隔离的借口。

南方白人在州权和保卫白人种族的旗帜下，对布朗判决发起了大规模的抵制。在整个南方，州长和地方领导人不断呼吁反对法院的判决。亚拉巴马州华莱士州长就宣布"现在隔离，将来隔离，永远隔离"。密西西比州罗斯·巴奈特州长发誓，他不会让一个"黑鬼"迈入白人学校的神圣门槛，除非他死在联邦的监狱里。伯明翰的地方官员贝利是一个典型的隔离主义者，他表达了对布朗判决的感受："黑人和我的小女儿一起去上学？那就是为什么抵制的原因。"密西西比州首府的主要报纸《杰克逊日报》，刊登了对布朗案的社论："它意味着最痛苦的种族斗争。密西西比不可能也不愿意遵守这样的判决。"② 州立法机关也通过了大量支持隔离的法律。到1957年，布朗判决后仅3年，南方各州至少制定了136条新法律和州宪法修正案来保护隔离。像有的南方人说的那样，"只要我们能立法，我们就能隔离"。他们在教育领域制定了很多实施学校隔离的法律。州立法机关还通过立法攻击全国有色人种协进会以阻止它在本州范围内活动。③

① 克莱鲍恩·卡森等编《目睹奖杯：民权读本——来自黑人自由斗争的文件、演说和直接陈述 1954~1990》（Clayborne Carson et al., eds., *The Eyes on the Prize：Civil Rights Reader：Documents, Speeches, and Firsthand Accounts from the Black Freedom Struggle, 1954 – 1990*），纽约1991年版，第64~74页；彼得·利维：《让自由之声响起：现代民权运动文件史》（Peter B. Levy, *Let Freedom Ring：A Documentary History of the Modern Civil Rights Movement*），纽约1992年版，第36~39页。译文参见乔安妮·格兰特编《美国黑人斗争史：1619年至今的历史文献与分析》，第284~291页。
② 路易斯·安西斯等：《布朗诉教育委员会判决的重要性》（Louis Anthes et al., "Significance of the Brown v. Board of Education Decision"），载罗伯特·阿林森编《争论中的历史》卷2《美国社会与政治运动 1945~2000》（Robert J. Allison, ed., *History in Dispute*, Vol. 2：*American Social and Political Movements, 1945 – 2000*），纽约1999年版（引自Gale数据库）。
③ 杰拉尔德·罗森伯格：《空洞的希望：法院能带来社会变革吗？》（Gerald N. Rosenberg, *The Hollow Hope：Can Courts Bring about Social Change?*），芝加哥1991年版，第78~79页。

在抵制布朗判决的浪潮中，种族主义组织白人公民委员会成立，其成员多是一些体面的白人以及地方官员，具有较好的经济条件。该委员会直言不讳地宣称，它决心抗拒取消种族隔离决定的执行，并号召其成员对为此而积极斗争的黑人和白人实行经济报复和制裁。它还运用宣传武器来煽动白人，抨击布朗案的判决，制造种族仇恨。而当白人公民委员会的策略不能奏效时，"三K党"便介入进来，付诸赤裸裸的暴力。①

更有甚者，1956年3月12日，南方100多名国会议员联名发表了抵制最高法院布朗判决的《南方宣言》，认为"最高法院关于学校案的判决，显然是对司法权的滥用"，它"毫无根据地行使权力，违背宪法，正在南方各州制造骚乱和麻烦，破坏了黑白种族之间的和谐关系"，赞扬"愿意以任何法律手段抵制强制融合的那些州的行为"，并"发誓运用一切法律手段推倒这一违背宪法精神的裁决，阻止它的具体实施"。② 这成为南方抵制合法性的依据，激发了南方更大规模的抵制运动。

在白人的抵制下，布朗判决没有达到理想的效果。布朗判决后的10年内，南方大多数的公共学校仍保持种族隔离。例如，在北卡罗来纳和弗吉尼亚，在布朗判决7年后，不到1/10的学生进入了非隔离的学校。在南卡罗来纳、亚拉巴马和密西西比，没有一个黑人孩子在1962/1963学年进入种族融合的公共学校。历史学家迈克尔·克拉曼描述了布朗判决的结果："1954～1964年10年间，确实什么事情也没发生。"除了白人大规模的抵制运动外，布朗判决无效的部分原因在于它不能为下级法院提供强有力的实现目标的保障。布朗判决实际上由"布朗Ⅰ"和"布朗Ⅱ"两部分组成。"布朗Ⅰ"为公共学校的种族融合提供法律、道德和社会科学上的辩护，"布朗Ⅱ"则宣布可以以审慎的速度实施非隔离，为"布朗Ⅰ"的实施放宽了条件。法官希望各学区为实现非隔离设置自己的时间表，但大部分地方学区什么也不做。一些地方官员还强烈谴责最高法院整合公共学校的判决非法干涉了南方制度。因此，没有以具体的法律条文来补充"布朗Ⅰ"高尚的原则，"布朗Ⅰ"不能向律师和地方法官提供任何法律武器来审判具体的案件。虽然可以说布朗判决在20世纪60年代末和70年代初最终废除了公共学校的隔离，但实际上这不是直接来

---

① 何章银：《种族集团与艾森豪威尔政府的民权政策》，《世界历史》1994年第3期，第3页。
② 《南方宣言》（"The Southern Manifesto"），载雷蒙德·德安吉洛编《美国民权运动：读物与解释》，第254～255页。

自法院的行动，而是主要由于基层直接行动的努力。①

总之，在蒙哥马利公车抵制运动之前，全国有色人种协进会的法律斗争策略是黑人斗争的主要策略。布朗判决是一场标志性的胜利，似乎预示着整个"吉姆·克劳"体制的灭亡。但在最高法院颁布布朗判决后的几个月内，黑人的期望没有实现。随着南方各州大规模抵制运动的兴起，公共学校和公共设施仍然保持隔离。种族主义组织白人公民委员会和"三K党"活动猖獗。全国有色人种协进会的法律斗争策略在这些挑衅面前显得软弱无力。"布朗Ⅱ"鼓励了隔离分子的拖延。艾森豪威尔总统对判决表现谨慎，既不表态支持，也不反对。黑人因此得不到行政部门的支持。南方议员发表《南方宣言》，公开抵制最高法院的判决。面对抵制，黑人失去了对法律和法庭斗争的信心。法律仅仅宣布权利，但不能实施它们。法律和法庭判决必须实行才有意义。因此，黑人需要一个更激进的方法来代替全国有色人种协进会温和的法律斗争策略，强迫南方各州实施法律，促使总统和国会在支持民权方面发挥更积极的作用。这一方法就是后来形成于蒙哥马利公车抵制运动中的大规模非暴力直接行动。②

另外，全国有色人种协进会几十年的法律斗争取得了很大的成就，尤其是布朗判决推翻了"隔离但平等"的原则，为黑人斗争的进一步发展铺平了道路。但正是由于全国有色人种协进会在法律斗争上的成功，提高了黑人获得自由的希望，才导致了黑人对其策略缓慢与渐进的不耐烦与不满。这就是所谓的"期望革命"。③ 美国黑人迫切希望获得更多的成果，合法的渐进主义已经不能满足其要求，法律斗争策略才逐渐被后来的非暴力直接行动策略代替。

综上所述，非暴力直接行动在20世纪50年代的突然兴起并非偶然。它一方面直接受到了美国基督教和平主义传统与外来甘地非暴力思想的影响，另一方面又借鉴了美国黑人暴力反抗与合法斗争失败的教训，正、反两方面的经验已经为此做好了充分的准备。在此基础上，1955年蒙哥马利公车抵制运动的发生成为民权运动中的非暴力直接行动策略正式诞生的标志，这也成为民权运动兴起的重要标志。

---

① 路易斯·安西斯等：《布朗诉教育委员会判决的重要性》，载罗伯特·阿林森编《争论中的历史》卷2《美国社会与政治运动 1945~2000》。关于布朗案的研究见谢国荣《布朗案判决与美国民权运动述评》，《历史教学》2011年第10期。
② 科莱科：《小马丁·路德·金：激进非暴力的使徒》，第20~22页。
③ 雷蒙德·德安吉洛编《美国民权运动：读物与解释》，第173页。

第二节　非暴力直接行动初试锋芒

一　大众动员起来：蒙哥马利公车抵制运动

　　作为民权运动中第一次很有影响的非暴力直接行动，蒙哥马利公车抵制运动的发生看似偶然，但其实之前已经经历了长期的准备。在民权运动兴起之前，蒙哥马利像大多数南方城市一样，种族隔离在人们的生活中无处不在。城市中不仅存在黑白隔离的学校、餐馆、电影院、公共水设施，甚至城市公车的座位都是隔离的。黑人乘客必须在前门付款，然后到后门上车。法律和习俗规定，公车上前排的座位专为白人乘客保留，黑人必须坐在公车的后排，或者坐在没有白人坐时的中间位置。但是，当上车的白人无座时，坐在中间位置的黑人必须给白人让座。而且，哪怕只有一个白人坐在这里，原来在这一排就座的其他所有黑人都必须站到后面。在蒙哥马利公车抵制运动之前，黑人已经举行很多抗议活动来反对这种交通设施上的隔离。例如，早在1953年，路易斯安那的巴吞鲁日黑人就成功地发起一场公车抵制运动，他们迫使城市委员会通过法令允许黑人在先来先坐的情况下乘坐公车。[1] 到1955年12月1日，一名43岁的女裁缝、全国有色人种协进会蒙哥马利分支的前秘书罗莎·帕克斯，拒不给白人让座，于是引发了一场新形式的抗议——大众广泛参与的非暴力直接行动。

　　那一天，帕克斯工作很累，下班后，她上了一辆公交车。当时车是半空的，她找了一个靠近白人区的座位坐下。后来，上车的乘客逐渐增多，一名白人没有座位。司机马上要求包括帕克斯在内的几个坐在中间位置的黑人乘客让出座位。其他黑人乘客都让出座位，但帕克斯拒绝让座。司机找来警察，帕克斯因为违反隔离法而被捕。帕克斯后来回忆道："当司机看见我仍然坐着，他问我是否将站起来，我说我不，他说，好吧，如果你不站起来，我将不得不叫警察把你抓起来，我说，你去叫吧。"[2] 虽然很多人认为这是

---

[1] 胡安·威廉斯编《目睹奖杯：美国的民权之年（1954～1965）》（Juan Williams, ed., *Eyes on the Prize : America's Civil Rights Years, 1954–1965*），纽约1988年版，第60页。

[2] 亨利·汉普顿等编《自由之声：民权运动口述史》（Henry Hampton and Steve Fayer with Sarah Flynn, *Voices of Freedom : An Oral History of the Civil Rights Movement*），纽约1990年版，第20页。

一件自发的偶然事件，帕克斯只是因为当时太累才拒绝让座的。实际上，帕克斯很早就意识到为种族平等而斗争。在 20 世纪 40 年代末，她成为全国有色人种协进会亚拉巴马州分部的第一任秘书，并在蒙哥马利组织了全国有色人种协进会青年委员会。在 1955 年的夏天，她还参加了高地民族学校在田纳西州组织的讲习班。高地民族学校是著名的劳工运动与黑人运动的训练中心。① 帕克斯后来回忆她在高地民族学校的经验时说："那是我生命中第一次生活在一种与其他种族的成员完全平等的气氛中，我在那里真的很快乐，没有任何种族隔离的人为障碍。……我很不愿意离开，在那里，我获得了不仅为黑人也为所有被压迫的人们争取自由的力量。"②

可见，虽然帕克斯没有计划这次安静的抗议，但她为此做了长期的准备。她回忆道："我几乎一生的时间都在反对种族歧视。……我感到我没有被公平对待，我有权利坐在那个座位上。我决定维护我作为一个人和一个公民的所有权利。"③

公车抵制运动的迅速发动也得益于蒙哥马利地方黑人社会的基层组织长期开展的活动。全国有色人种协进会亚拉巴马州分部的主席 E. D. 尼克松（他也是卧车搬运兄弟会地方支部的主席）和妇女政治委员会的主席乔·安·罗宾逊等地方领导人很早就决定开展反对公车隔离的斗争。起初他们不断向市当局呼吁，但成效不大。1955 年罗宾逊领导的妇女政治委员会开始计划一场公车抵制运动。他们需要的是一个合适的时机。1955 年初，一位 15 岁的黑人女孩劳德特·加尔文因为拒绝让座而被捕。尼克松领导的全国有色人种协进会为她做辩护。帕克斯当时是全国有色人种协进会青年委员会的成员，她对此也很感兴趣。因为她 11 年前就曾因为拒绝从后门上车而被赶下公车。帕克斯、尼克松和罗宾逊想把这个案件上诉到联邦法院以证明隔离的公车在美国宪法下是非法的。但不久他们发现这个女孩怀孕了。尼克松等人害怕白人媒体把加尔文描述为一个惹是生非的坏女孩而损害黑人的声誉，不得不放弃了这个机会。④

---

① 桑福德·韦克斯勒编《民权运动目击史》（Sanford Wexler, *The Civil Rights Movement: An Eyewitness History*），纽约 1993 年版，第 68 页。
② 胡安·威廉斯编《目睹奖杯：美国的民权之年（1954~1965）》，第 65~66 页。
③ 豪威尔·雷恩斯：《我的灵魂是安宁的：南方腹地民权运动的故事》（Howell Raines, *My Soul Is Rested: The Story of the Civil Rights Movement in the Deep South*），纽约 1977 年版，第 44 页。
④ 胡安·威廉斯编《目睹奖杯：美国的民权之年（1954~1965）》，第 63 页。

帕克斯被捕的消息很快传遍了整个蒙哥马利黑人社会。尼克松马上赶来为帕克斯付了保释金。他把帕克斯的被捕看作解决蒙哥马利隔离问题的一个理想机会。尼克松告诉帕克斯："如果你同意的话，我们可以利用你的案件颠覆公车上的隔离。"帕克斯尽管知道面临很多危险，仍然同意了尼克松的建议。①

尼克松认为，动员黑人社会最好的方法是得到黑人社会中最受人尊重和最重要的领导人——黑人牧师的支持。帕克斯被捕后的星期五，尼克松马上就安排了一次与十几位黑人牧师（包括艾伯纳西和金等人）见面的会议。牧师们同意在他们星期日的布道中宣布进行一天的公车抵制，然后在周一的会议上再决定抵制是否继续。

同一天，罗宾逊开始计划开展一次支持帕克斯的公车抵制运动。罗宾逊是亚拉巴马州立学院的英语教授，一直遭受公车上白人司机的羞辱。她很早就请求蒙哥马利市政府修正公车隔离政策，但市政府委员会无动于衷。罗宾逊领导的妇女政治委员会一晚上制作了 35000 份号召公车抵制的传单。传单上写着："1955 年 12 月 5 日星期一，又一名黑人妇女因为拒绝把座位让给白人而被捕入狱。这种情况必须被阻止。我们请求每一个黑人拒绝乘坐公车以抗议她的被捕与审判。不要乘坐公车去工作，去市场，去学校，去任何地方……"②

公车抵制的消息通过各种渠道得到广泛的传播。尼克松把一份传单给了一名白人记者，并告诉他："如果你在周日的报纸上刊登这则消息，我保证它将上头条。"③ 当立即实行抵制的故事被刊登在周日报纸的头版上时，很多以前不知道消息的黑人也知道了公车抵制。在 12 月 5 日，绝大多数以前乘坐公车的黑人罢乘公车。他们走路，合伙使用汽车，乘坐马车，甚至骑驴。他们表达了坚定的决心。一位走路的妇女说："我不是为我自己走，我在为我的孩子和孙子走。"④ 这导致大多数的公车空无一位乘客。历史性的蒙哥马利公车抵制运动开始了，它持续了 381 天。从这次抵制运动中出现了一种社会变革的有效策略和一位新的魅力型的黑人民权运动领导人。

---

① 豪威尔·雷恩斯：《我的灵魂是安宁的：南方腹地民权运动的故事》，第 43 页。
② 彼得·利维编《让自由之声响起：现代民权运动文件史》，第 57 页。
③ 桑福德·韦克斯勒编《民权运动目击史》，第 70 页。
④ 小马丁·路德·金：《迈向自由》（Martin Luther King, Jr., *Stride Toward Freedom*），纽约 1958 年版，第 78 页。

在开始公车抵制的那天下午，牧师们会面准备晚上的会议。他们决定建立一个新的组织，即蒙哥马利改进协会来领导这场抵制运动。他们提名26岁的马丁·路德·金博士担任主席。金来到蒙哥马利还不到两年，他不可能成为牧师内部斗争的目标，所以他当选主席没有什么异议。另根据乔·安·罗宾逊的说法，金被提名为蒙哥马利改进协会的主席，仅仅因为他是蒙哥马利唯一有博士学位的牧师。然而，这名26岁的年轻人以前从来没有非暴力直接行动或社会抗议的实际经验。金说："我只是碰巧来到那儿，时代已经准备好了在蒙哥马利发生变革，我与它无关。"① 安德鲁·扬后来也说，"我确信金从来不想成为一名领导人，他所做的每件事情都是被形势推动的结果"。② 但金本身也确有才能和魅力，蒙哥马利地方领导人的基层努力和建立起来的地方组织——蒙哥马利改进协会为他的崛起搭建了舞台，在领导蒙哥马利公车抵制运动的过程中，他迅速成长为一名主张非暴力斗争的魅力型领导人。

马丁·路德·金1929年1月15日出生于佐治亚州亚特兰大市的一个中产阶级黑人牧师家庭，从小受到良好的教育，并于1955年在波士顿大学获得博士学位。金的思想来源于美国黑人宗教传统与西方哲学及基督教思想的紧密结合。金一出生，他的家庭就把他与非裔美国人的宗教传统联系在一起。③ 但他的大部分思想是从正规、严格的学术训练中获得的。在莫尔豪斯学院期间，金学习、接受了梭罗的公民不服从理论。在克鲁泽神学院时，金博览群书，阅读了很多伟大的哲学家以及当代著名教授的作品。在此期间，尼采哲学和甘地的思想对金影响最大，尤其是甘地的爱与非暴力的思想影响了金以后的人生历程。金后来写道："当我读了他的书后，我被他的非暴力抵抗斗争深深地吸引住了……在深入研究甘地的哲学后，我对爱之力量所持的怀疑态度逐渐消失。我第一次看到将它用于社会改革领域的可行性。"金在甘地的爱与非暴力的哲学中，发现了社会改革的方法，"我逐步感觉到这是被压迫的人民争取自由斗争过程中唯一道德与切实可行的方法"。在此基

---

① 德文·卡巴多、唐纳德·威斯：《贝亚德·拉斯廷的民权特性》，载《得克萨斯法律评论》第82卷第5期，第1164页。
② 豪威尔·雷恩斯：《我的灵魂是安宁的：南方腹地民权运动的故事》，第425页。
③ 克莱鲍恩·卡森等编《马丁·路德·金文件集，卷1：为服务于人而生（1929年1月~1951年6月）》（Clayborne Carson, Ralph Luker, and Penny A. Russell, eds., *The Papers of Martin Luther King*, *Volume I: Born to Serve, January 1929 – June 1951*），伯克利1992年版，第1页。

础上，他否定了尼采的一些理论，认为"真正的和平主义不是对邪恶不抵抗，而是对邪恶进行非暴力抵抗。通过爱的力量，人们有勇气面对邪恶，相信成为暴力的接受者而不是使用者是更好的选择，因为这样可以使对手产生一种耻辱感，使他们的思想发生变化，从而有助于社会变革"。在波士顿读博士期间，金又学习了个人主义哲学与黑格尔哲学，从黑格尔那里学到了理性和辩证的思考。① 至此，金形成了基于爱的非暴力抵抗思想，并信奉终生。

当时金作为一名牧师服务于蒙哥马利德克斯特大街浸礼会教堂。作为一名新上任的蒙哥马利改进协会的主席，金有不到 1 个小时的时间准备当晚公车抵制集会的演讲。他后来把它描述为他一生中最重要的演讲之一。成千上万的人来参加这次会议。会议以《向前，基督教士兵》的歌声开始。金发言说：

> 我们今晚在这里对那些虐待我们的人说，我们厌倦很长时间了——厌倦了隔离和羞辱，厌倦了压迫与暴行。我们毫无选择，只有抗议。我们一定要再一次听取基督的告诫：爱你的敌人，为诅咒你的人祝福，为罪恶对待你的人祈祷。……如果你们勇敢地抗议，又保持尊严和基督教的爱，那么将来的一代书写历史书的时候，历史学家将不得不说，曾经生活着一个伟大的民族——黑人——他们把新的意义和尊严注入文明当中。②

人们情绪高涨，不断地以欢呼来暂时打断金的演讲。金生动地表达了他们的感受和观点。帕克斯也被引上前台，她得到大家的热烈欢迎。人们一致同意继续抵制，直到当局答应他们的要求：礼貌地对待黑人乘客；先来先坐，黑人从后门上车，白人从前门上车，不特意为白人或黑人保留座位；在黑人占多数的线路上雇用黑人司机。③

抵制 4 天后，金等蒙哥马利改进协会的成员会见了市长和公车公司的代表，提出了这三项要求。虽然金强调他们并不寻求结束隔离，只是要求白人

---

① 小马丁·路德·金：《迈向自由》，第 96～101 页。
② 小马丁·路德·金：《迈向自由》，第 61～63 页。
③ 小马丁·路德·金：《迈向自由》，第 63～64 页。

能善待黑人乘客，但白人拒绝任何妥协。蒙哥马利改进协会于是开始制订周密的计划以使运动继续开展下去。交通委员会、金融委员会和战略委员会等组织先后建立起来。它们分工合作，不断解决运动中出现的问题。抵制运动开展的最关键问题是黑人的交通问题。在那晚的大众会议上，蒙哥马利改进协会决定成立汽车合用组织以代替原来一直使用的黑人出租车。150多名黑人自愿献出他们的汽车。公车抵制克服了它的第一个障碍。一些人只靠步行出门，一位老年妇女说，"我的腿很累，但我的灵魂很安宁"。① 公车抵制运动因此得以长期坚持下来。

白人社会开始感受到抵制的影响。商业区的商人和公车公司遭受了重大损失。市长宣布实行强硬政策，反对抵制的官方政策形成。市长和他的委员会成员都参加了种族主义组织白人公民委员会。参加抵制的黑人积极分子被工厂开除，失去工作。许多汽车合用组织的黑人司机被警察以超速的借口罚款。汽车合用组织还被当局以没有执照为由宣布为非法。

随后发生了更恐怖的事情，金与尼克松的房子先后被暴徒炸毁。由于不断受到白人种族主义者的恐吓和其他的压力，金也感到非常恐惧，甚至想放弃。一天晚上，他在厨房里向上帝祈祷，在那一时刻，他体验到了以前从来没体验过的神的存在，好像从内心深处听到了静谧的保证："支持正义，支持真理，上帝会永远在你这一边。"因此，即使在自己的房子被炸以后，金仍以德报怨，用演说平息了围在他身旁携带武器的黑人群众的怒火，避免了暴力的发生。他这样说："如果你有武器，请带它回家，我们必须以非暴力对抗暴力。记住耶稣的教诲：'依靠刀剑而活的人必死于刀剑之下。'我们必须爱我们的白人兄弟，无论他们对我们做什么。"② 此后，金等黑人领导人先后被捕，审判金的消息登上全国一些报纸的头版头条，从而也使蒙哥马利公车抵制运动成为全国性的新闻故事。

在公车抵制运动的压力和全国有色人种协进会律师的努力下，最高法院判决，亚拉巴马要求公车隔离的州和地方法律违宪。蒙哥马利公车抵制运动最终获得成功。1956年12月21日，金等人坐上了蒙哥马利历史上第一辆取消隔离的公车。金后来写道："当取消隔离的公车行驶在蒙哥马利的大街

---

① 桑福德·韦克斯勒编《民权运动目击史》，第73页。
② 小马丁·路德·金：《迈向自由》，第134~138页。

上时，天没有塌下来。"① 但白人的抵制仍然很强烈，暴行不断，后来才慢慢平息。最终，经过几个月的步行、合伙使用汽车、诉讼以及被恐吓，抵制者取得了胜利。它不仅是一场法律上的胜利，更是一次精神上的重生。就像罗宾逊多年后说的那样："我们感到我们是个人了，我们强迫白人承认我们和他们拥有同样的公民权利。你不再感觉你是个异类，这也是你的国家，它使你感到美国是一个伟大的国家，我们将继续努力使她更伟大。"②

在蒙哥马利的斗争实践中，金的非暴力思想初步形成并获得发展，他进一步认识到非暴力不仅是一种思想上赞同的方法，它更是一种人们为之奉献的生活方式。他后来在《迈向自由》一书中详细论述了其非暴力哲学的内容：非暴力抵抗并非一种懦夫的手段，而是一种有效的抵抗，它在肉体上是消极的，但在精神上是积极的；非暴力的特点并不是谋求击败并侮辱对方，而是赢得其了解与友谊；非暴力要求消除非正义，而不是消灭那些可能是非正义的白人；非暴力抵抗运动宁愿受难而不施行报复，忍受敌人的打击而不进行反击；非暴力斗争不仅能避免对外部躯体的暴力行动，而且也能避免对内在精神的暴力行为。非暴力并非软弱和怯懦的象征，而是把弱点变为长处，在面对危险时使人产生勇气。非暴力抵抗确信世界站在正义一边。③ 金认为非暴力最终是一种说服的方式，它寻求通过唤起大多数白人的良知来实现正义。他通过诠释甘地的言论来说明这个道理：

> 我们将以我们忍受苦难的能力与你们施加苦难的能力竞赛。……我们不恨你们，但我们不能遵守你们不正义的法律。无论你们对我们做什么，我们都爱你们。炸毁我们的房子，威胁我们的孩子，……把我们打得半死，我们仍旧爱你们。但我们不久将通过我们受难的能力击溃你们。在赢得我们自由的同时，我们将唤起你们的良知，最终在此过程中战胜你们。④

金还特别强调爱的哲学和力量，他认为真正的爱（agape）超越了罗曼蒂克的爱，超越了友谊之爱，是一种相互理解的、创造性的、救赎性的、对

---

① 小马丁·路德·金：《迈向自由》，第180页。
② 亨利·汉普顿等编《自由之声：民权运动口述史》，第32~33页。
③ 小马丁·路德·金：《迈向自由》，第102~106页。
④ 小马丁·路德·金：《迈向自由》，第217页。

所有人的善意。它的突出表现是爱做邪恶之事的人，但恨此人所做的邪恶之事，这就是耶稣所说的"爱你的敌人"。① 总之，"基督提供精神和动力，甘地提供方法"。② 金把基督教的爱与甘地的非暴力方法紧密结合起来，形成了比较系统的思想，这就为他后来领导的一系列非暴力直接行动奠定了思想和策略基础。

但金的非暴力思想并不是完全通过个人的学习和努力形成的，它也得益于其他黑人领导人的帮助。蒙哥马利公车抵制运动发生后，伦道夫立刻做出了反应。他认为，北方黑人应该成为金斗争的一部分，金可能从他和拉斯廷等人的非暴力经验中获益。为了方便南北黑人之间的合作，伦道夫派拉斯廷以使者的名义到南方，帮助金等南方黑人领导人进行非暴力抗议活动。1956年2月，拉斯廷到达蒙哥马利，他成为第一个来自北方的金的政治参谋。当时地方当局采取强硬政策对待公车抵制者，指控蒙哥马利改进协会是非法组织。拉斯廷建议被指控者在甘地精神的指引下，采取公民不服从的手段，在逮捕令发布之前，自愿到警察局等待被捕。金和蒙哥马利改进协会起初对甘地的原则并不完全理解，只是严格地把非暴力作为一种政治手段而不是一种生活方式。拉斯廷失望地发现金的家中竟有防卫的武器，金甚至随身携带枪支。金也承认他当时对甘地的非暴力思想只有书本上的表面理解。拉斯廷向金解释甘地的"爱的力量"的思想，向他说明，枪支在一个自我宣称进行非暴力斗争的人家中存在是与非暴力的信念相矛盾的。在拉斯廷的建议下，金从家中拿走了武器，并对非暴力思想有了更深刻的理解。③ 但拉斯廷外来者的身份引起地方当局过多的注意和敌视，他不得不离开蒙哥马利。此后，他仍通过电话和书信与金保持密切的联系。

当蒙哥马利公车抵制运动以非暴力的旗帜出现时，和解之友会对此也非常感兴趣。两个月后，和解之友会派遣了它的职员斯麦利到蒙哥马利，帮助运动的领导人向地方黑人与白人社会宣传非暴力抗议的策略。1955年2月，斯麦利开始帮助把非暴力抗议的方法教给蒙哥马利黑人。当时，金、艾伯纳西等当地黑人领导人对非暴力的认识还比较模糊，斯麦利向他们传授非暴力

---

① 小马丁·路德·金：《迈向自由》，第104～106页。
② 小马丁·路德·金：《迈向自由》，第85页。
③ 豪威尔·雷恩斯：《我的灵魂是安宁的：南方腹地民权运动的故事》，第53页；德文·卡巴多、唐纳德·威斯：《贝亚德·拉斯廷的民权特性》，载《得克萨斯法律评论》第82卷第5期，第1166～1167页。

的策略与哲学。艾伯纳西认为："和解之友会在我和金博士通向非暴力的朝圣中发挥了非常关键的作用，它通过为运动领导举办讲习班，帮助我们从哲学基础上理解了非暴力。"① 那是金确实把非暴力作为一种生活方式来接受的时期。

蒙哥马利非暴力公车抵制运动既继承了早期非暴力直接行动的一些特点，又显示了其显著的独特性，即广泛的大众参与性。上述地方基层组织的努力与金魅力型领导的紧密结合，使广泛的大众动员成为可能。而蒙哥马利公车抵制运动中出现的新形式——大众会议，为群众参与提供了重要的场所。

蒙哥马利大众会议每周召开两次，其功能一般为通知重要消息，让大众保持精神高涨，募集资金等。每周一和周四晚上，教堂中挤满群众。会议从唱歌开始，很快转向演说与募捐。人们签名承诺义务开车、提供食物或做其他服务。一位白人记者报道："运动只是由普通的黑人开展，他们中有些人一周仅赚 5 美元，但他们献出 1 美元来支持抵制。"② 然后是来自"殉道者"的陈述，他们一般坐过牢，或遭受过某种方式的伤害。一位牧师回忆道，会议富于激情与宗教色彩，每个人都在"庆祝胜利"，这与通常在教堂集会中对受难和殉道的纪念一样。他们的宗教色彩集中体现在音乐上。金夫人称蒙哥马利大众会议充满虔敬的气氛和教会的音乐与精神。③ 在宗教音乐的熏陶下，领导大众进行祈祷的蒙哥马利牧师，帮助强化了黑人教会在社会变革中的传统地位。

像金那样的牧师通常从一个会议赶到另一个会议，只是到他们演讲的时候，才制造"伟大的入场"。正是在这些大众会议上，金显示出他作为一名演说家的巨大力量。一位白人记者乔·阿则贝尔记录了公车抵制当晚大众会议的情形：听众非常兴奋，牧师站起来喊："你们想要你们的自由吗？"听众回答："是的，我要我的自由。"牧师又说："你们支持我们正在做的事情吗？"听众齐声喊道："是的，前进，前进！"这位牧师就是著名的马丁·路德·金。他随后发表了振奋人心、情绪激昂的演讲，他高超的演说、布道技巧和雄辩的才能深深地感染了群众。当金强调"我们决不会后退一步，除非我们获得美国公民的权利"的时候，现场响起最热烈的掌声，出现了最

---

① 莫里斯：《民权运动的起源》，第 159 页。
② 胡安·威廉斯编《目睹奖杯：美国民权之年（1954~1965）》，第 78~79 页。
③ 亨利·汉普顿等编《自由之声：民权运动口述史》，第 30 页。

沸腾的情绪宣泄。① 另一位记者赞扬他的演说"就像一首叙事诗"。她认为他的声音如此富有磁性,以至于它能穿透听众的身体,进入心灵。②

可见,金毫无疑问是大众会议的英雄。一位参加大众会议的黑人说"会议就像复活的开始",而"尊敬的马丁·路德·金是上帝派来的人"。③一位对金颇有微词的南方白人也不情愿地承认:"金吸引了黑人大众的热情和注意力,把他们团结起来,做了很好的工作。他们崇拜他,我的洗衣佣人每周都会告诉我她听到的金的演说。她认为,上帝直接通过金来讲话。金身上带有很多神话色彩,黑人绝对相信金的观点和他的圣徒地位。"④

此外,金也开始有意识地利用新闻媒体来扩大影响,而媒体也显然扩大了金在公车抵制运动中的作用。金为了募集资金和把蒙哥马利发生的事情公之于众,还接受了许多邀请,在全国范围内发表演讲。他的日常时间表被安排得满满的,他的信息和雄辩得到广泛的注意和热情的支持。金也由此获得全国性甚至是国际性的声誉。

总之,蒙哥马利非暴力公车抵制运动形成了与以前黑人斗争显著不同的策略,为后来大规模非暴力直接行动的开展奠定了基础,也有力地推动了民权运动的兴起。正如法默在其传记中所言:"蒙哥马利运动播下了非暴力的种子,我们不需要再向人们解释非暴力了。感谢马丁·路德·金,他使非暴力成为家喻户晓的名词。争取种族平等大会从中受益匪浅。"⑤ 蒙哥马利运动不仅传播了非暴力思想,也产生了为后来运动所效仿的新的斗争模式。在蒙哥马利抵制运动中,地方基层组织在前、金魅力型的领导在后,二者紧密结合、相辅相成的模式,成为后来非暴力直接行动策略的一个基本模式,它极大地组织和动员了广大民众的参与,为民权运动的胜利发展提供了有力保障。

二　南方基督教领导大会的成立及其早期活动的局限性

蒙哥马利公车抵制运动后,佛罗里达的塔拉哈西、亚拉巴马的伯明翰等南方地区也都开展了相似的公车抵制运动,并取得了成功。在抵制运动的浪

① 亨利·汉普顿等编《自由之声:民权运动口述史》,第25页。
② 利斯科尔:《作为牧师的金》,第245页。
③ 亨利·汉普顿等编《自由之声:民权运动口述史》,第24页。
④ 亚当·费尔克拉夫:《拯救美国的灵魂:南方基督教领导大会与小马丁·路德·金》,第26页。
⑤ 詹姆斯·法默:《敞开心扉:民权运动的一个自传》,第187~188页。

潮中，南方黑人感到团结起来才有力量，一种新的南方民权组织由此诞生。就像拉斯廷所言："蒙哥马利的胜利只有引发整个南方其他地方相似的胜利，才能在种族斗争中产生永久的意义。这意味着运动需要一个持续的机制把我们在公车抵制运动中学到的东西转变为南方抗议中更广泛的战略。"①

在拉斯廷、利维森和贝克尔三个纽约人的设计和帮助下，经过南方地方黑人领导人的友好协商，以金为主席的南方基督教领导大会在 1957 年 2 月 14 日建立。南方基督教领导大会是一个伞状组织，其组织结构明显不同于全国有色人种协进会，范围也只限定在南方，不吸收个人会员。它以松散联盟的形式接受地方群体或会员。它公开宣布以非暴力思想作为指导原则，号召"黑人理解非暴力不是软弱和怯懦的象征，而是像耶稣证明的那样，非暴力抵抗把软弱变成力量，并在面对危险时激发勇气"。②

南方基督教领导大会很快发展成为一个以金为中心的权威组织。由于当时艾森豪威尔总统对布朗判决持谨慎的态度，南方基督教领导大会成立后的第一个重大举措就是给艾森豪威尔总统发电报，要求他发表演说支持判决，并召开白宫民权会议。他们在电报中说："政府如果不采取有效的补救措施，南方基督教领导大会将被迫发起一场声势浩大的向华盛顿进军的香客朝圣运动。"但他们的要求遭到拒绝，金与南方基督教领导大会于是开始实施这一计划。1957 年 5 月 17 日，即布朗判决 3 周年纪念日，南方基督教领导大会与全国有色人种协进会、伦道夫等紧密合作，发起向首都进发的香客朝圣运动。它吸引了 3 万多人参加，其中包括 3000 名白人，分别来自 33 个州。威尔金斯、伦道夫等黑人领导人先后在集会上发言，其中金的演讲最引人注目。面对南方白人对布朗判决的抵制，他呼吁南方给予黑人投票权："给我们选票，我们将不会为了通过一项反私刑法去企求联邦政府；给我们选票，我们将会使嗜血成性的暴徒们公开的暴行变成守法公民的永恒的良行；给我们选票，我们就会使具有高尚情操的人们占据立法大厅；给我们选票，我们就能迅速而合法地使 1954 年 5 月 19 日最高法院的决定生效。"③

---

① 德文·卡巴多、唐纳德·威斯：《贝亚德·拉斯廷的民权特性》，载《得克萨斯法律评论》第 82 卷第 5 期，第 1168 页。

② 亚当·费尔克拉夫：《拯救美国的灵魂：南方基督教领导大会与小马丁·路德·金》，第 33 页。

③ 菲利普·方纳编《美国黑人的声音：美国黑人的主要演讲（1797～1973）》，（Philip S. Foner, ed., *The Voice of Black America : Major Speeches by Negroes in the United States, 1797 – 1973*），纽约 1975 年版，第 304～305 页。

金最后做出结论，要求联邦政府对民权事业承担强有力的领导。这是金第一次在全国观众面前发言，马上得到媒体的广泛关注。纽约一家报纸甚至称金是从香客朝圣运动中出现的第一号美国黑人领导人。香客朝圣运动取得一定的成功，对 1957 年民权法案的通过起了积极的推动作用。①

但南方基督教领导大会仍然缺少目标清晰的战略。它的最初目标是把蒙哥马利公车抵制运动发展到南方其他城市。但除少数城市外，其他南方城市中很少有黑人愿意实施相似的抵制策略来结束公共交通的隔离，大多数黑人社会缺少蒙哥马利拥有的各种有利条件。因此，当公车抵制运动不能发展时，南方基督教领导大会转向开展争取公民权运动。马丁·路德·金等人认为，赢得选票是十分关键的。取消黑白分校、获得体面的住房和工作机会以及在交通设施中取消种族隔离等目标与黑人大众获得投票权息息相关。因此，南方基督教领导大会召开会议，决定围绕赢得公民权组织新的大众运动。这一努力被称作"争取公民权计划"，它的目标是争取在 1958～1960 年选举期间，使南方黑人选民的数量增加一倍。② 其策略是建立一场模仿公车抵制运动、以争取选票为中心、遍及整个南方的大众运动。当时黑人参加选民登记面对着白人强烈的抵制，很多勇敢的黑人因此受到威胁，甚至被杀害。在恐怖威胁下，大多数黑人不敢也不知道去投票，几乎被系统地排除在政治体制之外。面对这样的情况，南方基督教领导大会的积极分子知道，只有创造出克服恐惧、自尊自强的"新黑人"，运动才可能成功。而"新黑人"需要通过讲习班、大众集会等大众运动的形式来塑造。争取公民权计划的实质就是依靠现存的社会组织（尤其是教会），通过动员大众，围绕争取选票发起一场大众运动。

南方基督教领导大会于 1958 年 2 月 12 日在 22 个南方城市同时召开大众会议，争取公民权运动正式开始。运动的基本方法是通过先前存在的政治组织和教会来动员大众、组织运动。争取公民权运动在向南方黑人群众宣传非暴力直接行动方法方面发挥了重要的作用，也有助于建立地方运动的中心，但由于白人的激烈抵制，增加黑人选民数量的目标并没有实现。运动也没有克服黑人大众在投票过程中的恐惧与无知问题。而且，南方基督教领导大会的中心领导与各地方组织的本地领导之间的矛盾变得非常突出，难以调

---

① 科莱科：《小马丁·路德·金：激进非暴力的使徒》，第 27～28 页。
② 莫里斯：《民权运动的起源》，第 101 页。

和。关于这一点，金在 1959 年承认，"在全国和地方组织间没有开展任何真正的合作来增加选票"。南方基督教领导大会根本不能协调先前存在的组织的活动并劝说他们开展直接行动。① 可见，争取公民权运动的失败归根结底是由于南方基督教领导大会缺少坚实的地方组织基础。

南方基督教领导大会当时也不能发起像后来"公民不服从"那种新形式的直接行动，不能实施更激进的策略，主要是由于黑人经济上的问题。失业或被捕会导致黑人经济困难，因此许多黑人不得不保持沉默。与成年人的保守相比，年轻人的激进性越发显露出来。1956 年学生们在佛罗里达发起了塔拉哈西公车抵制运动。1958 年，纳什维尔的学生开始举办关于非暴力的讲习班。同样是在 1958 年，由于小石城危机，学生们发起了向华盛顿进军的"支持取消学校隔离的青年游行"。由于动员黑人成人比较困难，而年轻人慢慢成为运动的主力军，南方基督教领导大会开始认识到，动员成人最有效的方法是把他们的孩子吸纳进来。②

总之，从 1957 年南方基督教领导大会成立到 1960 年学生静坐运动发生，金及其组织取得了一些成就，但影响有限。1960 年，由学生激进主义引发的大规模公民不服从运动爆发，才打破了这一相对沉寂的局面，把民权运动推向了新高潮。

第三节　非暴力直接行动的大规模兴起

一　学生开始行动：静坐运动与学生非暴力协调委员会的成立

1954 年布朗案的判决、1956 年蒙哥马利公车抵制运动的胜利、1957 年小石城危机的解决等重大事件，为新一代年轻黑人的成长提供了有利的环境，他们在民权变革的 10 年前开始出现在历史的舞台上。例如，1954 年沃伦大法官宣布布朗判决时，黛安·纳什 16 岁，蒙哥马利公车抵制运动胜利结束时，她 18 岁。1955 年蒂里私刑案发生时，约翰·刘易斯 15 岁，小石城事件发生时，他 17 岁。到 1960 年，纳什和刘易斯都上了大学。③ 他们目

---

① 莫里斯：《民权运动的起源》，第 115 页。
② 亚当·费尔克拉夫：《拯救美国的灵魂：南方基督教领导大会与小马丁·路德·金》，第 55 页。
③ 胡安·威廉斯编《目睹奖杯：美国民权之年（1954～1965）》，第 122 页。

睹了一系列美国黑人斗争取得的重大胜利，又接受了新的教育，不能再容忍美国种族隔离和种族歧视的存在。同时，他们又一无所有，没有什么可损失的，不像成人，还担心失去工作、房子和汽车。因此，他们成为运动最激进的群体，开始以新的斗争策略和组织形式，在民权运动中发挥重要的作用。刘易斯回忆了蒙哥马利公车抵制运动对他的影响："看到马丁·路德·金和蒙哥马利的黑人把他们自己组织起来了，55000 名黑人只是以走路而不坐隔离公车的方式坚持了一年多，这对我产生了巨大的影响……我认为这一特别事件可能比任何事情都更多地改变了我生活的方向。"北卡罗来纳州格林斯伯罗发起静坐的四个大学生也回忆说，他们深受蒙哥马利公车抵制运动和小石城事件的鼓舞，决心不再沉默，要起来斗争。①

1960 年 2 月 1 日，格林斯伯罗农业技术学院的四名黑人大学新生走进一家伍尔沃斯廉价商品店，买了一些日用品，然后坐到专为白人服务的商店便餐柜前，要求得到招待。女侍者告诉他们，"很抱歉，我们这里不为黑人服务"。学生们礼貌地进行回应，拒不离开，一直待到商店关门。② 以后几天，越来越多的黑人学生来到隔离的午餐柜台前静坐。在地方与全国媒体的广泛报道下，格林斯伯罗静坐运动迅速传播到整个南方。在两个星期内，弗吉尼亚、南卡罗来纳两州发生了同样的静坐运动。在两个月内，学生静坐运动已经传播到 9 个州的 54 个城市，吸引了大约 5.5 万人参加。③ 学生抗议者评论说，"它就像发烧似的，每个人都想去，我们是如此的高兴"。④

在所有的静坐运动中，纳什维尔的学生静坐运动最有影响。詹姆斯·劳森在此过程中发挥了重要作用。在 20 世纪 50 年代，劳森是纳什维尔范德比尔特大学的一名学生。作为一名和平主义的坚定信仰者，这位年轻的黑人在朝鲜战争期间拒绝服兵役而选择入狱。后来，在一批卫理公会派牧师的帮助下，劳森作为使者来到印度。他在那里待了三年，学习关于甘地非暴力抵抗的策略。1956 年劳森一回到美国，他就获悉蒙哥马利公车抵制运动正在采取非暴力抗议的方式进行斗争，他马上来到亚拉巴马与金会面。当听了劳森解释甘地的大规模非暴力抵抗的策略后，金鼓励劳森把非暴力的思想应用到

---

① 杰克·布鲁姆：《阶级、种族与民权运动》（Jack M. Bloom, *Class, Race, and the Civil Rights Movement*），印第安纳州布卢明顿 1987 年版，第 157 页。
② 豪威尔·雷恩斯：《我的灵魂是安宁的：南方腹地民权运动的故事》，第 76 页。
③ 桑福德·韦克斯勒编《民权运动目击史》，第 109 页。
④ 卡森：《在斗争中》，第 13 页。

民权运动中。此后，劳森放弃学业，成为和解之友会的南方地方秘书。

1958 年，劳森开始在纳什维尔和南方举办非暴力讲习班。他教导学生和其他积极分子采用消极抵抗的策略。劳森也到其他的南方校园培训学生。到 1960 年，南方的许多黑人校园都听说过非暴力讲习班。由于 1958 年后劳森在纳什维尔定居，因此他与当地大学的一些学生联系非常密切，逐步在那里建立了民权运动中最为成功的非暴力讲习班。它培养了多名以后在民权运动中发挥关键作用的黑人领导人：黛安·纳什、詹姆斯·贝弗尔、约翰·刘易斯。

黛安·纳什是来自芝加哥的纳什维尔菲斯克大学的学生，她不能接受南方种族隔离的状况，决定为此做些事情。当一个朋友告诉她劳森讲习班（每周二晚上举行）的情况后，她决定参加。纳什后来解释她在讲习班中如何进行非暴力哲学和策略的训练：使用角色模仿的方法；在遭到攻击时，保护自己的头免遭痛打；彼此互相保护，以免某人受重伤；甚至模拟隔离的午餐柜台的现场来进行体验；等等。①

约翰·刘易斯是纳什维尔一所神学院的学生，他生长于亚拉巴马，深受马丁·路德·金领导的蒙哥马利公车抵制运动的影响。他也参加了劳森的讲习班。他说："讲习班几乎成为像我这样的学生的选修课，它是我们做过的最重要的事情，我们成为真正有信仰的群体。"②

劳森在讲习班中反复宣扬非暴力的原则："在柜台前自始至终表现友好，正对柜台笔直端坐，如果遭到攻击，不要还击或咒骂，不要笑出来，不要交谈，不要堵塞入口。"他认为使用非暴力最现实的原因是，"我们要建立一个更正义的社会"，而不是助长仇恨。③ 他提醒每位学生记住耶稣、甘地和马丁·路德·金的教导。

这个小群体对历史经验——从早期基督教中的非暴力思想到新约中爱的概念，再到甘地和印度的非暴力斗争，最后到蒙哥马利公车抵制运动，都进行了认真的探讨。讲习班开始从根本上重塑学生们对自己和对彼此的感觉。学生们在讲习班的第一个重要发现是他们并不孤独。劳森在讲述中提供的广阔历史背景帮助他们理解，他们能从以往的经验中吸收养料。他们也分享彼

---

①　亨利·汉普顿等编《自由之声：民权运动口述史》，第 55 页。
②　胡安·威廉斯编《目睹奖杯：美国民权之年（1954～1965）》，第 126 页。
③　亨利·汉普顿等编《自由之声：民权运动口述史》，第 54 页。

此的斗争经验，形成紧密联系的纽带。在讲习班中，他们开始理解博爱社会与地球上上帝王国的基督教概念没有什么不同。劳森帮助他们解释基督教非暴力中的关键因素，即如何回应言辞上或身体上的暴力攻击。他赋予学生自己思想的力量，培养他们的自尊和有效感。他激励学生想象任何小群体都能对南方隔离制产生重要影响。与他人分享经验和观点成为讲习班的中心内容，它不再是劳森的讲习班，它属于参加讲习班的每一个人。劳森不仅为学生们提供了讨论与思考的空间，他本身反隔离的英勇行动也为学生们树立了榜样。①

在劳森的影响下，纳什和刘易斯等学生很早就计划发起纳什维尔学生运动。他们希望利用他们在劳森举办的非暴力讲习班中学到的策略来废除纳什维尔的隔离。他们计划派一批学生到便餐柜台前要求服务，进行静坐。如果这些学生被捕，另一批学生将继续静坐。如果他们得到招待，他们将去另一个便餐柜台，继续静坐。当便餐柜台整合了，他们将把目标转向电影院和图书馆。② 这样到 1959 年秋，学生们对非暴力理论的信奉开始逐步转变为变革的蓝图。但在 1960 年 2 月 1 日，格林斯伯罗农业技术学院的四名黑人大学新生首先发起了静坐运动。纳什后来回忆说："当格林斯伯罗的学生在 2 月 1 日静坐的时候，我们正计划努力做同样的事情。听到其他城市参加静坐的消息，我们很吃惊也很兴奋。我们开始感受到思想的力量，我们根本没想到运动会传播得如此广泛。"③

2 月 18 日，纳什维尔学生动员了 200 人到城市的主要商店中静坐。虽然学生们很克制，很有纪律，保持着自身的尊严，但仍遭到白人的强烈抵制。在一些饭店，黑人学生遭到围观、嘲笑和侮辱，甚至被浇上一身的番茄酱。2 月 17 日，一群纳什维尔的白人青少年攻击了静坐的学生，把他们拖出柜台座位。黑人学生没有一个人还击。但是，当警察到来后，他们并没有逮捕白人青少年，而是逮捕了这 81 名抗议者，指控他们扰乱秩序。④ 随着白人抵制的升级，"三 K 党"等种族主义分子开始付诸赤裸裸的暴力。很多学生被打，全国有色人种协进会领导人、静坐运动律师亚历山大·鲁比的家

---

① 韦斯利·霍根：《激进的风格：20 世纪 60 年代的学生非暴力协调委员会与新左派》，第 49～58 页。
② 胡安·威廉斯编《目睹奖杯：美国民权之年（1954～1965）》，第 126 页。
③ 亨利·汉普顿等编《自由之声：民权运动口述史》，第 58～59 页。
④ 亨利·汉普顿等编《自由之声：民权运动口述史》，第 58 页。

竟被暴徒炸毁。学生们非常愤怒，在纳什的领导下，他们迅速开会决定举行大众游行。这成为运动的转折点。在游行过程中，很多人参加进来。游行队伍到达市政府门前时，已经聚集了几千人。巨大的压力最终迫使当局宣布废除便餐柜的隔离。[①]

越来越多的学生参加静坐运动。到 4 月，有 2000 多人被捕。其中最大的一场运动发生在亚特兰大。学生们发布宣言，要求结束在餐馆、电影院、音乐厅和其他公共场所的隔离，也要求在教育、住房和医疗等方面实现平等。3 月 15 日，大约 200 名学生发起了一场精心准备的、遍及亚特兰大主要公共设施领域的静坐运动，警察逮捕了 77 名示威者。虽然学生领袖与当局进行了很多次谈判，但没有达成任何解决方案。[②]

马丁·路德·金在 1960 年年初也赴亚特兰大积极活动。10 月 19 日，在朱利安·邦德等当地学生领袖的邀请与策划下，金参加了学生静坐活动，被捕入狱。金被判 4 个月监禁。这样的重判震惊了全国。哈里斯·沃福德是一名白人律师，当时在总统竞选中为参议员约翰·肯尼迪工作。他认为这是一个荒唐的判决。最初，他劝说肯尼迪起草一个强有力的声明，反对对金的判决，呼吁释放他，但遭到佐治亚州州长的强烈反对。哈里斯又想出一个主意，让约翰·肯尼迪打电话给金夫人，对她表示慰问，给她以支持和同情。约翰·肯尼迪照此计划行事，金夫人接到电话非常感动。罗伯特·肯尼迪虽然起初不同意这个计划，担心南方州长的反对，但他还是打电话给佐治亚州的法官，让他释放金。这个电话很有效，金第二天就获释放回家了。这一事件对黑人选民有很大的影响。哈里斯等人还印刷了大量的小册子，上面写着尼克松对此事件的漠不关心以及金夫人、金本人和金的父亲等人的评论。这些评论都是很有力的陈述。例如，金的父亲说："作为一名浸礼会信徒，我将投票反对约翰·肯尼迪，因为他是一个天主教徒。但如果他有勇气擦掉我儿媳脸上的泪水，我也有勇气把选票投给他。"大约 200 万册小册子在选举前的星期天分发到各主要城市的黑人教会。在选举日那天，至少 7/10 的黑人选民把选票投给了肯尼迪，最终肯尼迪以微弱优势战胜了尼克松，当选总统。[③]

南方基督教领导大会的埃拉·贝克尔对蓬勃发展的学生运动印象尤其深

① 亨利·汉普顿等编《自由之声：民权运动口述史》，第 65~67 页。
② 桑福德·韦克斯勒编《民权运动目击史》，第 111 页。
③ 亨利·汉普顿等编《自由之声：民权运动口述史》，第 67~71 页。

刻。她说："我认为运动能迅速扩展源于年轻人的热情与他们对行动的渴望，他们对老的领导日益不满。"但贝克尔也意识到，静坐运动缺少方向和全面的领导。她向南方基督教领导大会呼吁发起一场由静坐学生参加的会议。会议于 1960 年 4 月 16 日至 18 日在北卡罗来纳州的罗利召开。刘易斯、纳什和北方的学生代表汤姆·海登等人都参加了会议。南方基督教领导大会非常关注会议的进程。但学生们不想成为南方基督教领导大会的青年支部，也不想加入全国有色人种协进会地方分会的青年委员会。贝克尔在题为"不只是为了一个汉堡包"的开幕词中，强调学生发展自己独立的组织和走自己的路的必要性，号召学生建立以群体为中心的领导，而不是像全国有色人种协进会、南方基督教领导大会那样以领导为中心的组织，呼吁学生不仅要打破便餐柜台的隔离，而且要改变整个社会结构。① 纳什回忆说："贝克尔当时在指引学生运动方向方面发挥了重要的作用，她并不指挥学生做什么，而是真正理解学生设定自己的目标和方向、控制自己运动的重要性。"②

可见，贝克尔对学生运动的组织结构和方向起着关键的作用。虽然一直是全国有色人种协进会、南方基督教领导大会重要的领导人，但贝克尔的社会组织思想与这两个组织的官僚化结构和魅力型领导经常发生冲突。她认为全国有色人种协进会和南方基督教领导大会太保守，太以自我为中心了，它们不能与在学生运动中产生的新激进主义保持一致。贝克尔相信学生有权利决定他们自己的事务，甚至有权利犯自己的错误，因此，她坚决不同意南方基督教领导大会领导人金等人力图把静坐学生变成南方基督教领导大会的青年支部的计划，极力寻求使学生运动免受成人的束缚。就像刘易斯所言："她年龄上比谁都大，但是在哲学思想方面，她是运动中最年轻的人之一。"③

在会议上，劳森和他的纳什维尔群体发挥了重要的作用。劳森是会议中最有影响的领导人。他比金更熟悉非暴力直接行动的哲学，对学生非暴力协调委员会的影响比金更大。他在发言中坚持抗议后面的基本问题不是法律的、社会的或种族的，而是道德与精神的。非暴力抗议强迫南方白人意识到罪恶的存在，从而加速社会变革的进程。他特别批评全国有色人种协进会仅

① 克莱鲍恩·卡森等编《目睹奖杯：民权读本——来自黑人自由斗争的文件、演说和直接陈述 1954~1990》，第 120~121 页。
② 胡安·威廉斯编《目睹奖杯：美国民权之年（1954~1965）》，第 137 页。
③ 西特科夫：《为黑人的平等而斗争》，第 83 页。

强调募集资金和法院行动，认为"我们的人民不再是种族邪恶的牺牲品"，他们通过有纪律的行动来行使宪法。他建议先讨论非暴力哲学，再讨论种族融合的目标。他为学生非暴力协调委员会起草的宗旨声明鲜明地体现了非暴力的哲学思想与宗教基础：

> 我们确信，非暴力的哲学和宗教思想是我们的目标的基础，是我们信仰的前提，是我们行动的规范。非暴力来自犹太－基督教的传统，寻求充满爱的正义的社会秩序。人类努力消除种族歧视正是实现这一理想的关键的第一步。通过非暴力，勇气取代恐惧，仁爱改变仇恨，宽容驱散偏见，希望结束绝望，和平战胜战争，信仰解除怀疑，相互的关心取消敌视，正义颠覆所有的不正义，救赎性的社会最终取代不道德的社会体制。爱是非暴力的核心主题。爱是上帝把人们联系在一起的力量。这种仁爱是绝对的，即使在敌对中，它也保持爱与宽恕。……非暴力通过呼吁良知，并坚信人类善良的本质，培养了和解与正义的气氛。[1]

受劳森影响的纳什维尔学生群体，充当了学生非暴力协调委员会重要领导的角色。他们不仅奉献于非隔离，也信奉甘地主义和追求博爱社会的基督教理想。菲斯克大学提供了很多这样的领导人，包括马里恩·巴里、纳什和刘易斯等。劳森和他的纳什维尔群体为学生非暴力协调委员会的建立乃至早期的发展提供了思想和领导基础。

在贝克尔的鼓励下，学生们先建立了一个临时的学生非暴力协调委员会。新选出的主席是来自纳什维尔群体的马里恩·巴里。会议一致同意入狱而不缴保释金的原则。在"填满监狱"口号的号召下，学生们纷纷入狱，并不以为耻，反以为荣。一位学生甚至宣布："美国黑人将来最伟大的进步不是在国会或最高法院取得的，它将在监狱中到来。"[2]

在学生非暴力协调委员会的组织和领导下，静坐运动进一步向南方发展与扩大。到1960年年末，大约70000人参加了类似静坐的运动，取得了很大的成功。很多城市的午餐柜台开始向所有人开放，其他的一些公共设施也

---

[1] 卡森：《在斗争中》，第23~24页。
[2] 桑福德·韦克斯勒编《民权运动目击史》，第122页。

逐步实现非隔离化。到 1961 年，有 200 个城市实现了非隔离化。① 美国黑人勇敢的行动最终也迫使联邦政府采取反对隔离的立场。

静坐运动不仅促进了非隔离，更重要的是，它唤醒了新一代黑人积极分子，也重新塑造了年轻的美国黑人自身的形象。发起格林斯伯罗静坐运动的四名学生之一富兰克林·麦卡恩声称："那一天可能是我一生中感觉最好的时刻，我感到我好像赢得了我的尊严。"② 纳什维尔学生运动领导人纳什最初也对参加静坐感到很矛盾，但当她真正参与以后，她便开始感觉到自身价值所在，发现了自己身上前所未有的勇气。她认识到通过使用非暴力，很多事情变得有意义了。这给了她一种新的感受。正如她后来所说："在运动中，我们逐步意识到自己的价值，开始看到自己对国家的作用和责任。……在黑人中诞生了一种把自己作为一个人的新意识。"③ 刘易斯曾这样谈论自己第一次被捕的感受："入狱会给家庭带来耻辱。但对于我来说，它就像卷入一场圣战，它变成了一种荣耀。我认为它与我在讲习班中学到的东西是一致的，因此我感觉很好。"④

这样的心理变化在静坐学生身上不断发生。每一个学生用自己的方式表达"我要成为一个人"的思想。学生们因此拥有了自尊和自信，对自己的力量不再怀疑，也激发了进一步斗争的渴望。一个黑人学生骄傲地说："我自己打破了一个便餐柜的隔离，不是别的什么人，不是某个大人物、某个强有力的人，而是小小的我。我走过了那个警戒线，我坐下了，隔离之墙就轰然倒塌了。现在所有的人都能在那里吃饭。"每一个小小的胜利使成千上万的人确信，"现在没有什么能阻挡我们"。⑤

学生静坐运动与以往的公车抵制运动相比，具有自己显著的特点。从性质和程度上讲，静坐运动已经升级为大规模的"公民不服从"运动。蒙哥马利公车抵制运动其实并不违法，虽然它涉及的面非常广，整个城市的五万多名黑人几乎全部参加进来，但带有"公民不服从"性质的只有罗莎·帕克斯一个人，因为她违反了南方的种族隔离法。从非暴力斗争的角度来说，公车抵制运动是最为安全的一种。这些进行公车抵制的黑人，他们的行为本

---

① 西特科夫：《为黑人的平等而斗争》，第 82 页。
② 西特科夫：《为黑人的平等而斗争》，第 81 页。
③ 彼得·利维编《让自由之声响起：现代民权运动文件史》，第 69 页。
④ 亨利·汉普顿等编《自由之声：民权运动口述史》，第 58 页。
⑤ 西特科夫：《为黑人的平等而斗争》，第 82 页。

身并不违反包括种族隔离法在内的任何法律。他们的人身和财产相对比较安全，他们不会无故遭到逮捕，最多受到一些种族主义分子的恐吓。但是，静坐运动就完全不同了。它使参与这个运动的每一个人，都直接与地方法律相对抗，都面临着很大程度的危险，包括遭到辱骂、毒打和逮捕等。但事实表明，公民不服从策略确实是打破种族隔离最快、最有效的路径。

在静坐运动中，劳森举办的非暴力讲习班成为民权运动的主要工具，非暴力讲习班成为非暴力斗争的基本部分。不同于蒙哥马利公车抵制运动依靠大众会议来维持，小规模的讲习班从某种方式上维持了学生静坐运动。这一模式后来在其他非暴力抗议中也得到广泛运用。在每次发动大规模抗议运动之前，举办非暴力讲习班，招募积极分子进行非暴力的培训，成为运动健康发展的重要保障。在此过程中，非暴力讲习班培养了一批抗议运动的领导人和中坚力量，他们中的很多人（主要是纳什维尔群体）不仅把非暴力作为一种斗争策略，也把它作为一种思想哲学和生活方式。他们对民权运动后来沿着非暴力的轨道向前发展起着非常关键的作用。

贝克尔的社会组织策略成为学生运动的基本策略，这成为后来与魅力动员策略分庭抗礼的重要策略，虽然它们同属于非暴力直接行动策略。贝克尔认为大众运动应该是自下而上的民主组织，反对个人崇拜和魅力型领导。她的思想言行深深地影响了学生非暴力协调委员会，使之成为著名的基层组织。她提出以群体为中心的领导模式，反对以领导为中心的群体模式，是社会组织策略的主要倡导者。她组织人们形成自己的问题，定义自己的概念，找到解决问题的方法，认为"强有力的人民不需要强有力的领导"，每个人都可以发挥自己的最大潜能，有能力决定自己的生活，掌握自己的命运。后来，学生非暴力协调委员会深入密西西比等南方腹地开展斗争，发展当地的黑人领袖，创造当地的黑人组织和制度，在很大程度上受到了贝克尔思想的影响。

二　"公民不服从"的典型：自由乘车运动

静坐运动引发了反对州际交通隔离的自由乘车运动。1961 年，美国黑人仍旧被迫坐在州际公共汽车的后排到南方旅行，他们仍然不被允许进入白人专用的候车室和车站餐厅。事实上，1946 年最高法院已经判决禁止在州际公共汽车和火车上实行隔离。在判决的第二年，一个由 16 人组成的种族间的民权积极分子群体就发起了一次通过南方的和解之旅，以检验判决是否有效，运动并没有取得成功。13 年以后，最高法院在著名的博恩托诉弗吉尼亚案中判决，反对州际旅行的隔离不仅包括公共汽车和火车，也包括车站。但这两个判决在南方根本没有实施。1961 年 3 月，争取种族平等大会的领导人法默号召志愿者们参加通过南方的"自由乘车运动"，以检验这一判决是否有效。法默清醒地认识到南方各州拒不执行最高法院的判决，而联邦政府又不实行这一法规是因为政治原因："联邦政府不实行联邦法律，因为它害怕来自南方的报复。我们必须要做的事情就是使联邦政府不实施联邦法律的政治后果更加危险。"法默说明了其策略的具体意图："我们感到我们能依靠南方种族主义分子制造'危机'，迫使联邦政府实施联邦法律。这就是自由乘车运动的基本原理。"①

1961 年的自由乘车运动像 1947 年的和解之旅一样，包括一个由黑人与白人共同组成的群体。这个群体中的白人会坐在公车的后排，黑人会坐在前排，并拒绝离开。在每一个车站，白人走进黑人候车室，黑人进入白人候车室，寻求使用所有的公共设施，并拒绝离开。而且，当遭到逮捕时，自由乘客们保证待在监狱里而不付罚款或保释出狱。法默相信，除了吸引全国公众的关注外，这会使州与地方政府维持隔离的经济代价高昂。②

争取种族平等大会经过仔细挑选，招募了 13 个人，然后对他们进行了一个星期的艰苦训练。法默遵从甘地把计划公开化的教诲，分别写信给联邦总统、司法部长、联邦调查局局长、州际贸易委员会主席等人，向他们报告了详细情况，并希望得到联邦的保护，但没有得到任何回复。运动的计划是派遣两个种族混合的群体分别乘坐火车和"灰狗"长途汽车赴南方旅行。他们计划从华盛顿出发，经过亚特兰大，然后通过亚拉巴马和密西西比，在1961 年 5 月 17 日，也就是布朗判决第七个纪念日，到达新奥尔良。

参加运动的 13 人中，有 4 人是争取种族平等大会的工作人员，包括法默和詹姆斯·派克等人。派克是一名参加了和解之旅的白人和平主义者。大多数黑人参加过学生静坐运动。刘易斯特意推迟了毕业，也参加了运动。他在申请书中写道，他将"为了自由乘车放弃任何必要的东西，因为人的尊严"是他一生中最重要的东西。③

① 亨利·汉普顿等编《自由之声：民权运动口述史》，第 74 页。
② 豪威尔·雷恩斯：《我的灵魂是安宁的：南方腹地民权运动的故事》，第 110 页。
③ 桑福德·韦克斯勒编《民权运动目击史》，第 116 页。

自由乘客通过弗吉尼亚、北卡罗来纳和佐治亚时，几乎没有遇到什么问题。只是在北卡罗来纳时，一名乘客由于极力想进入白人理发室而被捕。但到了南卡罗来纳，刘易斯和另一位乘客由于极力想进入白人候车室而遭到一群白人年轻人殴打，庆幸的是他们的伤势并不严重。

5月14日母亲节那天，自由乘客分成两组，乘车离开亚特兰大前往伯明翰。当"灰狗"长途汽车载着一批自由乘客在安尼斯顿停车时，一群"三K党"暴徒上了车，他们粗暴地把黑人乘客扔到了后排。派克和另一名白人乘客坐在后排，也遭到暴徒们的痛打。派克伤势不重，但他的同伴伤得很厉害，从此就瘫痪了。这些暴徒让司机继续开车。汽车到达伯明翰后，车站一个警察也没有。自由乘客想按计划进入便餐柜台，但还没到达那里，就被暴徒抓住痛打。派克被打得几乎失去了意识。他后来回忆说："我看到地上有一大摊血，我不知道我是否活着。我太累了，根本就不去想它。我又一次躺到地上。当我再次醒来时，我被送到了沙特尔史沃斯的家，然后被带到医院，医生在我头上缝了53针。"尽管受到这么大的伤害，派克仍然意志坚定。他在病床上告诉记者："隔离必须废除，……我们将接受暴行，我们将接受死亡。但我们将继续前行，直到我们能在南方的任何地方自由乘车。"[①] 第二天，当臭名昭著的警察局局长"公牛"康纳被问及为什么没有警察在场时，他说当天是母亲节，警察都回家看望他们的母亲去了。[②]

另一辆"灰狗"长途汽车根本就没有到达伯明翰。汽车到达安尼斯顿时，很多带着枪支、刀具等武器的白人暴徒在那里等候。自由乘客们决定不停车，继续前行。但暴徒们在城市郊区围住了长途汽车，把门封死，并打破玻璃，向车中扔进一个燃烧弹。一些当地警察甚至就在暴徒中间，任凭他们肆意妄为。自由乘客们奋力逃出汽车。汽车燃烧的照片迅速在全国和世界各国的媒体上传播。

伯克·马歇尔是罗伯特·肯尼迪手下负责民权问题的助理司法部长，暴徒们的行径令他非常震惊，但在亚拉巴马现场的联邦官员并不感到吃惊。联邦调查局早就通知了当地警察自由乘车的路线，他们知道伯明翰警察局中至少有一名官员是"三K党"的成员，他们也知晓"三K党"计划在伯明翰车站使用暴力。但联邦调查局事先没有通知联邦政府的任何部门，伯克·马

---

① 胡安·威廉斯编《目睹奖杯：美国民权之年（1954～1965）》，第155页。
② 亨利·汉普顿等编《自由之声：民权运动口述史》，第78页。

歇尔对此很不满，他公开指责联邦调查局局长，说"胡佛先生个人对民权运动，尤其对示威和直接行动，没有任何同情"。① 暴力发生后，总统肯尼迪立即召集司法部的官员召开紧急会议。马歇尔回忆道："这是总统第一次有了严重的种族问题的麻烦。我们建议总统不要动用军队，除非万不得已。"总统和司法部长决定，如果必要，他们准备派遣联邦司法警察去亚拉巴马。反对自由乘客的暴力行径引起国际媒体的关注，这时肯尼迪正准备与苏联领导人赫鲁晓夫的峰会，他十分注重自己的形象。② 他打电话给亚拉巴马州州长约翰·帕特森，此人本来在总统选举中是肯尼迪的支持者，但这次拒绝接电话。在保护自由乘客问题上，他与总统和司法部长产生了严重的分歧。他公开指责自由乘客是吸引公众注意的"麻烦制造者"。

暴力打击持续困扰着自由乘客，他们不得不改变计划，放弃乘车去蒙哥马利，而是直接坐飞机去新奥尔良。自由乘车事件令肯尼迪兄弟在国际上很难堪。美国新闻署后来报告说，"亚拉巴马的种族事件对美国海外名声的影响是巨大的"。一些社论称，"这一事件对美国的海外名声是严重的打击，它可能影响美国在自由世界的领导地位，削弱美国与西欧盟友的紧密关系"。《巴基斯坦观察报》指出，"亚拉巴马的种族骚乱似乎比小石城有过之而无不及"。摩洛哥的一家媒体认为这些事件"正在削弱美国的世界领导地位"。《加纳时报》建议"地球上的黑人问题和非洲等世界各地被压迫人民的困境比送宇航员到月球更值得严重关切和考虑"。来自莫斯科的报道首先把这些事件定性为美国生活方式的体现，后来强调它们对美国世界地位的影响。同时，美国新闻署报告说，"中国共产党的无线广播充分利用了美国的种族紧张局势，向世界各地进行了广泛的报道"。③ 在这样的国际压力下，罗伯特·肯尼迪的行政助理约翰·西根特勒被派往帮助自由乘客离开伯明翰。5月17日，争取种族平等大会发起的自由乘车运动失败了，但一种新阶段的自由乘车即将出现。

学生非暴力协调委员会领导人一直关注自由乘车运动，他们很快开会决定继续开展自由乘车运动。纳什维尔学生运动的领导人纳什说：

---

① 亨利·汉普顿等编《自由之声：民权运动口述史》，第80页。
② 胡安·威廉斯编《目睹奖杯：美国民权之年（1954~1965）》，第149页。
③ 玛丽·杜兹科：《冷战民权：种族与美国民主的形象》（Mary L. Dudziak, *Cold War Civil Rights: Race and the Image of American Democracy*），普林斯顿2000年版，第159页。

我们学生非暴力协调委员会同意自由乘车的目标。我们意识到，他们可能遭遇暴力。我们决定观察他们。如果需要帮忙，我们一定会站出来。我们与自由乘客有着紧密的联系。当汽车在亚拉巴马被焚烧，我们感到好像自己受到了攻击，并强烈地感到，如果自由乘车因暴力而终止，以后的运动将会大受影响。因为人们容易得出这样的结论：运动如果遭到大规模的暴力攻击，黑人便会停止行动。[①]

纳什被选为运动的协调者，其部分任务是负责与司法部进行接触，以期得到联邦政府的保护。她也负责把相关消息通知给媒体和南方地方社会，并招募和训练更多的人参加自由乘车运动。

纳什和刘易斯组织了八名黑人和两名白人乘客从纳什维尔前往伯明翰，由刘易斯负责带队。一些乘客甚至留下密封的信件，准备慷慨赴死。他们到达伯明翰后，由于违反地方隔离法，很快被捕入狱。刘易斯等人非常顽强，毅然决定在监狱中进行绝食。"公牛"康纳只好让他们出狱，并派车送他们走，但故意把他们扔在高速路上。刘易斯打电话给纳什，要求返回伯明翰继续乘车。纳什立即派车把他们接回伯明翰，并又派了10个人前来支援。到了伯明翰，他们又上了一辆公车。但白人司机（伯明翰当时没有黑人司机）拒绝开车。他说："我只有一条命，我不会把它送给全国有色人种协进会或争取种族平等大会。"刘易斯对这句话印象深刻，他后来回忆说，他从来不会忘记这个白人司机说的话。[②]

司法部长罗伯特·肯尼迪派人到伯明翰来，希望州长帕特森确保通过亚拉巴马的乘客的安全，但根本联系不到他。在约翰·西根特勒的努力下，州长帕特森最终同意会见他。帕特森坚持要求"这些外来煽动者必须离开亚拉巴马，亚拉巴马不允许联邦政府干预，这是亚拉巴马自己的事情，不关总统和司法部长的事"。他明白无误地告诉西根特勒，"如果联邦政府用联邦权力来反对州权，鲜血将洒满大街"。西根特勒回应说，他作为联邦官员的责任就是通知州长，如果州不能保护在城市中或在高速路上的美国公民，联邦政府将准备提供保护。他们争执了很久也没有达成协议，最终州司法官员弗洛伊德·曼恩打破了僵局，他说："州长，作为你的主要司法官员，我确信，如果你

---

① 亨利·汉普顿等编《自由之声：民权运动口述史》，第82页。
② 亨利·汉普顿等编《自由之声：民权运动口述史》，第84页。

给我这个责任，我能保护他们。"帕特森只好勉强答应提供必要的保护，他后来通知曼恩，州警察会保护城市间的旅行者，市警察会保护城市内部的旅行者。①

5 月 20 日，自由乘客登上了从伯明翰开往蒙哥马利的汽车。随行的有两名"灰狗"公司的官员。一架私人飞机在公车上空盘旋。两地高速公路上每隔 15～20 英里，就有一辆州巡逻车在巡逻。自由乘客们稍微放松了一点，有的人还趁机打了个盹。但是在离蒙哥马利不到 40 英里时，所有的保护措施突然都消失了。飞机消失得无影无踪，巡逻车也销声匿迹。他们到达车站，感觉安静得有些奇怪，等他们走下公车，车站突然出现一群愤怒的暴徒。一名参加自由乘车的黑人大学新生佛瑞德·伦纳德回忆说："突然像变魔术似的，白人带着棍棒、砖头出现了。他们喊着'黑鬼！杀死黑鬼！'"② 暴徒手中都拿着棒球棒、锁链等，周围一个警察也没有。殴打马上开始了。男性自由乘客尽力先保护妇女跑向出租车，但司机说他不能载种族混合的群体。经过努力，最终黑人妇女都乘坐出租车离开了。白人妇女开始沿着大街跑。暴徒又转向媒体人员。他们殴打了所有的记者，然后转向了男性黑人和白人乘客。好几个白人暴徒围住了刘易斯，把他击倒在地。刘易斯躺在蒙哥马利大街上，长时间失去了意识。一位白人学生詹姆斯·兹维格被打得跌倒在人行道上，昏迷不醒。好几个暴徒跑过来打他，嘴里还喊着："杀死你这个喜欢黑鬼的家伙！"③

总统助理约翰·西根特勒闻讯立刻驱车赶到现场。他极力想帮助一名被殴打的妇女上自己的车，但她拒绝了，她说："先生，这不是你的战斗。我是非暴力的，不要因为我受到伤害。"西根特勒后来回忆说，如果这位妇女马上进入汽车，他们会迅速离开。但在犹豫之际，就给了暴徒机会。一位暴徒猛抓住了他的胳膊，使劲晃动，喊道："你在做什么？"他说："后退，我是联邦官员。"但暴徒才不管什么联邦官员，西根特勒被管子击中耳朵，后来就什么也不知道了。④

亚拉巴马州警察局局长曼恩在路上就得到绝密情报，获悉当自由乘客到

---

① 亨利·汉普顿等编《自由之声：民权运动口述史》，第 85～86 页。
② 亨利·汉普顿等编《自由之声：民权运动口述史》，第 87 页。
③ 桑福德·韦克斯勒《民权运动日击史》，第 118 页；霍华德·津恩：《学生非暴力协调委员会：新废奴主义者》（Howard Zinn, *SNCC, The New Abolitionists*），波士顿 1965 年版，第 47 页。
④ 亨利·汉普顿等编《自由之声：民权运动口述史》，第 90 页；霍华德·津恩：《学生非暴力协调委员会：新废奴主义者》，第 48 页。

达蒙哥马利车站后，警察会休假，不在现场。他焦急万分，立即派人去请100名州骑警到现场维持秩序。但在他们到来之前，暴行已经发生了。他情急之中，拿出手枪威胁暴徒们停止殴打，才制止了暴行。很多乘客，包括西根特勒的性命才因此得以保全。

罗伯特·肯尼迪感到受骗了，因为帕特森州长显然违背了诺言，没有保护自由乘客。他立即命令六百名联邦司法警察进入蒙哥马利外的麦克斯韦空军基地。第二天（5月21日），一群愤怒的白人暴徒继续在蒙哥马利的大街上游荡。南方基督教领导大会计划在艾伯纳西的教堂举行大众会议，届时马丁·路德·金将发表演讲支持自由乘客。法默也来参加会议，沙特尔史沃斯去机场接他去教堂，但在路上遭到大量白人暴徒的阻挠。他们历经艰辛，终于来到教堂。联邦司法警察赶来围住教堂，保护在里面的1500名群众。

教堂外面，人群不断增加，一度达到几千人。一些司法警察没有处理这种情况的经验，他们开始扔催泪弹，但由于是逆风扔，自己反受其害。金打电话给罗伯特·肯尼迪，肯尼迪马上又打电话给州长帕特森。当沙特尔史沃斯在讲台上谴责州长是这个州最有罪的人的时候，不情愿的帕特森最终宣布戒严法，派亚拉巴马国民自卫队遣散了聚会群众。

随着教堂事件的结束，司法部长肯尼迪号召一个"冷静期"，他担心进一步的自由乘车会遭到更残酷的暴力袭击。他的哥哥肯尼迪总统也需要在与赫鲁晓夫举行维也纳峰会时保持国内的团结。但民权领导人并不赞同肯尼迪兄弟的观点。法默说："请告诉司法部长，我们已经冷静了350年了。如果我们继续沉默下去，我们很有可能心如冰冻，彻底绝望。"① 一名记者在蒙哥马利汽车站问艾伯纳西，肯尼迪总统正要出发去维也纳，他会怎样让总统避免尴尬。艾伯纳西回答说："难道你没有看到我们一生都处于尴尬的境地中吗？"② 两天后，27名自由乘客在蒙哥马利登上公车，向密西西比杰克逊进发了。

罗伯特·肯尼迪的愿望落空，不得已，他只能另想办法。经过紧急磋商，他与密西西比参议院司法委员会主席伊斯兰德达成妥协：美国司法部同意不实施最高法院州际旅行非隔离的判决，密西西比当局则保证不发生暴力袭击。可见，当时肯尼迪兄弟一心只想避免发生暴力事件，担心它损害美国

① 詹姆斯·法默：《敞开心扉：民权运动的一个自传》，第206页。
② 韦斯布劳特：《受局限的自由》，第60页。

在国际上的形象。他们实施这一措施的目的只在于掩盖种族矛盾，是治标不治本。

5月24日早晨，在国民自卫队的严密保护下，第一批自由乘客出发前往密西西比。法默回忆说："从蒙哥马利到杰克逊的旅行就像一场军事行动。……现在我们在公车上，有亚拉巴马国民自卫队的队员和我们在一起，有直升机在我们头上盘旋，有警车呼啸着为我们护行，有联邦、州和县上的警察在巡逻。"①

到了密西西比边界，气氛变得紧张起来。司机被替换了，密西西比国民自卫队成员也取代了亚拉巴马国民自卫队成员。亚拉巴马公共安全部主任低声告诉随行记者，据可靠消息，公车在密西西比边境会遇到伏击，遭到破坏。记者们因此全部下车。自由乘客们大声唱歌以保持士气：

> 哈利路亚，我正在旅行，
> 哈利路亚，天气多么好，
> 哈利路亚，我正在旅行，
> 沿着自由的大道。②

公车最终安全到达了杰克逊。自由乘客到达时，除了警察，他们没有看见任何人，也没有遇到暴徒。他们特意进入白人候车室。警察正在那里等着他们。他们拒绝出去，结果被带上警车，被捕入狱。后来经过法庭审判，他们大多被判入狱60天。但入狱的判决没有阻止自由乘客。到夏末，有328人在杰克逊被捕，超过一半是黑人，1/4是妇女。大多数人是来自南方的大学生，在当地州和县监狱中服刑。③

在监狱中，为保持士气，法默等人大声唱自由之歌。狱警想让他们停止唱歌，威胁他们说："如果你们不停止唱歌，我们会带走你们的床垫。"床垫能有多重要？法默这样描述道："床垫是我们在狭小的监狱中拥有的唯一的便利。可以说，它们是我们与文明相联系的纽带。监狱中任何别的东西都是冷的和硬的。因此，失去它，我们便没有任何东西可以躺着睡觉了。"人

---

① 亨利·汉普顿等编《自由之声：民权运动口述史》，第92页。
② 胡安·威廉斯编《目睹奖杯：美国民权之年（1954~1965）》，第159页。
③ 亨利·汉普顿等编《自由之声：民权运动口述史》，第94页。

们安静了一会儿,吉姆·贝弗尔发表讲话指出:"他们这样做是想带走你的灵魂,他们带走的不是床垫,是你们的灵魂"。然后每个人都说:"是的,是的,我们会保住我们的灵魂。"最终,他们让狱警带走床垫。每个人开始唱:"自由即将到来,它不会太久了。"[①] 虽然监狱的条件恶劣,自由乘客们仍以顽强的毅力坚持下来。

可见,自由之歌在运动中发挥了振奋精神、鼓舞士气的重要作用。无论是在乘车路上,还是身陷囹圄,自由乘客们都高唱自由之歌,不被困难和危险吓倒。在自由之歌的激励下,他们努力忍受着更多的苦难。他们把老的民歌和福音歌改编成新的曲调来演唱,如《某天我们一定会胜利》《历史上的第一次》等。作为争取种族平等大会的全国领导人和入狱的自由乘客中的一员,法默写道,"汉德斯县监狱中到处都是自由之歌和兄弟情谊之歌"。"我们将会胜利"的话语开始在南方腹地成为现实。更重要的是,他们表明非暴力行动即使在南方腹地也会在反对种族歧视的斗争中起作用。[②]

在自由乘车运动的巨大压力下,1961年夏天,罗伯特·肯尼迪终于向州际贸易委员会申请实施禁止在州际旅行中实行隔离的法规。到9月底,州际贸易委员会颁布法规授权联邦政府实施最高法院的这个判决。自由乘车运动最终取得胜利。

几百名自由乘客所做出的牺牲最终促使联邦政府采取反对隔离的清晰立场。法默后来总结道:"我们的理论是正确的,一旦我们允许种族主义分子制造流血'危机',联邦政府将不得不提供保护,它也确实这样做了。"[③] "我们的哲学是简单的,我们施加压力,创造'危机',然后他们做出反应。我坚信,如果不是因为自由乘客,州际贸易委员会决不会颁布法规。"[④] 媒体的报道在其中起了重要的催化剂作用。例如,5月14日,当白人"暴徒"在伯明翰公共汽车站攻击自由乘客后,一位哥伦比亚广播公司的新闻记者霍华德·史密斯马上就在第二天的《纽约时报》上报道了自由乘客被"暴徒"殴打的惨状。他这样写道:"一名乘客被12个暴徒击倒在地,就躺在我旁边,他的脸受到重创,血肉模糊。"5月20日的严重暴行发生后,《亚特兰大宪法报》很快发表社论,指出"无论自由乘客们的观点如何,他们作为

---

① 亨利·汉普顿等编《自由之声:民权运动口述史》,第95页。
② 彼得·利维编《让自由之声响起:现代民权运动文件史》,第82页。
③ 亨利·汉普顿等编《自由之声:民权运动口述史》,第92页。
④ 桑福德·韦克斯勒编《民权运动目击史》,第119页。

公民有权利乘车去他们想去的任何地方",认为暴徒殴打自由乘客的事件"不仅是亚拉巴马和南方的耻辱,也是对国家安全与名声的沉重打击"。同一天,《纽约邮报》也发表社论,赞扬自由乘客们的英勇行为唤起了美国人的觉醒,认为如果没有人们的觉醒,肯尼迪政府做再多的努力也是徒劳的。6月10日,巴尔的摩的《非裔美国人报》发表社论对整个事件做了总结,认为,"发生在自由乘客身上的悲惨事件表明,联邦政府再也不能允许州官员公然违抗国家的法律了","这也成为美国民主的一大道德耻辱"。① 这些新闻报道引起公众的强烈反响,联邦政府也不得不对此做出回应。总之,自由乘车制造流血"危机",从而吸引媒体报道与公众关注,迫使联邦干预的斗争方式影响深远,成为后来"公民不服从"运动的典型模式。

　　自由乘车的重要性不仅在于它打破了南方交通设施的隔离,也有助于激发参与者的激进意识。与静坐运动的广泛传播不同,直接参加自由乘车的只有几百名抗议者,但他们对国家和参与者的政治觉醒有很大影响。参与者们不久就意识到,他们依靠集体的力量可以引发"危机",从而吸引国际注意,强迫联邦干预。对于自由乘客来说,自由乘车的经验改变了他们的态度,使他们产生了一种新的群体认同感,也为他们带来了力量与尊严。许多学生在乘车过程中遭受了挨打与入狱的折磨,但他们并没有放弃抗议运动。一位来自亚特兰大的学生指出,他很高兴参加运动,因为他正帮助密西西比黑人过上新的生活。同样,一位来自纳什维尔的学生说,他愿意再过一遍这样的生活,因为他知道新的世界正在形成。②

---

① 桑福德·韦克斯勒编《民权运动目击史》,第129~133页。
② 卡森:《在斗争中》,第37~38页。

第二章　非暴力直接行动的演变

第一节　公民不服从策略的演变

学生激进主义引发了大规模公民不服从运动的兴起，受此影响，沉寂多年、致力于争取公民权运动的金和南方基督教领导大会也开始开展直接行动，它们紧密合作，不断拓展、提升公民不服从运动的规模与程度，取得了很大的成就，民权运动也由此达到了辉煌的顶峰。

一　初尝败绩：奥尔巴尼运动

1961 年秋，学生非暴力协调委员会首先发起了奥尔巴尼运动，力图打破奥尔巴尼社会中的隔离。年轻的积极分子查尔斯·谢劳德和伯妮斯·约翰逊·里根成为这一计划的主要执行者。谢劳德决定使用非暴力抗议的方法来唤起奥尔巴尼黑人的觉醒，使他们不再像过去那样忍辱负重，不敢反抗，但他发现很多奥尔巴尼黑人并不接受学生非暴力协调委员会的组织者。他后来写道："人们很害怕，真的很害怕。有时候，我们走在大街上，小孩子们都管我们叫自由乘客。走在同样街道同样方向的人们会绕开我们，因为他们不想以任何方式与我们接触。"一些黑人牧师也不允许学生非暴力协调委员会积极分子在他们的教堂中召开会议，因为害怕他们的建筑可能被炸毁。[1]

尽管面临很多困难，谢劳德和里根仍积极寻求所有黑人居民的支持。像里根解释的那样，他们做事就"像邻居家的男孩"，因为"你不能从牧师、教师和商人那里获得任何东西，除非你先与普通人一起工作"。谢劳德回忆道，他们在教会中、会议上、大街上、礼堂里、餐厅中和夜晚俱乐部里同人们交谈，告诉他们"在监狱中感觉如何，还有比监狱更坏的锁链。我们指的是禁锢人们头脑、剥夺人们创造性的体制。我们谴责教导人们成为好黑人

---

① 桑福德·韦克斯勒编《民权运动目击史》，第 138 页。

而不是好人的体制。我们给出许多抵制不正义的方法，我们鼓励人民团结起来抗议邪恶的体制"。① 谢劳德和里根开始在教堂中举办关于非暴力策略的晚间讲习班，吸引了来自大学、高中等的很多年轻人。不久，他们就把计划付诸实践。1961 年 11 月，谢劳德和里根努力组织 9 名学生在公共汽车站开展静坐运动，以检验州际贸易委员会的裁决是否有效。他们坐到专门为白人准备的候车室里，拒绝离开。虽然当警察威胁逮捕他们时，学生最终按计划离开，但他们向奥尔巴尼居民表明，尽管有法律规定，但他们仍未能享有平等使用这些设施的权利。

1961 年 11 月 17 日，学生非暴力协调委员会与地方不同的民权群体达成协议，建立共同的组织来抗议隔离。这个伞状组织包括牧师联盟、妇女俱乐部联合会、黑人选民联盟和全国有色人种协进会青年委员会等地方组织。地方领导人威廉·安德森当选主席。在新组织的协调领导下，运动得以迅速开展起来。

11 月 22 日，5 名黑人学生因为在汽车站的便餐柜旁静坐而被逮捕，并因此被学校开除。奥尔巴尼运动迅速做出反应，3 天后它在教堂召开了第一次大众会议。人们听学生演讲，并演唱《我们一定会胜利》等自由之歌。当 5 名学生在 11 月 27 日受审时，运动进一步被激发。运动的成员参加大众游行，400 人联名申请要求学校让这 5 名学生重返课堂。

12 月 10 日，由 5 名黑人和 5 名白人组成的自由乘客群体进入奥尔巴尼中心铁路总站，黑人进入白人区，白人进入黑人区。奥尔巴尼警察局局长劳里·普里切特立即下令逮捕了他们。

随着静坐与自由乘车运动的开展，奥尔巴尼运动开始进入高潮。在以后的几天内，一系列大众会议在整个黑人社会召开。成百上千的学生在市区游行，抗议一些学生被捕。他们大多数人由于忽视警察结束游行的命令也被捕入狱。许多人接受学生非暴力协调委员会坐牢而不缴纳保释金的原则一直待在监狱里。12 月 13 日，超过 200 名抗议者因为未经允许到市政厅游行而被捕。

12 月 15 日，已经有 500 多人被捕入狱，但运动还没有取得什么成果，处于进退两难的境地。威廉·安德森决定邀请马丁·路德·金来大众集会演

---

① 胡安·威廉斯编《目睹奖杯：美国民权之年（1954～1965）》，第 139 页；卡森：《在斗争中》，第 57～58 页。

讲，以吸引更多公众的注意。在没有任何计划与准备的情况下，金欣然接受了邀请，来到奥尔巴尼。那天晚上，他在一个 1000 人的群众集会上发表演说，他鼓励听众："现在不要停止，要勇往直前，不要厌倦。我们将以我们受难的能力击败他们。"第二天，金与拉尔夫·艾伯纳西等人，率领 250 名高唱赞美诗的男男女女以及儿童向奥尔巴尼市政厅进发，举行大众游行。金与所有的游行者都因此被捕入狱。金拒绝保释，他宣布："如果被判有罪，我会拒绝付罚款。我期望在监狱中度过圣诞节。我希望成千上万的人加入我的行列。"① 次年 2 月，金和拉尔夫·艾伯纳西被判罚款 78 美元或入狱 45 天，他们选择了坐牢。全国媒体涌入奥尔巴尼报道这件事，在新闻发布会上，金告诉记者他会被送往监狱做苦力。

面对一浪高过一浪的直接行动，当地警察不断地、毫不留情地对抗议者实施逮捕。警察局局长劳里·普里切特说："我们不能容忍全国有色人种协进会、学生非暴力协调委员会或其他任何黑鬼组织通过大众示威占领城市。"② 针对逮捕自由乘客的行为，他解释说："这些学生不是因为联邦指控被捕，而是因为他们不遵守执法官员的命令。这与州际贸易无关，他们违背的是城市法规。"③ 结果司法部没有对此做出任何反应。他还仔细研究了金的方法，并有针对性地采取了大规模非暴力逮捕的策略，瓦解了运动。他后来说：

> 我发现他（金）的方法是非暴力地填满监狱，就像甘地在印度做的那样。一旦他们填满监狱，我们将没有能力逮捕，然后我们将不得不屈从于他的要求。我坐下来，查看地图。方圆 15 里之内有多少监狱，方圆 30 里之内有多少监狱？在与当局取得联系后，他们向我们保证我们能使用这些监狱。④

而且，为了最大限度地削弱金的影响，在金和艾伯纳西被宣判几天后，普里切特特意安排了一名神秘的陌生人把他们保释出狱。他说："我了解发生了什么事情，但是坦率地讲，它是一种战略。我知道，如果金待在监狱里，我们会麻烦不断。因此我对某人说，'我们要他出狱……'这件事按我

---

① 桑福德·韦克斯勒编《民权运动目击史》，第 140 页。
② 胡安·威廉斯编《目睹奖杯：美国民权之年（1954~1965）》，第 168 页。
③ 亨利·汉普顿等编《自由之声：民权运动口述史》，第 101 页。
④ 亨利·汉普顿等编《自由之声：民权运动口述史》，第 106 页。

的要求做了，它令金博士很吃惊。这是我唯一一次看到他不知所措。"① 金称这一举动是狡猾的策略。艾伯纳西那天晚上在大众会议上说："我曾经从很多地方被赶出来，但还从未被赶出监狱。"②

可见，普里切特的抵制方法非常有效，他一方面强调抗议者违反了地方法规而不是联邦法规；另一方面尽量采取和平逮捕的方式，避免发生暴力事件，因此没有引起公众关注与联邦干预。

除了警察的逮捕与抵制，学生非暴力协调委员会与南方基督教领导大会之间的矛盾又使运动雪上加霜。南方基督教领导大会的执行秘书怀亚特·沃克与金一起从亚特兰大来到奥尔巴尼，他声称保证使用南方基督教领导大会的资源和人力来帮助开展这一事业。但学生非暴力协调委员会的积极分子害怕南方基督教领导大会接管奥尔巴尼运动。一个学生说："沃克为什么不待在亚特兰大讲话，送给我们更多的钱，让马丁来演讲并和我们一起游行。如果他这样做了，我们会取得胜利。他却跑到城市中来，他只是想找到一个新世界来征服。"但是沃克回应说，他只是"把自己和南方基督教领导大会的成员看作来帮助没有经验的奥尔巴尼积极分子的消防队员"。③

城市委员会获悉运动的分裂后，他们决定利用黑人想要控制自己运动的愿望，与地方黑人进行谈判。作为运动取消进一步示威活动的回报，城市委员会口头同意消除火车和汽车上的隔离，释放保释的所有抗议者，并在城市委员会召开会议，听取黑人的抱怨。金不在谈判人员之列，因此离开奥尔巴尼，返回亚特兰大。但几个星期之后，城市委员会并没有消除车站的隔离，也没有理睬黑人的意见，显然城市委员会与地方黑人领导人之间的协议是一场骗局。金告诉记者："很遗憾我被保释出来。那时候我不理解发生了什么。我认为我们获得了胜利。但是当我们出来后，我们发现自己受到了愚弄。"警察局局长普里切特很高兴，他说："我们以非暴力抵制非暴力，我们真的为结果感到骄傲。"④

由于媒体对金入狱的报道，联邦政府开始关注奥尔巴尼运动。肯尼迪总统担心形势恶化，尤其害怕发生暴力事件，要求司法部报告奥尔巴尼的情况。司法部民权助理马歇尔立即赴奥尔巴尼，与劳里·普里切特及奥尔巴尼

① 亨利·汉普顿等编《自由之声：民权运动口述史》，第111页。
② 胡安·威廉斯编《目睹奖杯：美国民权之年（1954~1965）》，第172页。
③ 胡安·威廉斯编《目睹奖杯：美国民权之年（1954~1965）》，第169页。
④ 胡安·威廉斯编《目睹奖杯：美国民权之年（1954~1965）》，第170页。

城市委员会进行讨论，商讨对策。不久，肯尼迪总统任命的联邦法官罗伯特·艾略特（他是一名隔离主义者）就颁布了一个暂时禁令，禁止在奥尔巴尼进行示威，尤其是金和其他领导人。金不得不屈服，保证遵守联邦法院的命令。他对记者说："联邦法院一直支持我们的运动，我不能反对它们。"但金又补充说："我们遗憾地说，近来的事件表明，南方的一些联邦法官与州政治领导人密谋维持邪恶的隔离体制。"马歇尔也说："这是事实，那个区的联邦法官是一个很糟的法官，他犯了可怕的错误。"肯尼迪总统的举动令民权积极分子不解甚至愤怒，但肯尼迪有自己现实的考虑，他是一个注重实效的政治家，极力要维持与南方的联系，所以他才听从南方参议员的建议任命了包括罗伯特·艾略特在内的一些联邦法官。[1]

但联邦法官的禁令对当地黑人并不管用。禁令下达不久，160 名年轻的示威者就不顾禁令，高唱着自由之歌，从教堂向奥尔巴尼市政厅进发。警察中途阻止了示威者，把他们全部逮捕入狱。第二天，一位黑人妇女开车去监狱给他们送饭，与警察发生冲突，结果被打成重伤。警察的暴行引发了众怒，也导致了更严重的暴力冲突。7 月 24 日，接近 2000 名奥尔巴尼居民到大街上游行抗议。这些示威者，很多是十几岁的青少年，他们向警察扔砖块、石头和瓶子。普里切特不失时机地对记者说："你们看到了他们非暴力的石头了吗?"[2] 金宣布进行一天的忏悔赎罪，他到奥尔巴尼的各种场所大声疾呼反对暴力，祈祷非暴力。黑人的暴力行为带来了不良后果，使运动进一步失去了联邦政府与公众的支持。

此后局势就完全在奥尔巴尼当局掌控之中。他们拒绝与抗议者进行任何谈判或做出任何让步，金被迫离开。到 1962 年年末，奥尔巴尼运动已名存实亡。这场运动对于金来说是一场令人沮丧的失败。他后来承认："我们的抗议是如此模糊不清，以至于我们一无所获。留给人们的是消沉与绝望。"安德鲁·扬后来回忆道："金离开奥尔巴尼的时候非常沮丧。但是，他知道发生了什么。他真的感到是联邦法官取消了那场运动。……他认为是肯尼迪政府帮助阻止了运动的继续。"扬也总结了这场运动的弱点，认为它是"完全无计划，完全无准备的"。[3]

① 胡安·威廉斯编《目睹奖杯：美国民权之年（1954~1965）》，第 173 页。
② 桑福德·韦克斯勒编《民权运动目击史》，第 142 页。
③ 亨利·汉普顿等编《自由之声：民权运动口述史》，第 112~113 页。

　　然而，对于许多奥尔巴尼市民来说，它是一场精神和道义上的胜利。例如，对于参加运动的学生伯妮斯·约翰逊来说，奥尔巴尼运动意味着个人的成长。她说："我在一个黑白分明的社会中长大，民权运动给了我力量，我用它来冲破各种藩篱。运动告诉我，如果有东西把你压在底下，你必须起来战斗。"她也认为，奥尔巴尼居民敢于颠覆隔离体制，从而克服了长期以来形成的心理障碍，这让他们找到了拥有个人力量的感觉。① 奥尔巴尼运动的主席威廉·安德森宣称："运动是一场伟大的成功，它改变了参与者的观念。人们决定再也不接受隔离的社会。孩子们的思想也发生了转变，看到父母冲锋在前，领导示威，便决心以后不要像他们过去那样，而是要努力斗争，争取成为真正的公民。"② 奥尔巴尼运动的副主席斯莱特·金也认为，这场运动"没有取得太大的成就，但值得一提的是，它某种程度上使得黑人社会发生了些微变化：人们比以前有了更多的社会认同感，犯罪率下降，出现了很多自助组织……中产阶级黑人也不再那么势利了"③。总之，虽然全国媒体强调运动没有获得实质性成果，但地方黑人领导人认为，奥尔巴尼黑人从这次经历中受益匪浅。地方黑人比一年前有了更多的自信和自尊，减少了对白人监狱的恐惧，他们更加努力地去追求种族平等。④

　　在黑人的这种思想变化方面，自由之歌起了重要的作用。自由之歌建立在黑人圣歌的基础上，它传达南方运动的思想，维持运动的士气，是鼓舞人们战斗的支柱之一。奥尔巴尼的自由之歌几乎成为当地民权斗争的象征，它比以往的歌曲承载着更多感情力量，更经常地扎根于美国黑人的文化遗产当中。

　　1962 年，学生非暴力协调委员会设立了主要由奥尔巴尼抗议者组成的自由歌手，在整个国家旅行，为民权运动提供精神鼓舞和募集资金，并吸引全国的注意。伯妮斯·约翰逊是最早的自由歌手之一，她把奥尔巴尼运动描述为一场歌唱运动，认为自由之歌比演讲大会更有力量。她这样描述：

　　　　奥尔巴尼有合唱的传统，没有独唱。歌声一起，人人贡献力量，汇

---

① 彼得·利维编《让自由之声响起：现代民权运动文件史》，第 98 页。
② 亨利·汉普顿等编《自由之声：民权运动口述史》，第 113 页。
③ 彼得·利维编《让自由之声响起：现代民权运动文件史》，第 97 页。
④ 大卫·加里：《背负十字架：小马丁·路德·金与南方基督教领导大会》，第 218 页。

成音乐的洪流。大众会议总是从这些自由之歌开始，并且歌曲在会议过程中多有穿插，鼓舞士气。我从来没意识到歌声有这么大的作用。我以前在大学、高中和教会都唱过歌，但跟现在在运动中歌唱的感觉是截然不同的。记得有一首著名的歌曲这样唱道："我小小的自由之光，我将让它闪耀，在大街上，我将让它闪耀，在监狱中，我将让它闪耀。"警察也不能阻止我们歌唱。①

里根高度评价了音乐在运动中的作用。她认为自由之歌让抗议者紧密团结在一起，在困难的时候，给他们以鼓舞，已经成为人们表达理想的工具。她评论说：

> 音乐在运动中起了重要的作用，它表达了大众的心声。大众会议一直有音乐伴随。一首《不要让任何人阻挡我》的歌曲开始在奥尔巴尼流传："不要让普里切特阻挡我，我正在通往自由的路上，如果你不去，不要妨碍我。来吧，和我一起去那理想之地，那里只有和平，只有和平。"歌声唱出了人们的坚定信念，鼓舞大家投身于火热的运动中。

可见，歌唱在大众会议上特别重要。里根还观察到："唱完歌以后，我们之间的分歧便缩小了。"② 此外，"在监狱中，歌唱让我们团结在一起，并且还打破了监狱中黑人的阶级差别"。③

奥尔巴尼的自由之歌经常被学生非暴力协调委员会在南方腹地的很多大众会议上演唱。1962 年夏天，在学生非暴力协调委员会的成员中流传着这样一首歌曲："不要让任何人阻挡我，阻挡我，阻挡我，不要让任何人阻挡我，我将继续前行，高声歌唱，向着自由之地进军。"这首歌在运动中曾被改编为"不要让警察局长阻挡我……"另一首被学生非暴力协调委员会成员传唱的歌曲是《哦，自由》："不要隔离，不要隔离，不要把隔离强加于我，我宁愿被埋入坟墓，也不想成为一个奴隶，最终会

---

① 胡安·威廉斯编《目睹奖杯：美国民权之年（1954～1965）》，第 176～77 页。
② 卡森：《在斗争中》，第 63 页。
③ 彼得·利维编《让自由之声响起：现代民权运动文件史》，第 98～99 页。

回到上帝的家中，获得自由。"① 1963 年春，谢劳德为学生非暴力协调委员会大会起草社会组织概要，提纲中的第一点便是教唱自由之歌。此后，这些自由之歌在南方运动中迅速传播开来，广泛用于其他很多地方的抗议运动。

奥尔巴尼运动还充分体现了学生非暴力协调委员会的社会组织策略与金的魅力动员策略之间既联合又斗争的矛盾。学生非暴力协调委员会的两名地方工作人员深入奥尔巴尼黑人社会，不断向当地民众传播他们的思想，开展了卓有成效的基层组织工作，为奥尔巴尼运动的顺利开展奠定了良好的基础。当运动遇到抵制、停滞不前时，金和南方基督教领导大会加入进来，吸引了全国的注意，推动运动继续向前发展。在这一过程中，学生非暴力协调委员会、南方基督教领导大会之间既有紧密的合作，又产生了很大的矛盾。学生非暴力协调委员会对南方基督教领导大会的魅力领导和控制运动的意图感到不满，对它进行了激烈的抨击，对运动产生了消极影响。运动的最终失利使金的道德理想主义开始破灭，他和他南方基督教领导大会的同事意识到，不能单纯依靠白人良知的觉醒来开展运动，幼稚的非暴力劝说在种族主义根深蒂固的南方很难奏效。奥尔巴尼的斗争也使学生非暴力协调委员会的成员确信自己的组织策略在黑人居民中获得了广泛的支持。他们建立了与地方黑人领导人的紧密联系，并避免威胁到那些领导人的权威，表现了学生非暴力协调委员会愿意牺牲自己去构建社会运动（而非组织结构）的显著特征。邦德认为，当学生非暴力协调委员会离开一个地区，它留下的是一个有着地方领导的社会运动，而不是一个学生非暴力协调委员会的地方分支。②

总之，奥尔巴尼运动在规模和程度上较以前有很大的拓展和升级。它是在一个地方社会中开展的以大众参与为基础的大规模公民不服从运动，其斗争地点不再局限于午餐柜台、公车站等，而是转到大街上。以前斗争的主体和策略是由学生和职业民权工作者发动的"打了就跑"的攻击，奥尔巴尼运动则主要是一场由普通黑人发起和参与、外来民权组织和地方黑人组织联合领导的大众反抗。静坐、自由乘车、游行示威等各种非暴力策略在运动中得到综合运用，大众会议与自由之歌则一直伴随始终。它为后来的运动提供了许多宝贵的教训。它是学生非暴力协调委员会第一次组织大规模的黑人开

---

① 盖伊、坎迪·卡莱文编《为自由而歌唱：通过歌曲反映的民权运动的故事》 （Guy and Candie Carawan, ed., *Sing For Freedom: The Story of the Civil Rights Movement Through its Songs*），宾夕法尼亚州伯利恒 1992 年版，第 62、75 页；卡森：《在斗争中》，第 64 页。

② 卡森：《在斗争中》，第 62 页。

展持续的斗争，组织者们日益认识到南方种族暴力发生的潜在危险和道德理想主义的局限，他们在后来的密西西比"自由夏天"中利用这些经验。南方基督教领导大会从中得到的教训最为深刻，它意识到，一场成功的运动需要精心计划与准备，包括事先举办非暴力讲习班、对民众进行非暴力训练以及选择好斗争对象等。① 此外，金和沃克等人对肯尼迪总统的表现很不满，批评他没有对奥尔巴尼地方官员施加足够的压力。扬回忆说：

> 我们认为肯尼迪政府反对我们，似乎只有当暴力"危机"产生时，重要的联邦行动才会出现。普里切特能够非暴力地维持种族不正义，使总统和其他美国人愿意接受这一局面。政府和全国对奥尔巴尼的反应表明，和平的隔离很少产生像种族主义者攻击自由乘客那样所激起的愤怒。②

南方基督教领导大会由此意识到，赢得全国性的关注并不意味着联邦政府会采取措施保护民权。金向他的同事们强调，最重要的是事先计划、训练和选择一个特别目标。金告诉他的同事们，他希望南方基督教领导大会有一个坚实的基础，他不想再做一个消防队员。③ 南方基督教领导大会由此学会更谨慎地选择目标，它把目光投向伯明翰，那里具备一切合适的条件：不仅有地方黑人的积极支持，还有臭名昭著的种族主义警察的暴力抵制。

二 渐入高潮：伯明翰运动与向华盛顿进军

在金和南方基督教领导大会领导开展伯明翰运动之前，伯明翰黑人已经开展了长期的斗争。当地一位黑人牧师和民权积极分子佛瑞德·沙特尔史沃斯，已经同伯明翰的隔离主义分子斗争了7年。他自己的家被炸了两次。他曾经努力让自己的女儿在白人学校入学，结果遭到愤怒的白人的殴打并被赶出学校。在蒙哥马利公车抵制期间，亚拉巴马宣布全国有色人种协进会是非法组织，禁止它在其州内活动。沙特尔史沃斯因此建立亚拉巴马基督教争取人权运动组织以取代全国有色人种协进会。他也是南方基督教领导大会的创

① 卡森：《在斗争中》，第62页。
② 大卫·加里：《背负十字架：小马丁·路德·金与南方基督教领导大会》，第217页。
③ 桑福德·韦克斯勒编《民权运动目击史》，第143页。

建者之一。

　　1957～1963 年，伯明翰的黑人区一共发生了 18 起爆炸事件，遂有"爆炸之城"之称。伯明翰因为 1961 年母亲节那天暴徒攻击自由乘客而警察又故意不去干涉的事件而臭名昭著。伯明翰的警察局长"公牛"康纳是一个顽固的种族主义分子，一直压制黑人争取自由的斗争。马丁·路德·金对伯明翰严重的隔离状况很了解，他认为伯明翰隔离分子组成了三层堡垒结构："如果'三 K 党'不能阻止你，警察会阻止你；如果警察不能阻止你，法院也会阻止你。"① 自从奥尔巴尼运动失败后，金就一直需要一场胜利来恢复南方基督教领导大会的名声，他也想证明非暴力仍旧是有效的。

　　沙特尔史沃斯感到，伯明翰会是南方基督教领导大会下一场运动的理想目标，他极力邀请金与南方基督教领导大会到伯明翰来领导运动，发起大规模非暴力斗争。虽然此前在他的领导下，斗争取得了一些胜利，例如，法院已判决伯明翰的公车、车站和公园不再隔离，但当地官员百般阻挠，甚至关闭公园，使判决根本无法实施。因此他宣布："先生们，伯明翰是最好的目标。我保证，如果你们来到伯明翰，我们不但能够赢得名声，而且可以震撼整个国家。"②

　　南方基督教领导大会为此做了很多细致的准备工作，其执行主任沃克负责具体的工作。他认为，南方基督教领导大会从奥尔巴尼获得的最有价值的教训，首先是目标太多，想打击所有形式的隔离，结果分散了力量。而且他们还一直在设法改变南方白人的心灵："那是一个判断上的错误。"在吸取经验教训的基础上，沃克为伯明翰运动制订出新的计划——"C（Confrontation）计划"，意思是对抗。总体思路是："如果我们发动一场强有力的非暴力运动，对手必定会做出一些事情从而引起媒体的关注，反过来可以引起全国的同情，全国的注意力都将聚焦于南方腹地隔离环境下黑人的日常生活上。"之所以选择伯明翰，是因为"它是南方最大、最坏的城市"，因此"如果非暴力在伯明翰不起作用，那么它也不会在任何地方起作用"。"C 计划"具体由三套方案组成，第一个方案把目标集中在市区的三个商店上。沃克为此做了细致周密的规划，他考虑到很多细节："既然第 16 大街浸礼会教堂将作为我们的总部，我事先做了试验查明，一个年轻人要花多少

① 亨利·汉普顿等编《自由之声：民权运动口述史》，第 124 页。
② 亨利·汉普顿等编《自由之声：民权运动口述史》，第 125 页。

时间去那里，一个老年人要花多少时间去那里，一个中年人要花多少时间去那里？我挑选了最好的路线。我还借机参观了所有的这三个商店，数了一下凳子、桌子和椅子等，决定了进入和出去最好的方法。"考虑到可能无法进入市区的商店里，沃克又设计了第二个方案，把目标定在联邦基地、社会福利办公室、老兵管理局，那里有一些公共就餐设施。第三个方案则把目标设在周围郊区一些购物中心的商店里。除此之外，沃克还特意花了一些时间咨询律师，了解伯明翰市、亚拉巴马州的一些法律，以预测执法官员会采取何种法律行动。[①]

1963 年 1 月，南方基督教领导大会召开了为期三天的战略会议，决定发起一场结束伯明翰隔离的运动。金、艾伯纳西、沃克和沙特尔史沃斯等人一起制定了一个周密的计划来攻击伯明翰的隔离。金相信，奥尔巴尼的失利是由模糊的抗议战略所导致的，现在这场运动会有一个清晰的焦点。金和沙特尔史沃斯把抵制的目标慎重地选为市区的百货商店，并考虑了每一个可能发生的细节，包括为大规模逮捕而准备的保释金。金等人事先募集了几十万美元，他本人通过在全国各大城市巡回演讲就募集到 7.5 万美元。为避免暴力流血，金等南方基督教领导大会的领导人不止一次地与地方黑人领导人会面。南方基督教领导大会还招募了几百名地方居民，在伯明翰的黑人教堂里对他们进行非暴力培训。

为了进一步安抚当地黑人领导人，金还特意推迟了直接行动，直到市长竞选运动结束。1963 年 4 月 2 日，比较温和的候选人阿尔伯特·布特维尔击败了"公牛"康纳当选市长。一些改革派成员希望给新当选的市长和委员会一个机会，不要发起强迫式的种族对抗。但金只是把布特维尔看作一个"有品格的公牛康纳"。虽然布特维尔与康纳相比可能是一个比较温和的隔离主义分子，但对南方基督教领导大会来说，他仍旧是一个隔离分子。[②] 沙特尔史沃斯也认为："公牛康纳和阿尔伯特·布特维尔之间唯一的区别是康纳是一只咆哮的公牛，而布特维尔是一只喊叫的公牛。二者没有实质的区别，只是表面不同而已。"[③]

金和他的同事在选举后的第二天来到伯明翰。他们迅速发表声明，准备

---

① 亨利·汉普顿等编《自由之声：民权运动口述史》，第 125～126 页。
② 桑福德·韦克斯勒编《民权运动目击史》，第 162 页。
③ 亨利·汉普顿等编《自由之声：民权运动口述史》，第 128 页。

开展消除隔离的斗争。金宣布：

> 现在我们不得不战斗，我们把所有的力量都集中到伯明翰，因为伯明翰是实验场。如果在这里失败了，那就意味着我们在全国各地的斗争也都失败了。因为，每一个隔离的城市、每一个隔离的州都在注视着我们在伯明翰的行动。我们必须战斗，无论发生什么，一定要打破这里的隔离。……一定会有人牺牲，但这是我们为自由付出的代价。[①]

南方基督教领导大会号召立即结束在市区便餐柜、公共厕所等地方的限制措施，公平地雇用黑人，建立一个由黑、白种族组成的委员会为进一步的反隔离进行谈判。

"C计划"的第一阶段开始于4月3日。一些抗议者在市区的百货商店、杂货店的便餐柜台发起静坐运动。康纳命令警察迅速制止了他们的行动。到周末，有150多名示威者被逮捕。几天后，南方基督教领导大会扩大了抗议规模。沙特尔史沃斯率领300名黑人向市政厅进军游行，这一群体中的所有人都被逮捕入狱了。第二天，马丁·路德·金的弟弟领导了一次通过伯明翰市区大街的祈祷游行，示威者与警察发生了冲突，警察使用了警犬和警棍。金正希望发生这样的事情，因为这样就可以动员更多的伯明翰黑人参加运动了。而且，示威可以把全国的注意力集中到民权问题上。4月10日，市政官员发布了一个州法院的禁令，禁止开展进一步的示威。亚拉巴马巡回法院的法官也发布禁令，禁止133名民权运动领导人，包括金、艾伯纳西、沙特尔史沃斯等人参加或鼓动任何静坐、设置警戒线或其他示威活动。在奥尔巴尼运动中，金曾遵守过联邦法院的一个相似的禁令。但这次，金宣布，他不会遵守这一禁令，因为法院的法令是以维护和平与秩序为名义让暴政永存。[②]

由于警察的逮捕和法官的禁令，"C计划"遭受了严重的挫折。南方基督教领导大会不能募集到足够的资金让大量入狱的人们出狱。黑人商业社会和一些白人牧师也向他们施加压力，要求他们取消示威，离开城市。金为此很苦恼，但他仍坚定地说："我不知道做什么，我只知道伯明翰一定要发生

---

① 豪威尔·雷恩斯：《我的灵魂是安宁的：南方腹地民权运动的故事》，第143页。
② 桑福德·韦克斯勒编《民权运动目击史》，第163页。

改变。我不知道我是否能筹集到钱让人们出狱，但我知道我能和他们一起坐牢。"① 在随后召开的新闻发布会上，金宣布，他愿意入狱，他打算在 4 月 12 日这么做。金告诉记者："在伯明翰这里，我们无法回头。"② 在艾伯纳西等人陪伴下，金领导了一支大约 50 人、高唱自由歌曲的游行队伍向市政厅进发。他们高唱"自由会来到伯明翰"。大约 1000 名黑人加入他们的行列。"公牛"康纳非常愤怒，他命令手下逮捕了示威者。全国乃至国际媒体立刻刊登了金等南方基督教领导大会领导人坐牢的新闻。

金入狱后，一些当地白人温和派牧师在《伯明翰新闻》上发表评论，认为示威者是不明智、不合时宜的，反对示威者采取的极端措施。在监狱里，金在报纸的空白处和手纸上写了一封回复白人牧师们的信。这就是后来广为流传的文章《从伯明翰监狱发出的信札》。金在信中论述了非暴力直接行动的四个步骤：收集事实，判断不正义是否存在；谈判；自我净化；直接行动。金从自然法的角度为公民不服从辩护，指出："法律有正义与不正义之分……一个人有道德的责任遵守正义的法律，同样他也有道德的责任违反不正义的法律。所有隔离的法律是不正义的，因为隔离扭曲灵魂，破坏个性。它给了隔离者虚假的优越感，给了被隔离者错误的低劣感。"他接着列举了不正义之法的其他三个具体标准：多数强迫少数遵守，自身却不受约束；多数强加给少数，但少数没有权利参与制定这一法律；表面正义，却没有公正执行。即便如此，金仍宣布："我们必须公开违反不正义的法律，并愿意接受惩罚。……我们愿意接受入狱的惩罚是为了唤起社会对不正义的良心觉醒，事实上是表达对法律的最高尊重。"金对白人温和派非常失望，认为他们更致力于维持秩序而不是正义。他为非暴力辩护，认为紧张局面与暴力的产生不是因为非暴力。他特别指出，直接行动反对"时间神话"，反对消极等待，因为不努力工作，仅仅依靠时间不会解决任何问题，而"长久拖延的正义是对正义的否认"。他希望白人理解黑人："黑人有许多被压抑的怨恨必须释放出来。如果不以非暴力的方式释放，就只能付诸暴力行动了。"③ 简而言之，金在信中详细说明了他的非暴力哲学，解释了激进的非暴力抗议的有效性。他概述了直接行动的步骤，通过古老的自然法信条为黑

---

① 亨利·汉普顿等编《自由之声：民权运动口述史》，第 130 页。
② 桑福德·韦克斯勒编《民权运动目击史》，第 163 页。
③ 小马丁·路德·金：《为什么我们不能等待》（Martin Luther King, Jr., *Why We Can't Wait*），纽约 1964 年版，第 78～88 页。

人不服从隔离法的决定辩护。他坚持，公民不服从并没有创造无政府状态，因为公民不服从希望唤起社会对不正义的觉醒，虽然不遵守他认为是不正义的法律，但愿意接受入狱的惩罚。金认为，当黑人面对种族主义的暴力时，非暴力抗议可以提供给他们一个发泄愤怒和挫折的渠道。他激励白人温和派和教会领导人站出来维护种族正义。他强调美国的困境，呼吁民主的价值观。他解释黑人将不会等待被赐予基本的人权。最后，他回复了对他是一名"极端主义者"的指控，指出他在伯明翰的行动是与那些献出生命追求自由、正义与平等人们的伟大传统一脉相承的。① 金的信首先被刊登在一个贵格派群体"美国之友服务委员会"印刷的小册子上，后来被好几家全国性的杂志转载，得以迅速流传开来，成为论述公民不服从的经典文献。

1963 年 4 月 20 日，金和艾伯纳西获保释出狱，但他们发现抗议正失去支持。沃克后来回忆："我们需要更多的战士，但我们已经没有更多的成人愿意去监狱了。"② 民权领导人开始规划运动的下一阶段。詹姆斯·贝弗尔设计了一个新策略，他要求动员伯明翰黑人高中的学生参加示威。贝弗尔认为，许多成人不愿意参加游行示威，是因为害怕入狱而失去工作，但孩子们是无所畏惧的。因为他们还没工作，不会给家人带来经济困难。而且"一个高中男孩入狱会产生同样的效果，会像他的父亲一样给城市带来压力，但不会对家庭带来经济威胁，因为父亲仍旧在工作"。他清楚地了解学生游行的优势："学生们自从上了小学就组成一个团体，他们联系得很紧密。因此如果一个人去监狱，就会对另一个学生产生直接影响，因为他们是同学。"但让未成年的孩子参加游行毕竟是很危险的事情，贝弗尔为此举办了很多讲习班帮助他们克服对警犬、监狱的极度恐惧，帮助他们从自己的立场思考问题。他的思想工作卓有成效，他对学生们说："你们和你们的父母要对隔离负责，因为你们没有起来反抗。换言之，根据《圣经》和宪法，如果你不忍受隔离，没人有权压迫你。"③

金同意这一策略。不久，很多十几岁的青少年涌入教堂中的非暴力讲习班，孩子们准备游行。金希望通过这一行动唤起国家的道德觉醒。

5 月 2 日，孩子们在伯明翰开始了示威。近 1000 名黑人孩子，年龄从

---

① 科莱科：《小马丁·路德·金：激进非暴力的使徒》，第 94 ~ 95 页。
② 桑福德·韦克斯勒编《民权运动目击史》，第 164 页。
③ 亨利·汉普顿等编《自由之声：民权运动口述史》，第 131 ~ 132 页。

6 岁到 18 岁不等，从第 16 大街浸礼会教堂出发，到大街上去游行示威，结果全被逮捕。帕特丽夏·哈里斯是参加示威活动中年龄最小的黑人，她说："我害怕受到伤害，但为了让正义得以实现，我仍然愿意游行。"① 年轻的黑人孩子在成百上千的成人围观者面前高唱自由之歌，高呼自由口号。愤怒的"公牛"康纳用校车把他们全部拉走，其中 959 名孩子被关入伯明翰监狱。

金因为"儿童运动"受到来自各方面的指责。司法部长罗伯特·肯尼迪打电话给金说，孩子们可能会受到警察的严重伤害。马尔科姆·X 也反对说："真正的人不会把他们的孩子送入火坑。"金回应说，孩子们通过示威，将为自己赢得争取自由和正义的筹码。② 沃克也高度称赞："詹姆斯·贝弗尔是此次运动的最好的策略家，只有他能够更好地动员年轻人。" 面对指责，他辩护说："非暴力哲学的一个基本原则是它是一种每个人都能参加的斗争，无论老少，因为它是一场道德上的斗争。对于这些孩子们来说，在监狱里待 6 天比他们参加隔离学校 6 个月更有教育意义。"③ 一些黑人家长对此表示理解。地方牧师亚伯拉罕·伍德支持南方基督教领导大会招募学生开展大规模示威活动的决定。他的三个女儿因为游行全部入狱，他的小儿子只有 5 岁，也想去游行、坐牢。他说："我不担心他们的安全，因为金说，他们在南方的生活方式下已经饱受屈辱，一直遭受剥削和虐待。参加运动失去的只是一些恐惧。"④

第二天，警察在第 16 大街浸礼会教堂设置路障，那里有约 1000 名黑人学生正在集会。康纳也命令城市中的消防队员随时出动。当学生们极力想离开教会游行时，警察开始了进攻。几十名记者和摄影师记录了当时发生的事情。消防队员打开了他们的消防水龙，把水压定在能剥离树皮的程度。它们发出了像机关枪扫射那样的噪音，巨大的水柱冲向了孩子和大人，把他们冲倒，撕裂了他们的衣服，把他们撞到了建筑物的一侧。他们有的被横扫到大街上，或者哭喊着、流着血，被驱赶到公园。一些孩子甚至躺在地上，鲜血直流。警察们挥舞着警棍对示威者进行殴打，黑人们稍做反抗，康纳就放出了警犬。警犬用赤裸的尖牙撕咬着黑人，甚至喘着粗气冲向儿童，把其中几

---

① 亨利·汉普顿等《自由之声：民权运动口述史》，第 134 页。
② 桑福德·韦克斯勒编《民权运动目击史》，第 165 页。
③ 亨利·汉普顿等编《自由之声：民权运动口述史》，第 133 页。
④ 豪威尔·雷恩斯：《我的灵魂是安宁的：南方腹地民权运动的故事》，第 150 ~ 151 页。

个孩子咬成重伤。在警犬的咆哮和人们的尖叫声中，游行队伍四分五裂了，孩子和大人全跑回了教堂。①

在这种情况下，非暴力运动很容易失控。为了保护孩子，很多人开始向警察扔石头，就像贝弗尔描述的那样："他们开始准备使用他们的枪、刀和砖头。"贝弗尔拿起一个扩音器，冲到人群前说："现在离开大街，我们不要使用暴力。如果你不尊敬警察，请你离开运动。"② 在贝弗尔等人的努力下，这才基本保持了运动的非暴力性质。

全国人民在电视上看到了孩子们被水龙冲击和被警犬撕咬的画面，国内外的新闻报纸把伯明翰事件置于头版头条。警察使用警犬和消防水龙攻击黑人儿童的令人震惊的照片立即在各大报纸上出现，引起很多人的愤慨。肯尼迪说，这样的照片让他恶心。这一暴力事件使美国公众大为震惊，也引起华盛顿的高度关注。5月4日，司法部派负责民权问题的司法部长助理马歇尔到伯明翰敦促金和城市商界领导人进行谈判。起初，金担心肯尼迪政府会像在奥尔巴尼运动中那样，对赢得更大的种族正义不感兴趣，只是想掩盖种族麻烦，尽量使暴力的画面远离全国和国际媒体。但马歇尔到达后，金的疑虑便消失了。因为他不断对市区商人施加压力，争取他们做出有意义的让步。③

以后几天，游行规模不断扩大。5月6日，2000多名示威者入狱。警察不断地用消防水龙、警犬和棍棒竭力把游行者赶回城市的黑人区。沙特尔史沃斯被高压水龙头冲到一座建筑物的墙上，严重受伤，被送到医院。康纳竟然后悔没有看到这一场景，说："我希望他们用灵车把他运走。"④

马歇尔回忆道："全国、全世界都充斥着这些（暴行的）照片，引起总统的高度关注，形势已经恶化到了法律都无法解决的程度。"⑤ 联邦政府很担心美国的国际形象，但肯尼迪总统不能在伯明翰行使任何行政权力。因为没有任何法律上的补救措施，肯尼迪考虑派遣军队。随着形势的不断恶化，电视和新闻记者加强了报道。正如金所希望的，媒体把全世界的注意力都集

---

① 霍恩：《重新恢复美国的灵魂》，载《公共关系研究杂志》第9卷第3期，第181页。
② 亨利·汉普顿等编《自由之声：民权运动口述史》，第134页。
③ 大卫·加里：《背负十字架：小马丁·路德·金与南方基督教领导大会》，第250页。
④ 胡安·威廉斯编《目睹奖杯：美国民权之年（1954～1965）》，第191页。
⑤ 胡安·威廉斯编《目睹奖杯：美国民权之年（1954～1965）》，第191页。

中到了伯明翰。① 白人律师大卫·范恩说："这是在利用媒体向公众报道运动。当时通常只有 15 分钟的全国新闻和 15 分钟的地方新闻。但即便是游行中导致的一场小小的交通堵塞，也能引起各个媒体的广泛关注。如果警犬与消防水龙出现，其影响就更不必说了。"②

当康纳不断使用警犬和消防水龙对付游行的黑人时，金和沃克对康纳的愚蠢策略感到非常高兴，希望这种暴行继续。像沃克后来评论的那样：

> 公牛康纳一直在努力制止黑人进入市政厅，我祈祷他继续阻止我们。如果公牛让我们到达市政厅祈祷，伯明翰运动就失败了。因为如果他让我们这样做了，就不会发生任何新的事情，不会有运动，不会有公众的关注。但我们看到的结果是，他们阻止了我们到达目的地，我们早就预计到了公牛康纳的愚蠢。……康纳是一个完美的对手，他想要引起公众的关注，希望自己的名字出现在报纸上。他相信自己如果毫不留情地、严厉地对待黑人，便会成为这个州最受欢迎的政治家。我们知道白人种族主义者的心理就是这样，他将不可避免地做一些事情来推动我们的事业。③

在马歇尔到达伯明翰的时候，许多伯明翰商人已经感觉到抵制和骚乱对他们的销售额和利润下降产生的影响。他们意识到持续的混乱会破坏市区商业，因此在马歇尔的斡旋下，他们开始与民权领导人进行谈判。正如西德·

---

① 世界各国的媒体几乎都对伯明翰危机持批评态度，如德国一些媒体的社论强调持续的骚乱对美国在全世界声誉的破坏。挪威的媒体报道了危机中"三K党"的活动。缅甸的一家报纸评论说"无情地镇压努力赢得平等权利的黑人是民主的耻辱。"里约的一家媒体发表社论说："亚拉巴马种族主义者的放肆行动引起了全世界的人道主义反应。"古巴的一家媒体报道说："美国黑人向联合国人权委员会抗议发生在伯明翰的侵犯民权的骚乱事件。"非洲尼日利亚的媒体持续不断地对隔离主义者和警察暴力进行批评，谴责伯明翰的种族隔离主义者的残暴和非人道，攻击美国对外宣称是自由的捍卫者，对内却镇压黑人。印度、埃及、土耳其的媒体指出伯明翰的暴力有引发内战的危险，谴责警察的暴行，批评肯尼迪政府没有采取有效的行动，赞扬黑人使用的甘地的非暴力的方法。见刘易斯·古尔德《约翰·肯尼迪总统历史文件集》，第 14 卷，《约翰·肯尼迪、马丁·路德·金与民权斗争》（Lewis Gould, *The Documentary History of the John F. Kennedy Presidency*, Vol. 14: *John F. Kennedy, Martin Luther King Jr., and the Struggle for Civil Rights*），马里兰贝塞斯达 2005 年版，第 302~306 页。
② 亨利·汉普顿等编《自由之声：民权运动口述史》，第 133 页。
③ 大卫·加里：《背负十字架：小马丁·路德·金与南方基督教领导大会》，第 251 页。

史密耶所说："我是一个彻头彻尾的隔离主义者，但先生们，你们看发生了什么，我不是一个傻瓜，现在我们不能获胜，我们不得不停止隔离，并和他们谈判。"①

在谈判过程中，沙特尔史沃斯与金发生了矛盾，他不同意取消抗议以达成协议，但从大局考虑，二人最终和解。1963 年 5 月 10 日，金、沙特尔史沃斯和艾伯纳西召开新闻发布会，宣布伯明翰市已经与他们达成协议。协议由四条内容组成：在 90 天内消除市区所有的便餐柜台、公用厕所、装配车间和公共饮水器的隔离；在 60 天内安置黑人到商店中以前全部为白人拥有的工作岗位上；释放囚犯；在白人与黑人领导人间建立永久的协商组织。金把这一协议看作"我们在南方腹地所见过的、追求正义的最辉煌的胜利"。但他也很谨慎，"我们现在必须从抗议转向和解"。② 像大多数在痛苦斗争中达成的妥协一样，这一协议也引起了来自两方面的愤怒。一些黑人批评者指责金只是为了一些许诺就牺牲了他们的抗议策略。亚拉巴马州州长乔治·华莱士不承认任何协议，"公牛"康纳敦促白人抵制那些同意非隔离化的商店。

协议宣布的当天晚上，"三 K 党"在伯明翰集会，公开宣布这一协议无效。之后，金与他的同事经常开会的旅馆和他弟弟的家分别被炸。愤怒的黑人向警察扔石头。随着骚乱的爆发，州骑警开始肆意殴打黑人。35 名黑人和 5 名白人受伤，7 家商店被烧毁。肯尼迪总统严厉制止极端分子破坏伯明翰协议。5 月 12 日，他派了 3000 名联邦军队到达距伯明翰 30 英里的地方驻扎，希望联邦的干预能够促使州和地方当局恢复和平。肯尼迪总统说，他决不允许在商人和南方基督教领导大会之间达成的协议被一小撮极端分子破坏。③ 最终市长和他的新的委员会表示尊重达成的协议，冲突平息，城市安静下来。

伯明翰运动鲜明地体现了扎实的地方组织和金魅力型动员的结合，南方基督教领导大会地方工作人员安德鲁·马里西特的个人经历就是一个最突出的例子。他原来是一个为教堂开车的公车司机。一天他在大街上看到一件令他非常震惊的事情，一条警犬正在撕咬一个 6 岁的小女孩。他跑过去，站到

---

① 豪威尔·雷恩斯：《我的灵魂是安宁的：南方腹地民权运动的故事》，第 145 页。
② 桑福德·韦克斯勒编《民权运动目击史》，第 166 页。
③ 胡安·威廉斯编《目睹奖杯：美国民权之年（1954~1965）》，第 194 页。

小女孩面前保护她，这条狗便冲向他，结果他被逮捕了。这件事情改变了他的整个思维模式。他是一个浸礼会教徒，虽然经常参加教会活动，但对周围发生的事情漠不关心。他虽然也意识到隔离的存在，知道伯明翰是全国最隔离的城市，但不知道该怎么做。他总是告诉人们，警犬事件为他敲响了警钟。出狱后，他参加了大众会议，见到了南方基督教领导大会的领导人，决定参与运动。后来他又招募了其他三人加入南方基督教领导大会，开始进行扎实周密的准备工作。面对警察大规模逮捕示威群众，他认为，"伯明翰代表了金博士在教导非暴力纪律方面最伟大的胜利"，因为"面对暴行，城市黑人努力压制了心中的怒火"。马里西特介绍了组织者如何努力劝说部分群众打消暴力反抗的念头和行为："跟随着准备跑回家拿枪的人，和他们说，'如果你想要杀死警察，你可以去另一边，组成你的小群体，但是请不要站在非暴力的队伍里使用武力，你会让很多人死去'。"另一种办法是利用金的影响："金博士在大众会议上的影响改变了这一状况。我们的工作是，无论何时看到有人真的很愤怒，都至少和他谈一谈，尽量劝说他参加大众会议。我们会坐在他身边或靠近他，大家聚在一起，让他感受到运动的精神。高唱自由之歌，大喊自由口号，然后听金博士演讲，这样最愤怒的狮子都会冷静下来。"① 正是在这种细致的组织工作与金的魅力领导下，运动才基本确保了非暴力的性质，没有走向暴乱。

伯明翰运动产生了重大的影响，推动了遍布南方各地非暴力直接行动浪潮的兴起，深深地改变了黑人参与者的思想，并有力地促进了联邦干预和立法。据司法部统计，伯明翰运动发生后的 10 个星期内，在南方的 186 个城市至少发生了 758 次示威活动，接近 1.5 万人因为抗议被逮捕。② 它激发了黑人的骄傲、团结和愿意参加斗争的精神，使黑人意识到自己的力量。法默乐观地把运动称为"精神解放"，新闻记者们也争相报道"新黑人"的出现。这些新黑人不再恐惧，愿意去坐牢，急切地追求自由。沃克后来承认："运动中发生的最重要的事情是黑人们决定不再害怕白人了。金博士最持久的贡献是他解放了黑人的心理。我们扔掉了奴隶的思想……去坐牢成了一种荣耀。"③

---

① 豪威尔·雷恩斯：《我的灵魂是安宁的：南方腹地民权运动的故事》，第 146~149 页。
② 彼得·利维编《让自由之声响起来：现代民权运动文件史》，第 116 页。
③ 西特科夫：《为黑人的平等而斗争》，第 133 页。

南方基督教领导大会的示威活动对肯尼迪政府提出民权法案起了重要的作用。伯明翰运动震惊了整个南方，肯尼迪政府担心示威导致骚乱和流血事件，害怕不负责任的极端分子的暴力取代非暴力抗议，因此开始积极支持负责任的黑人领导人。伯明翰运动结束1个月后，亚拉巴马州州长华莱士公开反对州立大学的非隔离，拒不执行最高法院的判决，阻止黑人学生入学。最终在联邦司法警察和国民自卫队的护送下，两名黑人学生才顺利入学。当天晚上，肯尼迪总统向全国发表关于民权问题的电视讲话，首次承认黑人民权问题是一个道德问题，他说："我们主要面对着一个道德的问题。它像《圣经》一样古老，像美国宪法一样清晰明了。问题的核心是是否所有的美国人都被给予平等的权利和平等的机会。"① 他许诺尽快向国会提出民权立法。6月19日，肯尼迪向国会提交了一个新的民权法案，它覆盖了公共设施、学校、选举权和平等就业等各方面的问题，是一个强有力的法案。但金和其他的民权组织知道，没有大规模的行动就不会有收获，他们不会让这一法案在国会中夭折。为了表明公众迫切需要这一法案，他们决定向华盛顿进军。

早在1941年，菲利普·伦道夫就曾威胁要发起一场向华盛顿进军的大众游行，结果以罗斯福总统的部分让步而告终止。到1962年，黑人的困境仍然没有改善，黑人的失业率是白人的两倍，黑人的民权目标也仍旧没有实现。鉴于此，伦道夫提议开展一场"为了工作和自由"的新游行。民权积极分子拉斯廷成为他的助手和实际组织者。1963年，其他的民权组织的领导人也开始考虑并逐步赞同这一计划。在游行前，伦道夫和拉斯廷会见了劳工和民权领导人，集体计划8月28日进行游行。他们同意扩展游行的目标，包括要求通过民权法案，到年底打破公共学校的隔离，实施一个禁止歧视的公平就业机会法案等。②

此时，由于伯明翰运动的影响，全国各地不断发生抗议和骚乱。肯尼迪总统担心引发暴力，不希望进行这样的游行。6月末，他会见了30位民权领导人，努力劝说他们取消进军，但没有成功。伦道夫在会见肯尼迪时说："黑人已经在大街上了，不可能让他们离开。"③ 伦道夫使肯尼迪相信，这次

① 彼得·利维：《民权运动》（Peter B. Levy, *The Civil Rights Movement*），康涅狄格州韦斯特波特1998年版，第173页。
② 亨利·汉普顿等编《自由之声：民权运动口述史》，第160页。
③ 卡森：《民权改革与黑人争取自由的斗争》，载大卫·刘易斯编《美国民权运动论文集》，第26页。

进军不会出现日益增强的基层激进性和暴力倾向，而是要把激进性纳入安全的轨道。黑人也不再请求总统发布行政命令，他们想以自己的行动对总统向国会提交的民权法案表示支持。

进军的主题变成"团结、种族和谐"，尤其是"呼吁通过民权法案"。向华盛顿进军委员会任命拉斯廷为这一组织的副主任，他主要负责后勤工作。组织者希望能有 10 万人参加进军，并"想让从全国各地来的每一个人在早晨 9 点进入华盛顿，到日落时离开华盛顿"。这使拉斯廷必须费尽心思考虑一切细节："需要多少个厕所，它们该设在哪里；怎样规划进军路线；咨询医生，人们该吃什么才不至于得病；一旦当天降雨，该怎么办；安排饮水；准备演讲设备等。"①

人们从遍布全国的地方民权和教会组织那里得知进军的消息。30 多辆专列和 2000 辆包车把全国各地的人们带到华盛顿，其数量超出了组织者的想象——参加者一共有 25 万人，其中 6 万多是白人。

著名歌手们领唱自由之歌，等待着演讲的开始。伦道夫主持开幕仪式。他说："要让国家和世界知道，我们不是一个压力集团，不是一个组织，也不是暴徒。我们正在开展的是为了争取工作与自由的一场大规模道德革命。"②

学生非暴力协调委员会的主席刘易斯本来计划发表一场言辞激烈的谴责民权法案的演说。他要警告这个国家，不能坐等总统和国会来废除种族歧视。进军的组织者在读了刘易斯的演说词后，为了使对政府的批评不那么刺耳，请他稍做修改。奥·波义耳大主教威胁说要退出进军，并且声明，如果不修改刘易斯的演说词，他将从游行中退出。运动面临着分裂的危险。金和拉斯廷都来劝说刘易斯，但他拒绝妥协。直到伦道夫来和他讨论这件事，刘易斯才最终改变了立场。当时 75 岁的伦道夫言辞恳切地请求说："我为今天已经等了 22 年了，你们年轻人就不能听从一个老人的意见吗？……我一生都在等这个机会，请不要毁掉它。"③ 在这种情况下，刘易斯不得不同意修改自己的演说词。但他内心里仍坚持己见，反对总统提出的民权法案，因为他认为法案设置了文化测试的障碍，并没有确保黑人投票的权利。他感到

① 胡安·威廉斯编《目睹奖杯：美国民权之年（1954～1965）》，第 198 页。
② 桑福德·韦克斯勒编《民权运动目击史》，第 181 页。
③ 亨利·汉普顿等编《自由之声：民权运动口述史》，第 164 页。

"南方各州剥夺了黑人接受良好教育的权利,因此必须通过文化测试才能登记投票的做法是错误的",他强烈主张一人一票。他建议,"作为一场运动,我们不能等待总统和国会议员,我们必须依靠我们自己"。他甚至宣布:"我们将会像谢尔曼将军那样,在整个南方进军,但我们进行的是非暴力游行。"①

福尔曼主要负责重新起草演讲稿的工作,他强调维护团结的重要性:"出于团结的目的,我们在林肯纪念堂开始了修改工作。作为学生非暴力协调委员会的代表,我们努力使游行起作用。我们想确保没有人离开游行。我们没有受到任何方式的威胁。它只是一个团结的问题。"②

刘易斯在上场前几分钟,他和福尔曼、科兰德·考克斯三人才重新修改完毕演讲稿。但即使经过修改,刘易斯的演讲仍旧是那天最激进的演讲。他说:"通过我们的要求,我们的决心,我们的力量,我们将把隔离的南方撕得粉碎,然后再以上帝和民主的形象把它重新塑造。"③ 他仍然坚持学生非暴力协调委员会有保留地支持民权法案,并质疑联邦政府到底站在哪一边。

最后,马丁·路德·金发表了《我有一个梦想》的演讲。它表达了希望、勇气和决心,传递了种族和谐、爱和团结的信息,相信黑人与白人能和平地生活在一起。这一演讲是巨大的成功,它鼓舞了美国黑人的士气,也触动了白人的心灵。除了聚集在广场上的25万人外,成千上万名观众通过电视观看了整个事件。许多美国人第一次目睹了黑人与白人团结在一起,肩并肩游行和庆祝的场面。大多数人开始认同这场游行。就像拉斯廷说的那样:"向华盛顿进军发生了,因为黑人需要联盟。进军不是黑人的行动,它是黑人与白人联合起来的行动。"④

向华盛顿进军运动产生了重要的影响,很多人对金的演说印象深刻,为他的魅力所深深折服。二战老兵、纽约市警察威廉·约翰逊就是这样一个人,他在游行期间到华盛顿担任一个1500多人的卫队队长,负责保护游行人员的安全。他回忆说:

> 我被金博士的演讲迷住了。天啊,它看起来似乎要把我推离讲台,

---

① 亨利·汉普顿等编《自由之声:民权运动口述史》,第165~166页。
② 亨利·汉普顿等编《自由之声:民权运动口述史》,第166页。
③ 胡安·威廉斯编《目睹奖杯:美国民权之年(1954~1965)》,第201页。
④ 胡安·威廉斯编《目睹奖杯:美国民权之年(1954~1965)》,第202页。

甚至推离地面。我的眼睛有点湿润了，这使我回想起我在军队服役的生涯，我的脑袋变得兴奋起来。金博士为我们的生活带来了希望，那就是，总有一天我们能手挽手走在一起，我们能消除彼此之间的差别。那是一件让人很受鼓舞和感动的事情。对于我来说，这是一次难得的感情和精神上的体验。①

但运动的成功也离不开拉斯廷等组织者的精心组织和大量普通黑人的参与。拉斯廷在运动结束后激动地说：

　　不是好莱坞巨星们制造了这场游行，进行游行的是"用脚投票"的黑人们。他们来自每一个州，他们乘飞机、火车、汽车，甚至走着来。有大约300名国会议员在那里，……当他们看到游行现场秩序井然，人们表现出令人惊异的决心，而且不仅黑人，所有肤色的人们都在那里的时候，他们知道这个国家的人们在民权法案问题上已经达成了共识。……当我们最终确定游行没有留下一片纸屑、一个茶杯时，游行对我来说才算结束了。我回到旅馆，对伦道夫说："长官，我想让你看到，那里没有留下一片纸屑，没有留下任何垃圾。"伦道夫先生对我表示感谢，眼泪开始顺着他的脸颊流了下来。我认为，这是我生命中最伟大的时刻。②

游行赋予了很多普通美国黑人以巨大的力量。12名年轻人从布鲁克林步行到达那里，一名全国有色人种协进会成员从芝加哥穿着四轮滑冰鞋滑来，一位老人骑着自行车从俄亥俄州赶来。一位来自纽约的15岁女孩写下了她的感想："有一种特别亲切的感觉，我从来没感受到如此的美妙和伟大。每个人的脸上都洋溢着一种对未来的美好憧憬——相信这次游行是通往正确方向的一大步。我能在人们的歌唱声中、谈话方式中听到这些。"③

游行最大的成就是积极影响了悬而未决的民权法案。南方基督教领导大会1963年9月的时事通讯记录了25万名和平示威者的重要性：游行使他们

---

① 亨利·汉普顿等编《自由之声：民权运动口述史》，第168页。
② 亨利·汉普顿等编《自由之声：民权运动口述史》，第169页。
③ 霍恩：《重新恢复美国的灵魂》，载《公共关系研究杂志》第9卷第3期，第183页。

赢得了全世界成百万人民的尊重和同情。大约 1600 名记者将亲眼所见的难以置信的场景迅速传遍全美国,大约有 8000 万名电视观众观看了这场声势浩大的游行。①

但是,向华盛顿进军并没有立即促使肯尼迪总统提出的民权法案在国会中通过。由于顽固议员的阻挠,在进军几个月后,国会没有通过这一法案。但向华盛顿进军给成千上万美国人,包括黑人与白人以希望,并在全国造成一种尽快结束隔离、给予黑人权利和自由的公共舆论。在这一巨大舆论的压力下,法案的通过只是时间问题。9 月肯尼迪总统的突然遇刺激发了全国对他争取实现民权目标的同情,很多人认为通过民权法案是对他最好的纪念。1964 年春,金与南方基督教领导大会又发起圣奥古斯丁运动,继续吸引全国公众的注意,对联邦政府施加压力,以期尽快通过民权法案。1963 ~ 1964年期间,一系列激进的非暴力直接行动(伯明翰运动、1963 年夏的非暴力抗议浪潮和圣奥古斯丁运动等)成为动员全国支持民权立法的催化剂。在这样的氛围和压力下,1964 年年初,众议院迅速采取行动,很快就以巨大的优势通过法案。参议院经过 3 个月的争论,也以 73 票对 27 票通过法案。7月 2 日,约翰逊总统正式签署了 1964 年民权法案。法案的主要内容有:保护黑人的投票权,规定了有利于黑人选举的新条款;取消公共领域的种族隔离与歧视,授权美国的地方法院发布禁令,反对在公共设施中的歧视,保证一切人平等地进入这些设施;授权司法部长对公共学校中存在的种族隔离和歧视行为提起诉讼;禁止联邦资助项目中的歧视,对那些在联邦计划中实行种族歧视的地方与学校停拨联邦经费;延长民权委员会的年限;设立平等就业机会委员会,禁止因为种族、肤色、宗教、性别和民族来源而采取就业上的歧视;在商业部建立社会关系服务处,帮助解决地方和州际贸易中存在的歧视与种族纠纷;等等。② 这标志着民权运动在制度变革上取得重大突破。

三 最后的辉煌:塞尔玛运动

1964 年,民权运动开始走向分裂。在 1963 年伯明翰运动中,许多黑人就已经不相信非暴力的信条,而非暴力对运动所取得的立法胜利是非常关键的。

---

① 霍恩:《重新恢复美国的灵魂》,载《公共关系研究杂志》第 9 卷第 3 期,第 183 页。
② 艾伯特·布劳斯坦、罗伯特·赞格兰杜编《民权与非裔美国人:文献史》(Albert P. Blaustein and Robert L. Zangrando, ed., *Civil Rights and African Americans: A Documentary History*),伊利诺伊州埃文斯通 1991 年版,第 526 ~ 550 页。

此外，南方基督教领导大会与学生非暴力协调委员会之间还一直存在着哲学与策略上的分歧。南方基督教领导大会的牧师们以金能传达胜利、带来公众关注而感到骄傲。相反，学生非暴力协调委员会则致力于在基层发展地方领导人。1964年夏天，为期4天的哈莱姆骚乱已经预示着运动开始发生转变。

1964年，金获得诺贝尔和平奖。联邦调查局局长胡佛做了一系列诋毁金声誉的事情，想"完全破坏金作为一名黑人领导人的有效性"，约翰逊总统对此未加阻止，这使得南方基督教领导大会领导人与政府之间的联盟开始破裂。1964年民权法案通过后，约翰逊总统希望放慢推进民权的步伐。但与其意愿相反，南方基督教领导大会在1964年年末就开始计划制定一个新策略来强迫联邦政府保护美国黑人的投票权。1964年11月，金说："我们很有可能不久在亚拉巴马和密西西比围绕选举权进行示威。我们希望通过这一进程，对联邦政府施加道德压力，让它任命联邦登记员到这些地区来。必要的时候，甚至可以让联邦派遣司法警察护送黑人到投票点。"①

多年的痛苦和委屈改变了南方基督教领导大会对非暴力思想的看法。非暴力对它来说曾经是一种道德，现在成为一种策略。伯明翰运动的经验使南方基督教领导大会确信，白人攻击不抵抗的民权抗议者的野蛮行为会引发全国的反应，以推动政府和国会采取行动。金具体罗列了亚拉巴马计划的主要步骤：（1）非暴力示威者到大街上去行使宪法赋予他们的权利；（2）种族主义者通过向他们施加暴力进行抵制；（3）美国民众觉醒，要求联邦干预和立法；（4）政府在大众的压力下，立即采取措施进行干预和实行补救性的立法。② 可见，运动的成功需要南方种族主义者采取暴力以引发全国的愤怒。

由于得到了塞尔玛地方黑人的积极支持，当地的警察局局长吉姆·克拉克又以种族主义暴行而闻名，金和他的同事就慎重地选择塞尔玛作为运动的目标。而在此之前，地方社会和学生非暴力协调委员会已经在塞尔玛进行了长期选民登记的组织工作。

在1963年初，学生非暴力协调委员会就开始努力动员亚拉巴马的地方领导人，发起一个选民教育计划。1963年10月8日被定为塞尔玛的自由日，在刘易斯等学生非暴力协调委员会组织者的领导下，成百上千的黑人几乎一整天列队站在县法院的门前，他们中只有5个人通过了所谓的文化测

① 大卫·加里：《塞尔玛抗议》，第35页。
② 西特科夫：《为黑人的平等而斗争》，第173～174页。

试。达拉斯县警察局局长吉姆·克拉克和他的手下残酷地攻击了学生非暴力协调委员会积极分子，并逮捕了他们。在警察暴力与文化测试的重重阻挠下，刘易斯和其他学生非暴力协调委员会的成员在整个秋天总共才登记了几百名黑人选民，收效甚微。①

尽管学生非暴力协调委员会在亚拉巴马的塞尔玛一直工作了三年，但塞尔玛的黑人领导人不满意学生非暴力协调委员会的进展。1964 年秋，地方领导人阿米莉娅·博恩托和达拉斯县选民联盟的主席弗雷德里克·里斯请求南方基督教领导大会与金进入塞尔玛，帮助塞尔玛黑人取得投票权。南方基督教领导大会新任执行主任安德鲁·扬承认塞尔玛的地方黑人领导人是塞尔玛运动的主要发起者，"塞尔玛不是我们挑选的地方，我们没有选择他们，是他们选择了我们"。②

学生非暴力协调委员会的成员对此大为不满。1965 年 1 月 2 日，金在记者招待会上宣布，他想要在塞尔玛领导一场大规模的选民登记运动。塞勒斯听到这个消息后，很不高兴。他知道这样的运动会导致学生非暴力协调委员会与南方基督教领导大会之间的严重对抗。他列举了两条原因：一是学生非暴力协调委员会已经在塞尔玛活动多年，二是学生非暴力协调委员会与南方基督教领导大会有着完全不同的社会组织方法。③

南方基督教领导大会不理睬学生非暴力协调委员会的反对，它为即将开展的运动做了很多准备工作，并公布了自己的计划。1965 年 1 月中旬，南方基督教领导大会从召开大众会议转向直接行动，金亲自领导 400 人向拉斯县法院进发。克拉克在那里迎接他们，并没有使用暴力手段对付游行者。塞尔玛新任市长约瑟·史密斯曼熟悉金的策略，他认为，如果克拉克控制自己不使用暴力，媒体就没有理由再待在塞尔玛。他任命威尔逊·贝克为塞尔玛公共安全部主任，期望他能控制吉姆·克拉克。但 1 月 19 日，在南方基督教领导大会示威的第二天，克拉克就粗暴地逮捕了地方社会中很受尊重的领导人阿米莉娅·博恩托。第二天，《纽约时报》和《华盛顿邮报》就刊登了克拉克用警棍把博恩托打倒在大街上的照片。

① 亨利·汉普顿等编《自由之声：民权运动口述史》，第 213 页。
② 亨利·汉普顿等编《自由之声：民权运动口述史》，第 214 页。
③ 克利夫兰·塞勒斯：《一去不返的河流：一个黑人革命者的自传及学生非暴力协调委员会的兴亡》（Cleveland Sellers, *The River of No Return*：*The Autobiography of a Black Militant and the Life and Death of SNCC*），密西西比杰克逊 1990 年版（纽约 1973 年初版），第 116 页。

　　1月22日，弗雷德里克·里斯率领塞尔玛100多名教师向法院游行，以抗议阿米莉娅·博恩托的被捕。这极大地支持了民权运动，因为教师被认为是社会中的精英，他们通常因为害怕遭到白人学校董事会的报复而不参加民权运动。教师游行后，许多其他群体也开始积极参加运动，因为教师对他们产生了更大的影响。①

　　随着游行队伍的壮大，全国媒体的注意力也增加了。2月1日，金和250名游行者被捕入狱。接下来两天，800名学生参加游行，结果全部被拘禁。一个15人的国会代表团离开华盛顿赶来调查。②

　　2月初，南方基督教领导大会在《纽约时报》上刊登《从塞尔玛监狱发出的信札》，金很快被释放。在那个星期，有3000多人被捕。在2月中旬，南方基督教领导大会的C.T.维维安领导了另一次通往法院的游行。当警长拒绝他们进入的时候，言辞激烈的维维安把克拉克和他的手下比作希特勒和纳粹。克拉克非常愤怒，猛烈殴打了维维安，致使他的右手手指骨折。三天后，马里恩的当地居民邀请维维安在一次集会上发言，以支持一位南方基督教领导大会的成员詹姆斯·奥伦奇，他因为在马里恩附近参加选民登记运动而被捕入狱。马里恩当地人计划举行一次从教会前往监狱的示威，为詹姆斯·奥伦奇唱歌，为他鼓劲。但这个镇的镇长向州长报告说，有人要来劫狱，因此要求州政府派遣骑警，严阵以待。③

　　集会结束后，马里恩的当地居民走出教堂，开始游行，警长和很多骑警马上拦住了他们，并警告他们这是非法集会，要求他们必须立即解散，回到教堂。但他们已经计划好了在那时候进行祈祷。很多人开始跪下祈祷。他们随即遭到殴打，并被逮捕入狱。城市里所有的警察以及大量的白人市民都参与进来，几乎见到黑人就打。混乱中，连记者也不能幸免。为国家广播公司报道塞尔玛运动的记者理查德·维尔廉回忆说："我非常害怕，有人在我后面用棍子打了我的头，幸运的是没有打到要害部位。我说我需要医生，警察竟说，你这样的人，没有医生为你治疗。"④

　　运动中最为悲惨的事情是吉米·李·杰克逊被活活打死。当时正在教堂中的杰克逊看到他的爷爷在一个咖啡店旁被击倒在地。他立即离开教堂，想

① 亨利·汉普顿等编《自由之声：民权运动口述史》，第218～219页。
② 亨利·汉普顿等编《自由之声：民权运动口述史》，第220页。
③ 亨利·汉普顿等编《自由之声：民权运动口述史》，第223页。
④ 亨利·汉普顿等编《自由之声：民权运动口述史》，第223～224页。

要带他爷爷去医院。他一出门，就遇到了很多警察，他们强迫他回到教堂。但是杰克逊坚持要带爷爷去医院，警察竭力阻拦他，并对他拳脚相加，甚至用鞭子极力抽打他。杰克逊的母亲正好也在咖啡店里，她不能容忍这样的暴行，于是就拿起水瓶向警察扔去，结果她也被打倒在地。警察们很恼火，把杰克逊推到墙上，朝他开了几枪，然后又把他拉出咖啡店，不断殴打他。杰克逊拼尽力气跑到教堂的前门口，但马上就栽倒在地。虽然他很快被送往医院抢救，但最终因伤势过重而死亡。①

马里恩的黑人社会集体参加了杰克逊的葬礼游行。南方基督教领导大会的组织者贝弗尔由此提出从塞尔玛向蒙哥马利游行的计划。他建议人们步行前往蒙哥马利，向州长华莱士询问他的意图和动机。贝弗尔强调说："这将是一场非暴力运动，当人们受到很大的伤害，必须有良好的渠道来让人们表达和宣泄悲哀，否则运动容易发生暴力和混乱。"②

南方基督教领导大会计划3月7日（星期天）发起从塞尔玛到蒙哥马利的游行。大多数学生非暴力协调委员会的领导人不愿意参加。自从两年前的奥尔巴尼运动开始，这两个组织之间的裂痕就一直存在。学生非暴力协调委员会的成员抱怨南方基督教领导大会努力要建立对金的个人崇拜，担心南方基督教领导大会的牧师还没有取得最终和永久的胜利就抛弃塞尔玛，留下残局让当地人承受。3月6日晚上，学生非暴力协调委员会执行委员会在亚特兰大开会，讨论是否参加游行，委员会最终决定不参加这一游行。但主席刘易斯决定以个人身份而不是以学生非暴力协调委员会代表的名义去参加游行。他认为自己有这样的义务，第二天他便与学生非暴力协调委员会的三名其他成员离开亚特兰大驱车赶往塞尔玛。③

华莱士州长禁止游行，坚持认为政府不可能保护示威者。但大约600名游行者聚集在布朗礼堂，决定开展游行。金等人此时正在亚特兰大自己的教堂进行布道，没有参加游行。刘易斯和南方基督教领导大会的何西阿·威廉斯被推选出来领导这次游行。他们计划通过埃德蒙皮特斯桥到达蒙哥马利。

但游行很快遭到了警察和骑警们的残酷镇压，这就是著名的"流血星期天"。刘易斯回忆说：

---

① 亨利·汉普顿等编《自由之声：民权运动口述史》，第225页。
② 亨利·汉普顿等编《自由之声：民权运动口述史》，第226页。
③ 亨利·汉普顿等编《自由之声：民权运动口述史》，第227页；克利夫兰·塞勒斯：《一去不返的河流：一个黑人革命者的自传及学生非暴力协调委员会的兴亡》，第117～119页。

我们到达埃德蒙皮特斯桥的时候，看到蓝色的海洋——亚拉巴马州骑警。我们600多人共分成两队，开始非常和平的、有秩序的抗议。我们听到一个州骑警说，"这是一场非法游行，我给你们三分钟时间解散，回到你们的教堂"。大约1分半钟后，他命令说，"骑警们，前进"。骑警们立即骑着马，挥舞着警棍、皮鞭猛冲过来，并不断向人群投掷催泪弹。我感到那好像是我生命中最后一次示威，最后一次抗议。在催泪弹中，我几乎不能呼吸。我看到人们在打滚，听到人们在喊叫。我们不能前进，最终不得不退回。[①]

在这个流血的星期天里，游行者们遭受到严重的伤害。阿米莉娅·博恩托不仅脖子遭受到警棍的严重击打，还被催泪弹熏得昏迷不醒。刘易斯的头骨骨折，是17个住院治疗的示威者之一。还有40人只是在医院里做过紧急处理就出院了。那天晚上，国家广播公司电视网中断原来的节目，播放了亚拉巴马警察在埃德蒙皮特斯桥攻击美国市民的场景。很多观众看了电视后，义愤填膺。乔治·伦纳德清楚地记得他看到游行者与警察冲突时的感受：

电视上出现了前所未有的画面。随着骑警们冲向人群，有时甚至踩踏摔倒的人的身体，恐怖的尖叫声不断响起。骑警们头戴盔甲，全副武装，手中挥舞着警棍，不断向前猛冲……非人啊，没有什么话能描述我此刻的心情。我的妻子流着眼泪转身走开了，说她不能再看了。[②]

金立刻制定了一个新的游行计划，他号召全国各地的人来塞尔玛参加游行。成百上千的人被电视上的场面震撼，纷纷赶来参加运动。第二次游行为南方基督教领导大会提供了独特的吸引公众关注的机会。像约翰逊总统说的那样："在随后几天，整个国家的注意力将集中在亚拉巴马，全世界的目光也会聚焦在美国。"[③] 约翰逊的预测是正确的，《乌木》杂志描述了第二次游

① 亨利·汉普顿等编《自由之声：民权运动口述史》，第227～228页，刘易斯的详细论述见约翰·刘易斯《随风而行：关于运动的回忆录》（John Lewis, *Walking With the Wind* : *A Memoir of the Movement*），纽约1998年版，第323～347页。

② 克莱鲍恩·卡森等编《目睹奖杯：民权读本——来自黑人自由斗争的文件、演说和直接陈述1954～1990》，第214页。

③ 桑福德·韦克斯勒编《民权运动目击史》，第237页。关于世界媒体对塞尔玛运动的关注参见杜兹科《冷战民权》，第233～236页。

行的特征：很多摄影师、记者、作家和电视台的人聚集到游行前线，金尤其遭到重重包围。电视镜头缓慢追随着高速路上游行者的每一个脚步。①《全国评论》说："金又一次展示了他对现代心理政治战方法和技巧的熟练运用。"这个杂志认为金把塞尔玛作为一个杠杆，推动社会舆论和联邦政府转向他选择的方向。金对约翰逊总统谴责"流血星期天"的做法表示高兴。他在新闻发布会上说："我们很高兴地得知，我们在塞尔玛的斗争让全国都注意到了选举权问题。现在我们必须努力工作，加速选举权法案的通过。"②

为了阻止进一步的暴力，游行者想要得到一个法庭的命令，禁止警察阻挠游行。审理这一案件的联邦法官弗兰克·约翰逊虽然站在民权组织者一边，但他想要在稍后几天召开一次特别的听证会。因此他发布禁令，暂时不准游行。南方基督教领导大会面临着困境，就像安德鲁·扬所言："我们处于一个非常棘手的形势下：从全国各地来的人们迫切想要游行，但游行又将使运动受到损害。"他们最终想出一个妥协的方法：带领人们到达大桥，进行祈祷，然后返回。一些人仍想坚持对抗，但金坚持服从联邦法院的判决，他说："从1954年起，我们唯一的联盟一直是联邦法院。我们尊重联邦法院，即使有时我们不同意他们的做法。"③

3月9日（星期二），2000名游行者包括450名牧师响应金的号召来到塞尔玛，聚集在布朗礼堂。他们决定冲破警察在"流血星期天"中划定的界线。金领导示威者来到桥头。但他们按计划跪下祈祷后，并没有冲撞守在那里的警察，就返回塞尔玛。很多人对此不理解。金也没有向游行群众进行解释，他只是请求人们再待几天以开展另一次游行。大多数牧师支持金，但许多年轻的学生非暴力协调委员会积极分子非常愤怒，决定离开。他们强烈谴责这一事件，不久就来到蒙哥马利，开展新的抗议活动。

那个星期二的晚上又发生了一场悲剧。詹姆斯·里伯等三位来自波士顿的白人牧师遭到警察的野蛮殴打，里伯身受重伤，不久就在医院里去世了。两天后，总统和副总统先后打电话给里伯的家人表示慰问。牧师们在塞尔玛举行了一个纪念仪式，要求联邦干预。成千上万的人在北方城市抗议，为里伯哀悼。④

---

① 霍恩：《重新恢复美国的灵魂》，载《公共关系研究杂志》第9卷第3期，第184页。
② 霍恩：《重新恢复美国的灵魂》，载《公共关系研究杂志》第9卷第3期，第185页。
③ 亨利·汉普顿等编《自由之声：民权运动口述史》，第231页。
④ 亨利·汉普顿等编《自由之声：民权运动口述史》，第232页。

在巨大的压力下，联邦政府加快了通过民权立法的进程。3月13日，约翰逊总统会见了华莱士州长，他劝说华莱士要保护在塞尔玛的游行人员，从而使自己作为一个伟大的人物名垂青史。但华莱士推辞说，他没有经费，因此他不能保证和平，而且这是一个联邦计划，他不会参与进来。[①] 两天后，约翰逊总统向国会提交了选举权法案，在演讲中，他宣布："不仅黑人，我们所有的人都必须克服偏见，我们一定会胜利。"[②]

很多民权积极分子听了约翰逊总统的演说后都非常振奋。维维安回忆说：

> 我们都坐在一起观看约翰逊发表那个著名的演说。马丁坐在椅子上看着电视机，当约翰逊说"我们一定会胜利"的时候，大家都欢呼起来。我看看马丁，他却仍安静地坐在椅子上，眼泪顺着面颊流淌下来。那场演说是一场无可比拟的胜利，它让我们确信，我们能够投票，南方成百万的人也都有机会掌握他们自己的命运。[③]

3月17日，约翰逊总统发布了裁决命令，不许州阻止游行。但华莱士州长不想花钱保护游行群众，他告诉约翰逊总统，不能确保他们的安全。最终联邦政府提供了保护，国民自卫队和州自卫队负责保护游行。

3200名游行者于3月21日（星期天）离开布朗礼堂，穿过埃德蒙皮特斯桥，沿着固定的路线到达蒙哥马利。游行历时5天，终于顺利完成，军队的保护发挥了重要的作用。

很多游行者表达了自己的喜悦心情。艾伯纳西说："最终的游行是非常愉悦的，我们知道胜利就在眼前，也很清楚华盛顿正在发生什么，我们急切地希望选举权法案能够通过。"刘易斯说："我真的非常高兴，我们在那几天的步行过程中产生了骄傲和自尊。那场游行是一场神圣的运动，就像甘地向海洋进军。人们感觉不到疲倦，因为参加的不是一场平常的游行。大家有一种团结起来组成社会，一起前进的感觉。"安德鲁·扬比较现实，他说："我认为，从塞尔玛到蒙哥马利的游行是一种工作。我们每天要为300人提

---

① 亨利·汉普顿等编《自由之声：民权运动口述史》，第234~235页。
② 彼得·利维编《让自由之声响起：现代民权运动文件史》，第161页。
③ 亨利·汉普顿等编《自由之声：民权运动口述史》，第236页。

供食物，要找合适的地方扎营，而且必须关注一路上的安全问题，这绝不是浪漫的事情。"①

一直对游行不以为然的斯托利·卡迈克尔则找机会建立自己的事业基础。他对游行本身并不热心，虽然也参加游行，但他并不把自己作为游行的一分子。进入朗兹县时，卡迈克尔特意寻找来自朗兹县参加游行的人，记下他们的名字和地址，并告诉他们："听着，我们要待在朗兹县，不再走了。"那些人听到这个消息非常兴奋。② 卡迈克尔积极联系朗兹县当地人为后来建立朗兹县自由组织奠定了基础。

当游行队伍到达蒙哥马利，城市里已经聚集了 25000 名强有力的人，其中包括很多民权运动的英雄，例如马丁·路德·金、帕克斯和刘易斯等人。对于很多人来说，回到 10 年前民权运动开始的地方，是令人激动的胜利时刻。金夫人回忆道："我反复回想 10 年前的情形，那时只有黑人参加运动，但从塞尔玛到蒙哥马利的行军中有天主教牧师、修女和其他牧师，大量的白人和我们在一起。通过德克斯特大街教堂（金当初在蒙哥马利布道的地方），和大家一起走向国会大厦，是那么的美好。"金告诉观众："无论境遇多么艰难，都不会持续太久，因为真相已经明了。多久？不久。因为我的眼睛已经看到了即将到来的上帝的荣光。"③

那天晚上，来自底特律的白人家庭主妇维奥拉·利古兹在从蒙哥马利驱车返回塞尔玛的路上，被一名"三 K 党"成员枪击致死。她的死提醒人们，美国黑人仍处在"受难的季节"中。16 个小时后，愤怒的约翰逊总统出现在电视荧屏上谴责凶手，并希望立即通过他的选举权法案。④ 1965 年 8 月 6 日，约翰逊总统签署了选举权法，其中心内容包括：禁止文化测试和其他歧视行为；授权司法部长，派遣联邦检察官去那些设置障碍阻止黑人登记投票的南方腹地监督选民登记，以保障黑人的投票权；等等。选举权法案与以往民权法案中的选举条款的重大区别在于，以往的法律都是通过法院诉讼程序来处理南部腹地选举中的歧视问题，通常旷日持久，花费巨大，一般人承受不起。这一次的法律规定，由联邦政府，尤其是司法部来负责未登记黑人选民的登记工作，这比由联邦法院负责效果要好得多。很快，黑人选民的登记

① 亨利·汉普顿等编《自由之声：民权运动口述史》，第 236～238 页。
② 亨利·汉普顿等编《自由之声：民权运动口述史》，第 238 页。
③ 胡安·威廉斯编《目睹奖杯：美国民权之年（1954～1965）》，第 283 页。
④ 桑福德·韦克斯勒编《民权运动目击史》，第 241 页。

投票率大幅上升，与 1964 年的 23% 相比，到 1969 年，有 61% 的适龄黑人选民都登记投票了。

从塞尔玛到蒙哥马利游行显示了黑人的成就，证明了非暴力直接行动在揭示种族主义罪行、赢得舆论同情和联邦干预方面的巨大力量。十年前，黑人还胆怯地问他们能否坐在公共汽车的前排，但现在他们心中的恐惧已经基本消失，正在要求作为美国公民应享有的平等权利。在黑人的不懈努力和积极争取下，他们获得了最高法院、联邦政府和国会的支持，它们愿意做出判决以及通过法律来确保他们的安全和权利。尤其是 1964 年民权法和 1965 年选举权法通过后，黑人在制度上的障碍基本被废除了，民权运动由此达到了顶峰。但维奥拉·利古兹等人的死亡表明，民权运动仍遭到种族主义分子的强烈反对。在经历了那么多牺牲和痛苦后，很多民权积极分子开始对非暴力策略表示怀疑，非暴力直接行动面临着严峻的考验和挑战，民权运动也逐渐由盛而衰。

小结：从非暴力劝说到非暴力强制[①]

金和南方基督教领导大会在 20 世纪 50 年代末至 60 年代初的思想可简单概括为非暴力劝说。这种道德劝说基本上是非强制的，它强调通过理性和说服的方法改变白人种族主义者的观念。金相信，通过非暴力劝说，黑人能最终改变种族主义压迫者的心灵。这一思想在他 1957 年的著作《迈向自由》中有过详细阐述，他认为非暴力抵抗并不是要击败或羞辱对手，而是要赢得友谊和理解，在劝说对手认识错误的同时，唤起其道德耻辱感。他在书中这样写道：

> 非暴力最终是一种说服的方式，它通过唤起大多数正派人的良知来实现正义。我们要采取直接行动来反对不正义，而不是等待其他部门的行动；我们不遵守不正义的法律，坚决抵制不公正的待遇；我们要和平地、公开地、愉快地行动，因为我们的目标是说服。我们要竭力用自己的话语说服对手，但如果这种方法失败了，我们将会采取必要的行动。我们愿意通过谈判寻求公平的妥协，但也时刻准备受难甚至献出生命。面对黑人的团结、自尊、甘愿受难和拒绝还击，压迫者便会发现自己的

---

① 笔者借用了大卫·加里在其论著《塞尔玛抗议》中使用的术语。

残忍。……我们将以忍受苦难的能力与你们施加苦难的能力竞赛。……
我们不恨你们，但不能遵守你们不正义的法律。无论你们做什么，我们
都爱你们。你们炸毁房子，威胁孩子，……把我们打得半死，我们仍旧
爱你们。但我们不久便会通过受难的能力击溃你们。在我们赢得自由的
同时，唤起你们的良知，最终战胜你们。①

这种"爱压迫者这个人，但反对他的邪恶的行为"以及以受难、牺牲、
宽恕和说服为特点的非暴力，被称为诉诸良知的非暴力。

后来，金和南方基督教领导大会在 1961～1962 年的奥尔巴尼运动中实
践了这一思想。在这场运动中，南方基督教领导大会的抗议主要体现为非暴
力劝说，以使敌人放弃隔离。金写道，抗议的目标是改变压迫者的观念，使
他们认识到，真正的尊严、爱和平等不该因人的肤色而异。② 但大量的抗议
者遭到了当地警察的逮捕，其间没有发生暴力冲突。警察们这种不采用暴力
手段的做法，既没有引起新闻媒体的兴趣，也没有激发那些有可能支持运动
的人的愤怒。奥尔巴尼的种族主义者对道德和宗教的劝说也根本无动于衷。
结果这场运动没有产生太大的影响，以失败而告终。

1963 年，南方基督教领导大会选择伯明翰作为第二个主要运动地点。
这场运动从奥尔巴尼运动中吸取了一些教训，最重要的一点是，非暴力劝说
策略试图改变对手的观念是不现实的。金开始意识到，如果要取得成果，必
须使用强制性的非暴力手段，以迫使南方当局实施进步的变革，而不能寄希
望于说服白人对手认识自己的错误。他也认识到，联邦立法是有效变革的一
个途径，而立法需要得到全国媒体与公众的帮助和支持。③

金和他的同事为此进行了周密的计划与准备，他们通过不断发起大规模
的示威，尤其是利用儿童来进行游行，激怒了残暴的警察局局长"公牛"
康纳。他使用警犬与消防水龙对手无寸铁的非暴力群众与儿童进行了血腥的
镇压。这吸引了媒体的广泛报道，唤起了全国公众的良知觉醒，最终迫使联
邦政府进行干预。伯明翰当局迫不得已与抗议者进行了谈判，做出有价值的
让步，肯尼迪总统也很快向国会提出内容广泛的民权法案。最终结果表明，

---

① 小马丁·路德·金：《迈向自由》，第 217 页。
② 大卫·加里：《塞尔玛抗议》，第 221 页。
③ 大卫·加里：《塞尔玛抗议》，第 221 页。

白人暴力确实有助于运动的成功。

可见，非暴力直接行动引发暴力，制造危急事态，最终能迫使联邦政府进行干预与立法。此前，美国联邦政府一直未承担保护黑人公民权利的责任。民权法在 1957 年和 1960 年先后通过，但很少得到实施，只有在非暴力直接行动引发了"危机"，迫使联邦政府必须采取行动的情况下，才得以实施。黑人通过自己的政治经验也意识到，只有"危机"才能解决问题。1963 年伯明翰运动以后，金和南方基督教领导大会成为在南方城市中制造政治"危机"的高手。金经常提到，在任何对抗中，公众的同情通常会倾向于受害者。因此，南方基督教领导大会慎重选择它的目标，并充分利用臭名昭著的种族主义对手的残暴。在每一次运动中，人们都能容易地把英雄和恶棍区分开来。白人的暴力行为日益增多使得联邦政府与地方当局被迫与黑人进行谈判，做出有价值的让步。肯尼迪总统为什么在 1963 年提出了全面的民权法案？罗伊·威尔金斯认为他这样做的原因是，马丁·路德·金和他的同事们领导的伯明翰运动使国家意识到了危机的来临，这要求国家在更高层次上予以重视。①

在 1965 年塞尔玛运动中，金的思想完成了从非暴力劝说向更激进的非暴力强制的转变，其主要目标是确保选举权法案的制定与实施。过去在塞尔玛，地方警长克拉克常常对黑人施以暴力侵害。南方基督教领导大会的领导人确信，和平的抗议一定会激怒克拉克，引发暴行。这样，南方基督教领导大会可以借此吸引全国的注意，从而支持联邦政府制定强有力的选举权法案。非暴力强制策略对非暴力劝说的取代，确保运动取得成功。

运动的计划是：举行和平示威，争取黑人与生俱来的公民权，引发南方白人的暴力，吸引来自全国的新闻媒体报道该事件，唤起全国民众和领导人的觉醒，从而赢得他们的支持，取得民权立法的成功。金曾公开强调，塞尔玛运动的目标就是通过新的联邦选举权法案，这个目标的前提是呼吁公众与国会的觉醒。② 具体该如何做呢？金写道，"南方黑人必须迫使压迫者在光天化日下实施暴行"。因为"这些暴行可以唤起其他美国白人的觉醒，否则单靠黑人的力量是不足以推动国会和政府行动的"。他列出非暴力的四个步骤：（1）非暴力示威者到大街上去行使宪法赋予他们的权利；（2）种族主

---

① 科莱科：《小马丁·路德·金：激进非暴力的使徒》，第 142～143 页。
② 大卫·加里：《塞尔玛抗议》，第 223 页。

义者通过向他们施加暴力进行抵制；（3）美国民众觉醒，要求联邦政府进行干预和立法；（4）政府在大众的压力下，立即采取措施进行干预和实行补救性的立法。运动成功的关键是迫使种族主义者采取暴力行为，吸引全国公众的关注。① 金认为，这样的策略会使反对者失去理智，从而对黑人实施暴行，致使其名誉受损。无论什么时候，在媒体进行现场报道的情况下，种族主义者以暴力来攻击非暴力的示威者，会激发民众对他们的愤怒，从而削弱公众对他们的支持。

在此过程中，媒体报道对唤起公众觉醒至关重要。因为广大读者与观众会因此而决定是否支持运动。所以，积极利用媒体有利于运动的发展。到1965 年初，金和南方基督教领导大会决定努力激发对手的暴力行为。这种有意引发警察暴行的非暴力挑衅，可以引起全国乃至国际上的注意，以争取联邦干预。安德鲁·扬就指出，南方基督教领导大会的策略就是要使种族主义者在主要街道上、在哥伦比亚广播公司、全国广播公司、美国广播公司的摄像机前攻击和平的抗议者。②

金和南方基督教领导大会最终取得了塞尔玛运动的胜利，这证明了其策略的有效性。他们激发种族主义者以暴力来对待和平的抗议者，制造"危机"，吸引媒体对黑人遭遇的关注，得到来自公众的支持，迫使地方当局谈判和联邦政府干预。从某种程度上说，南方基督教领导大会的非暴力策略最终依靠白人暴力取得成功。

南方基督教领导大会这种有意引发暴力的做法难免遭到非议，有人批评它操纵地方运动，使之成为白人种族主义者反对的目标，以此来博取公众的同情。这种批评其实并没有什么道理。因为，不能因为压迫者的暴行而谴责和平的示威者。而且，金和他的同事们事先已清楚地告诉了人们非暴力行为可能引发的危险，从而使人们能面对和克服恐惧。南方基督教领导大会还教导人们如何应对暴力，它的态度是强硬的，但结果是有效的。具体说来，在公共抗议中，南方基督教领导大会一方面尽量引发白人的暴力，但同时把损失控制在最低点。媒体在这一策略中发挥了关键作用，广泛的媒体报道使执法官员谨慎行事。如果记者和摄像人员在场，警犬、消防水龙和成队的士兵比

---

① 詹姆斯·华盛顿编《希望的自白：小马丁·路德·金基本著作集》 （James Melvin Washington, *A Testament of Hope : The Essential Writings of Martin Luther King, Jr.* ），旧金山1986 年版，第 127 页；大卫·加里：《塞尔玛抗议》，第 225 页。

② 科莱科：《小马丁·路德·金：激进非暴力的使徒》，第 141 页。

谋杀和爆炸更有影响。南方基督教领导大会就这样在引发暴力与控制暴力之间维持了绝妙的平衡，引发了一定程度的暴力却不是致命性的暴力，恰到好处。[1]

总之，金和南方基督教领导大会的非暴力直接行动策略经历了从幼稚的道德理想主义（非暴力劝说，单纯依靠白人的良知）到注重现实和实效的理想主义（非暴力强制，依靠联邦干预的强制力）的转变，其方法和目标是联合联邦政府和自由派，反对南方的种族主义，取消隔离，获得选举权。金最初把直接行动看作一种说服的方法，一种使种族主义分子道德觉醒的方法。奥尔巴尼抗议运动失败以后，金抛弃了他非现实的看法，采取了非暴力强制的策略，开始寻求把隔离分子的暴行展示在公众面前，从而对联邦政府施加压力。伯明翰运动和塞尔玛运动正体现了这种非暴力强制策略的成功。新闻媒体发挥了重要作用，南方基督教领导大会利用媒体实现了目标，这种利用也是抗议的中心策略。

金与南方基督教领导大会的非暴力强制策略可概括为：南方基督教领导大会的任务不仅要解决某个地方社会的隔离问题，而且还要从根本上废除整个隔离体制。它通过地方抗议向联邦政府施加压力，促使联邦政府采取行动来反对白人至上主义。它还寻求把白人暴力转化为对自己有利的条件，一方面激发白人种族主义者实施暴力，让媒体曝光其暴力行径，唤起公众觉醒；另一方面，借助媒体的现场报道，控制白人警察的施暴行为。[2] 在强压之下，联邦政府被迫做出反应，回应改革的要求，提出民权法案，民权运动至此达到了其基本目标。

第二节 社会组织策略的演变

学生非暴力协调委员会（包括争取种族平等大会）在致力于开展公民

---

[1] 亚当·费尔克拉夫：《拯救美国的灵魂：南方基督教领导大会与小马丁·路德·金》，第225～229页。关于非暴力引发暴力促进运动的相关研究参见韦恩·桑托《民权运动为公平就业开展的斗争："戏剧性事件—传统政治"模型》（Wayne A. Santoro, "The Civil Rights Movement's Struggle for Fair Employment: A 'Dramatic Events – Conventional Politics' Model"），载《社会力量》（*Social Forces*）第 81 卷第 1 期（2002 年 9 月）；《民权运动与投票权：黑人抗议、隔离主义者的暴力与观众》（"The Civil Rights Movement and the Right to Vote: Black Protest, Segregationist Violence and the Audience"），载《社会力量》（*Social Forces*）第 86 卷第 4 期（2008 年 6 月）；约瑟夫·鲁德斯：《民权成功与种族暴力政治》（Joseph E. Luders, "Civil Rights Success and the Politics of Racial Violence"），载《政治组织》（*Polity*）第 37 卷第 1 期（2005 年 1 月）；等等。

[2] 亚当·费尔克拉夫：《拯救美国的灵魂：南方基督教领导大会与小马丁·路德·金》，第 7～8 页。

不服从运动的同时，也开始在南方腹地开展社会组织和选民登记运动。起初，学生非暴力协调委员会内部对这两种策略一直存在分歧和争论，但实践证明，两种策略的区别只是表面和理论上的。学生非暴力协调委员会积极分子深入南方腹地，组织地方黑人进行选民登记运动，直接与当地的白人种族主义分子对抗，遭到他们的强烈抵制，其危险性与在大街上举行游行示威等集体开展的抗议活动相比，有过之而无不及。从某种意义上讲，在南方腹地开展选民登记运动就是一种直接行动，但它是一种非常规的非暴力直接行动，是"公民不服从"运动在范围上的扩展。这也表明民权工作者对黑人社会基层的深入组织到了前所未有的程度，代表了民权运动的另一个重要特点与成就。

一 筚路蓝缕：早期选民登记运动

1961 年夏天，自由乘车运动发展到高潮，自由乘客不断入狱的消息使罗伯特·肯尼迪很焦急。他一方面想安抚黑人，另一方面又想取悦于南方民主党联盟。肯尼迪决定改变运动的方向，尽量避免引发暴力对抗。他建议黑人从直接行动转向选民登记运动，认为大量黑人的选票可以迫使南方政治家更多地考虑黑人在住房、教育和公共设施等方面的要求。他后来说："如果登记的黑人选民达到选举人数的百分之十五以上，他们便会产生重要影响。"[1] 由于缺少资金，肯尼迪政府敦促大的慈善基金会资助选民教育计划。有了资金支持，一些民权组织和民权领导人逐渐同意实施选民登记计划。

学生非暴力协调委员会内部对此展开了激烈争论。一些直接行动的支持者对政府的动机表示怀疑，反对实施选民登记计划。在双方僵持的关键时刻，贝克尔提出了妥协方案，建议两计划并举，分裂的风波才得以平息。选民登记计划和非暴力直接行动计划分别在各自领导人的领导下开展起来。

在密西西比，任何想登记投票的黑人都可能遭到警察、公民委员会、"三 K 党"或民主党州组织的报复。在一些黑人社会中，也存在着传统的观念：投票只是白人的事情。全国有色人种协进会自从 1916 年进入这一地区以来一直争取法律补救，但收效甚微。全国有色人种协进会密西西比地方分支的副主席阿莫兹·摩尔长期在当地开展民权斗争，他极力主张在密西西比开展选民登记运动，但并没有得到全国有色人种协进会总部的支持。

---

[1] 胡安·威廉斯编《目睹奖杯：美国民权之年（1954～1965）》，第 160 页。

　　来自纽约的哈佛大学研究生罗伯特·摩西逐步成为密西西比选民登记计划的领导人。他最早是南方基督教领导大会的成员，但不久就脱离了南方基督教领导大会，成为学生非暴力协调委员会在密西西比的一个地方秘书。1960 年夏，摩西为学生非暴力协调委员会招募成员特意来到密西西比。贝克尔事先已经写信给摩尔通知此事。摩西在密西西比克利夫兰停留，并拜访了摩尔。摩尔已经为密西西比黑人安排了一个选民登记计划，想让学生非暴力协调委员会来实施。摩西获悉，在密西西比只有 5% 的适龄黑人选民可以登记，而在一些县，竟然没有一个黑人登记。他很震惊，同意以后回来帮助实施这一计划。①

　　摩西于 1961 年 7 月返回，在麦考姆制订了密西西比第一个选民登记计划。摩尔对摩西和学生非暴力协调委员会的行动很赞赏，他指出："当学生非暴力协调委员会来了以后，它按自己的方式行事，它是 20 世纪给予黑人勇气和决心的唯一力量。"②

　　摩西通过地方中产阶级黑人，主要是全国有色人种协进会在密西西比的地方分部的负责人进入当地社会。在麦考姆，全国有色人种协进会地方分支的领导人柯蒂斯·布赖恩特·韦布·欧文斯等人是关键人物，他们多为独立的小业主，有能力向摩西提供联系线索、住处和交通工具等。布赖恩特主动邀请摩西来麦考姆，并把他介绍给当地的很多重要人物。欧文斯负责帮助摩西募集资金，他是社会中最受人尊敬的成员，人们很信任地把钱交给他。摩西在实践中认识到，"参与工作的当地人的素质是计划顺利开展的决定因素"。③

　　除了中产阶级黑人的支持，摩西在麦考姆还招募了一批学生以及其他青年人。沃特金斯和柯蒂斯·海斯是摩西招募的第一批成员。他们原想出来找马丁·路德·金，正好碰到摩西，摩西问他们关于选民登记的事情，然后请他们帮助开展选民登记的工作，他们愉快地答应了。④ 学生们非常热心地开展工作，他们在周围地区进行游说，了解已登记和尚未登记的选民人数，向居民们介绍学生非暴力协调委员会的行动计划，并动员他们参加这个组织发

①　亨利·汉普顿等编《自由之声：民权运动口述史》，第 140 页。
②　亨利·汉普顿等编《自由之声：民权运动口述史》，第 141 页。
③　迪特默：《当地人民》，第 104 页。
④　沃特金斯口述史（An Oral History with Mr. Hollis Watkins），南密西西比大学密西西比口述史计划（http://www.lib.usm.edu/~spcol/crda/oh/watkins.htm/2004 年 10 月 30 日获取）。

起的运动。通过扎实的组织工作，几年以后，学生非暴力协调委员会在密西西比的工作模式便建立起来了："让当地人民参与到所有阶段的运动中来，必要时依靠他们的支持和保护。"①

1961年8月7日，学生非暴力协调委员会的选民登记学校在布伦镇上一座破旧的建筑里开学了。选民登记课的内容包括学习密西西比法律，填写标准格式的选举申请表，介绍南方主管选民登记人员的特点——这些人往往有重要的决定权。目的主要是鼓舞学员们的士气，从而培养他们参加集体活动的兴趣，这一切将促使受剥削的黑人前去参加投票。

开学第一天，离学校不远的马格诺利亚——派克县的县城所在地——就有4人来到选民登记办公室，其中3人顺利完成了登记手续。8月9日，又有3人前来，其中两人进行了登记。8月10日共有9人前来，其中只有一人得以登记。这时，麦考姆一家地方报纸——《企业杂志》已经越来越多地向读者介绍学生非暴力协调委员会的行动计划，从而吸引了沃尔瑟阿和阿米特两地的一些黑人来校学习。然而，8月10日晚发生的事使运动的发展受到一些挫折。一位试图前去进行选民登记的黑人被白人枪杀了。于是，来选民登记学校上课的人数骤然下降。摩西和其他人开始帮助人们重新树立信心。他们找人谈话，为此曾不止一次在偏僻的地区留宿，日复一日地四处奔走游说。②

但选民登记计划进展得并不顺利，它遭到白人有组织地抵抗。8月15日，摩西在帮助几名黑人登记的时候，被一名警察以妨碍警官执行任务的罪名逮捕。警察骂他是"来教黑鬼们如何登记的黑鬼"。摩西后来回忆说：他带人们到阿米特县的自由镇登记。在回来的路上，一名公路巡警拦住了他们并盘问。他对此进行质疑，结果被捕入狱。他拒绝接受法官的判决，因此在监狱中待了两天。③

后来，摩西和其他学生非暴力协调委员会的成员还不断地遭到白人种族主义者诸如此类的抵制和暴行。例如，8月29日，摩西带着几名黑人到自由镇的选民登记站时，遭到警察局长亲戚的殴打，他头部受伤，缝了8针。另一名学生非暴力协调委员会的成员约翰·哈代和几名黑人学生在沃尔瑟阿县建立了第二

---

① 迪特默：《当地人民》，第104页。
② 彼得·利维编《让自由之声响起：现代民权运动文件史》，第91～92页，译文参见乔安妮·格兰特编《美国黑人斗争史：1619年至今的历史文献与分析》，第333页。
③ 亨利·汉普顿等编《自由之声：民权运动口述史》，第141页。

所选民登记学校。9 月 6 日当哈代陪两名黑人到选民登记处去的时候，主管登记工作的约翰·伍德殴打了哈代，但哈代反而被以破坏治安的罪名逮捕。可见，学生非暴力协调委员会进行选民登记运动的危险并不亚于非暴力直接行动抗议。

虽然学生非暴力协调委员会的成员冒着危险做了很多组织工作，但大多数当地人仍然害怕去登记，因为他们面临着失业、挨打甚至是失去生命的危险。摩西很理解当地人的感受，他解释学生非暴力协调委员会的立场是：

> 如果人们同意和我们一起去登记，那我们会一起去；如果他们想单独去，那也可以。我认为，和我们一起去，他们会有一些安全感，显然，我们起一种缓冲器的作用，因为最初的暴力总是指向选民登记工作者的。但现在不同了，当地人们也开始直接遭受暴力攻击。第一个人就是郝伯特·李。①

郝伯特·李是住在利伯蒂附近的一个黑人农民，他参加过学生非暴力协调委员会举办的选民登记课，而且还开车带摩西等人在选区转了一圈，领他们去访问其他的农民。9 月 25 日，他在工厂与州立法委员 E. D. 赫斯特发生争执，被赫斯特开枪打穿了头部。但赫斯特声称，李用修理轮胎的铁制工具攻击他，他不得已才杀死李进行防卫。虽然一些黑人都看到当时李手中并没有修理轮胎的工具，但在地方当局的压力下，几名黑人违心做了伪证，陪审团最终一致宣布赫斯特无罪。② 摩西对此非常懊悔，他后来说："我们知道赫斯特攻击李是因为选民登记运动，我们全都有罪，并应该对此负责。"③

选民登记活动由此停顿下来，但麦考姆并没有就此沉寂，当地一些人很快就转向直接行动。10 月初，两名高中学生在汽车站举行静坐示威而被捕，当他们获释后，被学校开除。为抗议这一决定，也为了抗议赫伯特·李的被杀，100 多名学生决定向麦考姆市政厅进发，好几名学生非暴力协调委员会的成员都参与其中。鲍勃·泽尔纳是其中唯一一名白人民权积极分子，他因

---

① 亨利·汉普顿等编《自由之声：民权运动口述史》，第 142 页。
② 当时一名目睹事件过程的黑人路易斯·艾伦来找学生非暴力协调委员会，说只要联邦政府和联邦调查局提供保护，他将证明赫斯特的罪行。但联邦调查局拒绝了这个要求，他后来在自己家的前院里被人杀死。
③ 克莱鲍恩·卡森等编《目睹奖杯：民权读本——来自黑人自由斗争的文件、演说和直接陈述 1954～1990》，第 174 页。

此遭受了种族主义者最猛烈的攻击。但这次直接行动并没有得到地方中产阶级黑人的支持，布赖恩等人虽然赞同早期的选民登记运动，但反对示威。在抗议中，共有 119 名学生被捕，摩西等三名学生非暴力协调委员会的成员被判入狱 4 个月。1961 年 11 月 1 日，学生非暴力协调委员会在麦考姆的选民登记运动结束了。

麦考姆运动证明，在南方腹地开展选民登记运动非常危险，非常具有革命性，因此它就是直接行动。学生非暴力协调委员会的政策主要由地方工作人员的行动所决定，他们发现，在南方腹地开展选民登记和直接行动一样激进和需要勇气。就像雷金纳德·罗宾逊评论的那样，"如果你去密西西比谈论选民登记，他们会立即揍你一顿，那就是你能得到的直接回应"。① 因此学生非暴力协调委员会内部关于选民登记和直接行动的争论在密西西比变得没有意义，二者都会引起暴徒的愤怒和攻击。

麦考姆运动也证明了依靠与培养当地黑人领导人与积极分子的重要性。选民登记工作需要深入地方黑人社区，利用地方的组织传统，进行基层组织，并与当地的黑人领导人紧密合作，才能取得成效。摩西单枪匹马来到麦考姆，能顺利开展工作就得益于地方黑人的积极支持。正是在全国有色人种协进会地方分部成员布赖恩、欧文斯等人的帮助下，摩西才能在麦考姆立足。布赖恩把他引见给地方社会中的很多有影响的人认识，欧文斯带他挨家挨户为自由学校募集资金。由于得到当地黑人领导人的引见，摩西和学生非暴力协调委员会组织者很容易地进入当地社会。他们很快受到当地居民的欢迎，有人愿意为他们洗衣服，有人许诺可以在他的饭馆里吃饭，有人提供住房等。摩西认为，正是有了这些未曾听说过的地方积极分子和领导人的帮助，游说才得以顺利进行，也正是依靠这些地方黑人，学生非暴力协调委员会的第一个社会组织才在南方腹地站稳了脚跟，选民登记工作才得以顺利开展。并且，摩西也初步招募了一批年轻的组织者，如沃特金斯和海斯等人，为后来选民登记运动的继续开展奠定了基础。

尽管最终失败，学生非暴力协调委员会还是从早期的社会组织中获得很多经验教训。摩西认为，黑人社会中几乎没有相关机构可以用来作为社会运动的工具。选民登记运动不能依靠黑人教会和黑人商业领导人，因为他们与白人社会有着太多的经济联系。因此，"开展运动的唯一方式是先建立一个年轻人的群

---

① 卡森：《在斗争中》，第 50 页。

体，他们在经济上不对任何白人社会机构负责，他们能够自由行动"。① 摩西也意识到，在没有地方领导人支持的情况下，反对无法无天的地方当局的直接行动抗议可能会产生反作用，不会成功。更为重要的是，学生非暴力协调委员会地方成员的思想由此发生变化，他们原来接受白人中产阶级的观念，信奉传统的自由主义，但麦考姆运动的失败，使他们意识到通过祈祷、劝说和呼吁白人的良知来获胜是不可行的。② 他们于是开始设计新的方法，开辟新的道路。

二　进步与危机：选民登记运动的扩展

1962 年，学生非暴力协调委员会、南方基督教领导大会、争取种族平等大会、全国有色人种协进会等民权组织共同组成联合组织委员会，以协调各民权组织的活动，分配选民教育计划的基金，联合开展选民登记运动。摩西和争取种族平等大会的地方秘书戴夫·丹尼斯被选为联合组织委员会的主任与副主任。但联合组织委员会主要是由学生非暴力协调委员会的成员组成的，学生非暴力协调委员会也为联合组织委员会的运作提供了大量资金。

不久，学生非暴力协调委员会来到密西西比三角洲地带，在那里艰难地开展了第二轮选民登记运动。运动能顺利进入三角洲地带首先依赖于摩尔等老一代积极分子的支持。组织者劳伦斯·吉欧回忆说："我们决定去三角洲地带。那里黑人人口多，条件恶劣。我们需要有人引导，这个人就是摩尔。我们在他家会面，并在他家开展活动。他有一个经营多年、遍布全州的个人联系网络。无论什么时候有人受到威胁，摩尔都会充当保护人的角色。"③ 学生非暴力协调委员会另一个组织者查尔斯·科布也提到摩尔所起到的关键作用："摩尔对学生非暴力协调委员会在三角洲地带开展工作起了非常重要的作用。他告诉我们哪些地方能够停留、哪些人可以联系、哪些人会同情我们的运动。"④ 在摩尔的帮助与支持下，学生非暴力协调委员会在三角洲北部地带的两个重要城市——格林伍德和格林维尔建立了办事处。

初步稳定下来以后，学生非暴力协调委员会就开始进行扎实细致的基层组织工作。摩西特别强调在密西西比招募年轻黑人、培养地方黑人领导人的

---

① 克莱鲍恩·卡森等编《目睹奖杯：民权读本——来自黑人自由斗争的文件、演说和直接陈述 1954~1990》，第 176 页。
② 卡森：《在斗争中》，第 55 页。
③ 豪威尔·雷恩斯：《我的灵魂是安宁的：南方腹地民权运动的故事》，第 239 页。
④ 豪威尔·雷恩斯：《我的灵魂是安宁的：南方腹地民权运动的故事》，第 245 页。

重要性。1962 年夏，他迅速地扩展了成员规模。因为在密西西比本地开办非暴力讲习班很危险，他安排了一些黑人到高地民族学校去接受为期一个星期的选民登记训练。这些黑人回来后，成为学生非暴力协调委员会在密西西比地方成员中的骨干力量。到 1963 年春，6 个办事处在密西西比建立起来，一共有 20 名黑人成为地方秘书，他们中只有 3 个人来自州外。摩西强调，必须铲除黑人因为长期以来遭受暴力的种族压迫而导致的恐惧心理。他本人树立了一个杰出的学生非暴力协调委员会组织者的典范，一个当地的黑人居民这样回忆摩西："可怜的鲍勃挨了许多打，我真不理解鲍勃·摩西是个什么样的人，有时候我认为他就是《圣经》中的摩西。……他是我认识的人中最有勇气的一个。"[1]

摩西的组织工作卓有成效，他在密西西比当地招募了很多积极分子，培养了一批地方领导人。吉欧是其中有名的一个，他被派到格林伍德开展选民登记工作。吉欧后来详细地讲述了进行基层组织、培养地方领导人的技巧：

> 我们四处旅行，向黑人谈论他们感兴趣的事情。如果他们在钓鱼，你怎么把话题转向选民登记？我们基本的谈话风格是所有事情都与政治有关……有时候在一些城镇中会发现有的人一点也不具有我们所认为的领导特点，他却是当地黑人社会的领导人。这时不要急于对他强加我们的观点，多与他交流，了解他的为人和风格，然后对他做点工作，但一定要谨慎，不要力图完全改变他。

他特别提到基层组织的禁忌：

> 有时候走进一个屋子，你会见到一些小孩在四周玩耍，这时不要问："这是你们的孩子吗？"这容易引起他们的反感和抵触。不要改变你所进入的群体中人们做事的基本方式。比如，你经过一个野餐会，人们正在切西瓜，不要立即过去说："别切西瓜了，让我们谈谈选民登记。"你可以先去帮忙切西瓜，或者去做些服务工作。[2]

---

① 卡森：《在斗争中》，第 77～78 页。
② 豪威尔·雷恩斯：《我的灵魂是安宁的：南方腹地民权运动的故事》，第 239～240 页。

　　萨姆·布劳克是摩西招募的另一个重要的组织者。1962 年 6 月 18 日，摩西带着 23 岁的布劳克到格林伍德组织黑人社会。当时其他学生非暴力协调委员会组织者还没到，布劳克回忆说："我没有车，没有钱，没有衣服，没有食物，只有我自己。"尽管孤立无援，布劳克仍通过召开大众会议和教人们唱自由之歌的方式组织当地人民。大众会议是运动最有效的组织工具。当地人迈克尔·塞维尔描述了一个典型的三角洲地带的大众会议：会议要求在 8 点召开，但实际上不会在 9 点之前开始，因为黑人妇女必须先为他们的白人主人准备好晚餐，然后还要回家做好晚饭。但一些人从 7 点就开始聚集。他们谈论着自己的烦恼——主要是缺少食物、钱、工作以及警察的压迫。在会议上，每件事情——不确定、恐惧甚至绝望——都得到表达与发泄，他们可以从中得到安慰和支持。会议就像一架能量机器，自发的陈述、老式的祈祷、对白人压迫的评论以及来自年轻组织者鼓舞人心的演说会集在一起，激励了很多无助的个人起来斗争。当地人民尤其为自由之歌所感动。萨姆·布劳克回忆道："我走在大街上的时候，遇到了很多人，他们只记得会议中最主要的事情是一起唱自由之歌。他们问我什么时候召开下一次会议，再唱那些歌曲。"为什么歌曲这么受欢迎？因为在密西西比三角洲地带，布鲁斯等黑人音乐支撑着很多生活黯淡无望的佃农们的精神，黑人教会中的圣歌和福音歌也为黑人带来了生活的希望，自由之歌就直接来自这些文化传统。运动的歌曲创作者把政治歌词加到传统的旋律中，甚至为了适应形势的需要，把运动的主题改编到当代布鲁斯节奏的打击乐中。布劳克自此把音乐看作组织大家的重要工具。①

　　学生非暴力协调委员会组织者在三角洲地带不但做社会组织工作，必要时也开展直接行动。一个负责任的温和派黑人杜威·格林的家遭到枪击后，吉欧等 13 个学生非暴力协调委员会成员立即召集了几百人，一起步行到县警察局局长那里请求警察的保护。结果 13 名学生非暴力协调委员会的成员全部被捕。

　　学生非暴力协调委员会成员的被捕暂时中断了格林伍德选民登记运动，但它也产生了积极影响。学生非暴力协调委员会把它所有的地方工作人员都派到这座城市来。美国司法部为了入狱的民权组织者的利益进行干预，要求法院起诉地方官员，创造了联邦政府与民权工作者结盟的印象。由此，学生

---

　　①　迪特默：《当地人民》，第 129～132 页。

非暴力协调委员会在密西西比三角洲地带建立了立足点。

密西西比地方当局采取各种方式，抵制学生非暴力协调委员会和当地人们的登记投票，首先就是经济威胁。一些密西西比穷人通常会收到政府发放的福利支票，但如果去登记了，支票就会被取消。劳伦斯·吉欧回忆说："收到福利支票的时候，里面附有一封信——我从来不会忘记的一封经典的信——上面写着，在登记投票这样激进的问题上人们应非常谨慎，因为这可能导致支票被取消。"①

为报复日益增多的黑人参加选民登记运动，格林伍德勒弗洛尔县监督委员会在1962年10月终止发放多余食品给必需的家庭。那年冬天，22000名居民——多数是黑人——处于挨饿的危险之中。学生非暴力协调委员会组织"食品运动"对此做出回应，并向全国呼吁为黑人提供食物救济。

首先起来回应的是密歇根州立大学的伊凡诺沃·唐纳德森和本·泰勒，他们在不同的社区筹集食品，然后开着卡车把食品运到克拉克斯维尔。结果警察以携带麻醉药穿越州境为由把他们逮捕。他们被关了5天，没人知道他们在哪里，最终好不容易才被全国有色人种协进会法律诉讼基金会保释出狱。②

勒弗洛尔县的黑人居民也开始参加政治运动。他们意识到，这些食物是发给那些决心争取自由的人的，而争取最低限度的自由，就意味着必须参加选民登记。甚至是以前不愿意谈论登记投票的人现在也都聚集到格林伍德法院排队示威。这一切标志着密西西比选民登记运动已经发展到一个新的阶段。摩西对"食品运动"给予了高度评价，认为它成为一种催化剂，为密西西比选民登记运动开辟了更广阔的道路。③

密西西比当局采取的另一个阻止人们登记的方式是文化测试。人们注册登记时总是会遇到这样的问题，"阅读和解释州宪法的某一部分，使登记官员满意"。那时，密西西比宪法有282条，很多拥有高学历的人都不能通过文化测试。尽管如此，学生非暴力协调委员会组织者仍然竭力让人们去登记。一名普通黑人佃农范妮·鲁·哈默的经历反映了黑人争取投票权的艰难。她原来只知在田地里辛苦劳作，对选民登记一无所知，后来参加了大众

① 豪威尔·雷恩斯：《我的灵魂是安宁的：南方腹地民权运动的故事》，第241页。
② 亨利·汉普顿等编《自由之声：民权运动口述史》，第149~150页。
③ 乔安妮·格兰特编《美国黑人斗争史：1619年至今的历史文献与分析》，第328~329页。

会议，才决定参与选民登记运动。1962 年 8 月 31 日，她和 17 名黑人第一次去登记。她是第一个进入登记办公室的人。登记官员拿出一本大书，让她看密西西比宪法第 16 条，她一点儿也看不懂，只能复述一遍。但当她复述完，登记官员又要求她给出合理的解释，并指出这一条款的意义，她根本无法回答。由于尝试进行选民登记，她被种植园主赶出了种植园，甚至遭到了"三 K 党"的袭击，几乎无家可归。但哈默毫不气馁，11 月 4 日，她又回到登记办公室去参加文化测试。她说："现在你无法解雇我了，因为我已经被解雇了。我现在也不会再搬家了，因为我不住在白人的房子里。我会每隔30 天来这儿一次，直到成为一名登记的选民。"她最终在 1963 年 1 月 10 日通过了测试，但在白人敌视的眼光中，"她变得像罪犯似的"。她开始在公民学校教课，后来成为学生非暴力协调委员会年龄最大的地方秘书。①

经济威胁和文化测试等手段都没能阻止黑人参加选民登记，有鉴于此，白人种族主义者发起了更强烈的抵制。参加选民登记的民权组织者和当地黑人，经常会遭到白人当局和种族主义分子的逮捕和暴力攻击。

霍华德大学的学生查尔斯·科布是第一个久居三角洲地带的北方学生，他在鲁尔维尔参与了选民登记工作。由于梅雷迪斯事件②的影响，1962 年秋天，人们在密西西比三角洲地带感受到了强烈的紧张气氛。科布和其他几名非暴力协调委员会的组织者在几周之后带领了第一批人到县里进行登记投票，这让白人种族主义者大为恼怒。这次登记投票后，"三 K 党"组织的"夜行侠"就闯入黑人社区，向三所房屋开枪，一户人家的女儿因此受伤。另外有两名女大学生也遭枪击受伤，科布去医院看望她们，市长竟然逮捕了他，指控他策划了这一事件，说他是吸引公众，为学生非暴力协调委员会募集资金。这一事件终止了鲁尔维尔运动。科布回忆道："从此，不能让任何人再去登记了。"恐惧使选民登记运动完全停滞，过了几个月，学生非暴力协调委员会成员才让其他一些人去试着登记投票。③

---

① 豪威尔·雷恩斯：《我的灵魂是安宁的：南方腹地民权运动的故事》，第 249~252 页。
② 1962 年 9 月，詹姆斯·梅雷迪斯申请进入密西西比大学，仅仅因为他是黑人就被拒绝。梅雷迪斯起诉学校，第 5 巡回法院判决大学拒绝梅雷迪斯入学违宪。密西西比州州长罗斯·巴奈特回应说"绝不向邪恶与非法的暴政势力屈服"。最终，由于州长的阻挠和暴徒的抗议，肯尼迪不得不派出联邦军队。9 月 30 日晚上，军队与白人暴徒抗议者之间发生冲突。两人被杀，包括一名法国记者，几百人受伤。第二天早晨，军队控制了校园，梅雷迪斯得以登记入学。
③ 豪威尔·雷恩斯：《我的灵魂是安宁的：南方腹地民权运动的故事》，第 246~247 页。

1963 年，整个密西西比州都被白人种族主义者暴行的恐怖所笼罩，他们的目的就是要阻止黑人参加选民登记运动。从密西西比西南到三角洲地带，很多教堂被炸毁，暗杀事件也时有发生，大多数黑人因此不敢去登记。在这样的形势下，科布也经常感到恐惧，晚上开车出去办事，很多时候都被带枪的白人跟踪监视。他尽量避免与警察发生直接冲突，以防出现意外。有一次在高速路上，州骑警拦住他盘查，和他争论一些事情。他很明白，警察"其实想激怒我，如果我有过激行为，就可能被杀。很多黑人就这样在高速路上被州警察杀死"。[①] 他不得不倍加小心。

1963 年，哈默等人在威诺娜被捕入狱并惨遭毒打，是当时另一起严重的种族主义暴行。当时包括哈默在内的一批联合组织委员会的组织者正从南卡的非暴力讲习班返回，公车停在威诺娜。他们故意去了所谓的白人区，结果其中 7 人被捕入狱。一名南方基督教领导大会负责选民教育的教师和一个 15 岁的小女孩先后遭到殴打，哈默也难逃厄运。她回忆了这次地狱般的经历：

> 最后他们来到我的牢房。这里的白人知道我曾经极力去登记投票，他们尽量给我制造更多的麻烦，让我趴下，然后让两名黑人囚犯打我。这两名黑人也别无选择，他们用一个宽皮带抽打我。我把手放到背上，他们就打我的手，鲜红的血被打得变成了黑色，最后我的手变得像海军服的蓝色那样。第一轮殴打过后，他们又被迫服从命令，第二次殴打了我。他们打得太厉害了，我在地上打滚。警察让一个囚犯坐在我的脚上，不让我动，另一个继续打。最后他们让我起来，我根本站不起来。[②]

经过这次毒打，哈默的脚、肾脏和一只眼睛受到严重伤害。虽然经过治疗，但留下了永久后遗症，以后走路都要靠拐杖支撑。尽管如此，哈默后来仍然不屈不挠地坚持斗争，她在 1964 年民主党大会上成为密西西比自由民主党的领导人。[③]

---

① 豪威尔·雷恩斯：《我的灵魂是安宁的：南方腹地民权运动的故事》，第 248 页。
② 豪威尔·雷恩斯：《我的灵魂是安宁的：南方腹地民权运动的故事》，第 252～254 页。
③ 参见梅根·布鲁克斯《从前门走廊到讲台：范妮·鲁·哈默与黑人自由运动的言辞》（Maegan Parker Brooks, *From The Front Porch To The Platform: Fannie Lou Hamer And The Rhetoric Of The Black Freedom Movement*），威斯康星大学博士学位论文，2009 年。

这样的暴行在密西西比屡见不鲜。一个黑人农民哈特曼·特布想参加投票成为一等公民，结果自己的房子被暴徒炸毁，却被指控自己破坏了自己的房子，他因此极力主张暴力自卫。劳伦斯·吉欧去调查威诺娜事件时，被警察殴打，反而被以试图谋杀罪遭到指控。[1] 就像摩西亲身体验的那样，密西西比的暴力现实完全不符合人们先前的想法：选民登记运动会比自由乘车运动引发的暴力少。在 1963 年 2 月，他开车与两名同事出去办事，三名白人靠近他们，一齐朝他们开火。幸运的是，摩西和一名来自选民教育计划的同事毫发未损，但另一名年轻的学生非暴力协调委员会成员身受重伤。[2]

现实的困境促使学生非暴力协调委员会组织者在坚持以非暴力、受难、宽恕为主要内容的道德理想主义的同时，开始转向要求联邦干预的现实主义。密西西比选民登记运动成就很小，只让很少一部分黑人去登记投票。其原因除了州和地方的抵制，还因为缺少公众关注和联邦的积极干预。肯尼迪兄弟赞扬密西西比组织者的勇气，希望和他们一起打开"封闭的社会"。但他们又想避免暴力对抗，试图不事声张地说服密西西比当局遵守法律。肯尼迪政府不喜欢接受这样的事实：在南方必须站在某人的一边。在自由乘车运动期间，肯尼迪政府为保护自由乘客免遭暴徒的暴力伤害与州达成妥协，同时也满足州的要求，即当自由乘客离开公车，白宫不干涉地方警察逮捕他们，虽然这也是违反宪法的。肯尼迪处理自由乘客的方式成为以后三年他处理这类危机的基本模式。当形势迫使白宫必须采取行动时，他们仍躲在密西西比地方官员的后面工作，避免直接卷入。阻止暴力成为肯尼迪密西西比政策的基石。他们相信，联邦对民权强有力的支持会导致密西西比发生一场内战。马歇尔以联邦主义的理论来为政府的政策辩护，认为维护法律和秩序、保护公民免遭非法迫害是地方政府的责任。只有当形势恶化到地方政府不能控制时，联邦政府才会做出干预。[3]

一段时间里，肯尼迪政府似乎愿意保护民权积极分子，尤其是那些参加选民登记的工作者。例如，当学生非暴力协调委员会的成员约翰·哈代被打后，司法部立即对此开展司法诉讼。可是，当白人暴力日益加剧的时候，联

---

[1]　豪威尔·雷恩斯：《我的灵魂是安宁的：南方腹地民权运动的故事》，第 260 ~ 270 页。
[2]　亨利·汉普顿等编《自由之声：民权运动口述史》，第 150 页。
[3]　约翰·迪特默：《密西西比运动的政治策略》（John Dittmer，"The Politics of Mississippi Movement"），载大卫·刘易斯编《美国民权运动论文集》（David Levering Lewis, *The Civil Rights Movement in America：Essays*），密西西比杰克逊 1986 年版，第 76 ~ 77 页。

邦政府便会立即收回它对积极分子的支持。肯尼迪政府在保护黑人争取权利的问题上仍坚持避免与地方政府直接对抗。只有一个例外是 1963 年的格林伍德运动，学生非暴力协调委员会在那里开展了最积极的选民登记运动，遭到了白人强烈的暴力抵抗。3 月 31 日，司法部向联邦法院申请发布反对地方官员的命令，要求释放 8 位运动组织者，停止干预选民登记运动，允许黑人行使宪法赋予他们的权利。这正是密西西比积极分子希望看到的联邦行动。但不到一个星期，司法部就与格林伍德官员达成协议，收回了禁令，联邦决定妥协的重要原因还是害怕白人的暴力。到 1963 年夏末，密西西比运动完全陷于停滞。①

1963 年夏天，联合组织委员会的很多积极分子已经得出结论，密西西比运动要想持续开展，必须对肯尼迪政府施加压力，让他们直接干预，从而结束白人的恐怖统治。为了取得这个目标，必须有新的运动策略。1963 年夏末，摩西提交了密西西比计划的分析报告。他指出了运动取得的成就：组织者在许多城镇和乡村建立了据点，招募了很多地方黑人，尤其是年轻人，赢得了许多地方黑人领导人的信任，为司法部的选民登记诉讼提供了相当多的证据。但摩西报告的基调是悲观的，他从痛苦的教训中获悉，"我们不可能在密西西比登记黑人"。他甚至不无忧虑地得出结论："整个密西西比的白人将不断加入"三 K 党"。"联合组织委员会面对着很大的困境，因为只要白人"恶棍"与警察任意攻击黑人组织者却不受惩罚，运动就不可能进一步获得实质性成果。虽然学生非暴力协调委员会在麦考姆、三角洲地带的基层组织工作促使了很多地方黑人的政治觉醒，但恐惧和惰性使大多数密西西比当地黑人袖手旁观。如果没有一定程度的免受报复的保护，他们不可能参加斗争。但以前劝说肯尼迪政府保卫密西西比人权的所有努力都失败了。需要新的策略来引发漠不关心的全国公众的注意，以促使联邦干预。这就需要把媒体吸引到密西西比来对运动进行广泛报道。②

因此，在继续依赖地方黑人成员和组织者的同时，为了维持抗议，摩西计划把外部的白人民权志愿者也吸收进来。他考虑到，除了要努力发展一个本土化的运动之外，还需要发展自由乘车时使用的策略，利用激进的方式，

---

① 约翰·迪特默：《密西西比运动的政治策略》，载大卫·刘易斯编《美国民权运动论文集》，第 78 ~ 79 页。

② 迪特默：《当地人民》，第 199 页。

吸引全国的注意，促使联邦干预。虽然学生非暴力协调委员会的组织策略能动员大量黑人，并给组织成员以自信，但主要依靠当地黑人组织者并不能让更多的黑人选民登记。① 在原有策略受挫的情况下，摩西又制定了一个新的自由投票策略。

密西西比选民登记运动的另一个缺陷是，即使一些黑人努力登记成功了也很难投票。来自密西西比东南部哈蒂斯堡城的维多利亚·格雷回忆说：

> 选民登记我申请了6次才成功。登记后的下一步是要行使投票的权利。召开民主党选区会议的时候，我们准备去参加，但受到重重阻挠。时间和地点总是搞错，到达那里却什么事情也没有。或者有时候，我们确实找到了地方，会议也在召开，但我们无法进去。我们意识到，即使有选票，也不能参加会议，仍然毫无作为。因为不能参加选区会议，我们大受挫折，最后想到了要自己进行选举。②

这为后来自由投票运动脱离现行制度、进行独立选举奠定了群众基础。

三　转折与高潮：自由投票与"自由夏天"

在密西西比，联合组织委员会的成员继续冒着危险，开展组织选民登记的工作。由于在全部由白人组成的密西西比民主党选举进程中受到排斥，联合组织委员会决定在1963年秋天，自己进行模拟选举，这就是著名的自由投票运动。该运动有两个目标：向密西西比白人和联邦政府证明，与隔离分子宣称的相反，黑人对投票是感兴趣的；向被剥夺了权利的黑人提供投票的实际经验。学生非暴力协调委员会向黑人提供自由选票进行模拟选举，以非官方的"自由党"候选人挑战民主党和共和党。代表团选举亚伦·亨利为州长候选人，爱德华·金为亨利的竞选伙伴。联合组织委员会组织者也希望把全国的注意力吸引到密西西比，借此来强迫肯尼迪政府为民权工作者提供联邦保护。

为了使自由投票运动更加有效，摩西和阿拉德·劳恩斯坦等人从耶鲁大学和斯坦福大学请来60多名白人学生帮助开展为期两个星期的运动。这些年轻的

---

① 卡森：《在斗争中》，第81页。
② 亨利·汉普顿等编《自由之声：民权运动口述史》，第180～181页。

北方人挨家挨户走访地方黑人家庭，宣传选举知识。尽管遭到逮捕和殴打，学生们仍然继续坚持工作。劳恩斯坦说："当局不允许在密西西比进行自由选举，因为这样做，会使他们无法控制和管理密西西比。"① 在模拟选举的当天，93000人（大部分是黑人）投出了他们的选票，自由党的候选人顺利获胜。

自由投票运动反映了密西西比运动组织者中一直存在的要求自治与呼吁联邦干预之间的矛盾。一方面，联合组织委员会的成员逐渐认识到他们必须绕过官方组织做事，建立自己认可的合法性制度。摩西认为，我们不应只把自由投票作为一次抗议，以劝说和强迫联邦政府采取行动或激发公众对密西西比运动的兴趣，而是应像卡森所主张的那样，"也为参与者和所有美国黑人创造新的社会认同"。② 因此，自由投票运动的首要任务是继续开展联合组织委员会的工作，即组织黑人在自己的社会中获得解放。另一方面，联合组织委员会也意识到，自由投票运动取得成功必须依赖全国的关注。经过两年在密西西比地方的工作，大部分学生非暴力协调委员会组织者得出结论：密西西比发生的事情除非关系到白人或威胁到很多人的生命，否则不会引起联邦政府的关注。摩西和劳恩斯坦从耶鲁大学和斯坦福大学等名校招募白人大学生，让他们组织选民登记，以扩大运动的影响，并通过报纸、电台和电视等媒体进行宣传，从而吸引全国的关注。③

实践证明，自由投票是提高黑人政治意识的有效途径，让黑人明白，政治并不仅仅是白人的事情。从此，黑人参加民权活动时，不再像以前那样恐惧了。经过投票训练，黑人的能力也得到了提高。摩西说："总有一天，黑人也会当选地方官员，不过，当时人们还不会想到这些，因此必须利用选民登记运动来做准备。"④ 通过模拟选举，密西西比黑人建立了自己的制度，掌握了自己的命运，为后来密西西比自由民主党的建立奠定了基础，在很大程度上，也为1964年"自由夏天"计划做了彩排。⑤

---

① 胡安·威廉斯编《目睹奖杯：美国民权之年（1954~1965）》，第228页。
② 约瑟夫·辛希梅尔：《1963年的自由投票：密西西比种族抗议的新策略》（Joseph A. Sinsheimer, "The Freedom Vote of 1963: New Strategies of Racial Protest in Mississippi"），载《南方史杂志》（*Journal of Southern History*）第55卷第2期（1989年5月），第225页。
③ 约瑟夫·辛希梅尔：《1963年的自由投票：密西西比种族抗议的新策略》，载《南部史杂志》第55卷第2期，第233页。
④ 胡安·威廉斯编《目睹奖杯：美国民权之年（1954~1965）》，第228页。
⑤ 约瑟夫·辛希梅尔：《1963年的自由投票：密西西比种族抗议的新策略》，载《南部史杂志》第55卷第2期，第244页。

　　但自由投票并没有完全达成它的预期目标。肯尼迪政府根本没有保护密西西比黑人免遭白人的暴力和威胁，而且全国媒体对运动也很少报道，在仅有的报道中，电视镜头也只是集中在白人学生身上，学生非暴力协调委员会的成员因此感到很受伤害。

　　自由投票运动结束后，联合组织委员会在格林维尔召开策略会议，决定在第二年夏天发起一场规模更大的投票运动，即从全国各地邀请成百上千名白人学生参加，开展一场遍布整个密西西比的选民登记运动。但这一计划引起了很大的争论，吉欧和哈默等人积极支持这一计划。哈默说："既然我们决定要冲破隔离，那么，首先就不能隔离我们自己。"①

　　一些学生非暴力协调委员会的成员则坚决反对，认为吸引这么多外来的白人参加运动会损害当地黑人的力量。反对者包括北方学生非暴力协调委员会的组织者科布、唐纳德森以及学生非暴力协调委员会的密西西比地方成员皮科克、沃特金斯、海斯等人。他们担心过多地依靠白人志愿者会改变学生非暴力协调委员会的主要使命——组织地方社会和培养本土化的黑人领导人。沃特金斯尤其强烈反对，他认为：

　　　　这会破坏我们已建立的和正在建立的基层组织。我们当地人民第一次主动、自主地做了一些事情，第一次做出了自我决策。但大量白人学生从北方进入会使这些基层组织黯然失色。同时，因为当地人民知道大部分学生受到了比他们更好的教育，他们会感到，"既然这样，也许我该听他们的，按照他们的方式和命令做事"。这样，他们会不求上进，会感到低人一等，从而回到基层组织建立之前的状态。最终，当这些从北方来的人回去的时候，密西西比人又不得不从头开始，进行重建。我们都知道重建非常困难，我们想保持已经拥有的东西，不想冒险破坏它。②

　　但是，当时发生了一系列白人种族主义分子杀害黑人的暴行，这迫使摩西等领导人下定决心实施这一计划，以吸引全国的注意，迫使联邦干预，减少暴行的发生。其中，路易斯·艾伦的遇难深深地震撼了摩西，摩西痛苦地

---

① 迪特默：《当地人民》，第 209 页。
② 亨利·汉普顿等编《自由之声：民权运动口述史》，第 183 页。

评论说:"我们没有防卫,也无法引起全国的关注。我们不过是束手就擒的鸭子,即将被消灭。"他以自己的影响力,劝说那些不情愿的学生非暴力协调委员会成员邀请白人学生到密西西比来参加运动。①

由于摩西等人的努力,越来越多的组织者开始支持这一计划。学生争取民主社会组织与学生非暴力协调委员会之间的联络员汤姆·海登认为,"白人官员经常会对黑人佃农和黑人民权工作者滥施暴力"。因此,"有必要把这个国家中产阶级的白人儿女从自由的北方带到南方腹地。应尽可能动员更多的白人学生来,让他们亲身体验南方的隔离,这就像一场政治上的内战。如果动员北方白人,压力就会施加到国会和政府身上,他们最终会做一些事情改变南方隔离的状况"②。

争取种族平等大会的地方秘书戴夫·丹尼斯与摩西一起策划1964年自由夏天计划,他也赞同把数量众多的白人大学生带到密西西比开展"自由夏天"运动。他说:"我们知道,如果带来1000名黑人,这个国家会眼看着他们被屠杀而无动于衷。带1000个白人来的话,国家则会进行保护,因为死一个白人大学生比死一个黑人大学生更能引起关注。"③

"自由夏天"计划的主要内容是,在70天的时间里,为黑人建立一些新制度,它们完全不同于白人占统治地位的封闭社会中的制度。组织者计划招募大量北方白人志愿者帮助建立自由学校和社会中心,扩展选民登记计划,提供医疗和法律服务等。他们也会四处游说,为建立一个新的政党做准备。1964年春,由于黑人被排除在全部由白人组成的密西西比民主党会议之外,密西西比自由民主党成立。劳伦斯·吉欧当选为主席,哈默是副主席。其目标是:向在8月召开的亚特兰大全国民主党大会推举种族融合的代表名单;向大会提出,密西西比自由民主党是由密西西比公民组成的唯一民主实体,能代表密西西比人民参加民主党大会。7月,第一批大约700名学生志愿者在俄亥俄州的牛津集合,接受联合委员会组织的培训项目。

北方的白人大学生们十分踊跃地参加这一计划。学生非暴力协调委员会的白人成员桑德拉·凯森在摩西提出计划的前一年就已经作为一名协调者到达密西西比。她回忆说:"我在密西西比通过书信与北方学生进行了大量接

① 迪特默:《当地人民》,第219页。
② 亨利·汉普顿等编《自由之声:民权运动口述史》,第185页。
③ 豪威尔·雷恩斯:《我的灵魂是安宁的:南方腹地民权运动的故事》,第274页。

触。他们所有人都想来参加运动，在他们看来，南方发生的事情很吸引人，很能表现英雄气概。当时，大学生正在读存在主义的作品，在他们眼里，黑人学生就像是英雄，他们希望能够更多地去了解这些黑人学生。"①

民权积极分子对"自由夏天"计划抱有很大的期望，但隔离分子们想方设法进行抵制。密西西比媒体把北方学生的进入称作"入侵"。敌对的州立法机关通过了20多条法规来应对北方学生的到来。杰克逊市市长担心警力不足，又购买了250支枪和一辆大装甲车。白人公民委员会等种族主义组织更是公开抨击这些从州外地区来的"嬉皮士"。在严峻的形势下，学生非暴力协调委员会的执行主任福尔曼来到牛津开展培训工作，他警告学生："我可能被杀死，你也可能被杀死，所有人都可能被杀死。"联邦调查局局长胡佛参观密西西比后，清楚地向公众表明，他不会派他的工作人员事先保护在密西西比的学生。他坚持说，联邦调查局是一个调查组织，不是一支保卫力量。②

福尔曼的预言很快得到应验。6月20日，第一批学生志愿者从俄亥俄州的牛津出发到密西西比。第二天，3名民权积极分子安德鲁·古德曼、詹姆斯·钱尼和克尔·施沃纳就神秘失踪了。古德曼是一名从纽约女王学院来的白人大学生，钱尼是一名密西西比本地黑人，也是争取种族平等大会的地方工作人员，施沃纳来自纽约的布鲁斯林，是一名争取种族平等大会的白人组织者。6月21日，他们三人被派往密西西比费城附近的一个小镇，调查一个教堂被烧事件。在他们开车上路的时候，联合组织委员会总部向他们发出安全警告，要求他们通过电话与委员会保持密切联系。他们在路上被警察拦住，被指控超速而入狱，但不久就获释。以后的事情就无人知晓了。但他们没有向"自由夏天"计划总部打电话报告情况，同事们知道他们遇上了麻烦，因为所有的成员都要定时打电话汇报。

摩西开始尽他所能，给华盛顿打电话，对联邦调查局施加压力，让他们派人进行调查，但无济于事。凯森痛苦地说："我们预测到会有暴力，但没想到这么快就发生，我们很恐惧。我记得摩西叮嘱我说，你一定要告诉人们万分小心。但人们无论多么谨慎都没用，我们很无助。我们不能做任何事情

---

① 亨利·汉普顿等编《自由之声：民权运动口述史》，第186页。
② 胡安·威廉斯编《目睹奖杯：美国民权之年（1954~1965）》，第230页。

进行挽救。"① 志愿者们得知 3 名民权积极分子失踪的消息后，都很恐慌，整个营地笼罩着一片浓重的悲哀情绪。② 尽管如此，选择离开的学生还是少数。

争取种族平等大会的全国领导人法默听到消息后，立即赶来了解情况。联邦政府也对此事进行了回应，开展调查工作。失踪案发生后的第二天，约翰逊总统就决定派前中央情报局局长艾伦·杜勒斯前去调查密西西比的形势，为他提供资讯。熟悉密西西比情况的多尔陪同杜勒斯前往。在此之前，司法部已经建议联邦调查局增加在密西西比的力量。胡佛局长在杰克逊设立了一个新的办事处，派了很多调查员来调查这一案件。同时，约翰逊总统派遣了 200 名不带武器的海军士兵去帮助寻找失踪人员。③ 可见，重要的联邦干预只有在白人流血后才能到来。白人志愿者的存在确保了"自由夏天"计划在一定程度上得到全国关注与联邦保护。施沃纳的妻子说出了部分真相："我们全都知道，成百上千名水手被派出去开展搜寻工作是因为安德鲁·古德曼和我丈夫是白人。如果只有钱尼一个人失踪，什么事情也不会发生。"④

在寻找施沃纳、钱尼和古德曼三人尸体的时候，搜寻人员又发现了三具其他人的尸体，他们都是在运动中遭受私刑而死的当地黑人。戴夫·丹尼斯对此激愤地评论道："一旦确定这些尸体不是失踪三人的尸体后，他们的死立即会被忘记。那就是我们谈论'自由夏天'的目的：为什么引起全国的关注是必要的。如果只有黑人在那里，他们中的一些人遇难不会引起任何注意。"⑤

8 月 4 日，联邦调查局在收买了一个线人后，经过挖掘，终于发现三个年轻人的尸体埋藏在费城附近的一个农场的大坝里。三个人都遭到枪击，钱尼还受到野蛮殴打，全身多处骨折。⑥ 尸体被发现后，丹尼斯感到很愤怒，这一私刑使丹尼斯确信"非暴力作为一种策略是浪费好人的生命"。他说："不能通过讲'外语'来改变一个人，他必须理解你说的事情。我的意思是

---

① 亨利·汉普顿等编《自由之声：民权运动口述史》，第 189 页。
② 亨利·汉普顿等编《自由之声：民权运动口述史》，第 189 页。
③ 亨利·汉普顿等编《自由之声：民权运动口述史》，第 192 页。
④ 西特科夫：《为黑人的平等而斗争》，第 163 页。
⑤ 亨利·汉普顿等编《自由之声：民权运动口述史》，第 194 页。
⑥ 亨利·汉普顿等编《自由之声：民权运动口述史》，第 195 页。

要以眼还眼，以牙还牙。我就是这么认为的，没必要撒谎。"① 后来他在钱尼葬礼上的讲话，又一次强烈表达了愤慨与暴力自卫的主张。他首先表达了以前对非暴力的信奉："我尝试过非暴力，当听到人们说'如果他们来追赶我，我将开枪还击'时，我会走过去劝他们，'爱你们的邻居'，'放下手中的枪'。但是他们遭到了殴打，甚至被杀死。当我到达现场，看到那么多无助的面孔，我知道，政府权力机关什么事情都能做出来。但他们总是告诉我们：'我们什么都不能做，应该由州来负责起诉'……"最终丹尼斯忍无可忍地宣布："如果面临战争，我们会开战。人们不该说，让政府去做这些事情。让我们自己做，让我们自己去克服。我厌倦了去参加葬礼。我不再用非暴力的方式对待任何人，我再也不会那么做。"②

　　虽然遇到了很多危险，选民登记运动还是在密西西比不断扩展。由于施沃纳、钱尼和古德曼三人遇难，学生非暴力协调委员会的领导人决定，这些北方白人学生不要急着去密西西比西南地区。因为那里形势很复杂，可能会爆发大众性暴力或者导致更多的人死亡。他们决定让白人学生们暂时去霍姆斯县等相对安全的地方做一些选民登记工作。志愿者们因此到那里挨家挨户地进行了游说工作。他们去了一些没有登记投票的人家，讲述了关于自由民主党、登记投票和正在开展项目的情况，并开车送他们去法院登记。在当时，这些当地黑人同组织选民登记工作的北方白人接触是非常危险的。因此，虽然民权组织者尽量避免高高在上地同他们谈话，并努力尊重他们，但仍得不到理解，当地人敷衍他们，只想让他们赶快离开。③ 由于这些登记的地方黑人有遭受经济惩罚和暴力伤害的危险，选民登记工作进展比较缓慢。

　　除了选民登记，"自由夏天"计划的另一项主要内容是开办自由学校。自由学校是密西西比运动中出现的新事物，代表着运动对儿童与成人教育的创造性贡献。学生非暴力协调委员会地方秘书科布首先在 1963 年年底提出了开办自由学校的设想。他对密西西比不平等的二元教育体制非常不满，他认为："填满年轻的密西西比黑人生命中的思想真空，让他们提出自己的愿望、要求和问题是运动的责任。"④ 1964 年 3 月，全国教会委员会在纽约发起一个课程会议，以响应科布的建议。在那里，教育家、牧师和学生非暴力

　　① 亨利·汉普顿等编《自由之声：民权运动口述史》，第 195 页。
　　② 豪威尔·雷恩斯：《我的灵魂是安宁的：南方腹地民权运动的故事》，第 278 页。
　　③ 亨利·汉普顿等编《自由之声：民权运动口述史》，第 192 页。
　　④ 迪特默：《当地人民》，第 258 页。

协调委员会成员为自由学校制定了一个基本的课程标准,主要强调四个领域:补习教育、培养领导、当代问题和非学术课程。历史学家、自由学校计划的主任斯托顿·林德后来又把这个基本框架做了修正,主要内容变为:学术课程、娱乐和文化活动、培养领导。不久,很多自由学校就在密西西比各县的教堂、门廊甚至树底下建立起来了。大约有 2500 名学生参加了分散在州各地的 50 所学校。学生们是密西西比当地人,平均年龄为 15 岁。他们的老师是来自北方的志愿者,大部分仍旧是学生。很多学生和老师都面对着来自地方白人的残酷报复。他们只有少量的钱和设备,但仍坚持下来,在很大程度上改变了密西西比生活方式的基础。

自由学校在林德的领导下,在学生广泛参与的基础上,逐步开展起来。老师们采取新的教学方式,没有灌输和命令,提问、回答、讨论的方式贯穿于课堂始终。教学内容除了传统的读、写和数学等课程,还包括黑人历史与民权运动等。学生们在这样的课堂环境中不仅学习了选民文化、政治组织技术以及学术技能,还大大增强了自信。这种参与性民主的方式,也增长了学生们的自我表达和平等意识。一位教师这样总结道:"教师不是无所不能的专制独裁者……他不是站在成排的学生面前,简单地灌输以前的知识。事实上,自由学校的教师不仅在教,而且也与学生一起学习。"[1]

自由学校反映了学生日益增长的政治觉醒和思想变化,代表了"自由夏天"计划的主要成就。一名自由学校的白人志愿者教师说:"两个星期后,一个小男孩敢眼对眼地看着我了,不再害怕……我感觉到他们增加了更多的自信。"[2] 津恩指出:"他们学到关于道格拉斯的知识,写信给当地报纸的编辑谈论隔离,讨论公民不服从的意义。一些人写了关于自己生活的小故事,另一些人则写诗。"自由学校为几千名年轻黑人打开了新的世界,增强了他们的自尊,提升了他们的期望。一名学生写到他在自由学校中的经验:他对黑人历史很感兴趣,"因为它对我来说是一些新知识,它真的教会我很多东西"。后来他成长为著名的电视节目主持人。自由学校的志愿者教师证明,创造性的、反权威的、以学生为中心的教学和学习方法,为密西西比和整个国家传统的教育制度提供了新的经验。[3] 自由学校也代表了黑人在自己

---

[1] 迪特默:《当地人民》,第 258 页。

[2] 利昂·弗里德曼编《民权读本:民权运动的基本文件》(Leon Friedman, ed., *The Civil Rights Reader: Basic Documents of the Civil Rights Movement*),纽约 1968 年,第 75 页。

[3] 迪特默:《当地人民》,第 261 页。

社会中创建"平行制度"的努力，正如科布所言："如果我们关心打破权力结构，那么，我们必须注意建立我们自己的制度以取代旧的、不正义的现存权力结构。密西西比的教育制度必须从底层来重建。"①

"自由夏天"最重要的计划是建立密西西比自由民主党来挑战全部由白人组成的正规民主党。这一计划在"自由夏天"之前已经启动，它得到了来自一个州民主党自由派组织——加利福尼亚民主党委员会的重要支持。但是，约翰逊总统支持正规民主党，因为他不想失去他们的政治支持。②

8月6日，密西西比自由民主党召开大会，选举了一个68人的代表团去参加全国代表大会，其中包括4名白人，其目标是在大会上获取以前由正规民主党代表占据的席位。为此他们首先需要得到资格审查委员会的投票支持。在随后委员会召开的电视直播听证会上，加利福尼亚民主党委员会主席约瑟·劳夫和哈默先后发言，出示了密西西比黑人投票困难的具体证据。哈默的演讲极为精彩，她讲述了自己的个人经历，尤其描述了自己因为参加民权运动所遭受的暴行。她最后以强有力的质问结束了自己的演讲："如果自由民主党现在不能得到席位，我质问美国，这是美国吗？这是那个自由的土地和勇士的家乡吗？在那里，我们不得不小心地守着电话入睡，因为我们的生命每天都受到威胁。"③

哈默的电视演说令约翰逊总统很尴尬，他立刻召开新闻发布会，试图转移人们对哈默的关注，但那天晚上的报纸刊登了哈默演讲的一部分，她富于感情的演说感动了很多普通民众。尽管如此，约翰逊仍然一心想要密西西比民主党占据席位，否则，其他5个南方州的代表便会要求退出大会。他首先提议密西西比自由民主党可以参加代表大会、发言，但没有投票权。密西西比自由民主党马上拒绝了这一提议。随后，参议员休伯特·汉弗莱在总统的授意下提出了另一个妥协方案：密西西比白人民主党如果向党的代表大会宣誓效忠，他们的席位可以保留。密西西比自由民主党的两个代表亚伦·亨利和爱德华·金也会拥有席位，但不是作为密西西比的代表。

密西西比自由民主党的成员就此问题展开了激烈争论。威尔金斯和金等人支持这一方案，认为它至少是一种象征性的胜利。但学生非暴力协调委员

① 迪特默：《当地人民》，第259页。
② 胡安·威廉斯编《目睹奖杯：美国民权之年（1954~1965）》，第233~234页。
③ 胡安·威廉斯编《目睹奖杯：美国民权之年（1954~1965）》，第241页。

会和争取种族平等大会的一些成员坚决反对妥协。自由 – 劳工联盟因此指责学生非暴力协调委员会不懂政治，福尔曼回应说："我们理解政治和政治进程，我们能够妥协，但我们不出卖人民。"布莱克威尔说："大人物们决定妥协，但小人物不同意。"哈默也解释说："我们千辛万苦来这儿不是只为了两个席位。"① 8 月 26 日，密西西比自由民主党的代表决定拒绝妥协。他们宣称："我们拒绝接受象征性的承认以代替实质性的变化，不允许只选择几个领导人就代表全体人民。"②

密西西比自由民主党带着对自由派联盟的失望回到密西西比，他们最终没有实现目标。亚特兰大会议事实上是黑人斗争的转折点。大量运动参加者很失望，尤其是对民主党失望。摩西对电视台记者说："我再也不与政治体制发生任何关系了。"谢劳德宣布，学生非暴力协调委员会现在"要求权力"，而美国黑人唯一要选择的是在"和解"中分享权力，还是在"骚乱和流血"中夺取权力。学生非暴力协调委员会的塞勒斯尤其表达了这种失望情绪："我们不再通过暴露不正义，来让美国的'好人'去铲除。我们离开了亚特兰大城，知道运动已经今非昔比了。从那以后，我们的斗争不再是为了民权，而是为了解放。"③

但这并不完全是一场失败，一些运动积极分子开始对政治运作有了更深刻的理解。哈默和密西西比自由民主党的其他成员继续在三角洲地带开展政治工作，到 1968 年民主党全国代表大会召开时，他们终于得到认可，获得了应有的席位。这向黑人表明，他们能够取得政治权力，用约瑟·劳夫的话来说就是"再也不会有完全由白人组成的代表团了"。④

总之，"自由夏天"计划对密西西比黑人有着巨大的影响。首先，它促使了密西西比黑人投票率的大幅度提高。1964 年仅有 6.7% 的密西西比适龄黑人能登记投票，比全国平均水平低 16.3%。到 1969 年，投票率上升到 66.5%，比全国平均水平高 5.5%。⑤ 不仅如此，它还深刻地改变了运动参

---

① 彼得·利维编《让自由之声响起：现代民权运动文件史》，第 141～142 页。
② 桑福德·韦克斯勒编《民权运动目击史》，第 202 页。
③ 克利夫兰·塞勒斯：《一去不返的河流：一个黑人革命者的自传及学生非暴力协调委员会的兴亡》，第 111 页；迪特默：《当地人民》，第 302 页；西特科夫：《为黑人的平等而斗争》，第 171 页。
④ 胡安·威廉姆斯编《目睹奖杯：美国民权之年（1954～1965）》，第 243 页。
⑤ 史蒂文·卡谢尔：《民权运动图像史（1954～1968）》（Steven Kasher, *The Civil Rights Movement: A Photographic History, 1954 – 1968*），纽约 1996 年版，第 172～173 页。

与者的思想。地方黑人原来害怕自己的名字出现在报纸上，现在逐渐把这种事情看作一种荣耀了。人们开始安静而勇敢地要求自己获得充分的公民权。科布得出结论，对那些运动参与者来说，"自由夏天"计划"扩展、延伸和改变了他们的生活"。卡森后来写道："当自由学校的学生从全州各地赶来，聚集到8月初召开的民主党大会上时，他们坚决赞同实施1964年民权法案、消除人头税和进行其他改革，充分表现了他们日益增长的自信和政治觉醒。"① 多年后，一位志愿者评价了"自由夏天"计划的意义和精神："我看到他们在低水平的教育和没钱的基础上，发展自己，重新审视自己，克服了多年来的压迫；看到他们在压迫中成长，开始相信自己，相信未来，我得到了一生中最有意义的体验，永远都不会忘怀。"② 此外，"自由夏天"计划还为密西西比黑人创建了新的本土化教育制度与政治制度，并在一定程度上推动了联邦干预，这些都是了不起的成就，表明了社会组织策略为民权运动带来的兴盛。

小结：从默默无闻地组织到吸引"聚光灯"

学生非暴力协调委员会早期在密西西比农村的社会组织与选民登记工作基本上不事声张，很少受到媒体和全国的关注。它一方面有效地利用基层组织进入地方社会，原来的激进分子（摩尔等人）为年轻的学生非暴力协调委员会组织者提供思想指导和资金、住房、食品等物质支持以及人际关系网络。另一方面，它努力实施自己新的社会组织策略：挨家挨户进行游说，召开大众会议，举办讲习班和选民登记学校，劝说并带领地方黑人去法院进行选民登记。这种非常规的直接行动方式，虽然遇到白人的强烈抵制，很危险，但他们仍顽强地坚持下来。在此过程中，组织者致力于招募新的地方积极分子，培养本土化领导人，创立地方组织和制度，由此提高了黑人的觉悟与自尊，为黑人带来了力量与自信。

学生非暴力协调委员会在进行选民登记过程中逐步发展出社会组织的三个原则：以家庭为中心，以基层人民及其地方领导人为中心，以地方环境和问题为中心。摩西相信第一步是与基层人民及其领导人建立联系，因此他一到密西

---

① 克莱鲍恩·卡森等编《目睹奖杯：民权读本——来自黑人自由斗争的文件、演说和直接陈述1954~1990》，第121页。

② 迪特默：《当地人民》，第271页。

西比就开始接触经验丰富的老一代积极分子。佩恩宣称："我们通常没有意识到，20世纪60年代广为人知的激进主义从某种程度上来说，是从四五十年代就积极活动的老一代激进分子发展而来的。在密西西比，摩尔、埃弗斯和亨利这些人就是直接与60年代运动联系在一起的代表。"① 学生非暴力协调委员会组织者查尔斯·科布就曾高度评价摩尔的作用，认为他是一流的组织者，推动了学生非暴力协调委员会转向开展选民登记和集中在三角洲地带工作。

除了依靠老一代地方领导人，组织者还必须不断招募新的地方积极分子和领导人来开展工作。这些本土化的领导人不断地在他们的社会中宣传反抗种族主义压迫的思想。他们熟悉当地环境，能够改变民众，开展基层运动。组织者招募的范妮·鲁·哈默、沃特金斯和布莱克威尔等当地居民就是这些人中的杰出代表，他们成为学生非暴力协调委员会在密西西比农村地区进行选民登记组织工作的中坚力量。

在招募和组织工作中，摩西树立了一个社会组织者的榜样，他身教重于言教，不是通过演讲激发人们，而是通过自己的身先士卒影响其他人。当有人问摩西"你是如何进行组织工作的"时，他形象地回答说："通过拍球……我站在大街上拍一个球，不久所有的孩子都围过来。我不断地拍，不久球跑到一户人家的门廊里，然后我遇到了孩子们的父母。"② 科布具体讲述了他在鲁什维尔组织人们登记的过程：挨家挨户游说，让人们参加在威廉斯小礼堂举办的会议。劝说他们接受选民登记的想法，如果他们对此感兴趣，就让他们到威廉斯小礼堂来，这样谈的时间可以长一点。这一过程很缓慢。几乎每个晚上都在威廉斯小礼堂召开小型会议，举办小型讲习班，向人们解释州宪法的内容。在讲习班上，他们通过唱歌、祈祷等方式鼓舞人们的士气，振奋精神。③ 布莱克威尔也谈到她的组织工作：挨家挨户游说，让人们去登记。在教会召开会议，站起来唱歌、拍手，让每个人都放松，然后谈论上帝想让人们登记这样的事情。④

---

① 佩恩：《我得到了自由之光》，第29页。

② 玛丽·金：《自由之歌：关于20世纪60年代民权运动的个人自传》（Mary King, *Freedom Song : A Personal Story of the 1960s Civil Rights Movement*），纽约1987年版，第146页。

③ 查尔斯·科布口述史（An Oral History with Mr. Charles Cobb），南密西西比大学密西西比口述史计划（http：//www. lib. usm. edu/~spcol/crda/oh/cobb. htm/2004年10月27日获取）。

④ 布莱克威尔口述史（An Oral History with Honorable Unita Blackwell），南密西西比大学密西西比口述史计划（http：//www. lib. usm. edu/~spcol/crda/oh/blackwell. htm/2004年5月3日获取）。

虽然组织者充满热情，但他们的具体工作看起来很枯燥、进展缓慢、充满危险和令人厌烦，一点儿也不像想象的那样浪漫。科布悲哀地提到："我每天坐下来与人们谈话，可当我站起来时，才发现和我谈话的大多数人不会迈出激进的一步去法院要求登记投票。我们的工作不像在电视荧屏上或麦克风前那么引人注目，因此没有多少人感兴趣，难免被人忽视。"① 哈默也指出，在地方开展选民登记的组织工作很艰难，她经常深入到偏僻的地方，同人们交谈，并告诉他们第二天她还会来。但第二天，人们不再和她交谈了，因为白人雇主对他们施加了压力。她感到非常沮丧和失望。她说："我们去教堂开会，白人种族主义者会烧毁教堂。结果很少有人会去登记投票，即使一些人去登记了，他们也会受到压力，不得不后退，然后撤回登记。"她也指出，民权工作者从来没有得到联邦的保护，联邦调查局是白人当局的朋友而不是黑人的朋友。学生非暴力协调委员会曾与司法部联系，起初相信他们会提供保护，但事实证明，他们什么都不会做，因此根本不能相信他们的承诺。②

尽管有挫折，但学生非暴力协调委员会的组织工作还是对地方黑人产生了强有力的影响，唤起了当地黑人沉睡已久的政治意识，大量黑人从不关心政治到踊跃参加登记。迪特默这样写道："学生非暴力协调委员会强烈的独立性和对地方法律和习俗的蔑视首先鼓舞了黑人，然后为整个州社会中的黑人带来力量，他们开始相信自己也能控制自己的生活。"③

总之，学生非暴力协调委员会组织者被地方领导人引入当地后，他们不断学习这些早期积极分子的组织原则和方法，建立起地方网络。在密西西比，摩西的网络包括摩尔和许多其他在 20 世纪四五十年代工作的组织者。组织者在新的实践基础上不断扩展社会组织原则：除了集中于地方条件，关注地方问题外，他们强调身教，以自己的榜样教育人们，与民众在一起，仔细聆听民众的意见，从他们那里学习知识，而不是通过鼓动性的言辞领导他们。④ 通

---

① 查尔斯·科布口述史（http：//www. lib. usm. edu/~spcol/crda/oh/cobb. htm/2004 年 10 月 27 日获取）。
② 范妮·鲁·哈默口述史（An Oral History with Fannie Lou Hamer），南密西西比大学密西西比口述史计划（http：//www. lib. usm. edu/~spcol/crda/oh/cobb. htm/2005 年 4 月 15 日获取）。
③ 迪特默：《当地人民》，第 424 页。
④ 理查德·延森：《在安静的地方工作：罗伯特·摩西的社会组织言辞》（Richard J. Jensen，"Working in 'Quiet Places'：The Community Organizing Rhetoric of Robert Parris Moses"），载《霍华德交流杂志》（The Howard Journal of Communications）第 11 卷第 1 期（2000 年），第 1~18 页。

过这样的组织方式，新的地方基层领导开始形成，本土化的领导机制建立起来。

但学生非暴力协调委员会这种以理想主义为特征的组织工作遭到白人种族主义者和地方当局的强烈抵制，选民登记收效甚微。1961 年，摩西在麦考姆发起的第一次选民登记运动很快失败。1962 年夏天，他又在密西西比三角洲地带发起了第二次选民登记运动。白人当局和种族主义分子的暴力抵制接二连三，手段包括逮捕、枪击、制造爆炸等。经济威胁是另一个强有力的控制手段，由于黑人在经济上的依附地位，就业问题是对黑人政治理想的有效限制。白人还控制县福利项目，以此作为要挟。联合组织委员会不得已建立了自己的救济项目，却经常遭到警察的无理扣押。面对白人的抵制，学生非暴力协调委员会在三角洲地带的选民登记运动在 1963 年春失败了。两年来的努力付之东流，"选民教育计划"从密西西比撤出了它的经济支持。在将近两年的时间里，选民登记运动花费了 5 万多美元，却只登记了不到4000 名新选民。摩西等领导人由此得出结论，没有大规模的联邦干预，密西西比黑人不可能进一步扩展权利。[1]

由于没有增加多少黑人选民，很多黑人积极分子为此感到烦恼和痛苦。而且，由于联邦政府没有提供原先许诺的支持，也很少阻止白人种族主义者的暴行或惩罚施暴者，学生非暴力协调委员会对此进行了激烈的批评，其主席刘易斯甚至激愤地质问："联邦政府究竟站在哪一边？"

联邦政府起初的表现确实并不令人满意，它对密西西比黑人的困境和民权积极分子的呼吁（保护）一直袖手旁观。在艾森豪威尔时期，民权法案的实施软弱无力。总统与司法部在民权问题上举棋不定，犹豫不决，没有什么建树。肯尼迪的新边疆政策也没有优先考虑民权问题。司法部主要致力于以诉讼手段解决黑人的选举权问题。在每一个案件中，诉讼总是在艰苦的调查和谈判后才开始。但每次联邦关于黑人投票遭受歧视的指控都被地方政府否认或驳回。事实证明，法院的判决只是一种缓慢的、差强人意的补救。诉讼一般都旷日持久，在南方的黑人投票歧视案平均要耗费 13 个月的时间，[2]

---

[1] 尼尔·麦克米伦：《密西西比的黑人解放：联邦权力与 20 世纪 60 年代的黑人抗议》（Neil R. McMillen, "Black Enfranchisement in Mississippi: Federal Enforcement and Black Protest in the 1960s"），载《南部史杂志》（*Journal of Southern History*）第 43 卷第 3 期（1977 年 8 月），第 362 页。

[2] 尼尔·麦克米伦：《密西西比的黑人解放：联邦权力与 20 世纪 60 年代的黑人抗议》，载《南部史杂志》第 43 卷第 3 期，第 357 页。

何况地方法官还采取各种措施有意拖延。一个保守顽固的法官可能就会成为南方追求平等正义的最大障碍。

严格的联邦主义理论认为州的权威高于联邦法律。司法部遵守这样的理论，也很少干预地方警察的特权。马歇尔经常说："在我们的联邦体制下，维持法律和秩序的主要责任取决于州和地方政府。"他认为，美国不应保持一支全国警察力量。它的联邦警察只是"程序服务员"，它的联邦调查局是调查而不是保卫机构。[①] 但联邦干预其实很有必要。因为第 15 条宪法修正案很难在密西西比实施，事实上州官员和执法机构经常违背联邦民权法。像马歇尔观察的那样："很多当地警察经常与反对黑人活动的极端主义分子沆瀣一气。"[②] 但联邦政府仍采取措施尽量减少州与联邦之间令人尴尬的对抗。

在这样困难的形势下，摩西清醒地认识到，在这个国家中，没有任何政府会为了黑人的权利而甘冒政治"自杀"的危险。只有通过把北方的白人大学生带到密西西比，才能制造公共压力，迫使联邦政府干预。因此，联合组织委员会随后采取了更适应他们环境的新策略。它开始求助于社会舆论，通过各种方式吸引媒体关注，寻求公众支持。其主要目标是向公众暴露选民登记的危险，而事实上的选民登记反倒是次要的了。整个密西西比成了一个大舞台，公共官员和执法人员扮演"十足的恶棍"，40 万名无权的成年黑人乃是主要的演员，全国观众通过电视直播观看密西西比的相关新闻，联合组织委员会导演出一幕幕冲突。白人极端分子的暴行，如炸毁黑人教堂、烧毁黑人房屋以及 3 个民权积极分子遭谋杀事件，都博取了人们的广泛同情。这种现实主义的做法是联合组织委员会两年来理想主义没有取得任何成效的结果。通过早期的经验，联合组织委员会得出结论：只有通过强有力的联邦干预，黑人的普选权才能在密西西比实现，若没有广泛的公众支持，联邦是不可能干预的。[③] 地方化、相对沉寂的选民登记运动由此转变为广受关注的全州范围内的运动。它通过揭示美国信条和密

① 参见伯克·马歇尔《联邦主义理论与民权》（Burke Marshall，"Theories of Federalism and Civil Rights"），载《耶鲁法律杂志》（*The Yale Law Journal*）第 75 卷第 6 期（1966 年 5 月）。

② 尼尔·麦克米伦：《密西西比的黑人解放：联邦权力与 20 世纪 60 年代的黑人抗议》，载《南部史杂志》第 43 卷第 3 期，第 358 页。

③ 尼尔·麦克米伦：《密西西比的黑人解放：联邦权力与 20 世纪 60 年代的黑人抗议》，载《南部史杂志》第 43 卷第 3 期，第 364 页。

西西比现实之间的鸿沟，激发了全国的觉醒，促使了联邦官员实施联邦民权法。

这一策略首先体现在 1963 年的自由投票运动中。摩西自信地对朋友说，自由选举表明，如果黑人有权投票，并且没有暴力和其他报复的威胁，他们会做得很好。① 通过进行模拟选举，黑人在常规的政治渠道之外，创造了自己的制度，但希望联邦干预的运动目标并没有实现。

1964 年的"自由夏天"计划，招募了大约 700 名北方白人学生志愿者，规模与影响都比自由投票运动要大得多。运动的领导承认，这些中产阶级的孩子，使"自由夏天"计划被全国范围内新闻媒体广泛报道，从而广受瞩目。以前的计划在投票权问题上没有吸引全国公众的注意，因此很少得到来自公众或联邦政府的帮助。北方学生的加入，把全国的注意力都集中到了密西西比。科布提到引入大量北方白人学生的理由："这个州有大量的暴行被忽视，我们不得不让全国注意这个州，把中产阶级的白人孩子带到这里来是最引人注目的方式。这使密西西比成为一个大型运动，即让密西西比全国化，这样也许更有利。"② 志愿者到达后，摩西宣布："这些学生都来自好的学校，他们的父母都比较有影响。如果这些孩子受到伤害，政府会做出反应。"可见，联合组织委员会的部分目的是让白人孩子受到伤害，国家因此不得不竭力干预。组织者希望利用国家对白人孩子的关心强迫联邦改变民权政策。因此，计划的成功不在于登记的人数，而在于通过媒体引发公众的反响。③

密西西比自由民主党有同样的影响。它通过电视直播的听证会向全国讲述了自己动人的故事，感动了很多善良的民众，促使他们觉醒。1965 年，自由民主党为国会提供了关于密西西比选民歧视的 600 多名目击证人的 1 万页的证据资料，对选举权法案的通过起了积极作用。④ 这一法案在选民登记

---

① 尼尔·麦克米伦：《密西西比的黑人解放：联邦权力与 20 世纪 60 年代的黑人抗议》，载《南部史杂志》第 43 卷第 3 期，第 365 页；霍华德·津恩：《学生非暴力协调委员会：新废奴主义者》，第 101 页。

② 查尔斯·科布口述史（http://www.lib.usm.edu/~spcol/crda/oh/cobb.htm/2004 年 10 月 27 日获取）。

③ 尼尔·麦克米伦：《密西西比的黑人解放：联邦权力与 20 世纪 60 年代的黑人抗议》，载《南部史杂志》第 43 卷第 3 期，第 367 页。

④ 尼尔·麦克米伦：《密西西比的黑人解放：联邦权力与 20 世纪 60 年代的黑人抗议》，载《南部史杂志》第 43 卷第 3 期，第 368 页。

程序上取得了重大突破。此后，联邦登记员、联邦检查员被广泛地派遣到密西西比各县，黑人选民的数量飞快增长，成效显著。

　　总之，社会组织策略与公民不服从策略的演变很相似，都经历了从理想主义到现实主义的转变，从而有力地促进了民权运动的发展与兴盛，这也体现了它们作为非暴力直接行动策略的共同特点。

第三章 非暴力直接行动的成就

第一节 对民权立法的推动

1964 年民权法案和 1965 年选举权法案的通过，标志着民权运动和非暴力直接行动都达到了高潮，它们也是非暴力直接行动策略在制度变革方面取得的重大成就。在此之前，非暴力直接行动在促使联邦政府干预和国会立法等制度变革方面已经做出很多贡献，只是不如这两次民权立法成就显著而已。下面主要以伯明翰运动与 1964 年民权法案、塞尔玛运动与 1965 年选举权法案之间的关系为例，来阐释非暴力直接行动对制度变革的重要作用。

一 伯明翰运动与 1964 年民权法案

很多民权领导人认为，南方基督教领导大会在伯明翰的抗议促使了 1964 年民权法案的制定和通过。沙特尔史沃斯在 1964 年说："如果不是因为伯明翰，民权法案不会在今天送到国会。"沃克更直接地说："伯明翰带来了 1964 年民权法案。"[①] 但二者之间的关系其实并没有这么简单和直接。

事实表明，伯明翰运动对国会中的顽固派议员没有产生什么影响，正是由于他们的阻挠，在肯尼迪总统生前国会并没有通过该法案。但伯明翰的成功不应根据它对国会的影响来判断。民权立法的动力来自于行政部门，而不是国会。强有力的证据表明，南方基督教领导大会领导的示威活动对肯尼迪政府提出民权法案起了决定性作用。[②] 在肯尼迪总统任期的头两年，民权不是国内他所关注的首要问题，教育、医疗、失业等问题更为重要。作为一个

---

① 亚当·费尔克拉夫：《拯救美国的灵魂：南方基督教领导大会与小马丁·路德·金》，第 133 页。
② 亚当·费尔克拉夫：《拯救美国的灵魂：南方基督教领导大会与小马丁·路德·金》，第 134 页。

现实主义政治家，他起初在民权问题上非常谨慎，不想冒险失去南方议员的支持。此外，联邦主义观念在美国政治生活中根深蒂固，联邦政府不能也不愿把它的意愿强加给州和地方政府。很多人批评肯尼迪政府在民权问题上故意拖延，马歇尔辩解说，联邦主义让政府很为难。可见，肯尼迪总统并不热心于推动民权立法，还把联邦主义作为一个方便的托词。但伯明翰运动使肯尼迪兄弟和马歇尔确信，他们必须请求国会通过一个全面的民权法。"危机"迫使肯尼迪为民权运动的利益而做出积极反应，从行政策略转向立法策略。而且，1963 年，他提出民权法案，不仅是出于道德上的考虑，也是因为这一举措在政治上逐渐变得有利。①

两年来，司法部长罗伯特·肯尼迪一直在毫无准备地处理每一次种族危机。伯明翰运动最终使他相信，如果联邦政府不采取更激进的政策，这样大的危机会不断发生，使联邦政府不胜其烦。埃德温·古斯曼回忆："伯明翰使总统和鲍勃确信，更强有力的联邦立法是必需的。马歇尔 5 月 17 日从伯明翰回来，又和鲍勃一起飞往北卡罗来纳州的阿什维尔。在飞机上，他们设计出民权法案的基本内容。"② 伯克·马歇尔也认为，伯明翰事件使肯尼迪总统"不得不处理显而易见、无可回避的种族问题"。③ 事实的确如此，肯尼迪总统非常关心伯明翰日益恶化的形势，对警察使用消防水龙和警犬表示不安，他告诉记者，警犬撕咬示威者的照片让他"恶心"，他很能理解，"为什么伯明翰的黑人厌倦了等待"。④ 在 5 月 22 日的新闻发布会上，一个记者询问是否需要新的立法，总统做了肯定的回答后，许诺几天后就会做出决定。他指出："我希望制定一些规则，来弥补被剥夺了平等权利的人。近来发生的很多事件表明，黑人不过是因为没有法律上的补救措施，才只好跑到大街上去示威。伯明翰运动就是这些事件的突出表现。因此，我们必须尽

---

① 詹姆斯·里德斯伯格、唐纳德·杰克逊编《总统领导与民权政策》　　（James W. Riddlesperger, Jr. and Donald W. Jackson ed., *Presidential Leadership and Civil Rights Policy*），康涅狄格州韦斯特波特，1995，第 39、111、116 页。

② 亚当·费尔克拉夫：《拯救美国的灵魂：南方基督教领导大会与小马丁·路德·金》，第 134 页。

③ 阿瑟·波利：《现代总统与民权：从罗斯福到尼克松的种族言辞》（Arth E. Pauley, *The Modern Presidency & Civil Rights: Rhetoric on Race from Roosevelt to Nixon*），得克萨斯学院，2001，第 126 页。

④ 卡尔·布雷尔：《约翰·肯尼迪与第二次重建》（Carl M. Brauer, *John F. Kennedy and the Second Reconstruction*），纽约，1977，第 238 页。

快设计出一种法律上的补救方法。"① 罗伯特·肯尼迪提议立即制定一项内容广泛的民权法案，但很多政府官员并不同意他的意见。5 月底，总统力排众议，决定实施他弟弟的策略。在 6 月 11 日的电视讲话中，肯尼迪陈述了他的法案，指出："在伯明翰和其他地区发生的事件表达了黑人对平等的强烈渴求，这是任何城市、州或立法机关都不能忽视的。失意和不满的火焰在南北方很多城市燃烧着，却迟迟得不到法律上的补救。人们只好到大街上去，用示威、游行和抗议来要求解决，可是，这只会制造紧张气氛，只会让他们的人身安全受到威胁，却并不能解决实际问题。"② 他意识到伯明翰事件唤起了国家的觉醒，相信公众的思想发生了改变。因为在伯明翰运动之前，人们并不十分关心民权问题，但现在，美国人第一次对这个问题足够关心起来，并已产生足够的要求，因此不能再局限于黑人遇到威胁时给他们提供保护这类补救措施，而要更深层次地去处理民权问题，颁布民权法的时机已经成熟。他认为伯明翰危机给他提供了提交立法提案的最佳时机。政府再也不能一个城市接一个城市地解决民权这个"全国性的难题"。③ 因此，南方基督教领导大会领导的伯明翰运动直接推动了肯尼迪总统提出民权法案。

肯尼迪总统认为立法时机已经成熟，这是符合事实的。伯明翰事件此时已经使全国上下达成了共识，他们一致强烈要求联邦政府在民权问题上采取更强有力的行动来保护黑人的权利。据当时的盖洛普民意测验，1963 年 7 月，北部的白人当中有 55%（全国是 49%）的人赞成立法禁止在公共场所实行种族隔离。这一点也可从稍后的向华盛顿进军运动得到印证。正如肯尼迪总统的顾问、著名历史学家阿瑟·施莱辛格所说，"到这时候，民权立法不仅是必需的，而且也是可能的"。正是在这种情况下，政府决定实施新的民权法，以保证"在美国人的生活或法律中消除种族问题"。随后向国会提交的民权法案为 1964 年颁布民权法奠定了基础。④ 可见伯明翰运动以及后来发生的抗议改变了全国的政治气候，使民权立法变得可行。

全国有色人种协进会的领导人威尔金斯并不认为民权法单独归功于伯明翰运动。他认为，之前发生的很多事情——自由乘车、争取选民登记的法律斗争以及学校非隔离事件等已经为此铺平了道路。但不能否认的是，伯明翰

---

① 卡尔·布雷尔：《约翰·肯尼迪与第二次重建》，第 249 页。

② 彼得·利维编《让自由之声响起：现代民权运动文件史》，第 117 ~ 119 页。

③ 王波：《肯尼迪总统的黑人民权政策研究》，上海人民出版社，2002，第 110 页。

④ 何章银：《试论美国黑人民权运动内部的合作》，《学海》2004 年第 4 期，第 86 页。

运动才是决定性的因素。就像伯克·马歇尔指出的那样："直到类似伯明翰运动的抗议发生，国家才关注起黑人问题。"伯明翰运动对政府的决策有深远的影响。伯明翰运动开展后，类似的抗议不断爆发，遍布了整个南方。伯明翰运动因其精心组织和高度的纪律性而广受称道，成为其他地方运动的楷模。到夏末，南方爆发了1000多次示威，有2000多人被捕。对直接行动的热情甚至扩展到全国有色人种协进会，其总部开始支持地方分支进行直接行动。像迈耶等人写的那样，伯明翰运动成为很多直接行动开展的主要促进因素。对肯尼迪政府来说，不断发生的直接行动代表了一种日益显露的危险倾向和令人不安的发展局势。1963年夏天，肯尼迪总统发出这样的警告：示威游行和抗议制造了暴力威胁和紧张局势，很可能导致骚乱与流血，因此制定民权法案已经迫在眉睫，因为它会给黑人提供一个合法的补救途径，让黑人远离大街，避免直接行动的危险。①

　　肯尼迪兄弟非常担心黑人骚乱和种族战争。5月13日，路易斯·马丁警告罗伯特·肯尼迪："最近几天在伯明翰发生的事件似乎引起了全国黑人对民权的关注。很多大城市（包括芝加哥）都爆发了示威游行。这样的黑人抗议活动日益增多，越来越难以控制。而且，一些黑人领导人彼此激烈竞争，相互敌视。隔离主义分子采取各种措施，想方设法对抗议进行抵制。这一系列事件很可能形成自内战以来最严酷的种族形势。"5月14日，罗伯特·肯尼迪与鲍德温安排的一些代表进行了一次火药味儿十足的会面。鲍德温邀请的这些年轻的黑人积极分子对肯尼迪进行了近3个小时的攻击，肯尼迪痛苦而愤怒地离开了会场。他告诉施莱辛格说："他们不知道任何事情，他们不知道法律是什么，他们不知道事实是什么，他们不知道我们已经做过什么，或我们正在竭力做什么。你不能像跟威尔金斯、马丁·路德·金那样同他们讲话……他们站起来，大言不惭地演说，甚至诅咒，还有些人哭着离开。"尽管如此，他开始对美国的种族关系有了新的理解。②他在5月15日告诉一批亚拉巴马的新闻记者："记住，正是金到每个房间去收集刀具，劝人们回家，才使得一些愤怒的黑人远离大街，不再采用暴力手段。如果金失败了，还会

① 亚当·费尔克拉夫：《拯救美国的灵魂：南方基督教领导大会与小马丁·路德·金》，第134～135页。
② 哈里斯·沃福德：《关于肯尼迪与金：探寻60年代的意义》（Harris Wofford, *Of Kennedys and Kings : Making Sense of the Sixties*），匹兹堡1992年版（纽约1980年初版），第171～172页；卡尔·布雷尔：《约翰·肯尼迪与第二次重建》，第242～244页。

有更坏的领导人接替他的位置，不信就看看黑人穆斯林吧。"① 可见，非暴力直接行动迫使联邦政府不得不积极支持相对温和的黑人领导人。

伯明翰运动也触动了肯尼迪的另一根敏感的神经，因为它吸引了广泛的国际关注。在非洲的好几个国家，尤其是在加纳和尼日利亚，媒体"都在讥讽和谴责美国的种族暴行"。② 乌干达总统甚至从亚的斯亚贝巴——非洲统一组织开会的现场发来公开信，"谴责伯明翰的警察用高压水龙和警犬对待非暴力的黑人抗议者，认为这样的行为与美国在世界上宣扬的自己是自由的缔造者和民主的捍卫者的形象自相矛盾"。③ 苏联对伯明翰危机的报道规模空前，莫斯科电台把四分之一的报道都集中到了伯明翰，很多听众都是非洲人。它报道说："种族主义的军队在大街上巡逻，美国黑人被关进了集中营，遭到残酷的殴打，很多黑人青少年被迫自杀。"④ 苏联的宣传集中在四点："种族主义是资本主义体系不可避免的部分"；"联邦政府对隔离的不力反应表明政府官员支持种族隔离"；"美国称自己为自由世界的领导人很虚伪"；"美国对国内少数族裔的做法表明了它对亚非拉人民的政策"。⑤ 甚至西方的一些媒体也持批判的态度。德国一些媒体的社论强调持续的骚乱破坏了美国在全世界的声誉。⑥ 在巴黎，同情社会主义的报纸《人民》宣称"亚拉巴马的暴力是美国的耻辱"。⑦ 肯尼迪总统在 5 月上旬召开的几次新闻发布会上不得不承认，发生在伯明翰的事件严重损害了伯明翰与美国的名声。⑧ 可见，伯明翰事件毫无疑问破坏了美国的国际形象，影响了肯尼迪国际战略的实施，迫使他下决心进行民权改革，以维护冷战的战略利益。

金是一个精通运动策略的人，他的看法很实际，认为政府只会对压力做

---

① 亚当·费尔克拉夫：《拯救美国的灵魂：南方基督教领导大会与小马丁·路德·金》，第136 页。
② 卡尔·布雷尔：《约翰·肯尼迪与第二次重建》，第 240 页。
③ 古尔德编《约翰·肯尼迪总统文件集》，第 14 卷，第 312～314 页。
④ 尼古拉斯·库里：《发明真相的人：肯尼迪总统时期的美国新闻署团长爱德华·R. 默罗》（Nicholas Cull, "The Man Who Invented Truth: The Tenure of Edward R. Murrow As Director of Unite States Information Agency During the Kennedy Years"），载《冷战史》（*Cold War History*）第 4 卷第 1 期（2003 年 10 月），第 37 页。
⑤ 古尔德编《约翰·肯尼迪总统文件集》，第 14 卷，第 346 页。
⑥ 古尔德编《约翰·肯尼迪总统文件集》，第 14 卷，第 304 页。
⑦ 尼古拉斯·库里：《发明真相的人：肯尼迪总统时期的美国新闻署团长爱德华·R. 默罗》，第 37 页。
⑧ 尼尔·波利：《现代总统与民权：从罗斯福到尼克松的种族言辞》，第 124 页。

出反应，而不会理睬什么建议。伯明翰运动后，金感觉施加压力来取得决定性突破的时机到来了。他提出在华盛顿进行大众集会，以吸引全国的注意，促使总统加速民权立法。果不其然，在南方基督教领导大会准备向华盛顿进军的时候，肯尼迪宣布了他加速立法的意图。金告诉他的工作人员："我们当初在伯明翰行动的时候，还一无所有。"但是，通过创造改革的压力，"我们得到了有 10 个条款的民权法案"。①

可见金和南方基督教领导大会引发暴力、制造"危机"的策略非常成功，它最终促成了联邦干预。新闻媒体尤其是电视的报道在其中起了重要的作用。肯尼迪总统就认为，电视摄像机对伯明翰暴行的报道非常具有震撼力，它比大量的文字报道更有力。② 而且，南方基督教领导大会在引发白人暴力的同时，一直禁止黑人使用暴力。他们为此做了大量工作，在运动前仔细检查，收走黑人的武器，一旦不能控制示威，就停止抗议。这种道德上的自律和行为上的谨慎使南方基督教领导大会赢得了当局的认可与公众的支持，确保了运动的成功。

伯明翰运动虽然没有对后来国会通过民权法案起决定性的作用，但对很多议员还是产生了重要影响。康纳利用警犬和消防水龙来对付黑人，使伯明翰的故事登上了全国各大报纸的头版头条，引发了国会议员的愤怒谴责。参议员韦恩·莫尔斯在 5 月 6 日指出："康纳的方法使人们想到了纳粹军队对犹太人的屠杀以及共产党国家士兵对东欧的干涉。"众议员约翰·吉尔伯特以同样的心情谴责"使用警犬和消防水龙来镇压学校的孩子"是"国家的耻辱"。北方的众议员不断谈及"警察暴行"、"野蛮主义"和"被仇恨和狂热控制的政府"。③ 这些自由派议员的言行对民权法案的最终通过还是起了重要的作用。

二　塞尔玛运动与 1965 年选举权法案

塞尔玛运动对总统提出选举权法案起了决定性作用，并促使总统进一步对国会施加压力，确保法案得以尽快通过。约翰逊总统起初并不急于在

---

① 亚当·费尔克拉夫：《拯救美国的灵魂：南方基督教领导大会与小马丁·路德·金》，第 137 页。
② 亚当·费尔克拉夫：《拯救美国的灵魂：南方基督教领导大会与小马丁·路德·金》，第 138 页。
③ 亚当·费尔克拉夫：《拯救美国的灵魂：南方基督教领导大会与小马丁·路德·金》，第 137 页。

1965 年开展进一步的民权立法，正是公众对塞尔玛运动的强烈反响才促使他加快了民权立法的进程。

2 月 5 日，塞尔玛运动刚刚发生不久，约翰逊总统不理会南方议员对运动的谴责，首次向媒体发表了关注选举权的讲话：

> 如果一名美国人失去了投票的权利，那么，所有的美国人都应该感到愤怒。剥夺了一名美国公民的权利，就等于剥夺了每个公民的自由。这就是我们关注塞尔玛选民登记运动的原因。塞尔玛的基本问题是黑人选民即使符合条件也很难登记。我们正在利用 1964 年民权法案来努力确保他们的投票权利，方法之一就是开展法律行动（诉讼）……我希望所有的美国人都能够来关注黑人选举权问题……并希望所有的公民都得到这种权利。①

2 月 10 日，金与约翰逊总统等联邦官员会面讨论黑人选举权问题。会面结束后，金告诉记者，约翰逊总统清楚地表明，在他任内，他决定铲除所有阻挠黑人投票的障碍。约翰逊总统还告诉他，选举权立法的信息不久会传达给国会。② 此后不久，约翰逊总统就对刚刚正式担任司法部长的卡曾巴赫发布新命令：放弃宪法修正案的缓慢程序，迅速准备选举权提案。③

"流血星期天"事件发生后，约翰逊总统立即对此做出反应，他先后两次召见司法部长询问塞尔玛事件的最新进展以及金可能采取的行动。不久，约翰逊总统首次发表了公开评论：

> 自从星期天下午塞尔玛流血事件发生以来，政府就一直密切关注形势的发展，并努力阻止同样的事情发生。我确信，所有美国人和我一样对塞尔玛的暴行感到悲哀……联邦政府中最好的法律天才们正在从事立法准备工作，这将确保每一个美国人的权利。这一工作大概在周末就会完成。只要这一法案的起草工作完成，我就会立即向国会发表一个特别

---

① 桑福德·韦克斯勒编《民权运动目击史》，第 231 页；大卫·加里：《塞尔玛抗议》，第 51 页；大卫·加里：《背负十字架：小马丁·路德·金与南方基督教领导大会》，第 385 页。
② 大卫·加里：《塞尔玛抗议》，第 57 页；大卫·加里：《背负十字架：小马丁·路德·金与南方基督教领导大会》，第 388 页。
③ 张立平：《林登·约翰逊与民权法案》，《美国研究》1996 年第 2 期，第 121 页。

咨文。联邦官员们已经派驻塞尔玛，正在提供最新形势的报告。①

在此期间，一名白人牧师被暴徒打死事件又引起了强烈反响。司法部长与部分参议员加快讨论选举权草案，内容包括任命联邦登记员、废除文化测试和人头税等问题。这一法案很快起草完毕。和此前的类似法案相比，它有了可具体操作的条款，其中心内容是终止所有的文化测试，由司法部任命联邦登记员去南方腹地解决黑人选民的登记问题。

法案起草完毕后，约翰逊总统与华莱士州长举行了会谈，他极力劝说华莱士保护游行队伍，但华莱士非常顽固，最终没有谈出什么结果。此后他们一起召开新闻发布会。约翰逊总统在发言中首先就提到了塞尔玛："上个星期天，塞尔玛的一些黑人努力进行和平示威，要求得到他们的基本政治权利——投票权。他们受到了攻击，一些人严重受伤。"然后他简述了行政部门6天来的努力，并继续说："上个星期天的事件不能也不会重演，但塞尔玛的示威有更大的意义。它是一个反对美国民主缺陷的抗议。95年前，经过修订后的宪法规定，任何美国人不会因其种族或肤色而被剥夺投票的权利。近一个世纪后，许多美国人仍被禁止投票，仅仅因为他们是黑人。因此，这个星期一，我会向国会提出立法的要求以真正贯彻实施这一宪法修正案。"他接着介绍了政府起草的法案，并以坚定的语气宣布："在塞尔玛发生的事情是美国的悲剧。……我们都知道在民主社会中实现社会变革是多么的复杂和困难，但这种复杂性一定不能让道德问题变得模糊。对在大街上和平示威的居民施加暴力是错误的，剥夺美国人投票的权利是错误的，因为其肤色而否认任何人的平等权利也是错误的。"② 3月14日下午，约翰逊会见了国会领导人，讨论了如何将选举权法案提交国会的问题。

3月15日，一些议员发言支持选举权立法，但南方一些议员坚决反对。在这种情况下，总统发表了电视特别演说，即著名的《我们一定会胜利》的演说，对后来立法的成功起到了举足轻重的作用。他谴责了州和地方官员的暴行，回顾了南方黑人普选权的历史，认为剥夺黑人的投票权是绝对错误的，呼吁不要拖延、犹豫和妥协，并提醒国会中的立法者，全国民众已经觉

① 桑福德·韦克斯勒编《民权运动目击史》，第235页；大卫·加里：《塞尔玛抗议》，第90页；大卫·加里：《背负十字架：小马丁·路德·金与南方基督教领导大会》，第405页。

② 桑福德·韦克斯勒编《民权运动目击史》，第236页；大卫·加里：《塞尔玛抗议》，第100～101页；大卫·加里：《背负十字架：小马丁·路德·金与南方基督教领导大会》，第407页。

醒。他特别赞扬塞尔玛的黑人居民："他们的行动和抗议，他们冒着很多危险甚至是牺牲生命危险的勇气，唤醒了这个国家的良知。他们的示威旨在引起人们对种族不平等的关注，并激发变革。"他呼吁："平等不是依靠武器或催泪弹的力量，而是依靠道德权利的力量。"总统在这次演说中提到塞尔玛多达 12 次，引起很大反响，好评如潮。总统演说之后，很多时评家一致预测选举权法案不会有很大的修改，并且会很快获得通过。他们指出，许多南方参议员不再反对约翰逊的行动，一些人甚至私下里说他们可能支持这一法案。①

塞尔玛运动对国会议员也产生了重要影响。许多议员认为塞尔玛抗议帮助创造了一种"不可抵制的公众压力"，使选举权法案的迅速制定与通过成为可能。② 事实确实如此。塞尔玛抗议首先促使一些议员对联邦政府施加压力以便提出充分的选举权法案，而后又确保它在国会中顺利通过。运动中"流血星期天"对国会影响最大，警察对和平示威者的暴力攻击引起了很多民众和议员的强烈反响，促使他们觉醒，法案由此顺利地变成法律，既没有被拖延得旷日持久，也没有被修改得面目全非。

1965 年年初，为引起华盛顿对塞尔玛事件的关注，南方基督教领导大会领导人同联邦政府领导人以及国会领导人，不断以书信、电报和电话等方式进行联系。纽约州的参议员雅各布·杰威斯是第一个对塞尔玛运动公开发表评论的国会议员，他对运动表示支持和同情。他指出："塞尔玛的形势应当引起密切关注，应该考虑是否需要另外制定法律，是否需要联邦立法来批准任命联邦登记员，并赋予他们权力来登记公民投票。"国会中很多自由派的代表也认为，"过去几个月发生在塞尔玛的事件表明了目前的选举权法案存在着非常严重的问题"。当时，一批众议员准备 2 月 5 日去塞尔玛参观，加利福尼亚的代表告诉记者，旅行的目的是看选举权立法是否需要实施。③

一些议员在参观塞尔玛后发表了自己的感想。共和党议员查尔斯·马蒂亚斯和奥格登·里德告诉记者，他们的塞尔玛之行使他们确信需要新的选举

---

① 大卫·加里：《塞尔玛抗议》，第 106～108 页；彼得·利维：《民权运动》，第 181～184 页；桑福德·韦克斯勒编《民权运动目击史》，第 236 页；大卫·加里：《背负十字架：小马丁·路德·金与南方基督教领导大会》，第 408 页。
② 尼尔·波利：《现代总统与民权：从罗斯福到尼克松的种族言辞》，第 160 页。
③ 大卫·加里：《塞尔玛抗议》，第 49 页。

权立法。里德说，"塞尔玛清楚地表明需要一个新的民权法，尤其在任命联邦登记员方面"。很快，参观塞尔玛的 5 名议员和其他 5 人提议制定新的选举权法，2 名议员提出了他们的方案。一名共和党议员评论说："我本以为1964 年的民权法案在赋予黑人选举权方面能起到作用，但事实并非如此。"① 他们敦促约翰逊总统立即制定民权法，内容要包括委派联邦登记员、废除文化测试与人头税。②

2 月 23 日，马里恩暴行发生后，一群共和党人（共 31 人，主要由议员组成）发表声明，批评政府一直不向国会提出选举权立法的建议。他们反对等待，要求立即进行新的民权立法。后来这个群体的一名成员对媒体说："决定发表这一声明的主要原因是，电视播放和报纸报道的关于克拉克警长残酷对待登记黑人的事件。"③

"流血星期天"的发生进一步引起了国会中议员的强烈反对。星期一，6 名参众两院议员公开发表评论，表达了自己的愤怒。雅各布·杰威斯称这次攻击是"实施恐怖行为"。所有的评论者严厉谴责亚拉巴马执法人员使用的策略和武器。得克萨斯州参议员拉尔夫·亚伯洛的评论最有代表性，他说："我厌恶对只是和平游行的美国人进行残酷的暴力攻击……这些昨天被残酷攻击的美国人争取的仅仅是宪法赋予他们的投票权。"明尼苏达州的沃尔特·蒙代尔得出结论："塞尔玛星期日的流血事件迫使国会今年必须通过选举权法案。"④ 一位北方民主党议员甚至说，几乎所有的民主党人都为亚拉巴马发生的事情感到愤怒，政府必须迅速开展行动，否则，北方民主党自由派将提出他们自己的法案。⑤《纽约时报》和《华盛顿邮报》不惜篇幅，对此做了详细的报道，引起强烈反响。

星期二，43 个众议员和 7 个参议员站出来谴责星期天的攻击，并呼吁选举权立法。密歇根州的新议员约翰·康耶斯宣布，整个密歇根州的国会代表，包括共和党保守派人士，通过民权领导委员会向总统集体发电报，敦促不仅立即开展民权立法，而且也要最大限度地利用联邦的力量阻止进一步的

---

① 大卫·加里：《塞尔玛抗议》，第 53 ~ 56 页。
② 尼尔·波利：《现代总统与民权：从罗斯福到尼克松的种族言辞》，第 177 页。
③ 大卫·加里：《塞尔玛抗议》，第 63 页。
④ 桑福德·韦克斯勒编《民权运动目击史》，第 235 页；大卫·加里：《塞尔玛抗议》，第 81 ~ 82 页；大卫·加里：《背负十字架：小马丁·路德·金与南方基督教领导大会》，第 400 页。
⑤ 大卫·加里：《塞尔玛抗议》，第 88 页。

暴力和保护塞尔玛居民的宪政权利。许多发言人是著名的自由派人士，但也有很多人不是。他们在评论时，主要谴责了地方官员们的武器和策略，赞美了游行者的和平行为和争取投票权的目标。纽约州的保守派共和党代表卡勒顿·金的评论集中代表了他和其他四十几位同事的观点：

> 这些美国人在塞尔玛遭到残酷攻击，他们寻求的只是宪法赋予的登记和投票的权利。他们不抵制逮捕，但在努力追求平等时惨遭毒打与迫害。我不会宽恕对法律和秩序的违背或蔑视，对只是和平游行以追求民权的美国人施加暴力或无情攻击的行为也让我震惊。①

在公众舆论的压力、总统的斡旋和一些自由派议员的强烈要求下，选举权法案终于被正式列入国会的议事日程。随着听证会的召开②，参议院领导人宣布，如果法案不能在 4 月 15 日之前通过，议员们在复活节期间就不能休息。众议院领导人说，他们要在 4 月 11 日这个星期正式进行讨论，每一个议员都可以陈述己见。③ 参议院经过辩论后，最终在废除人头税等关键问题上达成了妥协。

8 月 3 日，选举权法案在众议院以 328 对 74 票通过。7 个南方州的代表一个月前还反对法案，现在也投票支持。第二天，法案在参议院以 79 对 18 票通过。一个佛罗里达的民主党代表，5 月末还反对法案，现在也支持立法。两天后，即 8 月 6 日，约翰逊总统正式签署了 1965 年选举权法案。

三 推动民权立法成功的原因：利用媒体与舆论

伯明翰运动和塞尔玛运动成功的非暴力直接行动的一般模式是，引发暴力"危机"，吸引全国媒体的报道，从而促进公众良知觉醒，推动联邦政府干预和立法。可见电视、报纸和电台等媒体在其中起了重要的中介作用。而

---

① 桑福德·韦克斯勒编《民权运动目击史》，第 235 页；大卫·加里：《塞尔玛抗议》，第 89 页；泰库·李：《动员社会舆论：民权运动时期的黑人斗争与种族态度》（Taeku Lee, *Mobilizing Public Opinion：Black Insurgency and Racial Attitudes in the Civil Rights Era*），芝加哥 2002 年版，第 3 页。

② 许多议员在听证会上以塞尔玛暴行为例，说明通过选举权法案的必要性。例如众议院司法委员会主席以马利·塞勒尔认为："近来发生在亚拉巴马的一系列暴行唤醒了国家，要求国会必须采取果断的行动……整个国家的公共舆论由于亚拉巴马的暴行而发生改变，法案的通过因此有了保证，这在 1 年前是不可想象的。"见波利《现代总统与民权》，第 182 页。

③ 大卫·加里：《塞尔玛抗议》，第 115 页。

在所有媒体中，电视影响最大，它让斗争得到公众的关注，促使更多民众觉醒。如果没有电视，民权运动中的非暴力直接行动就不会取得那么大的成就。哥伦比亚广播公司的一名记者评论说："我猜想，人们会说我们对民权革命发挥了一定的作用。确实，情况是存在的，只是无人知晓；而通过电视荧屏，5000 万美国人都看到了。"哥伦比亚广播公司的评论员埃里克·塞维德因此说："电视是促成美国觉醒和国会采取行动的关键因素。"① 全国广播公司的大卫·布林克利表达了同样的观点，他指出，"这些事情持续发生了很多年，但直到最近几年，全国的电视媒体才展现出它们的重要性"。②

电视新闻媒体不仅对民权运动进行了报道，有时还积极支持运动的发展。记者罗伯特·麦克尼尔回忆说："电视媒体的节目强调自由，支持美国黑人追求平等的正义事业……1965 年前，电视一直致力于向公众展示种族主义者攻击黑人的暴行画面，以引起人们的同情。在这些年发生的每一次主要事件中，黑人示威者都处于防卫的地位。他们首先引发对抗，却处于暴力攻击之下。"③ 很多记者目睹了黑人的惨状与不屈不挠的斗争精神，非常同情运动。例如，电视记者霍华德·史密斯不仅真实报道了自由乘客在伯明翰遭受到的种族主义暴行，甚至还呼吁总统干预。④

由于电视中直观的图像对观众的感情影响很大，能激发他们的觉醒，因此电视报道在民权立法中起了关键的作用。关于伯明翰和塞尔玛警察暴行的电视画面尤其重要。全国广播公司的评论员埃德温·纽曼说："整个国家的人们看到，一些人争取投票权，却被恶棍们殴打，实在让人愤怒。这些场景通过电视给千家万户带来震撼。我们看到民权游行者和儿童被警犬撕咬，民权法案突然赢得了它所需要的支持。那些形象改变了历史。"全国广播公司的记者比尔·门罗完全同意这一观点，他直接宣称："没有电视，1964 年民权法案将不会产生。"⑤ 编辑拉尔夫·梅基也赞扬电视媒体的作用，他说："如果不是电视展现出'公牛'康纳和他的警犬以及塞尔玛的游行画面，就

---

① 罗杰·斯特雷迈特：《比刀剑还有力：新闻媒体如何塑造美国历史》（Rodger Streitmatter, *Mightier Than the Sword : How the News Media Have Shaped American History*），科罗拉多州玻尔得 1997 年版，第 171～172 页。

② 大卫·加里：《塞尔玛抗议》，第 164 页。

③ 大卫·加里：《塞尔玛抗议》，第 164 页。

④ 托里斯：《黑人、白人与肤色：电视、警察与黑人民权》，第 17～19 页。

⑤ 保罗·费希尔、拉尔夫·劳恩斯坦编《种族与新闻媒体》（Paul L. Fisher and Ralph Lowenstein, ed., *Race and the News Media*），纽约 1967 年版，第 89 页。

不会有动力推动民权法案在国会中通过。电视发挥了极其重要的作用。"历史学家加里·奥费尔德在伯明翰运动发生后写道:"任何观看电视的人都能理解一只警犬意味着什么,它能在一个和平游行中,冲向一个人,把他撕成两半;残酷而强大的消防水龙冲倒示威者,(通过电视)危机清晰地暴露在全国公众面前。"① 在塞尔玛运动中,"流血星期天"的电视画面对许多观众(包括国会议员)产生了强有力的影响。华盛顿的一个牧师说:"星期天的晚上,我和妻子观看了电视,看到了那些可怕的场面,我们心里很不好受。"一位著名的法律教授后来不无夸张地写道,"塞尔玛的电视画面产生了一个有效的选举权法令"。② 后来当选为国会议员的刘易斯(他 1965 年领导了在塞尔玛的争取选举权游行)称赞说:"在那些日子里,如果不是因为电视,我们便不会得到 1965 年选举权法案。这个国家民权运动取得的成就很大一部分应归功于电视。"③ 总之,电视把顽固的隔离主义分子与勇敢的美国黑人直接对抗的画面展示给观众,唤醒了国家的良知,帮助推动美国人民和政府采取具体的措施来解决种族问题。

出现在报纸和杂志上的照片与电视画面发挥了相似的作用。有一张关于伯明翰运动的照片在当时引起了很大的轰动,有关的评论也最多。在照片中,警察抓住一名示威黑人的衣领,同时,放出警犬撕咬他的肚子。一名历史学家把伯明翰运动的成功归功于这张照片。《华盛顿邮报》上曾刊登了两封信,对这一照片做了精彩的评论,写信人分别是一个成年人和一个 12 岁的小孩。他们认为运动唤醒了人们的耻辱感和良知,希望国家维护每一个普通人的尊严,并一致指出,种族主义暴行是美国的耻辱,必须坚决废除隔离。一名新泽西的民主党代表彼得·罗恩(他支持肯尼迪的民权法提案)在向众议院司法委员会陈词时谈到了他在国外的一次尴尬经历:"我正在日内瓦参加一个会议,警犬攻击伯明翰黑人的事件出现在全世界的报纸上。主持会议的一个国家的代表出示给我欧洲版《纽约时报》的首页,他比其他人更坦率一点,问我,'这就是你们行使民主的方式?'我无言以答。"④ 可见,种族主义者的行为严重损害了美国的国际形象。

总之,新闻媒体对抗议行动的报道非常重要。如果抗议策略缺少媒体关

---

① 罗杰·斯特雷迈特:《比刀剑还有力:新闻媒体如何塑造美国历史》,第 186 页。
② 大卫·加里:《塞尔玛抗议》,第 166 页。
③ 罗杰·斯特雷迈特:《比刀剑还有力:新闻媒体如何塑造美国历史》,第 186 页。
④ 大卫·加里:《塞尔玛抗议》,第 168～169 页。

注，或者报纸、电视台记者和编辑有意忽略抗议策略，抗议组织者不会获得成功。抗议领导人必须不断制定新的、引人注目的策略以获得更多民众的关注。这种社会舆论，即公众的支持或反对在非暴力直接行动中起了重要的作用。受害者的受难吸引了广泛的支持和同情，非暴力抗议者的对手采取的暴力越多，他们的朋友就会越多，并越来越坦率直言。抗议者需要更多地获得从前的沉默者的支持，没有他们的支持，任何非暴力抵抗都不会取得成功。①

　　这种策略的成功也得益于美国的民主法治体制。首先，联邦行政机关必须回应公众舆论的要求，做出符合"民意"的决策，否则选民决不会答应和满意。国会议员也必须代表他的选民对非暴力抗议运动做出反应。抗议运动尤其是流血事件发生后，选民的电报、信件潮水般涌向全国的议员代表，要求他们采取行动，支持民权立法。其中许多议员在他们的公共言辞中公开引用这些信件的内容。例如，来自罗得岛的参议员约翰·帕斯多这样表达他的苦恼："众多来自我的选区的惊恐不安的选民的电报不断涌向我，他们表达了深深的沮丧和愤怒——他们没有想到美国还有无助的公民竟然遭到这样野蛮的对待。"威斯康星州参议员威廉·普鲁斯麦在议院的发言中公开了一封来自报纸发行人约翰·莱温的电报，和许多其他人一样，莱温要求联邦直接干预，呼吁联邦司法警察和执法官员保护美国人的宪政权利，他写道："请理解，我们和许多联系我们的居民通常不赞成这种类型的干预，但是我们别无选择。再不能空谈了，需要行动了。"② 这给很多议员施加了巨大压力。在媒体的影响下，非暴力直接行动也唤起了很多白人自由派牧师的良知觉醒，他们不仅积极参加了南方的很多非暴力示威活动，还不断地给他们的代表与议员写信和发电报，甚至面对面地游说，呼吁他们支持民权立法。他们直接影响了很多犹豫不决的中西部议员投票支持民权法案。副总统汉弗莱后来甚至赞扬说，"没有牧师，法案不可能通过"。③

　　诚然，游行、示威等公民不服从的抗议行动在民权立法中起了关键作用，但社会组织与选民登记运动对立法也有影响。密西西比南方腹地的选民登记运动为选举权法案的制定和通过做出了贡献。"自由夏天"运动期间，

①　大卫·加里：《塞尔玛抗议》，第 216 ~ 217 页。
②　大卫·加里：《塞尔玛抗议》，第 177 ~ 178 页。
③　迈克尔·弗里德兰：《像喇叭一样提高你的声音：白人牧师、民权与反战运动（1954 ~ 1973）》（Michael B. Friedland, *Lift Up Your Voice Like a Trumpet : White Clergy and the Civil Rights and Antiwar Movements, 1954 – 1973*），北卡罗来纳州查珀希尔 1998 年版，第 100 页。

大约有 17000 名黑人努力到法院进行登记，向志愿者证明他们非凡的勇气，虽然只有 1600 人完成了登记，被接受为州的选民，但这是密西西比民主化的一个重要步骤。志愿者们及时地记录下许多申请者遭到拖延、阻挠和折磨的事例，这为好几例重要的选民歧视案提供了证据。而且，在"自由夏天"过程中暴露出的这些不平等，也促使了 1965 年选举权法案的产生。很多参与者后来都深信密西西比运动对选举权法案的通过起了积极作用。亨利相信自由选举和亚特兰大会议是选举权法案通过的关键因素，司法部副部长多尔在他的书中写道，"在麦考姆和密西西比西南地区所做的早期工作为选举权法案的通过奠定了基础"。刘易斯也说，"自由夏天"为选举权立法做出了重要贡献。① 可见，密西西比运动在影响选举权立法方面也发挥了一定的作用。

第二节　对思想观念的影响

民权运动不仅是一场深刻的制度变革，也是一场影响人心的大众运动。非暴力直接行动在种族观念、民主理念以及社会价值方面对民众的思想影响很大。它通过举办非暴力讲习班、召开大众会议、唱自由之歌、建立公民学校与自由学校以及利用媒体等方法，不仅影响了参与运动的精英上层，也深刻地改变了黑人民众的思想，提高了他们的觉悟，克服了他们的恐惧，提升了他们的尊严，并赋予他们力量。它也改变了社会文化心理与公共舆论，唤起了白人公众的良知觉醒，削弱了根深蒂固的种族主义思想，使自由、平等、民主和法治的观念深入人心。这是非暴力直接行动区别于其他策略的显著特点，代表了民权运动的另一项重大成就。

一　改变思想观念的方式

（1）讲习班

每次成功的非暴力直接行动都会举办小规模的讲习班，以培训运动骨干、积极分子和地方领导干部，保证运动的非暴力性质及其顺利开展。劳森举办的纳什维尔非暴力讲习班最为典型和成功，培养了很多信奉非暴力思想和策略的学生积极分子，他们成为早期学生非暴力协调委员会的中坚力量。

---

① 劳伦斯·吉欧口述史（An Oral History with Lawrence Guyot），南密西西比大学密西西比口述史计划（http：//www. lib. usm. edu/~spcol/crda/oh/guyot. htm/2005 年 6 月 12 日获取）。

后来金领导的一系列非暴力抗议运动，事先也都举办了非暴力讲习班，对运动积极分子进行细致严格的思想和纪律教育，强化他们的非暴力思想，鼓舞他们的斗争热情和士气，并教会他们一些非暴力的方法，避免运动转向暴力。

在开展选民登记运动前举办的讲习班也很重要。最早高地民族学校曾组织过很多讲习班来对黑人进行公民教育，后来南方基督教领导大会继承并发展了这个公民教育计划。它开办公民学校，举办讲习班，培训地方领导人，然后让他们回到自己的城镇推动当地的选民登记运动。讲习班的很多成员是自愿参与的新任基层领导人，这些人没有受过多少正规教育。他们四处奔走，动员更多的选民登记和参加选举，并寻找更有效的办法来说服对选举权漠不关心的南方黑人，让他们改变态度。他们相互交流各自地区在选举方面的种种限制情况，这种限制往往不为外人所知。学习结束后，他们愿意回去为扩大选民登记而做出努力。他们通过教育的方法来让人们认清当地报纸上所散布的种种谣言，向黑人解释如何行使选举权，并使登记和投票成为一件愉快轻松的事。举办这样的公民教育讲习班的主要目的是发现和培养地方领导人，而全部问题的关键就是依靠这些地方领导人。①

（2）大众会议

讲习班主要影响的是一些参与运动的上层精英，对普通民众的思想产生深刻影响的则是大众会议。大众会议首先体现了鲜明的基督教特点。因为它总是在教堂中召开，领导人和演讲者都是牧师。其形式就像福音传道者举行的教会仪式，伴以宗教音乐。布道者通常都有雄辩的口才。在奥尔巴尼运动前夕，一名布道者以宗教语言这样祈祷说："在寒冷的日子里，我们四处游行，这些监狱中的墙壁象征着隔离，我们围着它们走动，直到它们轰然倒塌。……我们祈祷，当他们（种族主义者）看到强有力与和平的人们时，心灵就会受到震撼。"② 因为会议在教堂中召开，人们感觉在教堂就像在家中一样舒服。只有在这样神圣的场合，一个人才能表达他的冤屈和不满，并希望发生变革。

尽管会议充满着宗教气氛，但是为了适应美国黑人对政治自由的追求，金和他的同事们有意识地改变传统的布道。最早突出表现在音乐中，他们改

① 乔安妮·格兰特编《美国黑人斗争史：1619年至今的历史文献与分析》，第324~326页。
② 利斯科尔：《作为牧师的金》，第249页。

编一些黑人圣歌和福音歌的歌词来适应自由运动。"早晨醒来，我的心与上帝同在"被改为"早晨醒来，我的心与自由同在"。"在我的头顶之上，我看到了耶稣在闪耀"被改为"在我头顶之上，我看到了自由在闪耀"。"当我遇到麻烦，上帝，与我一起同行"被改为"当我身陷囹圄，上帝，与我一起同行"。传统的浸礼会副歌《当我们全都到达天国》被改为《当我们全都知晓正义》。总之，在大众会议上，"耶稣"经常被"自由"代替。①

大众会议具有广泛的民众参与性，佃农、穷人和普通人都经常参加大众会议。会议对新近发生的事件不断进行评论，为人们"提供了一个信息交流和策略谋划的平台、一所学习和修正非暴力思想的学校、一个赞扬和鼓励人们的场所，但最重要的是一种保持团结的方式"。在友好的气氛中，普通人能有机会发表讲话，表达他们争取更好生活的梦想。在奥尔巴尼的一次会议上，一个普通人站起来发言，他没有讲抽象的自由概念，而是讲他渴望在家乡过的那种生活。他说："虽然我们在奥尔巴尼遇到了糟糕的事情，但我仍旧爱它。它是我的家乡，我想要待在这里，在这里抚养我的孩子，在这里过一个体面的、遵纪守法的、自尊而又受人尊重的生活。"②

大众会议气氛热烈，鼓舞人心，而且参与者众多，却不向外界开放，这引起了警察的注意。在伯明翰警察局的档案中有很多大众会议的记录，其中包括很多侦探的报告。一个侦探写道："布道者（金）说得越多，喊得就越厉害。他反复说上帝会拯救'公牛'，上帝会拯救华莱士。他喊道，'上帝啊，你想要我做什么？'一遍又一遍，他反复呐喊，最后说，他想挽着'公牛'的手，带他去见上帝，从而拯救他。"另一个警察描述了第六大道浸礼会教堂中的气氛："这时候，他（贝弗尔）指挥着教堂中的人们开始唱歌，黑人唱歌的时候都很兴奋，他们跺着脚，挥舞着手臂，尖声喊叫。有 300 人站起来在教会中游行。与会者共有 1800～2000 人，他们手挽手坐在一起。"③ 在这样富于感染力和鼓动性的言辞与气氛下，群众的情绪经常高涨。然后，在经过一系列非暴力的具体技巧的训练后，他们会高兴地走到大街上去游行而无所畏惧。

由于具有以上这些特点，大众会议有力地改造了人们的思想。它一方面

---

① 利斯科尔：《作为牧师的金》，第 249 页。
② 利斯科尔：《作为牧师的金》，第 245 页。
③ 利斯科尔：《作为牧师的金》，第 247 页。

在运动参与者中积极宣扬、传播了非暴力、爱、牺牲与宽恕等原则，另一方面又在相当程度上宣泄、释放了他们的紧张、恐惧、愤怒和兴奋等情绪，从而使其心态得以平衡。

大众会议最重要的内容就是宣扬爱与非暴力的思想。金在会议上强调"爱你的敌人"的基督教美德，向人们讲述希腊语中爱的含义，把它作为运动的指导思想，以控制潜在的暴力。在此思想指导下，运动参与者在每一次直接行动举行的大众会议中都会为他们的压迫者（警察和地方政客）祝福，为残酷对待他们的这些人祈祷，并不断地忠告人们爱他们的敌人。例如在伯明翰运动中，组织者要求示威群众在大众会议上净化心灵，学会以德报怨："即使'公牛'这样的人，他也是上帝的孩子，我们爱'公牛'。"如果地方长官和他们的亲戚生病，布道者会为他们祈祷。如果他们来到教会，游行者会很尊重他们。安德鲁·扬在一次会议上告诉观众："这样，警察就会不知如何处理充满爱心的我们。在某种意义上，我们真的不能谴责白人，因为有人从小就教导他我们是野兽。"一个星期后，金在第六大道浸礼会教堂告诉同样的群众，"在我们得到自由之前，可能会有更多的血流在伯明翰的大街上，但是只让我们流血吧，不需要我们白人兄弟的血"。① 当抗议者和游行者从事暴力活动时，金的组织认为它应该对此负责。

大多数黑人可能会误解或拒绝这种"爱你的敌人"的哲学，但他们能理解暴力是无效的。金告诉他们，康纳和华莱士最高兴的事情就是黑人采取暴力行动。忍受警犬和消防水龙的纪律确实很难遵守，但南方基督教领导大会用简单、现实和方便的术语解释了非暴力抗议的逻辑。扬在大众会议上问："多少人以前曾被狗咬过？多少人在儿童时代曾被棒球棒打过？多少人在二战和朝鲜战争中战斗过？如果你曾经冒着这样的危险为其他人的自由战斗过，为什么你不愿意面对警犬或棍棒来争取自己的自由？"②

在宣扬爱与非暴力的同时，大众会议本身还是一个感情宣泄的场所。演讲者要做到既控制观众的愤怒又利用它是非常困难的，他们以幽默的口吻谴责对手的残暴并模仿他们的愚蠢，以此来达到目的。康纳不再被看作一个令人恐惧的魔鬼，而是被描述成一个小丑以愉悦观众。在一次大众会议上，爱

---

① 利斯科尔：《作为牧师的金》，第 252 页。
② 亚当·费尔克拉夫：《拯救美国的灵魂：南方基督教领导大会与小马丁·路德·金》，第138~139 页。

德华·加德纳在讲台上发现了一个疑似窃听器的东西。为了让观众高兴，他称它为小玩意，并开始跟它讲话，好像康纳正在另一头听着。① 艾伯纳西和沙特尔史沃斯等人也都是高手，他们利用开玩笑和幽默的方式，嘲笑白人种族主义者。

会议好几次选举"公牛"康纳为民权运动的荣誉代表，因为人们认为他的策略促进了民权事业的发展。在面对"公牛"的卑鄙手段时，金巧妙地利用幽默来驱散人们的紧张。关于警犬，他开玩笑说："我告诉你们，我小时候就无缘无故地被狗咬过，因此如果站出来争取自由而被狗咬，我不会介意。"②

总之，大众会议对人们的思想观念产生了重要影响，人们由此坚定了非暴力的信念，产生了无畏斗争的勇气，并宣泄了自己的紧张与恐惧情绪，从而以更健康的心态去积极追求自己的自由。

（3）自由之歌

自由之歌经常在大众会议上被演唱，并且在改造民众思想方面与之具有同样的作用。它既来自历史的经验，也是南方黑人社会自身创造的结果。许多自由之歌来自古老的圣歌和福音歌，它们有许多种节奏，其中有两个尤为重要的形式，一种是古老的、慢节奏的圣歌和赞美诗，通常唱出希望和决心，另一种是快节奏、喜气洋洋的圣歌和明快的福音歌，用于勇敢地抗议和庆祝胜利。参加民权运动的人们不光采纳以前广为流传的歌曲来适应现在的形势，他们也创作新的歌曲。在1962年奥尔巴尼的一次大众会议上，伯妮斯·里根明白了自己也能创作自由之歌。她回忆道：

查理·琼斯看着我说，伯妮斯，唱首歌吧。我开始唱"在我头顶上，我看到了麻烦不断"。当应该唱"麻烦"的时候，我没有看到什么麻烦，因此我把"自由"加在那里。那是我第一次意识到有许多歌是我自己的，我可以按照自己的需要来创作它们。③

---

① 亚当·费尔克拉夫：《拯救美国的灵魂：南方基督教领导大会与小马丁·路德·金》，第139页。
② 利斯科尔：《作为牧师的金》，第248页。
③ 盖伊、坎迪·卡莱文编《为自由而歌唱：通过歌曲反映的民权运动的故事》，第3、77页；谢丽尔·格林伯格：《信任的圈子：记住学生非暴力协调委员会》（Cheryl Lynn Greenberg, *A Circle of Trust: Remembering SNCC*），新泽西新布伦兹维克1998年版，第115~116页。

这样，为适应追求政治自由的需要，民权运动积极分子们在保留古老曲调的同时，努力改编歌词。有一首圣歌原来开头的几句是"当我遇到麻烦，上帝，请与我同行"，后来被改成了"当我身陷囹圄，上帝，请与我同行"。一首很古老的黑人圣歌开头是"如果你想要去天堂，按照耶稣说的去做"，后来被改成"如果你想要自由，请登记投票"。黑人最流行的自由之歌《我们一定会胜利》，可能建立在一首古老浸礼教歌的节奏基础上，原来开头的歌词是："我会胜利，我会胜利，/终有一天，我会胜利，/哦，如果我不屈服，/终有一天，我会胜利。"现在改为："我们一定会胜利，我们一定会胜利，/终有一天，终有一天，我们一定会胜利。/哦，在我的心灵深处，我真的相信，/终有一天我们一定会胜利。"①

在静坐运动、自由乘车运动、奥尔巴尼运动、密西西比选民登记运动、伯明翰运动、"自由夏天"运动、塞尔玛运动等一系列非暴力直接行动中，积极分子们改编、创作了大量的自由之歌，这些自由之歌一经产生，很快就成为宣传运动最有力的武器。一些歌曲的内容本身就是运动的具体事件。例如《学生静坐之歌》的歌词概述了学生静坐运动，表达了学生以爱与非暴力的方式追求尊严、自由和平等的精神："……我们是马丁·路德·金的战士，/和平与爱是我们的武器，非暴力是我们的信条。……暴徒的暴行与仇恨不会阻止我们目标的实现，/隔离法与州警察不会限制我们自由的灵魂，/三千学生身陷囹圄，仍昂着头，高唱自由之歌。"②《自由即将到来，不会太久了》这首歌则形象地描述了自由乘车事件："我们沿着亚拉巴马的公路旅行，/自由即将到来，不会太久了，/我们在母亲节那天遇到很多暴行，/自由即将到来，不会太久了，/我们乘'灰狗'长途汽车旅行，/为结束隔离而战，这是我们必须做的事情，/亚拉巴马的暴力不会阻止我们的事业，/联邦司法警察来实施法律，/我们来到密西西比，/警察逮捕了我们，/法官说地方习俗必须保留，/我们说'不'，因此进了牢房。/嗨，肯尼迪先生，带我们离开苦海，/自由即将到来，不会太久了，/这邪恶的隔离，看看它给我们带来的折磨，/自由即将到来，不会太久了。"③ 其他类似的歌曲还有《赫伯特·李之歌》《"公牛"康纳的监狱》等，它们直接来源于当时发生的事

---

① 威廉·布林克、路易斯·哈里斯：《美国黑人革命》（William Brink and Louis Harris ，*The Negro Revolution in America*），纽约1963年版，第99页。
② 盖伊、坎迪·卡莱文编《为自由而歌唱：通过歌曲反映的民权运动的故事》，第40~41页。
③ 盖伊、坎迪·卡莱文编《为自由而歌唱：通过歌曲反映的民权运动的故事》，第46~47页。

件，容易引起参与者的共鸣，从而激励他们投身于新的斗争中去。

自由之歌主要表达了黑人对自由、权利和平等的强烈渴望以及他们必胜的信念、无畏的勇气和对非暴力、爱与融合等观念的信奉等。自由是自由之歌的核心主题，几乎每一首歌都包含了追求自由的内容。一些歌曲表达了黑人希望尽快获得自由的迫切愿望。例如在密西西比监狱中流行着这样一首歌："为了自由与尊严，/我们会打破整个南方的隔离。/快点，快点，/我们不久会在整个南方获得自由。"产生于密西西比"自由夏天"计划中的另一首歌曲《自由是一场长期不懈的斗争》表达得更为迫切："他们说自由要经过长期不懈的斗争，/他们说自由要经过长期不懈的斗争，/啊，主呀，我们已经斗争这么久，/我们必定自由，我们必定自由。"① 一些歌曲表明黑人争取自由的意志坚定，他们可以为此不惜一切代价。《我们决不后退》是亚拉巴马塔拉哈西静坐学生创作的自由歌曲，当警察阻止他们游行时，他们高唱《我们决不后退》："我们决不，我们决不后退，/我们决不，我们决不后退，/就像一棵树，扎根于水中，/我们决不后退。/我们正在为我们的自由而战，我们决不后退……我们黑人白人团结在一起，我们决不后退，/我们将坚持一起战斗，我们决不后退，/我们的公园正在打破隔离，我们决不后退，/我们正在海滩上晒太阳，我们决不后退。"一首题为《为我的权利而战》的歌曲这样唱道："你知道我厌倦了隔离，我想要平等的权利，/隔离使我蒙受耻辱，让我一直郁郁寡欢。/我母亲临死前告诉我，/儿啊，如果你没有获得自由，我情愿看到你死去，/我父亲很久以前也告诉我，/儿啊，如果你不为自由而战，你会永远是个奴隶。/我想要获得自由，我现在就要它，/无论发生什么，我会为它而战。/一个勇敢的老太太告诉我，/她宁愿埋入坟墓，也不想成为一个奴隶。"② 一些歌曲唱出了黑人必将获得自由的坚定信念。《每个人歌唱自由》是静坐期间在纳什维尔监狱中被人们广泛传唱的一首自由之歌。它开头的歌词是这样："每个人唱，/为自由而战，/赢得胜利，/在监狱中，/在棉花地里，/在密西西比，/在整个南方。"产生于奥尔巴尼运动中的歌曲《我是多么高兴》则这样唱道："我是多么高兴，我正在为自由而战，/我是多么高兴，监狱现在不能阻止我们，/我是多么高

---

① 盖伊、坎迪·卡莱文编《为自由而歌唱：通过歌曲反映的民权运动的故事》，第57、196页。

② 盖伊、坎迪·卡莱文编《为自由而歌唱：通过歌曲反映的民权运动的故事》，第25、89页。

兴，我们一定会胜利。"① 一些歌曲提醒黑人自由不是他人赐予的，它需要黑人积极争取。流传于密西西比帕芝曼监狱中的一首歌的歌词是这样的："不能消极等待，/要起来斗争，才能获得自由。为自由而战，/为自由去坐牢。"② 此外，还有一些歌曲表达了黑人追求融合的目标和克服恐惧的心理等。密西西比帕芝曼监狱中流行的一首歌曲典型地反映了黑人对融合的追求："隔离必须废除，/黑人与白人会在一起乘车，/黑人与白人会在一起吃饭，/黑人与白人会在一起生活，/融合是我们的目标。/黑人与白人会在一起就座，/黑人与白人会在一起学习，/黑人与白人会在一起投票，/融合是我们的目标。"③

自由之歌在非暴力直接行动中发挥了重要的作用，有力地改变了人们的思想。它在许多种场合中被演唱：在大众会议、祈祷活动和示威中，在自由乘车和静坐运动前，在警车和监狱中，在会议、讲习班和不正式的聚会上。它们被用来激发精神、鼓舞士气、赢得勇气和增强团结。沃克这样评价《我们一定会胜利》："这首歌在整个南方激发的能量与热情是无法估量的。它在大众会议上被演唱，1000 多人发出同样的声音，就像一个人一样，非常壮观；它在密西西比汉德斯县监狱的栅栏边被演唱，虽然人们唱得不完整，但温柔动听；在通往佐治亚奥尔巴尼的路上，老年妇女们歌唱它；在被拖往监狱的过程中，学生们歌唱它。它产生了难以形容的巨大力量。"④ 这些歌曲有时候居然能解除监狱守卫、警察和敌对暴徒的武装。一位女自由乘客玛里琳·艾森伯格回忆了自由之歌对密西西比帕芝曼监狱一名女看守的影响。起初这位女看守对自由乘客很严厉、苛刻，但经过自由乘客的争取，她们慢慢熟悉起来。当自由乘客出狱时，这位女看守甚至为她们演唱了一首她们在监狱中经常哼唱的自由之歌。⑤ 基层社会中的普通人在歌唱中意识到问题，受到鼓舞，团结起来，共同面对困难。即使未成年的小孩子也从中深受影响。布劳克回忆了在密西西比发生的这样一件事情：一位女士把他的小儿子带出来抗议。小男孩举着一个标语，上面写着："我太小了，还不能投票，但我妈妈想投票。"一个警察把他叫过来说："孩子，如果你不扔掉那

① 盖伊、坎迪·卡莱文编《为自由而歌唱：通过歌曲反映的民权运动的故事》，第 24、73 页。
② 盖伊、坎迪·卡莱文编《为自由而歌唱：通过歌曲反映的民权运动的故事》，第 58 页。
③ 盖伊、坎迪·卡莱文编《为自由而歌唱：通过歌曲反映的民权运动的故事》，第 55 页。
④ 盖伊、坎迪·卡莱文编《为自由而歌唱：通过歌曲反映的民权运动的故事》，第 15 页。
⑤ 盖伊、坎迪·卡莱文编《为自由而歌唱：通过歌曲反映的民权运动的故事》，第 55 页。

个标语，我会把你扔进监狱。"这个小男孩记得民权组织者曾教他唱过《我不害怕你的监狱》这首歌，他抬头看着这个警察说："先生，我不害怕你的监狱，因为我想要我的自由。"① 维维安对自由之歌的作用大加赞赏，他说："我没有看到任何人能把斗争从音乐中分离出去。我认为一场没有音乐的运动迟早会崩溃，音乐激发了人们的斗争精神，它能使你斗志昂扬，面对现实并克服一切困难。"② 金也对大众会议上音乐的作用做了高度评价："大众会议的一个重要部分是唱自由之歌。在某种意义上，自由之歌是运动的灵魂。在会议上，我与千百名年轻人站在一起唱《不要让任何人阻挡我》，它不光是一首歌，还表达了我们坚定的决心……这些歌使我们团结在一起，给予我们勇气，帮助我们一起游行。"③

（4）教育策略

除了大众会议与自由之歌，新出现的教育形式——自由学校与公民学校也深刻地影响了大量普通运动参与者的思想观念。

在"自由夏天"运动期间建立的自由学校是学生非暴力协调委员会教育策略的最重要内容，它在改造密西西比地方黑人思想过程中发挥了重要作用。自由学校为年轻的密西西比黑人提供了公立学校所不能提供的教育，让学生把所学的知识与参与运动紧密联系起来，以改变南方的隔离制度。

学生非暴力协调委员会谴责南方的学校教育，认为隔离让黑人孩子们不相信自己能学习。科布提议建立自由学校，让当地黑人表达自己的愿望、要求和问题。学生非暴力协调委员会志愿者们对自由学校的课程内容与方法进行了改革。除了基本的学术训练，社会问题的个案研究、黑人史导论、公民课，构成了自由学校课程的核心内容。民权积极分子诺埃尔·戴是课程的主要设计者，他主张教师不能像个监狱守卫，而是应该培养学生提问、思考的能力。这样的思想指导了教师们的教学实践，例如在课堂上，老师经常让学生描述他们的公共学校，比较南方黑人与北方黑人的生活，寻求建设新社会的方法等。④

自由学校的课程按照提问—回答的形式来组织，它使教师成为一名专门的提问者，教师仔细聆听学生们的回答，然后就此展开教学活动。教师因此

---

① 盖伊、坎迪·卡莱文编《为自由而歌唱：通过歌曲反映的民权运动的故事》，第150页。
② 盖伊、坎迪·卡莱文编《为自由而歌唱：通过歌曲反映的民权运动的故事》，第5页。
③ 莫里斯：《民权运动的起源》，第257页。
④ 伯尔斯坦：《教导自由》，载《教育史季刊》第30卷第3期，第303～312页。

鼓励黑人学生积极提问。一位自由学校的老师回忆说：在课堂上，老师和学生围坐成一圈，不久学生就会发现，什么事情都可以说，而老师不会嘲笑或攻击他。教师不是一个无所不能的专制独裁者。他并不只是站在成排的学生面前，向他们灌输已有的知识。[①]

黑人学生在这种参与学习的过程中，把课程与自己的生活经验紧密联系在一起，养成了民主生活的习惯，获得了自尊、自信和平等。他们有了一种人的尊严，开始积极表达有关地方社会的缺陷以及如何变革的看法，并付诸行动。一位志愿者认为，自由学校的目的就是启发密西西比年轻黑人思考：如何来改变自己的社会。他回忆说："学生们生平第一次开始以说、写的方式来表达自己。我们鼓励他们在自由学校中讨论，教他们怎样提问。我们不会把任何政治教条和意识形态强加给学生，只是问他们为什么或问题是什么，然后如何解决。"志愿者相信，培养提问能力将促使黑人学生自我表达能力的提高，使他们理解密西西比压迫性的社会秩序，从而参与社会变革运动。这样的教学方式也打破了传统与权威对黑人的控制。像一名黑人积极分子分析的那样："普通黑人受到传统、遗产和训练的束缚……我爸爸一生都被一些白人控制，因此他就控制他的孩子与妻子……"[②] 经过自由学校的教育，这样的束缚很难维持下去了。

志愿者们还发明了很多其他方法来帮助黑人学生参与公民课程，其中，戏剧在大部分自由学校中非常流行，它既提供了一个讨论问题的平台，也提供了一种社会实践的方法。一名参加了鲁什维尔自由学校的学生回忆说：

> 学生们从他们以前的经验，尤其是与白人和老师相处中认识到了乱说话带来的严重后果，感到非常害怕。如果他们敢于大胆发言，就会受到惩罚甚至被揍一顿，因此他们只能做一个"哑巴黑鬼"，这样才不会有任何麻烦。在自由学校里，通过角色扮演，让学生从事戏剧小品创作，学生们开始谈论和思考他们的问题和所处的形势。他们增强了自信，无论说或做什么事情，都不再害怕。创作和表演戏剧让他们表达了自己的想法，培养了创造力，还放松了心情，并提出和讨论了他们在社会中所面临的问题的解决方法。

---

① 伯尔斯坦：《教导自由》，载《教育史季刊》第 30 卷第 3 期，第 317 页。
② 伯尔斯坦：《教导自由》，载《教育史季刊》第 30 卷第 3 期，第 319～320 页。

他感到，"在我去的自由学校中，戏剧是我们使用的最好的教学工具"。①

正如这位学生所言，自由学校的戏剧确实创造了生动的、参与性的、提高集体意识的教育环境，使学生意识到应当争取个人的尊严与价值去斗争，从而获得勇气，增强自信，并更加积极地参与社会活动。戏剧作为一个教育工具，提供了一个平台。在那里，学生能积极参与课堂教学与自学，提出并讨论他们认为重要的问题，有机会表达自己对问题的看法，发展集体解决问题的能力，并把学习经验用于他们的日常生活与社会中，促进社会变革，从而成为积极分子。他们由此克服了恐惧心理，不再把压迫者看成是无所不能者，把自己看成是被动接受命运安排的可怜虫，并意识到结构性变革的可能性。可见，戏剧在公民教育中创造了一种新的教学经验，为黑人学生带来了自由与力量，使之开始拥有成为参与性公民的技能与自信。②

总之，自由学校课堂上采取的非常规的提问—回答以及创作、演出戏剧等方法，为黑人赢得了自尊、自信与力量，并推动他们积极参与社会运动。③

建立公民学校则是南方基督教领导大会公民与政治教育的主要内容。1961年，南方基督教领导大会在整个南方开始建立公民学校，其主要内容包括：把一些地方黑人集中训练成公民教师，然后让他们回到自己的社区去教其他人。公民学校教给黑人基本的文化知识，包括怎样写自己的名字、读路标等。学校也教一些民主原则，包括美国宪法、政府运作的方式和在选举中如何投票等。它的直接目的是教会黑人读和写，以能通过文化测试，进行登记投票，成为合格的选民。多萝西·科顿、塞普玛·克拉克和安德鲁·扬负责领导实施南方基督教领导大会的公民教育计划④。这一计划很快就取得

---

① 乔治·蔡尔克特、杰尔·里根：《作为解放工具的戏剧：密西西比自由学校中的课堂戏剧》（George W. Chilcoat and Jerry A. Ligon, "Theatre As an Emancipatory Tool: Classroom Drama in the Mississippi Freedom Schools"），载《课程研究杂志》（*Journal of Curriculum Studies*）第30卷第5期（1998年9月），第522页。

② 乔治·蔡尔克特、杰尔·里根：《作为解放工具的戏剧：密西西比自由学校中的课堂戏剧》，载《课程研究杂志》第30卷第5期，第535～541页。

③ 关于密西西比自由学校的历史参见乔·海尔《密西西比自由学校的历史1954～1965》（Jon N. Hale, *A History of the Mississippi Freedom Schools, 1954–1965*），伊利诺伊大学博士学位论文，2009年。

④ 参见凯瑟琳·查伦《教授公民权：塞普玛·克拉克与美国黑人自由斗争的改变》（Katherine Mellen Charron, *Teaching Citizenship: Septima Poinsette Clark and Transformation of the African American Freedom Struggle*），耶鲁大学博士学位论文，2005年。

了丰硕的成果。1963年，南方基督教领导大会在它的多尔切斯特教育中心训练了212人，这些人返回自己的家乡建立了104所公民学校。结果在这些地区选民登记的人数增加到6784人。科顿在1963年报告说："在公民学校中的黑人学生正在学习读写，但同时，他正获得关于自己社会的知识以及他该以什么样的方式参与运动，寻求解决自己的问题。"[1] 1967年，500人在多尔切斯特和其他教育中心接受训练，受训总人数则超过1000人。此外，南方基督教领导大会还开展黑人成人教育和就业培训，并在整个南方建立了好几个非暴力学院，为当地黑人提供学习非暴力思想和进行非暴力实践的直接机会。[2]

公民教育项目改变了黑人对自己的看法，使他们意识到他们有能力管理自己。黑人在思想上获得了解放，不再认为自己比别人低下。一位来自佐治亚州的女学员说，她觉得自己得到了重生。另一位妇女说，她头脑中的陈规陋习统统被清除掉了。[3] 总之，通过在公民学校的学习，黑人对自己有了新的认识。

（5）利用媒体的公关策略

实行非暴力直接行动策略的民权组织还积极利用新闻媒体来宣传自己的策略与目标，从而深刻地影响了没有参与运动的民众，唤起了他们的觉醒，改变了社会舆论。

新闻媒体，尤其是电视在推动民权运动进入全国日程方面起了重要的作用。通过报道运动事件，电视新闻唤醒了全国人民，使他们意识到了南方黑人受压迫的事实。拉斯廷在他的《自由斗争的策略》一书中写道："随着电视的到来，南方的暴力不能再逃脱全国的注意。"历史学家威廉·伍德写道："多年来，许多人一直对国内日益增长的美国人的残暴和不正义视而不见或漠不关心，突然间，（由于电视报道）全国的男男女女开始与大街上发生的革命考验产生了紧密的联系，各处的白人都被唤醒了。"随着电视摄像机对南方各地非暴力抗议运动的报道，全国人民都能看到南方的不人道——

---

[1] 约翰·雷切尔：《我们决不回头：密西西比"自由夏天"中的成人教育与为公民权而斗争》（John R. Rachal, "We'll Never Turn Back: Adult Education And The Struggle For Citizenship In Mississippi's Freedom Summer"），载《成人教育季刊》（Adult Education Quarterly）第50卷第3期（2000年5月）。

[2] 霍恩：《重新恢复美国的灵魂》，载《公共关系研究杂志》第9卷第3期，第198页。

[3] 多萝西·科顿口述史（An Interview with Dorothy Cotton）（http://www.crmvet.org/，2004年12月19日获取）。

黑人男子、妇女、儿童只是因为想努力行使美国宪法赋予每一个美国人的权利就遭到侮辱甚至警犬的攻击。这些形象进入全国人民的视野后，便激起了支持民权运动的强大社会舆论。①

因为意识到电视报道的重要性，民权示威者会有意识地利用媒体。全国广播公司的记者比尔·门罗回忆说，民权组织会告诉记者什么时候、在哪里进行示威等具体细节，他们对电视报道非常重视。在亚拉巴马，一群示威者正在大街上祈祷，当他们看到一位记者正站在摄像机旁边，同时把麦克风从大街的另一头尽量指向他们这边，以获取清晰的画面和声音的时候，他们立即开始高声祈祷。一名进行民权示威的白人妇女，躺在共和党会议大厅的地板上进行抗议，当时，全国广播公司的记者还没有准备好，需要几分钟时间，记者就问她："你打算在那里躺多长时间？"她回答说："你想让我在这里躺多长时间？"② 可见，有意识地利用媒体成为民权组织和积极分子争取社会舆论的重要策略，其中南方基督教领导大会和学生非暴力协调委员会两大民权组织的公关策略是最为成功的。

马丁·路德·金曾说过："公共关系是任何公民不服从抗议中非常必要的部分。公众必须充分意识到隔离体制中的不平等。事实上，在地方法院缺少正义的情况下，非暴力抗议者正在请求世界法院的听证与审判。"③ 金以其独特的魅力领导南方基督教领导大会成功地实施非暴力直接行动策略，开展了一场有效的公关运动。

1959 年，南方基督教领导大会公关部建立。1961 年，公关部主任成为一个全职的岗位。从他的具体活动来看，他更像一个记者，而不是参谋。公关部的最大任务就是将南方基督教领导大会的日常消息提供给媒体，具体而言，是为公众和新闻媒体发布关于南方基督教领导大会的项目、人员、政策和目标的信息。南方基督教领导大会逐渐认识到，成功的公关计划需要三个要素：适宜的公关政策、足够的称职人员和充足的资金。南方基督教领导大会的资金主要有三个来源：个人和组织的捐献，直接邮件呼吁募集和会员会费。金通过演讲等手段募集了大量资金，影视、体育明星也为金和运动提供了强大的经济支持。在充足资金的保障下，南方基督教领导大会制定出自己

① 罗杰·斯特雷迈特：《比刀剑还有力：新闻媒体如何塑造美国历史》，第 171～172 页。
② 保罗·费希尔、拉尔夫·劳恩斯坦编《种族与新闻媒体》，第 90 页。
③ 大卫·加里：《背负十字架：小马丁·路德·金与南方基督教领导大会》，第 172 页。

的公关策略，发出声明，敦促两党领导人为争取和平与平等而努力，并提出黑人与白人的和解计划。①

在公关模式的选择方面，南方基督教领导大会根据不同情况采取不同的模式。它可以召开新闻发布会，提供关于南方基督教领导大会活动的信息，也可以自己发布成千上万本小册子来进行宣传。除了提供信息，南方基督教领导大会也有选择地实行"媒体代理"形式，即在开展示威游行的直接行动中，利用媒体来促进公众的觉醒。金是一位精通斗争策略的人，他知道南方白人对美国黑人的仇恨及其不人道的形象会促使国民的觉醒。在此过程中，他能借助媒体有效地利用残暴对手的愚蠢让运动受益。这种策略在奥尔巴尼运动、伯明翰运动、向华盛顿进军、塞尔玛运动、芝加哥运动、"穷人运动"等直接行动中都得到了不同程度的运用，其中尤以伯明翰运动和塞尔玛运动最为成功。

南方基督教领导大会媒体策略的内容包括把金作为新闻人物，利用电视宣扬其目标。金擅长演讲，他的演讲和布道能引发听众的情感共鸣，因此很容易成为媒体关注的对象。他最有效的言辞策略是坚持非暴力的立场。毫无疑问，金在个人思想上完全信奉非暴力，但南方基督教领导大会宣扬和利用非暴力也是有意为之。同时，非暴力的基督教因素引起了参加运动的大量普通美国黑人的共鸣，因为"大部分美国黑人是基督徒，耶稣的教诲深入他们的心灵。他们相信，上帝会给他们指明道路。金反复为他们强化这一信念"。南方基督教领导大会也逐步意识到，非暴力示威可以有效地引起公众对白人种族主义者暴行的关注，像金写的那样，"非暴力抗议引发的冲突，清楚地表明了谁是作恶者，谁是无可争议的受害者"。在此过程中，电视变成了报道抗议的主要媒介。金和南方基督教领导大会成功地利用电视，把民权运动定格为善与恶斗争的经典画面——枪、鞭子、电棍在一边，爱和非暴力在另一边，从而唤起公众觉醒，赢得了人们的同情和支持。②

这种策略突出表现在利用黑人身体受难的生动形象证明南方白人的残暴，并把这些形象传播到全国。在蒙哥马利公车抵制运动中，当地报纸通常拒绝报道黑人抗议的消息，因此电视对这一运动的报道为抵制者增加了勇气，克服了黑人对于恐怖主义暴行几十年来阻止南方黑人进行抗议的恐惧心

---

① 霍恩：《重新恢复美国的灵魂》，载《公共关系研究杂志》第9卷第3期，第172～175页。
② 霍恩：《重新恢复美国的灵魂》，载《公共关系研究杂志》第9卷第3期，第176～178页。

理。伯明翰运动在有效地利用电视方面做得非常出色。金清楚地知道媒体对南方基督教领导大会在伯明翰成功的重要性，他不遗余力地对此进行宣传。沃克为媒体准备每天的简报，并组织示威以吸引记者的报道。他自己的任务就是尽量引发康纳的报复，让警察对非暴力的黑人示威者进行暴力攻击，从而赢得社会舆论的支持。像亚当·费尔克拉夫指出的那样，"警犬和消防水龙是南方基督教领导大会最好的宣传"。安德鲁·扬对电视媒体的力量很感兴趣，他亲自参与制作电视节目。贝弗尔1960年参加过学生非暴力静坐运动，在运动陷于僵局时，他想出了儿童游行的策略，并利用以前的静坐影片作为训练材料。在此过程中，南方基督教领导大会总结了很多经验教训，开始精心设计新的公关策略，把媒体，尤其是电视放到了组织计划与策略的中心。1965年，南方基督教领导大会又选择了塞尔玛作为争取黑人选举权的突破口，其主要原因是因为那里的黑人投票率低，克拉克作为一名种族主义警察臭名昭著。用扬的话来说："克拉克警长多年来一直在监狱里击打黑人的头，我们只想对他说，如果他还想打黑人，那就在主要的大街上，在大中午，在哥伦比亚广播公司、全国广播公司、美国广播公司的电视镜头中打吧。"运动初期，克拉克殴打地方积极分子阿米莉娅·博恩托的画面很快就出现在电视屏幕上，这让全国的注意力集中到了塞尔玛。在马里恩示威中，维维安有意激怒克拉克，结果当即遭到殴打。当时很多电视记者在场，他们及时记录了这一场景。维维安被打倒在地，又站起来，摄像机拍下了这生动的一幕。血顺着他的嘴流下来，他宣称："我们愿意为民主而挨打，但是你在大街上滥用了民主！"在更惨烈的"流血星期天"，虽然警察把电视记者推到离现场很远的地方，以为记者们不能拍到更多的画面，但他们显然不熟悉摄像机的工作原理，记者们仍然拍到了"精彩"的镜头。看到警察施暴的场面，很多观众不明白美国南方与纳粹德国有什么不同。[①]

总之，南方基督教领导大会非常重视电视等媒体在向全国揭露南方白人暴行、唤起公众良知觉醒方面的作用，但同时，它又要利用电视限制种族主义者过度使用暴力，从而达到引发暴力和限制暴力的平衡，实现以最小的牺牲换取最大利益的目标。正如亚当·费尔克拉夫所写的那样："经过慎重考虑，南方基督教领导大会把白人的镇压暴行公开化，并尽可能地扩大其影响。与此同时，又尽量把白人的暴力控制到最低程度。南方基督教领导大会

---

① 托里斯：《黑人、白人与肤色：电视、警察与黑人民权》，第25～32页。

在记者和摄影师队伍的陪伴下，有效地约束了白人警察，限制了他们的暴力。"①

学生非暴力协调委员会的公关策略有所不同，不像南方基督教领导大会那么张扬，但目的都一致，主要是为了唤起公众觉醒。学生非暴力协调委员会的公关活动包括发布消息、召开记者招待会、编写和利用时事通讯、筹划特别事件和募集资金等。学生非暴力协调委员会的公关活动在打破便餐柜的隔离、增加黑人选民登记人数、通过民权法案、建立两个独立的黑人政党以及募集资金、招募志愿者等方面发挥了重要作用。

学生非暴力协调委员会通过开展静坐运动意识到，集体引发危机可以吸引全国主流媒体的报道，从而获得公众支持，强迫联邦干预。但白人种族主义分子利用当地媒体进行重重阻挠，学生非暴力协调委员会的成员必须打破这一障碍，向当地民众表达自己的意图。玛丽·金曾经回忆道，记者从来就不会完全满足我们的要求，即使是同情民权的记者也往往不能公正地报道南方正在进行的民权斗争。② 但是学生非暴力协调委员会还是要依靠媒体，它与许多重要的地方和全国记者保持紧密联系。除了利用地方和全国的媒体之外，学生非暴力协调委员会还利用时事通讯等内部出版物，帮助教育地方黑人和年轻的积极分子。这种时事通讯有助于动员全国的学生，不仅促使了他们的觉醒，也推动了全国各地的示威和抵制活动。总之，学生非暴力协调委员会公关部一方面通过全国媒体宣传南方黑人受压迫的故事，引起全国关注；另一方面，通过内部交流，把地方黑人和积极分子紧密组织起来。

学生非暴力协调委员会早期的公关工作主要是把不同的静坐群体团结在一起，为出狱保释金和日常管理募集资金等，是自发的、无计划的，但很有效。其公关策略的内容包括：每月出版一期时事通讯；让媒体委员会发布声明；印刷宣传小册子；每月向州代表做报告；指定记者报道抗议活动的信息等。1961 年年末，学生非暴力协调委员会开始定期出版内部刊物《学生之声》。不久，福尔曼当选执行秘书，邦德就任公关部部长，公关活动逐渐变得讲究策略了。邦德后来说，他作为公关部部长最初的任务是让记者区分学生非暴力协调委员会与南方基督教领导大会。不久，学生非暴

---

① 托里斯：《黑人、白人与肤色：电视、警察与黑人民权》，第 24 页。
② 玛丽·金：《自由之歌：关于 20 世纪 60 年代民权运动的个人自传》，第 245 页。

力协调委员会就以其独立的特性，在全国产生了一定的影响。对于此，邦德功不可没。作为学生非暴力协调委员会的公关部部长，他四处发布信息，努力地将"我们的故事"公之于众。他把有关学生非暴力协调委员会的活动都告诉媒体，使很多民权事件得以报道。他传播信息的方法包括：向媒体发布信息；以包含宣誓书的暴行控诉为基础，抱怨联邦政府的无能，并用同样的方法为学生非暴力协调委员会募集资金。执行秘书福尔曼是推动公关活动顺利开展的另一个关键人物，他在北部和西部建立了很多学生非暴力协调委员会之友组织，帮助宣传学生非暴力协调委员会的信息并获取援助和支持。他还在这些地区建立了很多地方办事处，目的是促进与政府及媒体的关系并募集资金。学生非暴力协调委员会不仅向媒体直接发布最新的民权事件，在此之前，总要先把这一事件或受害者的宣誓书发给司法部部长罗伯特·肯尼迪或总统约翰逊·肯尼迪。据福尔曼回忆，这一策略不仅唤起了社会舆论对民权运动的支持，也把政治家推到了公众面前，使联邦政府的民主政策与南方州、地方政府的种族主义政策之间的矛盾暴露无遗。它还把种族暴行与非法活动暴露在公众面前，以此来保护民权积极分子。此时的学生非暴力协调委员会公关部只有两个成员、两部电话，尽管如此，仍然发挥了很大的作用。[①]

总之，学生非暴力协调委员会通过有效的公关活动，吸引了媒体的注意，扩大了自己在全国的影响，唤起了公众的觉醒，并在一定程度上推动了联邦的干预。

二 思想观念的变化

（1）黑人思想的变化

在民权运动前的种族隔离制时期，美国南方大部分黑人的思想、精神一直处于扭曲状态。詹姆斯·鲍德温评论说："他们认为自己天生就是受歧视的，唯一的原因就是自己是黑人。这样的社会暴露出一个残酷的事实，即黑人在许多方面都是没用的。"许多黑人指出，隔离的世界常常让人感到孤独和恐惧。底特律的一位医生回忆说，"我不得不走 5 英里去学校，我经过三个白人学校，才到达我们那破损不堪的学校"。底特律的一名教师理查德·

---

① 关于学生非暴力协调委员会的公关策略具体参见默弗里《兜售民权》，载《新闻史》第 29 卷第 1 期。

梅肯回忆说："作为一个孩子，我恨我自己，因为我是一个黑人，只配做三等公民……"芝加哥的威廉·特纳回忆说："我上学的时候，一伙白人曾想杀我，我一直怕得要死。"[①] 孟菲斯的哈罗德·米德布鲁克则痛苦地回忆说："你问我隔离是什么，它让我感觉自己不像一个人。"[②]

可见，种族歧视不可避免地使黑人孩子产生低人一等的感觉。很多普通黑人提到歧视都有一肚子苦水，他们纷纷回忆起在日常生活中最令他们痛苦的事情。华盛顿一位 28 岁的妇女说："有时候，我去百货商店，即使我先到，也必须等店员为白人妇女服务完才能轮到我，真让人气愤。"底特律一名失业男子说，"无论去什么地方，白人都会告诉我，他们不为黑人服务或他们不雇用黑人，那极大地伤害了我"。缅因州奥古斯塔的一名家庭主妇对"黑鬼"的称呼非常气愤，密苏里州的一名男子说"到处都是'只为白人服务'的标记，让我们大多数人都感到不满"。总之，二等公民的地位扭曲了黑人的个性，让他们感到痛苦。一些普通黑人诉说了歧视对他们的心理影响。底特律一位黑人妇女说："长期以来，人们都跟我说，你是黑人，所以低人一等。我不停地问自己，为什么会这样?! 我心里非常痛苦。"新奥尔良的一名记者说，"我知道它对我产生了很大影响，却难以摆脱，这让我下意识地敌视白人"。华盛顿的一名男子说，"它让我感到痛苦和悲观"。[③]

经过民权运动，尤其是非暴力直接行动的洗礼与冲击，美国黑人的思想逐渐经历了从屈从到觉醒、从恐惧到勇敢、从自卑到自尊的转变。他们对白人的看法也有了一定的改变。

第一，从屈服、冷漠、无知到政治觉醒与抗争。

示威等非暴力直接行动促使了黑人的觉醒。经过多年的压迫，很多黑人突然发现自己有了集体的目的、集体的勇气和集体的力量来迫使白人关注甚至答应他们的要求。大多数黑人获得了种族骄傲和成就感。在一次民意调查中，调查者问黑人示威对他们有什么影响，休斯顿的一位女士回答说："有巨大的影响——这让美国白人意识到，我们厌倦了他们的自鸣得意，我们厌倦了 100 年来在'自由'的幌子下自己所遭受的这么多的虐待与不平等。"

①　威廉·布林克、路易斯·哈里斯：《美国黑人革命》，第 49~50 页。
②　拉塞尔·莫德范：《小马丁·路德·金：他的宗教目击者和他生活的口述史》（Russel Moldovan, *Martin Luther King, Jr. : An Oral History of His Religious Witness and His Life*），旧金山 1999 年版，第 63 页。
③　威廉·布林克、路易斯·哈里斯：《美国黑人革命》，第 51~52 页。

芝加哥一名失业的黑人说，"这让白人颤抖"。芝加哥的一名女厨师说，"示威影响了其他黑人，推动他们也来做同样的事情，它就像发热病，迅速传播"。①

对大多数黑人来说，坐牢不再是一种耻辱，相反，它变成了一种荣耀。梅德加遇害、伯明翰警察利用警犬与消防水龙残酷对待非暴力游行的黑人，动员了更多的黑人与白人参加到运动中来。在一个全国调查中，80% 的美国黑人相信示威取得了效果，46% 的人感到有责任参加运动，48% 的人准备即使冒着坐牢的风险也要去示威。② 在这个民意调查中，许多人说，种种事件促使他们也想参加斗争，看到其他人进行斗争，自己不能袖手旁观。调查列举了很多典型的回答。孟菲斯一名年轻的技师说："黑人正在觉醒，我也是。"亚特兰大一名女士说："许多可怕的事情发生在别人身上，激发了我们的斗志。"费城的一名议员说："我不再感到去监狱是一种耻辱，我曾经认为参加运动是一种耻辱，现在我认为不参加运动才是耻辱的。"调查表明在黑人中有一种紧迫感和一种参加运动的强烈愿望，他们厌倦了等待白人给予他们权利。③

学生非暴力协调委员会在南方腹地开展的社会组织与选民登记活动，同样唤醒了当地的黑人。1962 年以前，范妮·鲁·哈默是一直在种植园里辛苦劳作的黑人妇女，生活艰难，默默无闻。她回忆说：

> 登记投票的事我一点儿也不知道。一天晚上，我去了教堂，他们正在开大众会议。他们谈论着跟我们权利有关的事情，说我们能登记投票，听起来很有意思，我想试试。1962 年以前，我从来没听说过黑人能登记投票，不知道自己也有这种权利。④

后来她在参与选民登记运动的过程中不断成长，最终成为一名杰出的地方领导人。

---

① 威廉·布林克、路易斯·哈里斯：《美国黑人革命》，第 66 页。
② 詹姆斯·芬德里克：《理想的公民：民权运动的遗产》（James Max Fendrich, *Ideal Citizens: The Legacy of the Civil Rights Movement*），奥尔巴尼 1993 年版，第 38 页。
③ 威廉·布林克、路易斯·哈里斯：《美国黑人革命》，第 68~69 页。
④ 范妮·鲁·哈默口述史（http://www.lib.usm.edu/~spcol/crda/oh/hamer.htm/2005 年 4 月 15 日获取）。

布莱克威尔的经历与哈默很相似。她很晚才参加运动，直到 1964 年"自由夏天"运动发生，她才知道选民登记。她回忆了这一过程：

> 民权组织者鼓励我去登记投票，我才开始懂得我们需要一些自由。当地的白人不许我们在教堂召开民权会议，一个白人种族主义者恐吓要烧毁教堂，这唤起了黑人社会的政治觉醒。1964 年以前，有关投票和第 14 条宪法修正案的事情我一无所知。摩西和我谈话，让我懂得了很多事情。学生非暴力协调委员会的很多成员在这里工作，包括卡迈克尔。在 1964 年我也成了学生非暴力协调委员会的地方组织者。

摩西对布莱克威尔的影响很大，使她开始真正了解投票和政治。布莱克威尔清楚地记得：

> 那个星期天的早晨，摩西告诉我们，我们也能登记投票，那是我们的权利。他告诉大家关于修正案的事情，并说，大家如果去登记投票，那么在衣食住等各方面都会得到改善，所以投票很重要。我开始行动，竭力去登记投票，却没有通过考试。黑人很少能通过考试。美国民权委员会在杰克逊召开听证会，调查密西西比的选民登记情况，我去做证。我能读写，是很重要的证人，证明密西西比州反对选民登记制度，因此我们必须准备通过 1965 年民权法案。我去登记的时候，心里很恐惧，但是可以克服这种恐惧。

除了民权工作者的组织、鼓励，布莱克威尔参加运动的主要动力还有对改善生活的渴望与对基督教的虔诚信仰。有人问她为什么突然参加民权运动，布莱克威尔很坦诚地说：

> 我参加运动，只是为了我自己。因为据说去登记投票就能吃饱，还可以有一个舒适的住处，而我住的房子那时已经破损不堪，马上快倒塌了。……我虔诚地信仰着基督教。我恐惧，但更兴奋。我本来想死，但上帝说，你不能死，你有事要做。我说，哦，上帝，如果我要死，也要尝试着做一些事情，我将为争取自由而死。

此后，这个普通的黑人妇女开始了解政治的含义，她觉得自己在学习中不断成长：

> 我对政治一无所知。卡迈克尔让我在格林维尔为第二次预备会议做一些工作，我不知道预备会议是什么意思。我主持召开会议，总是问下一步做什么。后来我参加了密西西比自由民主党。虽然起初不知道做什么，但我在学习中不断成长。摩西、卡迈克尔、摩尔、亨利等人和我一起工作，我从中学到了很多政治知识。①

大量原来对政治不感兴趣或一无所知的黑人经过运动的洗礼和教育，越来越对投票感兴趣，他们懂得那是自己应有的自由和权利。一位 86 岁的老人说："我是一名自由选民，如果也能投票，就会变成一个真正的公民。"很多黑人以参加投票为骄傲。一位善意的登记员想知道一名老年黑人妇女属于什么组织，他问："你是教会成员吗？"黑人妇女回答："我也是美国公民。"后来当登记员提醒她不要弄丢登记表时，她答复说："能把它丢掉也是我的骄傲。"② 总之，自由、平等、权利的观念逐渐在黑人中深入人心了。

第二，从胆怯、恐惧到获得勇气和力量。

重建以来，由于白人种族主义暴行不断，南方黑人经常生活在恐惧中。在《密西西比即将到来的时代》一书中，安妮·穆迪谈到，1955 年蒂里事件发生后，她整天都被"仅仅因为我是黑人就可能被杀死的恐惧"笼罩。③ 人们如果公开参加或支持民权活动更要冒着失去生命的危险。1962 年，学生非暴力协调委员会组织者去密西西比农村进行选民登记工作，当地人非常害怕。布劳克回忆说："人们害怕我，妇女们不让自己的女儿接近我，因为我是一个自由乘客，他们认为我来这里只会带来麻烦。"④

运动组织者的任务就是帮助黑人克服恐惧。但他们自身首先要学会如何面对恐惧，学生非暴力协调委员会的成员伊凡诺沃·唐纳德森指出："恐惧

---

① 布莱克威尔口述史（http://www.lib.usm.edu/~spcol/crda/oh/blackwell.htm/2004 年 5 月 3 日获取）。

② 理查德·金：《公民与自尊：民权运动中的政治经验》（Richard King, "Citizenship and Self-Respect: The Experience of Politics in the Civil Rights Movement"），载《美国研究杂志》（Journal of American Studies）第 22 卷第 1 期（1988 年），第 22 页。

③ 彼得·利维编《让自由之声响起：现代民权运动文件史》，第 132 页。

④ 迪特默：《当地人民》，第 134~135 页。

是无法逃避的。如果你表现出恐惧，就会影响到身边的人，所以，你必须以平常心来对待。如果人们看到你自信，他们也会增强自信。对一个组织者来说，重要的是不要把恐惧传给任何人。"① 组织者不辞辛劳、挨家挨户地游说，向当地人民表明他们不是来引起麻烦的，他们要让人们明白争取公民权是多么重要。②

人们克服恐惧通常有两种方式。一是参加大众会议和唱自由之歌。学生非暴力协调委员会的地方秘书查理·琼斯说："没有音乐，我们就不能与人民大众进行交流；他们也不可能与我们交流……通过歌声，他们表达了多年来被压抑的希望、苦难甚至快乐与爱。"③ 拉里·鲁宾是一名北方白人志愿者，也是一名犹太人。他很早就来到南方工作，并参加了"自由夏天"运动。他认为民权组织者的工作就是要帮助黑人克服恐惧、赢得勇气和带来力量：

> 我们的首要工作就是通过各种方式，如组织大众会议、与人们交谈等，帮助人们克服恐惧，然后再帮助人们通过文化测试。……选举权法通过后，虽然不再有文化测试，但恐惧与威胁仍然存在，因此黑人去登记投票仍然需要非常大的勇气。我们的工作就是帮助人们克服恐惧，让人们感到有了力量。……如果没有音乐，没有教会传统，人们很难获得必需的勇气。教会传统和它的音乐是黑人增加登记投票勇气的一种方法。④

沃特金斯也强调音乐在南方黑人生活中发挥的重要作用："唱歌确实让人舒服，帮助人们加强联系，帮助人们克服恐惧，从而奠定大家继续前进的基础。"⑤ 一名白人志愿者在给他哥哥的信中这样写道："我们不再害怕……歌声驱散了恐惧，一些歌词本身没有什么特别意义，但是当大家一起歌唱或者一个人安静地吟唱时，便有了超出歌词或节奏本身的新意义。"⑥

---

① 亨利·汉普顿等编《自由之声：民权运动口述史》，第157页。
② 理查德·金：《公民与自尊》，载《美国研究杂志》第22卷第1期，第13页。
③ 桑福德·韦克斯勒编《民权运动目击史》，第154页。
④ 拉里·鲁宾口述史（An Oral History with Mr. Larry Rubin），南密西西比大学密西西比口述史计划（http：//www. lib. usm. edu/～spcol/crda/oh/rubin. htm/2005年6月12日获取）。
⑤ 沃特金斯口述史（http：//www. lib. usm. edu/～spcol/crda/oh/watkins. htm/2004年10月30日获取）。
⑥ 盖伊·坎迪·卡莱文编《为自由而歌唱：通过歌曲反映的民权运动的故事》，第195页；桑福德·韦克斯勒编《民权运动目击史》，第212页；利昂·弗里德曼编《民权读本：民权运动的基本文件》，第76页。

人们克服恐惧的另一个方式是信仰上帝或信任像金、摩西这样的民权领导人，让他们帮助克服恐惧。一个名叫斯夸尔·莫蒙的黑人后来回忆说："金所说的'一个人如果没有找到某种东西为之牺牲，那他就不配再活着'这句话给了我勇气。"[①] 拉斯廷这样评价金的贡献："金不仅告诉黑人是否应该乘坐公车，更重要的是让他们具有了消除恐惧和成为人的能力。金博士让黑人感觉到，自己是更为强大、更有勇气的。""三K党"的暴力恐吓政策因此不再有效了，金写道："在一个寒冷的晚上，我看见一个黑人小孩子在燃烧的十字架旁烤火，根本不怕什么'三K党'。"[②] 摩西在克服恐惧方面为其他积极分子树立了榜样。例如，学生非暴力协调委员会在格林伍德的办事处被暴徒破坏后，摩西等人听到消息立刻赶到那里。他们晚上到达时，办公室已经空空如也，人们都走光了，摩西竟然准备在那里睡觉。与摩西一同前往的皮科克这样评论："我感到很恐惧。我无法理解摩西是个什么样的人，他能走进一个私刑暴徒刚刚离开的地方，铺一张床准备睡觉，好像形势很正常。"受他影响，经过短暂的思想斗争之后，皮科克也上床睡了。[③] 很多民权积极分子和地方黑人正是在摩西身体力行的影响下，消除了恐惧，勇气倍增。

总之，大量民权活动参与者纷纷表示，自己不再恐惧。例如，参加了自由选举运动的黑人学生克劳德·韦弗在入狱多次（并曾被警察举着枪威胁，因为他不说"是的，先生"）后，写信给家中的朋友，告诉他们："我们不再害怕了。"[④] 一名普通的密西西比黑人妇女在"自由夏天"计划会议上的发言最具代表性。她说："我们不再恐惧。我的祖母与母亲经常担惊受怕，但我不再恐惧，我的孩子也不再恐惧。他们利用恐怖行动来威胁我们，但总有一天他们不得不停止，因为我们不再害怕，他们的恐怖行动又有什么用呢？"[⑤]

除了克服恐惧，参加运动也给人们带来了勇气和力量。在1984年会见中，学生非暴力协调委员会积极分子约翰·奥尼尔描述了蒙哥马利公车抵制

---

① 理查德·金：《公民与自尊》，载《美国研究杂志》第22卷第1期，第13页。

② 杰克·布鲁姆：《阶级、种族与民权运动》，第146页。

③ 詹姆斯·福尔曼：《塑造黑人革命：个人陈述》（James Forman, *The Making of Black Revolutionaries: A Personal Account*），纽约1972年版，第286页；迪特默：《当地人民》，第133页。

④ 霍华德·津恩：《学生非暴力协调委员会：新废奴主义者》，第100页。

⑤ 桑福德·韦克斯勒编《民权运动目击史》，第211页。

运动对他这样的黑人产生的"触电"似的影响："像爆炸似的，一种新思想注入激动万分的人们的脑中，……这对所有人都是一种震撼——全国的黑人一定都产生了同样的感觉——我们站起来了！"奥尼尔把抵制看作充电，因为它提供"做正确事情"的有效方法。黑人通过抵制得到解放，因为他们能既符合道德又有效地开展行动："它是如此简单——不要上公共汽车，简单得如此完美。"学生非暴力协调委员会积极分子谢劳德把他决定去南卡罗来纳州的小石山坐牢看作一生的转折点："以前我从未经历过那样的事情，对我来说没有比接受死亡更激进的事情了，我如果接受死亡，那还有什么不能承受的呢？他们还能对我做什么呢？如果我能坦然面对死亡，监狱只不过是另一所房子。"①

参加静坐的学生也纷纷体验到这种力量和勇气的增长。一个静坐学生说："我感到有了力量，一种超人的力量。我不知道圣战者是什么感觉，但我感到心中升腾起一种责任感。"另一个参加静坐的学生说："我感到自己发生了很大变化。静坐前，我比较讨厌自己，觉得自己好像很没用……最后，我们实实在在地做了一些事情，不再是空谈了。"② 他们也不再害怕坐牢，一位静坐学生刚刚出狱，就在新闻发布会上说："如果认为在南方争取一等公民的地位是一种犯罪的话，那么，我很乐意为这个罪名再次回到监狱。"③ 黑人记者洛马克斯评价说："对他们来说，无论是作为个人还是群体，当他们鼓足勇气对隔离主义者说'我不再害怕了'时，胜利就到来了。"④

随着运动的发展，非暴力直接行动成为黑人争取自由最有力的武器，"我们想要自由"的呐喊声响彻每一次游行示威的队伍。为了追求自由，黑人勇气倍增，已经不再害怕挨打、坐牢甚至死亡。安尼塔·伍兹年仅12岁，她在伯明翰游行示威时说："我会一直游行，直到我得到自由。我希望不管哪个学校、哪个商店、哪个电影院、哪个咖啡馆自己都可以去。"伯明翰运动的一名地方领导人查尔斯·菲利普斯甚至这样坚定地说："打开你们的水龙，放出你们的警犬，我们会一直站在这里，直到死去。"⑤

① 罗杰斯：《口述史与民权运动》，载《美国历史杂志》第75卷第2期，第569~571页。
② 杰克·布鲁姆：《阶级、种族与民权运动》，第161页。
③ 斯托顿·林德编《美国的非暴力：文献史》(Staughton Lynd, ed., *Nonviolence in America: A Documentary History*)，纽约1966年版，第414页。
④ 乔恩·米查姆编《我们血液中的声音：民权运动最好的记载》(Jon Meacham, ed., *Voices in Our Blood: America's Best on the Civil Rights Movement*)，纽约2001年版，第278页。
⑤ 桑福德·韦克斯勒编《民权运动目击史》，第172~173页。

学生非暴力协调委员会通过自己的基层组织策略也为地方黑人带来了勇气和力量。塞勒斯详细解释了学生非暴力协调委员会的工作方法:"学生非暴力协调委员会的计划重点放在发展当地的基层组织上,我们称它为参与性民主,让当地人民能够自我决策,掌握自己的命运。我们长年累月地在人民中间工作、吃饭、睡觉、信教和组织,这就是学生非暴力协调委员会的工作方式。"这要求他们长期奉献于当地。他们感到必须先成为当地人民的一部分,然后为这些人赢得力量和信心。① 学生非暴力协调委员会积极分子的努力和奉献鼓舞了地方居民。邮局工作人员罗伯特·伯恩斯冒险让学生非暴力协调委员会组织者萨姆·布劳克住在自己家中,他多年来一直期望变革,一直在思考这些事情,遇到布劳克后,他感到非常兴奋,深受鼓舞,有了勇气和力量,马上参与到运动中来。② 学生非暴力协调委员会积极分子鲁比·史密斯也认为,非暴力活动帮助农村黑人赢得了勇气。她说:"他们从来没有听说过马丁·路德·金或蒙哥马利抵制运动,但一个小女孩告诉我,她和112名同学举行了抗议游行,穿过市区,大家都不再害怕麦考姆的警察了。固守传统宗教观念的老人也在非暴力活动中增强了勇气。……现在,孩子们和他们的父母都意识到,他们不仅可以帮助改变体制,而且这也是他们的责任。"③

第三,从自卑到自尊。

除了恐惧,黑人还常常感到耻辱和自卑,在白人面前低人一等。一个黑人对白人登记员说:"我是一个公民,我有权利来这里登记。"这个怀有敌意的白人登记员回答说:"你是什么东西?!"民权工作者百般劝说,可是有一位黑人妇女还是不想去登记,因为她根本就没有姓名。④

非暴力直接行动大大改变了黑人对自身的看法。金认为:"非暴力的方法不会立即改变压迫者的心灵,它首先触动的是黑人抗议者的灵魂,它给了他们新的自尊,为他们带来了从未有过的力量与勇气。最终它唤起对手的觉醒,从而使和解成为现实。"⑤ 非暴力大众行动使黑人成为斗争的参与者,

---

① 克利夫兰·塞勒斯:《一去不返的河流:一个黑人革命者的自传及学生非暴力协调委员会的兴亡》,第117页;杰克·布鲁姆:《阶级、种族与民权运动》,第163页。

② 罗杰斯:《口述史与民权运动》,载《美国历史杂志》第75卷第2期,第563~564页。

③ 威廉·达德利:《民权运动:反对派观点》(William Dudley, *The Civil Rights Movement: Opposing Viewpoints*),加利福尼亚圣地亚哥1996年版,第154页。

④ 理查德·金:《公民与自尊》,载《美国研究杂志》第22卷第1期,第17页。

⑤ 小马丁·路德·金:《迈向自由》,第218页。

他们不再坐视别人为他们所做的努力。每个人都发挥了自己的作用，做出了自己的贡献，也产生了骄傲与自尊，有了尊严。连白人的恐吓与抵制也激发出黑人们的团结和勇气，唤起了黑人的觉醒。金引用一个看门人的话说，"现在我们把头抬起来了，我们不会再鞠躬服从——不，先生——除了在上帝面前"。[①]

黑人开始重新认识自己，参加运动后他们觉得自己不再是"黑鬼"了。一位老年黑人说："参加运动后，我不再是他们的黑鬼，也不再是原来的我了。"密西西比的一个白人市长问哈默的丈夫佩里·哈默："让白人志愿者睡在你的屋子里，你有什么感觉？"他回答说："我感到自己像个人了，因为他们像人那样对待我。"他开始有了自信。[②]

民权积极分子和地方黑人都意识到了这种重要转变：从"黑鬼"到黑人，从男孩到男人，从儿童到成人。密西西比的一名地方居民安妮·德文记得，"人们正谈论着获得自由——头脑自由，精神自由，不骚乱，不抢劫，不焚烧，……成为真正的男人和女人，……我们真的长大了"。朗兹县自由组织的一名创始人约翰·休利特评论说："有些人觉得自己在白人甚至自己人面前，都是低人一等的。现在这些人步入了新的生活，他们把自己看成是真正的男人和女人。"[③]

黑人开始从甘于接受低人一等的地位发展到追求新生活和新自我，从而要掌握自己的命运。在密西西比工作的学生非暴力协调委员会组织者查尔斯·麦克劳林这样鼓励人们去登记投票："如果你不去法院登记投票，就表明你不想拥有权利，而是在告诉白人们：'不要像人一样对待我，把我当成孩子！'……我们必须站起来！"另一个在佐治亚西南部工作的组织者谢劳德报告说，这不是多少人登记投票的问题，"而是多少人能自我决策的问题"。[④]

黑人最终在集体行动中获得了自尊与自信。奥尔巴尼运动结束后，马丁·路德·金评论说："奥尔巴尼运动已经获得了胜利，因为成千上万名黑人赢得了新的尊严和自尊。"一名普通的奥尔巴尼市民也反思说，"我们赢得了什么？我们赢得了自尊。这场运动改变了我的态度，我要争取一等公民

①　杰克·布鲁姆：《阶级、种族与民权运动》，第144、146页。
②　理查德·金：《公民与自尊》，载《美国研究杂志》第22卷第1期，第18页。
③　理查德·金：《公民与自尊》，载《美国研究杂志》第22卷第1期，第18页。
④　理查德·金：《公民与自尊》，载《美国研究杂志》第22卷第1期，第19页。

的地位"。① 这种新的自我认识促使黑人去努力争取自由，刘易斯评论说：
"参加运动能够让人争取到自由。看到了隔离，看到了歧视，人们就必须去
解决。人们开始把自己看作一个自由人，能够行动。"② 这表明自由不仅意
味着取得一定的法律与政治权利，也包括获得新的自尊。

通过实践，积极分子们也深刻认识到，自尊是通过基层水平的政治行动
获得的，不是别人赐予的，不依赖于全国领导人的承认。黑人不得不依靠自
己来争取自由与权利，自己来解放自己。哈默起先以"古代以色列人出埃
及"的事件为比喻，希望黑人牧师帮助黑人们摆脱枷锁，带他们去登记投
票，但密西西比"自由夏天"计划使她明白，"我们该自己行动"。③

除了上述主要变化，参加非暴力直接行动也使黑人从愤怒、仇恨转向幸
福、快乐，从孤立、分裂走向团结和认同。

积极分子参加运动前普遍非常敌视和仇恨白人。在 1968 年的一次会见中，密
西西比领导人布莱克威尔揭示了南方隔离体制下农村黑人的异化。她回忆说："白
人总是提醒我，你是黑人，你没有白人拥有的权利，我一直很愤怒。"④ 参加运动
使人们的这种愤怒和仇恨情绪全部释放出来，在行动中、唱歌中、游行和交谈中，
人们感到充实与快乐。一个塞尔玛运动的参与者写道："我深刻地记得人们很快
乐，……我们在日落时分出发，让所有人都知道我们也是美国公民。"⑤

参与者不仅克服了恐惧，决定为此冒险，而且也努力克服孤独和被排斥
感，走向了团结。学生非暴力协调委员会、南方基督教领导大会等民权组织
发挥了重要的作用，在促进黑人团结的同时，又给他们带来了挑战白人隔离
主义者的力量。它们发动的社会组织活动与公民不服从运动以团结合作为主
要目的，把人们联系在一起，消除了他们单独面对歧视时的无助。像玛丽·
金在有关密西西比政治组织的论述中所写的那样："即使有个别黑人失败
了，他们的集体也仍然是成功的，因为人们共同得到了很多经验。"⑥

---

① 桑福德·韦克斯勒编《民权运动目击史》，第 154 页。
② 理查德·金：《公民与自尊》，载《美国研究杂志》第 22 卷第 1 期，第 20 页；杰克·布鲁
　姆：《阶级、种族与民权运动》，第 161 页。
③ 理查德·金：《公民与自尊》，载《美国研究杂志》第 22 卷第 1 期，第 20~21 页。
④ 罗杰斯：《口述史与民权运动》，载《美国历史杂志》第 75 卷第 2 期，第 569 页。
⑤ 理查德·金：《公民与自尊》，载《美国研究杂志》第 22 卷第 1 期，第 23 页。
⑥ 史蒂文·劳森：《奔向自由：1941 年以来美国的民权与黑人政治》（Steven F. Lawson,
　Running For Freedom : Civil Rights and Black Politics in America Since 1941），纽约 1997 年版，
　第 116 页。

第四，对白人的看法发生了重大变化。

在民权运动开展前，甚至在民权运动进行过程中，大多数黑人认为白人很坏。一位来自佛罗里达的家庭女佣说："白人想把我们压到身下，他们不想看到有色人种进步。你要是穿上好看的衣服，他们就会问你在炫耀什么。我快疯掉了！"加利福尼亚一名 57 岁的妇女的说法很有代表性："他们不喜欢我们，他们害怕我们。"一些黑人感到白人有一种歧视黑人的心理需要，华盛顿一名 33 岁的家庭主妇说："没有黑人，白人就没有其他人可以藐视了。"一些黑人把白人对他们的歧视看作一种盲目的感情宣泄。一名 44 岁的黑人工人痛苦地说："他们是无知的，他们那么仇恨黑人，不想让我们和他们一样平等。他们想的更多的是自己的狗，而不是黑人。"一些黑人把原因归结为从众心理，芝加哥一名 25 岁的女青年说，"大多数白人不得不与少数无知的白人站在一边，他们不想让别人说是'喜欢黑鬼的家伙'"。休斯顿的一位女教师把原因归结为白人对黑人缺少接触和了解。①

经过民权运动，大多数黑人认为，静坐、自由乘车、游行等直接行动促使了美国白人的觉醒，使他们看到了黑人真正的困境。尽管还是怀疑白人的意图，但大多数黑人相信白人的态度比 5 年前好多了。凤凰城一名女教师说："越来越多的白人开始接触黑人，逐步意识到黑人不是猿型的、比人低级的东西，而之前一些白人一直这样认为。"一些黑人感觉"黑鬼"这样的蔑称叫得少了，一些白人工人甚至愿意和黑人分享饮水杯等。孟菲斯一名家庭主妇说："白人会变得越来越开明，他们把黑人看作是人了，而不是物。他们也懂得了，黑人想要的是公民权利，而不是白人老婆。"而且，大多数黑人也承认，他们革命的成功依赖于白人温和派的帮助。②

（2）白人思想观念与社会公共舆论的变化

非暴力直接行动也深刻地改变、影响了当时白人的思想观念与社会舆论。白人越来越关注警察的暴行，并期望黑人得到法律的平等保护，这说明了运动积极分子非暴力直接行动策略的成功。1963 年 5 月，加利福尼亚州奥克兰有人写信给总统，表达对"公牛"康纳残暴对待伯明翰示威者这一暴行的愤怒："联邦政府这么怯懦和谨慎，让我很厌恶，它不能保护伯明翰

---

① 威廉·布林克、路易斯·哈里斯：《美国黑人革命》，第 126 ~ 127 页。
② 威廉·布林克、路易斯·哈里斯：《美国黑人革命》，第 129 ~ 137 页。

黑人市民的权利与安全，还到处插手世界其他地区的事务，真是可笑!"①

　　在冷战的背景下，非暴力示威充分暴露了美国所谓的民主在国内外的矛盾：一方面向世界宣称民主，一方面国内黑人却得不到真正的民主。1963年6月，密歇根州迪尔伯恩的一位白人妇女在写给总统的信中表达了这样的观点：

　　　　您能屈尊读一下一位34岁的白人家庭妇女关于非隔离的观点吗？我是无足轻重的，也许我的观点也是无足轻重的，但我不得不表达我的想法。美国站起来对世界说："嗨，世界，看看我！你们该按照我的模式改革你们的政府！我们是自由的国度，我们的制度是民治、民享、民有。"世界轻蔑地看着我们美国说："是的，如果人们的皮肤碰巧是白色的，这一说法是事实。"……我们美国是一个伟大的国家，却让种族融合问题分裂了我们。我们有极好的制度和在大多数情况下有良知的政府。这一制度和政府该为所有的人服务，而不管他们的信仰和肤色是什么。②

　　非暴力直接行动呼吁的平等、正义与南方警察的暴行之间形成鲜明对比。而且，在大众媒体广泛报道的情况下，积极分子也有意在美国公众面前揭露这些暴行。塞尔玛警察暴行的影响尤其惊人，很多人写信给总统，把华莱士州长与克拉克警长比作希特勒和党卫军。来自明尼苏达州一位白人妇女的信很好地证明了这一点：

　　　　我以前从来没有如此担心或关切一件事情，以至于我要给总统写信，虽然也曾有很多次觉得自己应该写信，表达我的鼓励与关心，但今天我觉得必须得做了。昨天晚上，我在电视上看了电影《纽伦堡审判》。我的丈夫和我讨论起这一影片。……正在那时，电视上又播放了一则新闻，亚拉巴马警察在残酷地对黑人施加暴行，太可怕了，简直难以置信！看到他们的暴行，我们极为震惊，我想如果您能了解我们的感受，或许会给您提供一点帮助。一个州的执法官员像希特勒那样"执

① 泰库·李：《动员社会舆论》，第169页。泰库·李利用美国民众寄给总统的信件，分析了美国黑人、南方白人和北方白人在民权运动中的种族态度，笔者借鉴了他的研究成果。

② 泰库·李：《动员社会舆论》，第169~170页。

法"，让我们非常痛心。我确信，很多美国人都会有同样的感受，但他们今天早晨可能没有时间给您写信。希望您能利用自己的权力和政府的权力为整个国家恢复真正的自由。①

人们还认为南方白人警察的残暴动摇了美国民主体制中的自由主义。纽约市的一名妇女曾经对此坚信不疑，但是1963年9月的伯明翰教堂爆炸案让她彻底绝望了，她在信中悲愤地写道：

> 四个小女孩在教堂中遇害，我们的国家笼罩上了黑暗的阴影。请记住，这是发生在您的政府任内。美国白人的良知觉醒了。虽然我跟很多白人一样，安全、自由，而且住得好、穿得暖、吃得饱，有人却被剥夺了权利和尊严，看到这些，我无法心安理得地享受"美好"的生活。②

1963年伯明翰运动发生后，布林克和哈里斯通过《新闻周刊》杂志在全国范围内做了一次民意调查。调查也说明经过非暴力直接行动的影响，一些白人的思想有了很大转变。例如，加利福尼亚州一名61岁的白人居民认为他是宽容的典型："他们和我们是一样的人，为什么有人会感到不舒服？我甚至愿意与他们一起跳舞。"内华达州一名农场工人说："我没有种族偏见，我可以和他们一起上学。"③

这项调查还表明，白人的种族主义思想与根深蒂固的法治观念存在冲突，但法治的观念最终占了上风。很多白人认为黑人作为公民的权利必须在美国的法律下得到保证。他们认为国会必须进一步进行立法以保证黑人的权利。即使在南方，大部分白人认为黑人应该拥有选举权、不受限制地乘坐公车与火车的权利、享有工作机会和拥有体面的住房等。但是在民权立法问题上，南方白人还是和其他地区的白人大不相同，大部分南方白人不同意立法，他们只同意其他形式的联邦干预。尽管存在不同意见，但是大部分白人觉得，国家必须给予黑人应有的权利。圣路易斯一名69岁的退休老人说："联邦法律是高于州法律的，一个州不能任意妄为，违背联

---

① 泰库・李：《动员社会舆论》，第170页。
② 泰库・李：《动员社会舆论》，第171页。
③ 威廉・布林克、路易斯・哈里斯：《美国黑人革命》，第141页。

邦法律。"来自普林斯顿的一名 32 岁的家庭主妇说:"我觉得黑人虽然肤色是黑的,但他身上仍然流着红色的血。他是人,他和我们拥有同样的权利。"①

这项调查也揭示,一些白人亲眼看到黑人遭歧视,于是思想发生了变化,希望给予黑人平等的权利。伊利诺伊州有一个工人讲了这样一个故事:"我们和一个黑人同事去饭馆吃饭,饭馆服务员却不招待他。我觉得真是荒唐,他是黑人并不意味着他不饿,我们马上站起来走了。"这些白人看到黑人做很多脏活、累活却报酬微薄,而且即使聪明能干,也没有和白人一样的机会,为此感到愤愤不平。一些白人开始理解黑人,他们站在黑人的立场上,感到非常愤怒。加利福尼亚州一位 45 岁的女士说:"很可怕,如果换成我,我一定会怒不可遏。我会痛恨、会诅咒,我要随时起来战斗,若有机会,我会用同样的方法来对待那些压迫我的人。"底特律一名办公室职员感到"黑人的那种遭遇一定会让人产生仇恨情绪,后果十分严重"。②

经过非暴力直接行动的冲击,虽然白人的偏见有了很大改变,但长期形成的种族主义思想很难在短期内得到根除,甚至还时有激化。例如,一个达拉斯白人居民在写给肯尼迪总统的信中,呼吁白人权利,表达了深深的种族主义观念:

> 如果你的妻子和孩子与一个大黑鬼一起游泳,你会怎样?所有的黑鬼都融合到我们中来,他们会调戏和强奸白人……我投票支持你,是因为我认为你是为每个人服务的,而不只是为黑鬼。希望您读了这封信后,多考虑一下白人的权利。③

在 1965 年塞尔玛游行时,俄亥俄州一名妇女给总统写了一封信,也表达了同样的想法。在信的开头,她说她个人对黑人没有偏见,但马上话锋一转说:

> 很多白人权利遭到了侵害。我们有权利选择朋友。我不介意跟有色

---

① 威廉·布林克、路易斯·哈里斯:《美国黑人革命》,第 141~143 页。
② 威廉·布林克、路易斯·哈里斯:《美国黑人革命》,第 146~147 页。
③ 泰库·李:《动员社会舆论》,第 167 页。

人种一起工作、在公共场所一起吃饭，但我不希望他住在我的隔壁或和我住在同一栋楼里。……下层黑人是邪恶的，我甚至害怕晚上和他们一起在大街上走。你怎么知道他们脑子里真正想的是什么？这些有色人群的领导人！……如果给他们完全的选举权，在几年内，我们将有一个完全是有色人种的政府，那将会发生什么？南方或其他地方的一些下层黑人会以半美元、一美元或一瓶酒的价格卖出他们的选票。这意味着什么样的政府都能选出来！①

在布林克和哈里斯的民意调查中，很多白人对黑人的看法同样令人震惊。佛罗里达州一名退休职员说："他们发出臭味，在咖啡馆，你点了你的东西，黑鬼用他那粗糙的大手送来，然后你还不得不给他小费，让他马上把盘子带走……"亚拉巴马州医院一名57岁的雇员说："如果我在一个生病的黑人后面或旁边吃饭，我都无法下咽……"南方腹地的白人种族主义尤其严重，但种族主义不一定局限于南方。宾夕法尼亚州一位62岁的女士评论说："他们的皮肤看起来油乎乎的，不干净。"堪萨斯州一名老年妇女说："在1英里之外就能闻到他们的气味，他们同我们完全不是一路人。"密歇根州的一名家庭主妇说："如果他们的肤色不是太黑或气味不是太重的话，我不介意与他们相处。"宾夕法尼亚州一名家庭主妇说："我不喜欢接触他们，我感到恶心。"很多白人不仅厌恶黑人，还感到恐惧。马里兰州一名妇女说："我们不知道他们会做什么，必须时刻保持警惕。他们随身携带刀具，强奸妇女，让人恐惧。"马萨诸塞州一名年轻的修理工说："我无法接受他们，他们到处打架斗殴。"巴尔的摩一个家庭主妇认为，"无论怎样竭力教育他们或为他们做事，他们是无法摆脱掉野蛮的"。②

马丁·路德·金在他的很多著作中也多次对白人种族主义进行了精辟的论述，并且越来越尖锐。在《迈向自由》一书中，他对种族主义者做了设身处地的分析，认为他们不是坏人，只是受到误导。他指出"黑人低劣"的观念在他们头脑中根深蒂固的原因是"他们成长的整个文化传统——一个有着250多年奴隶制和90多年隔离制的文化传统——告诉他们黑人不值得尊重"。在《爱的力量》一书中，金具体分析了种族主义产生的原因与表

---

① 泰库·李：《动员社会舆论》，第111页。
② 威廉·布林克、路易斯·哈里斯：《美国黑人革命》，第139～140页。

现，详细列举了白人种族主义者为维护种族主义而采取的各种手段，例如他们引用《圣经》或利用其他方法来证明黑人天生低劣，认为上帝是第一个种族隔离者，黑人的脑子比白人的脑子小等。金很明白，"这种白人至上主义的教条传播得很广泛，遍布每本教科书、每个教堂，它成为白人文化的一部分"，因此是很难根除的。在《我们将从此去向何方：混乱还是和谐》一书中，金还进一步批评说，白人自由派人士往往意识不到他们潜在的偏见。他引用了一位白人妇女典型的看法，她说："我对黑人没有偏见，我相信黑人有权利投票、找好的工作、住体面的房子和使用公共设施。但是，我不想让我的女儿嫁给一个黑人。"金一针见血地指出，这位白人妇女不接受种族通婚，主要原因是害怕她女儿"纯洁高贵"的特性被黑人"肮脏低下"的特性玷污。① 正因为如此，他对这些白人温和派非常失望，甚至"经常认为他们阻碍了黑人的进步，甚至比白人公民委员会和'三 K 党'更厉害"。②

但是这种根深蒂固的种族主义已经不能阻挡由非暴力直接行动带来的主流社会舆论的变化。例如，1963 年 5 月 5 日，当伯明翰儿童游行惨遭镇压后，《纽约时报》发表社论说："使用警犬和高压水龙镇压伯明翰的学龄儿童是全国的耻辱。把成百上千名青少年甚至是不满 10 岁的儿童驱赶进监狱或拘留所，只是因为他们要求他们天生的自由，这真是对民主法治的绝妙讽刺。"③ 同样，1965 年 3 月 8 日"流血星期天"事件发生后，《华盛顿邮报》在第二天立即发表社论说："亚拉巴马州塞尔玛的警察殴打、虐待、毒害和平、无助和不冒犯他人的市民，这一消息震惊和警醒了整个国家。当今时代，警察们宣誓要维护法律和保护市民，却转而用暴力攻击他们，简直令人无法理解。……国会首先必须积极通过立法，利用联邦权力来确保选民登记，这样至少会赋予黑人公民需竭力通过示威才能争取到的权利。"④ 可见，《纽约时报》和《华盛顿邮报》这两大主流媒体都旗帜鲜明地站在民权一边，这也在一定程度上代表了主流民意的走向。

尽管白人种族主义短期内很难根除，民权运动与非暴力直接行动还是对

① 小马丁·路德·金：《我们将从此去向何方：混乱还是和谐》（Martin Luther King, Jr., *Where Do We Go from Here : Choas or Community*），波士顿 1968 年版，第 89 页。
② 詹姆斯·华盛顿编《希望的自白：小马丁·路德·金基本著作集》，第 355 页。
③ 《纽约时报》（*New York Times*），1963 年 5 月 5 日；转引自桑福德·韦克斯勒编《民权运动目击史》，第 172 页。
④ 《华盛顿邮报》（*The Washington Post*），1965 年 3 月 9 日；转引自桑福德·韦克斯勒编《民权运动目击史》，第 235 页。

白人种族观念的变化产生了深远的影响。随着时间的流逝，白人与黑人接触逐渐增多，他们开始相互了解，公开的种族主义思想慢慢被削弱了。到 20世纪七八十年代，白人的种族主义情绪不再那么严重，黑人极端主义分子也逐渐理智起来。

一位白人印刷工乔治·亨里克森在 1979 年接受采访时说，10 年前他相信黑人天生低劣，现在他认为所有人生来就是平等的，只是由于环境的因素才改变了人们后来的生活。他甚至自嘲地说，"不能随环境的变化而改变思想的人是傻瓜"。但他仍然不同意种族通婚。① 一位白人家庭主妇莫德·威利在同一年的采访中说："我们现在没有过去那么多的恐惧。……人们回过头看，会尊重马丁·路德·金的工作。当时他领导静坐罢工时，人们非常反对他。金先生遇刺后，我非常难过，回家告诉丈夫，他说，'他们该多射他几枪'。现在他不会那么说了，因为他不再有那种感觉了。他虽然有一些偏见，但已经很容易与黑人相处了。"她本人甚至能接受一个黑人女婿和外孙。② 可见，很多普通白人不再仇视、害怕黑人，他们在日常生活和工作中通过与黑人接触认识到，黑人同样是人——他们中当然也有好人、坏人以及普通人。③ 种族偏见由此在不同种族平等的交流与交往中被打破了。当然白人潜在的种族主义不会完全消失。

一些社会调查也表明白人公开的种族主义削弱了。有这样一份数据显示：1942 年，有 68% 的美国白人支持种族隔离学校，到 1985 年，却只有7% 的白人坚持这一立场；同样，55% 的白人在 1942 年认为白人应在就业领域受到优待，而到 1972 年，只有 3% 的白人支持这一观点。④

即使在 20 世纪 60 年代那些最敌视黑人的白人种族主义者也改变了他们的态度。例如，密西西比的主要隔离主义者、参议员伊斯兰德承认："黑人得到选票以后，我不会再像以前那样讲话了。"他后来甚至呼吁抛弃偏见，提倡在黑人的名字前加上"先生"这样的称呼。亚拉巴马州前州长

---

① 鲍勃·布劳尔编《黑人生活，白人生活：美国 30 年的种族关系》（Bob Blauner ed., *Black Lives, White Lives: Three Decades of Race Relations in America*），伯克利 1990 年版，第 199~200 页。
② 鲍勃·布劳尔编《黑人生活，白人生活：美国 30 年的种族关系》，第 204 页。
③ 鲍勃·布劳尔编《黑人生活，白人生活：美国 30 年的种族关系》，第 321~322 页。
④ 约翰·海厄姆《民权与社会弊端——二战以来的黑、白关系》（John Higham ed., *Civil Rights and Social Wrongs: Black-White Relations Since World War II*），宾夕法尼亚州立大学 1997 年版，第 36 页。

华莱士在民权运动中曾极力反对种族融合，叫嚣"永远隔离"，但在1982年的州长选举运动中，他甚至去亲吻黑人小孩，为的是获得他们父母的支持，并使他们相信他在种族态度上已经发生了完全的改变。① 虽然他们内心的真实想法我们不得而知，但他们的行动已经证明，公然的种族主义不复存在了。

除了改变黑人、白人的种族观念，非暴力直接行动还对整个社会的民主理念、价值观念产生了重要的影响。首先，它不仅完善了代议制民主，使更多的黑人获得公民权与选举权，还促进了参与式民主的发展。越来越多的普通民众开始自主地参与基层政治活动，做出影响他们生活的决策，重新塑造了自己的命运。激进的平等主义观念成为这一民主思想的核心。其次，它更新了美国自由主义的内容，使联邦政府担负起了保护地方公民自由的责任，从而打破了传统放任自流的自由主义与不干涉地方事务的联邦主义的束缚，使平等的诉求越来越成为自由主义的一个重要内容。约翰逊总统1965年在霍华德大学的演讲就深刻地体现了联邦要帮助黑人获得实质性平等的思想，他说："仅仅自由是不够的……仅仅开启机会的大门是不够的，所有的公民都必须有能力走进这些大门。""我们要求的不光是平等的法律与权利，更重要的是公正的事实和结果。"② 这成为联邦政府后来实行肯定性行动计划的指导思想。最后，它还引发了后来愈演愈烈的多元文化主义思潮。这一思潮要求美国社会承认不同种族与族裔的文化与历史的重要性，主张群体认同与群体权利，不再定美国白人文化尤其是盎格鲁－撒克逊白人清教徒文化为一尊，③ 实际上也体现了一种文化平等的观念。

综上所述，非暴力直接行动在推动民权立法与改变人们的思想观念方面成就卓著。主要是在它的推动和影响下，民权运动的成果才能保持长久，不至于得而复失。④ 而且，这两大成就并不是截然分开的，而是紧密联系、相辅相成的。它们对黑人与白人民众思想观念的影响，冲破了长期以来根深蒂

---

① 韦斯布劳特：《受局限的自由》，第316页。
② 克莱鲍恩·卡森等编《目睹奖杯：民权读本——来自黑人自由斗争的文件、演说和直接陈述 1954~1990》，第613页。
③ 参见王希《多元文化主义的起源、实践与局限性》，《美国研究》2000年第2期。
④ 在某种程度上，思想观念的改变甚至比立法等制度变革更为重要。在重建时期，虽然当时共和党人以强力进行制度变革，颁布和推行第14条、15条宪法修正案，给予黑人公民权和选举权。但由于南方白人根深蒂固的种族主义思想与实践的阻挠，这些成果很快就消失殆尽。在奴隶制时代结束以后，南方又进入了黑暗的种族隔离时期。

固的社会文化心理因素对制度变革的阻碍，推动联邦政府进行民权立法，并使之顺利开展与实施，取得实质性的成果；反过来，制度变革又促进了黑、白民众思想的转变。虽然短期内它的效果和影响没有明显体现出来，但由于美国是一个法治社会，在实行民权法的过程中，随着黑、白民众接触与了解的增多，以前严重的心理障碍（包括白人的种族主义思想与黑人的恐惧、自卑等不健康心理）得到了缓解或克服，他们长期以来扭曲的心理也在一定程度上恢复正常。而且，自由、平等、民主的观念也愈加深入人心。当然，隐性的种族主义在美国社会中并没有完全消失，要达到种族和谐的理想境地尚需进一步努力。

第四章 非暴力直接行动面对的支持与挑战

第一节 法律斗争

一 法律斗争对非暴力直接行动的支持

非暴力直接行动在推动立法和改变人们的思想观念方面功不可没，但单单依靠自身是无法发挥这么大的作用的。全国有色人种协进会的法律斗争（包括司法斗争与立法斗争）不仅为非暴力直接行动提供了重要的法律支持与资金帮助，使得非暴力直接行动反隔离的成果得以巩固，而且也对国会通过民权法案起到了推动作用，加速了民权立法的最终完成。

1956 年 1 月，蒙哥马利公车抵制运动开始后不久，抵制运动的组织者请求全国有色人种协进会进行法律援助。起初全国有色人种协进会并不积极，但随着形势的发展，到 2 月，全国有色人种协进会开始全力支持蒙哥马利黑人社会的抵制活动。它安排律师在伯明翰为运动辩护，同时委派一名经验丰富的律师去帮助金的代理律师。在全国有色人种协进会的帮助下，反对公车隔离的官司最终打到最高法院。经过长期的审理，10 月 13 日，最高法院判决，蒙哥马利的公车隔离法违宪。当时一位旁观者兴奋地喊道："万能的上帝从华盛顿发话了！"[1] 法院的判决最终确保了抵制运动取得的成果。

1960 年，学生发起静坐运动，很多抗议者因此被捕。在这些案件中，经常由全国有色人种协进会法律诉讼基金会的律师为示威者进行辩护，推翻对他们的指控。有人问全国有色人种协进会的马歇尔，静坐运动为什么会如此迅速地扩展开来，他很幽默地回答："如果你指的是年轻人对我不耐烦了，答案是肯定的。"[2] 他虽然不是很赞同学生们的行为，但仍给予他们很

① 塔欣内特：《缔造民权法：瑟古德·马歇尔与最高法院（1936~1961）》，第 304 页。
② 威廉·布林克、路易斯·哈里斯：《美国黑人革命》，第 42 页。

大的支持，他批评州与地方政府"使用公共权力来逮捕和起诉进行和平示威的学生，事实上仍是歧视，因此违背宪法"。到1960年3月，全国有色人种协进会的律师已经为1200多名学生进行了辩护，马歇尔宣布，"每一个因为参加反对种族隔离的和平抗议而被逮捕的年轻人都会得到充分的法律保护"，虽然他理解"我们不能保护这些勇敢的年轻人，让他们免遭暴力攻击"。①

因此，当全国有色人种协进会的法律斗争方法受到指责的时候，他反击说，年轻人入狱值得赞扬，但别忘了是全国有色人种协进会把他们保释出来，并且在法庭上为他们辩护的。全国有色人种协进会的全国领导人威尔金斯说："他们在种族抗议中引人注目，然而却要全国有色人种协进会来付账单。"他对争取种族平等大会、学生非暴力协调委员会和南方基督教领导大会说："你们今天在这里，明天就会离开。只有一个组织能处理长期的、持续的斗争，那就是全国有色人种协进会。"② 这虽然有些夸张，但也有一定的道理。

1961年，由争取种族平等大会和学生非暴力协调委员会开展的自由乘客运动深入密西西比地区后，百余名学生在杰克逊被捕，分别被关进了州、市和县的各监狱中。密西西比杰克逊市当局同意履行大规模逮捕的通常程序，只是审理一两个典型的案子，据此对其他案子做出判决。但在传讯前的两个星期，当地官员让律师通知争取种族平等大会，他们改变了主意，现在要求所有的三百名已经被保释出去的自由乘客必须在指定日期返回杰克逊，否则，他们将没收争取种族平等大会已经为每人缴纳的500美元的保释金。杰克逊市司法官员非常坦率地说他们正竭力使争取种族平等大会破产。他告诉争取种族平等大会的律师："如果我们能把争取种族平等大会踢出局，我们就可以打断在密西西比州的所谓民权运动的脊梁。那就是我们的意图。"③

法默立即部署召集各地的自由乘客回来。但因为许多自由乘客是没有固定住处的流动性很强的人，要通知他们回来并不是一项轻松的任务，尤其是需要庞大的经费支持，而争取种族平等大会财政拮据，一时难以募集大笔资金。法默为此很头疼，他写道："聚集分散的队伍只是我们最小的问题，我

①　塔欣内特：《缔造民权法：瑟古德·马歇尔与最高法院（1936～1961）》，第310页。
②　威廉·布林克、路易斯·哈里斯：《美国黑人革命》，第43页。
③　詹姆斯·法默：《敞开心扉：民权运动的一个自传》，第210～211页。

们需要把他们集中到中心车站，然后包车去杰克逊。在中途休息的时候，我们还必须为他们提供食宿。事情结束后，我们还要把他们送回家，这样的花费是惊人的。我们需要巨额资金，而且非常急迫，用直接发邮件的方式呼吁（赞助），根本无济于事。"①

争取种族平等大会起初虽然很努力地募集到一笔紧急捐款，但数额太小，于事无补。法默打电话给全国有色人种协进会的领导人威尔金斯求助。但他暂时也只能拿出 1000 美元的支票，可以说是杯水车薪。不久又传来了更坏的消息，每位被告的保释金提高了 3 倍，争取种族平等大会又需要多募集 30 万美元。本来争取种族平等大会在康涅狄格州联系了一家保释公司为自由乘客提供保释金。但后来他们取消了这一承诺，因为他们接到密西西比当局的通知，如果他们为自由乘客提供保释金，便会马上被吊销在这个州的经营执照。②

在这样的困境下，争取种族平等大会几乎走投无路了，面临着财政灾难。但在一次鸡尾酒会上，法默遇到了全国有色人种协进会法律诉讼和教育基金会的主席瑟古德·马歇尔。他听说了争取种族平等大会遇到的难题后，马上慷慨解囊。他对法默说："法律诉讼和教育基金会有大约 30 万美元的保证金正放在银行空闲着，你不妨先拿来救急。"法默非常兴奋，他写道："如果他是女人，我会立即亲吻他。"可见，正是由于全国有色人种协进会法律诉讼和教育基金会的资金支持，才确保了自由乘车运动的最后成功。因此，来自全国有色人种协进会或法律诉讼和教育基金会的一些人才敢公开自夸说："争取种族平等大会让人们被捕入狱，是我们把他们保释出来的。"这虽然不尽是事实，并引起争取种族平等大会一些成员的怨愤，但也说明了他们的功劳。③

在 1963 年的伯明翰运动中，金在发展和实施成功的直接行动抗议的同时，也不断请求法律诉讼基金会提供资金和法律援助。当时，他和南方基督教领导大会的其他领导人因为违背州法院的禁令而到法院受审，也得到了来自基金会律师的帮助。④

在 1964 年民权法案的制定过程中，南方基督教领导大会在伯明翰的示

---

① 詹姆斯·法默：《敞开心扉：民权运动的一个自传》，第 211 页。
② 詹姆斯·法默：《敞开心扉：民权运动的一个自传》，第 211~212 页。
③ 詹姆斯·法默：《敞开心扉：民权运动的一个自传》，第 212 页。
④ 韦斯：《民权运动领导中的创造性张力》，载大卫·刘易斯编《美国民权运动论文集》，第 49 页。

威运动和它引发的暴力，推动了犹豫不决的肯尼迪总统向国会提出民权立法的建议。虽然直接行动改变了公众的情绪，促使总统提出民权法案，但是后来并没有继续推动国会立即通过法案。提出民权法案不等于万事大吉了，通过民权法案还需要民权领导人的游说。在几个月内，民权法案一直滞留在国会中。全国有色人种协进会的主要游说者克拉伦斯·米切尔在后来法案的修订和通过过程中发挥了重要的作用。①

1964 年 2 月 3 日，众议院开始辩论。为了事情顺利开展，全国有色人种协进会安排了来自 10 个关键州的协进会分支代表到华盛顿进行游说，他们每个人对自己的议员都很了解。米切尔建立了民权领导委员会，有效地组织了这次游说工作。他们四处活动，对国会施加压力。米切尔根据早年的经验，让民权领导委员会分别委派一些"观察员"去与他们认识的议员接触，每个民权领导委员会的代表负责考察四五名议员以掌握他们的行动，而这些议员大多有望支持法案。这一策略起了很大的作用，因为议员们很快意识到有人在观察他们，不得不小心从事。反对者讥讽这些观察者是"走廊里的秃鹰"。民权领导委员会也与其他的一些游说组织紧密合作。这一运作的神经中枢是国会议员、新泽西州民主党人弗兰克·汤普森的办公室。立法者和白宫联络员经常在那里商讨策略，很多支持民权的议员也经常来这里交换信息。每天早晨，汤普森会花半小时与民权领导委员会的领导人会面，主要是评估立法的进展情况。②

众议院的法案有 11 个部分，涉及各个方面，内容之广泛可以说是前所未有。国会中的南方议员竭力用 140 条修正案来肢解它。在米切尔等人的不懈努力下，最终由一个两党委员会剔除掉其中最坏的 103 条，只保留了 37 条。法案内容包括：加强保护黑人的投票权；禁止在公共设施和公共领域里的歧视和隔离；司法部长有权对学校隔离案进行诉讼；联邦政府有权撤销实行隔离的州和学校的拨款；禁止就业歧视；延长民权委员会的年限；建立社会关系服务处；等等。③ 2 月 10 日，众议院以 290 票对 130 票的绝对优势通过了法案，并且没有增加破坏性的修正案。威尔金斯为此盛赞米切尔，说他

① 韦斯：《民权运动领导中的创造性张力》，载大卫·刘易斯编《美国民权运动论文集》，第 50 页。

② 沃森：《国会大厦走廊里的狮子》，第 593 页。

③ 罗伊·威尔金斯：《立场坚定：罗伊·威尔金斯自传》（Roy Wilkins, *Standing Fast*: *The Autobiography Of Roy Wilkins*），纽约 1982 年版，第 300 页。

通过领导整个游说活动做了一件极好的工作。事实确实如此。在整个游说过程中，米切尔与白宫、劳工部长、司法部长、众议员、其他游说者等保持着紧密的联系，尤其与争取民主行动美国人组织的乔·劳夫进行分工合作，开展游说工作。争取民主行动美国人组织的代表提供起草法案的具体方法，全国有色人种协进会游说者则确立基本的政策问题。他们一起开会的时候，劳夫总是让米切尔主持讨论。①

法案在众议院通过后，约翰逊总统立即打电话给威尔金斯，让他和米切尔去参议院游说，继续施加压力。为了打破参议院在民权法案上的僵局，米切尔等人设法做通了参议院多数党领袖迈克曼斯·菲尔德的工作，从而使民权法案在 2 月 26 日得以越过顽固的种族主义分子詹姆斯·伊斯特兰把持的参议院司法委员会，直接提交到参议院进行辩论。但以理查德·拉塞尔为首的南部参议员们立即采用冗长辩论的方式对此进行百般阻挠。约翰逊告诉威尔金斯，如果全国有色人种协进会要打破冗长发言的阻挠，他们必须做通参议院共和党领袖埃弗里特·M. 德克森的工作，使他站在支持法案这一边。因为德克森是参议院中的共和党少数派领导人，所以他的作用举足轻重。而说服德克森的唯一方式是让他看到伊利诺伊州黑人选民对他的重要影响。这件事让全国有色人种协进会花费了很多时间和精力，但起初德克森并不认为黑人选票对他有什么益处。米切尔早在 1963 年就曾请德克森帮忙来终止冗长的辩论，但德克森抱怨黑人没有在竞选运动中帮助他，甚至气愤地说要把米切尔扔出他的办公室。米切尔记得德克森对他这样说："我懒得理你，因为你没有做好你的工作。在伊利诺伊州没有黑人投票支持我……"② 德克森如此顽固，米切尔想到了总统与德克森关系较好，只有他才能帮忙争取到德克森的支持。

民主党多数派领导人迈克曼斯·菲尔德在立法的早期曾发挥了关键作用，尽管如此，米切尔还是觉得他比较难办，因为他不愿意外人干预参议院的内部事务。米切尔和劳夫不可能与他共事，因此他们请求约翰逊总统任命汉弗莱来主持法案的辩论。事实证明，这一任命对法案的通过起了重要的作用。汉弗莱是一个长期致力于民权事业的民主党人士，他反复重申，民权现在是一个道德问题。他敦促参议院让德克森至少提供 25 名共和党人的支持

---

① 沃森：《国会大厦走廊里的狮子》，第 594~595 页。
② 沃森：《国会大厦走廊里的狮子》，第 597 页。

票来结束冗长发言。汉弗莱与德克森保持密切联系，希望他能够发挥更重要的作用，密切关注他的提议，敦促他召开会议讨论法案。虽然汉弗莱是米切尔与约翰逊总统之间的联络人，但约翰逊总统仍常常通过打电话的方式直接联系米切尔。在他们的斡旋下，支持民权的参议员组成了一个团队一起工作。米切尔高兴地说，"在民权立法的历史上，支持者们第一次进行了精心的组织和准备，就像反对者过去做的那样。"① 甚至法案的主要反对者、佐治亚州参议员理查德·拉塞尔也不得不承认，"华盛顿从未像今天这样有效地开展游说活动"。②

尽管米切尔、约翰逊总统和汉弗莱做了大量的工作，顽固的德克森起初仍提出了很多破坏性的修正案。德克森尤其反对第七条——建立公平就业实施委员会。米切尔发现，很多参议员认为，如果能够说服德克森支持第七条以及其他未被修正的条款，大多数共和党人就会投票支持结束辩论。米切尔毫不气馁，他坚定地对参议员们说："这个国家中的黑人已经耐心等待了几年、几十年甚至几百年。我们已经遭受了那么多的屈辱。我相信大家一定能够再接再厉，直到我们得到所需的三分之二的支持票。"③ 尽管屡遭挫折，米切尔仍然定期到德克森的办公室与之会面，坚持不懈地做他的工作。为了得到德克森的支持，他甚至在"会见媒体"这个流行的周末电视新闻节目中赞扬德克森是"一名伟大的参议员和伟大的美国人"。④

米切尔耐心的游说最终取得了成效。1964 年 6 月，他成功地说服了德克森。在德克森的影响下，很多共和党人也开始支持法案，因此有了足够多的支持票可以打破南方议员冗长辩论的阻挠。结果参议院以 71 票对 29 票的表决终止了辩论。⑤ 44 名民主党人和 27 名共和党人投票支持结束辩论，23 名民主党人和 6 名共和党人投票反对。德克森起到了重要作用。6 月 19 日，参议院以 73 票对 27 票通过了妥协后的法案。米切尔有效的游说功不可没，威尔金斯告诉记者："米切尔负责这一工作，他极好地领导了教会、劳工和其他组织的代表，才有可能使法案通过。"⑥ 所以"如果要说谁对通过民权法

---

① 沃森：《国会大厦走廊里的狮子》，第 599 ~ 600 页。
② 彼得·利维：《民权运动》，第 92 页。
③ 沃森：《国会大厦走廊里的狮子》，第 609、614 页。
④ 彼得·利维：《民权运动》，第 93 页。
⑤ 需要三分之二以上的支持票才能结束辩论。
⑥ 沃森：《国会大厦走廊里的狮子》，第 619 页。

案的贡献最大，那个人就是克拉伦斯·米切尔，美国黑人会永远铭记在心"。①

总之，非暴力直接行动在反隔离斗争中不断取得胜利的同时，全国有色人种协进会和法律诉讼与教育基金会也为运动提供了重要的法律、资金与立法支持，才保证了运动的顺利开展。虽然非暴力抗议在运动中起了主导作用，但全国有色人种协进会的法律斗争的支持也是不可或缺的。金承认，直接行动和法律斗争两种策略相结合才能取得理想效果，法律斗争或直接行动对结束隔离都是不够的，只有二者相结合才能完成这一伟大任务。威尔金斯后来在自传中说："最好的劳动分工是，我们致力于游说白宫和国会来反对隔离，金进行直接行动。我们通过法院的法律斗争和对行政、立法机关的游说取得了有效的成果。金做他的工作，我们做我们的工作，所有的黑人都会从中受益。"② 金也就此评论说："直接行动并不能代替法庭和政府的工作，但促使市参议会、州立法机构或国会通过内容广泛的新法律，或在法院进行案件辩护，也同样不能代替在市政大厅前发起群众性直接行动来展示不公正。直接行动与法律斗争彼此互补、共同合作才会更加有效。"③

二 法律斗争对非暴力直接行动的挑战

法律斗争与非暴力直接行动虽然保持着一定程度的合作，但它们之间的竞争与矛盾也在所难免。主张法律斗争的全国有色人种协进会是一个历史悠久的老牌民权组织，它不能容忍新兴的南方基督教领导大会等直接行动组织在声望和实力上超过自己。为了维护自己的地位，争取更多的公众关注与资金赞助，全国有色人种协进会在反对隔离、开展民权立法等重大民权问题上向南方基督教领导大会实行的非暴力直接行动策略发起了强有力的挑战。

金在蒙哥马利公车抵制运动中脱颖而出，也由此声名显赫，这遭到了全国有色人种协进会领导人的嫉妒。全国有色人种协进会的马歇尔对蒙哥马利公车抵制运动评论道："走路没有取得任何成就！人们只要安心等待，不需要抵制，公车隔离案也会通过法院解决。"④ 威尔金斯也认为，即便没有游行，全国有色人种协进会也会在法院斗争中获得胜利。他的观点是，在蒙哥

---

① 罗伊·威尔金斯：《立场坚定：罗伊·威尔金斯自传》，第 302 页。
② 罗伊·威尔金斯：《立场坚定：罗伊·威尔金斯自传》，第 238 页。
③ 小马丁·路德·金：《为什么我们不能等待》，第 42 页。
④ 科莱科：《小马丁·路德·金：激进非暴力的使徒》，第 18 页。

马利的直接行动只是在解决某种地方问题上才有效，不能够安全地在全国范围内推广，只有在黑人人口占大多数的城市中才可以实施。① 后来他在一次会议上对金说："马丁，一些聪明的记者回顾往事，发现尽管当时在蒙哥马利发生了轰轰烈烈的抵制事件，其实并没有使一辆公车废除隔离，而是全国有色人种协进会不事声张的诉讼解决了问题。"他接着说："马丁，请告诉我，你们通过自己的努力，到底废除了哪些地方的隔离？"金的回答很巧妙，他说他完全意识到这一点，他强调只有非暴力直接行动和法律斗争之间开展良好的合作，才能把工作做好。至于非暴力直接行动取得了什么成就，他认为"只是让少数人的心灵不再隔离而已"。② 尽管如此，全国有色人种协进会的大多数领导人仍坚持认为，依赖于激情的抗议并不能持久，如果没有全国有色人种协进会用法律手段来解决城市的公车隔离问题，金领导的公车抵制运动很可能会失败。

除了法院斗争，全国有色人种协进会特别强调自己在民权立法，尤其是在民权法案通过过程中所起的重要作用，同时贬低金和南方基督教领导大会发动的非暴力直接行动的影响。在运动初期，两大组织就展开了竞争。全国有色人种协进会华盛顿局的主席克拉伦斯·米切尔领导了通过民权法案的斗争。1954 年布朗判决后，民权运动把民权立法作为最主要的目标，全国有色人种协进会通过法院与立法策略赋予了第 14 条、15 条宪法修正案新的生命，推动了 1957 年民权法案的通过，揭开了后来民权立法的序幕。米切尔还积极要求在联邦资助的项目中取消歧视，并促使州实施布朗判决。而金在 1957 年民权法案通过前夕成功地领导了在华盛顿的香客朝圣运动，对法案的通过起了积极作用，媒体开始把他称为头号黑人领导人。全国有色人种协进会也参与发起了这次朝圣运动，但金与全国有色人种协进会之间的策略有很大的分歧。金强调非暴力直接行动，反对全国有色人种协进会单纯的法律策略，威尔金斯感到了竞争的压力。米切尔与威尔金斯的观点一致，他也认为大众行动的好处是有限的。在他看来，发生在蒙哥马利的这种特殊的直接行动形式只是在处理某种地方问题上有效，而不能在全国范围内使用。他始终坚持法律优先，认为制定法律和赢得法院判决比直接行动更为重要。

20 世纪 60 年代，非暴力直接行动大规模兴起后，全国有色人种协进会

---

① 罗伊·威尔金斯：《立场坚定：罗伊·威尔金斯自传》，第 237 页。
② 詹姆斯·法默：《敞开心扉：民权运动的一个自传》，第 216 页。

显然失去了对南方民权运动的控制，但它仍然与联邦政府保持着紧密联系。在"向华盛顿进军"之前的两个星期，米切尔就民权问题组织了一次全国有色人种协进会的法律策略会议，有 645 名地方分支的领导人参加了会议。会议的目的是推进民权立法，让大家分头会见自己选区的众议员和参议员，确保议员们对肯尼迪总统民权法案的支持。后来他们回到家乡继续开展基层组织活动。在米切尔的领导下，全国有色人种协进会在 1964 年民权法案的通过过程中发挥了政治游说的重要作用，米切尔努力参与讨论了立法进程的具体细节，贡献卓著。

米切尔认为金和学生积极分子最强有力的影响是在教会，尤其是在保守的教派中。他们在布道台上向大众宣传社会革命的意义，目标是为农村的黑人争取平等。米切尔虽然没有看到他们对国会中的投票有什么影响，但是，他知道，南方基督教领导大会、学生非暴力协调委员会和争取种族平等大会将歧视问题暴露在报纸和电视的新闻里，的确引起了国会中自由派的关注。[1]

但米切尔一向轻视非暴力直接行动在民权立法中的作用，他特别指出，示威对国会议员的影响是极小的，南方示威者对国会中的投票没有产生任何影响。示威者或许改变了某些人的观念，但并没有改变多数人的观念。他尤其对金的作用不以为然，认为金对国会的影响是有限的，因为他领导的运动是短暂的，且缺少结构完整的计划和全面的策略，而这些计划和策略恰恰是全国有色人种协进会成功的关键。[2] 他确信，示威丝毫没有影响到来自弗吉尼亚的众议院法规委员会主席霍华德·史密斯，这一委员会正是民权法案获得最终通过的关键。米切尔解释说："全国有色人种协进会能让法案通过他这一关，因为我们有足够多的选票让他出局。而且，不管示威不示威，我们必定会得到需要的选票。"[3]

当然，米切尔并不否认非暴力直接行动对民权立法起过一定的作用，但在他看来，这些作用可有可无，无足轻重。他认为，在 1964 年的立法斗争中，南方的示威影响的只是国会中的自由派议员，他们早已决定为法案投赞成票。金的《从伯明翰监狱发出的信札》和他富于激情的演讲影响的是教

---

① 沃森：《国会大厦走廊里的狮子》，第 593 页。
② 沃森：《国会大厦走廊里的狮子》，第 593 页。
③ 沃森：《评价全国有色人种协进会在民权运动中的作用》，载《历史学家》第 55 卷第 3 期。

会，而它们在 1963 年已经参加到斗争中来。米切尔强调，教会的贡献虽然重要，但不是决定性的，因为它们参加运动太晚，其游说也只是帮助说服了一些中西部议员为法案投赞成票。但是，赢得来自保守的共和党顽固派的支持需要压力和操控，只有非常熟悉立法进程的人才能做到这一点，而正是米切尔本人想方设法赢得了共和党保守派的支持，才确保了民权法案获得通过。

1964 年约翰逊总统主持民权法案签署仪式时，米切尔说："在安静雄伟的白宫中，人们听不到大街上示威者的喧嚣，也听不到威尔金斯在证人席上精彩的辩词，更看不到埃弗斯夫人眼中的眼泪……"他对全国有色人种协进会代表团游说华盛顿大加赞赏，认为"正是这些游说和其他无数行动才有可能让这一天到来"。[①] 在 1965 年通过选举法案的斗争中，米切尔对金的评价也不高。他认为，"除了发起塞尔玛游行，金对国会通过选举权法案几乎没有提供任何帮助"。他说他不在意金在华盛顿发挥如此有限的作用，但是金和南方基督教领导大会发起的示威有时不仅没有帮助他游说，反而帮了倒忙，这让他很愤怒。[②]

全国有色人种协进会前公关部主任邓顿·沃森特别推崇米切尔，后来他对金在立法运动中的评价代表了全国有色人种协进会的主要观点。他认为："金的非暴力策略从来就不能击败南方人，他们控制了参议院中 21 个关键的委员会，尤其是被密西西比的詹姆斯·伊斯兰特领导的司法委员会。……金的抗议运动是短暂的，在立法斗争中作用也是有限的，他寻求道德绝对性，其哲学不适合国会山的妥协特点。……金的伟大贡献在于他能唤起白人自由派的良知觉醒，但是非暴力示威对国会中的立法斗争影响很小。"[③] 可见，全国有色人种协进会坚持它在立法斗争中的主导作用，在相当程度上否认了金领导的非暴力抗议运动的影响。

米切尔、沃森等人贬低金领导的非暴力行动固然有全国有色人种协进会与南方基督教领导大会两大组织之间激烈竞争的背景，但也并非完全没有事实依据。非暴力直接行动在推动总统提出民权法案方面起了决定性的作用，但法案在国会的通过则主要是米切尔游说的功劳。国会游说几乎就是米切尔生命的全部，作为一名政治与法律策略家，他在 1957 年、1960 年、1964

---

①　沃森：《国会大厦走廊里的狮子》，第 621 页。

②　沃森：《国会大厦走廊里的狮子》，第 663 页。

③　沃森：《研究金的学者歪曲了我们对民权运动的认识吗》，载《教育文摘》第 57 卷第 1 期。

年、1965 年、1968 年 5 次重要的民权立法中都发挥了关键的游说作用，为此他付出了自己全部的心血与才智。在立法过程中，南方参议员总是利用冗长的发言来阻止法案通过，只有获得三分之二的议员支持票才能打破这种阻挠。米切尔必须了解议会的规则，在每次立法斗争中找到关键的支持。在1964 年民权立法中，他费尽千辛万苦，成功地获得参议院共和党领导人德克森的支持就是典型一例。当时如果没有德克森的支持，1964 年民权法案很有可能胎死腹中或被改得面目全非。米切尔也理解，在立法斗争中，不能指望一次立法就解决所有问题。这使他在游说过程中既坚持原则，又保持一定的灵活性。一位来自密苏里州的民主党人、众议员理查德·博林回忆说：“他（米切尔）不仅身体强壮，而且头脑聪明，他有能力理解立法的进程，因此有力地促进了人们的团结。”① 参议员霍华德·贝克尔后来也称赞说：“在那些日子里，米切尔被称作第 101 个参议员，但我们这些在参议院里工作的人很清楚，这只游说的猛狮比我们大多数参议员的影响都大得多。”②

小结：非暴力直接行动与法律斗争策略的关系

与法律斗争相比，非暴力直接行动在反隔离斗争中发挥了更大的作用，尤其在改变人们的思想观念方面做出了更多的贡献。全国有色人种协进会的法律斗争虽然促使法院宣布黑人拥有权利，但不能立即实施。正如金所言，他宣扬的非暴力直接行动并不是要贬低通过法院开展的工作，但他认为立法和法院的命令只能宣布黑人拥有权利，却不能完全给予黑人权利。只有人们自己行动，纸上的权利才能变成现实。③ 而且，金认为，法院判决和联邦法律仅仅是通往最终目标的必要一步，“非隔离可以打破法律上的障碍，使人们身体上不再隔离，但必须有一些事情来触动人们的心智和灵魂，使他们在精神上也能自然地融合在一起。非暴力直接行动不仅帮助黑人赢得自由和尊严，而且也唤起了白人的觉醒，最终使和解成为现实。”④ 事实上，白人的种族主义观念短期内很难改变，但黑人确实在非暴力直接行动中获得了勇气与自尊。

---

① 沃森：《评价全国有色人种协进会在民权运动中的作用》，载《历史学家》第 55 卷第 3 期。
② 沃森：《国会大厦走廊里的狮子》，第 13 页。
③ 沃森：《研究金的学者歪曲了我们对民权运动的认识吗》，载《教育文摘》第 57 卷第 1 期。
④ 小马丁·路德·金：《迈向自由》，第 218～220 页；小马丁·路德·金：《爱的力量》，第 34 页。

拿蒙哥马利公车抵制运动来说，一些人低估了它的成就，认为为黑人带来了最后胜利的是联邦司法判决而不是联合抵制。全国有色人种协进会的马歇尔就极力贬低公车抵制的成就，认为不需要抵制，公车隔离案也会通过法院解决。但马歇尔不知道大众抵制让黑人产生了自尊。一名参与者对此评论说："他不在这里，他不知道抵制为我们带来的好处。我们一直那样走着，我们是多么骄傲啊！"另一个人说，他们所有人都笔直地站着，为此感到自豪，如果只是让律师去做，等待法院判决，就不会产生这样的效果。当哈里斯·沃福德疑惑地问："但是你们的爱能触动白人市民，真正感动他们的心灵吗？"一个妇女回答说："我们不知道白人的心理发生了什么变化，但是我们知道它改变了我们自己的心理：我们不再害怕。"她讲述了"三K党"在他们社区游行想方设法恐吓黑人的事情。这些戴面具的白人期望黑人见到他们会像以前一样，惊慌失措地离开大街，跑回家把门窗关得严严实实。但是相反，当很多"三K党"成员开着汽车到来时，他们发现门廊里的灯全亮着，门也全部打开。在大街上的人们挥舞着手，嬉闹欢笑着，就像对待一场马戏团游行。这些穿着长袍的白人不久就开车离开了。一个商人说："不是我们的爱、我们的祈祷和走路感动了白人，而是我们的效率——我们每天为15000多人组织合伙使用汽车——使他们吃惊，并为我们赢得了尊重。"①

而且，1955年公车抵制运动发生时，没有迹象表明，联邦法院准备在南方各州的公共交通领域打破种族隔离。没有抗议，蒙哥马利隔离的公车体制可能不会那么快就受到法律的挑战。抵制不仅制造了允许全国有色人种协进会律师提起联邦诉讼的形势，也引起了全国舆论对黑人事业的同情，这是法院所不能忽视的。因此，虽说全国有色人种协进会的法院斗争后来取得了一些成就，但也是在非暴力直接行动已经事先引发了"危机"的基础上取得的。

当然在非暴力的主导下，两者的联合也是必要的。没有非暴力抗议和诉讼的联合行动，民权运动很难颠覆南方的隔离。金也从未否认需要立法，他认为虽然"立法不能改变人们的道德情操，但可以规范行为，人们的习惯每天都会被立法行为、司法判决和行政命令改变……法律可能不会使一个人爱我，却可以阻止他对我施加私刑。"②他把斗争看作三条路线的合作：全

---

① 哈里斯·沃福德：《关于肯尼迪与金：探寻60年代的意义》，第119～120页。
② 小马丁·路德·金：《爱的力量》，第34页。

国有色人种协进会的诉讼和立法、南方基督教领导大会的非暴力直接行动与全国城市同盟的研究和教育。在此过程中，非暴力直接行动瓦解了隔离社会，引发人们对种族不正义的关注，激发了全国人民的觉醒，提出了等待判决的问题，有助于法院判决的实施。同时，联邦法院赋予黑人自由斗争以合法性，通过做出支持民权的判决来帮助非暴力直接行动。像金在 1958 年给马歇尔的信中建议的那样："你们继续为我们赢得法律上的胜利，我们可以通过非暴力的方法使这些胜利成为现实。"① 因此，如果没有非暴力直接行动的压力，单独的法律诉讼可能是异常缓慢的，没有联邦法院的支持和调解，非暴力直接行动也很难维持和巩固它的成果。

在推动联邦干预方面，非暴力直接行动也比法律斗争更有效。全国有色人种协进会在法院斗争中的胜利由于缺少执行与实施的手段，大多成为象征意义上的胜利，并没有带来实质性的成果。只是在非暴力直接行动坚持不懈、连续不断的压力下，联邦政府和国会才被迫对黑人民权问题进行干预，颁布了一系列立法，不断扩大处理地方种族问题的权限，最终为黑人带来了实质性的成就。

全国有色人种协进会法院斗争最大的胜利是布朗判决的颁布，但词语不代表行动，布朗判决的效果和影响并不尽如人意。在中小学教育领域，由于地方学校问题太复杂，最高法院在 1955 年的"布朗Ⅱ"判决中，把学校隔离案件的审理权交给地方法院，要求它们以审慎的速度来推行。此时，国会与行政部门的行动缓慢且没有实效，1957 年国会通过的民权法缺少反对教育隔离方面的条款，1960 年民权法更多地关注了教育隔离，但缺少实质性实施的内容。具体来说，司法部无权诉讼隔离案以保护个人的权益，对拒绝实行非隔离的学校，联邦政府也无权停拨资金。1964 年后，由于伯明翰运动等一系列非暴力直接行动的推动，国会和行政部门开始制定和实施新的民权法。1964 年民权法与以前所有的民权法不同，它是自内战与重建以来内容最广泛、实施力度最强的民权法。在教育领域，国会最终授权司法部长起诉隔离案以更好地保护个人的权益，也授权联邦政府对实施隔离的学校停拨联邦资金。1964 年民权法由此对消除中小学教育领域的隔离产生了重要的影响。如果法院判决在打破学校隔离方面是有效的，那么效果会在 1964 年以前就应该显现出来。然而，只是在国会和行政部门通过 1964 年民权法后，

---

① 科莱科：《小马丁·路德·金：激进非暴力的使徒》，第 18~19 页。

变革才真正出现。① 有数据表明，布朗判决 10 年后，南方腹地仅有 2.5% 的黑人孩子进入黑白融合的学校就读，而 1964 ~ 1965 年，这一数字已经上升到大约 12%。②

在投票领域，全国有色人种协进会一直通过法院诉讼斗争支持黑人参与选举进程的权利，但很难取得突破性进展。1957 年国会通过了重建后的第一个民权法案，其中有好几条选举方面的条款，最重要的是授权司法部门发起诉讼来反对黑人在投票领域遭受到的歧视，其他还包括禁止在选举中进行恐吓，建立民权委员会来搜集黑人选举权遭到剥夺的证据等。1960 年民权法案在此基础上加强了保护黑人选举权的一些措施，例如要求地方政府把选举记录保存 22 个月以方便司法部进行检查，允许法官任命调解人来暂时代替地方登记官等。这两个法案都要求法院在此过程中发挥重要作用。但法院在具体实施过程中遭到重重阻碍，导致进展缓慢，成效不大。最终到 1965 年，主要是在塞尔玛非暴力抗议运动的压力下，国会通过了与过去大不相同的选举权法案。1965 年选举权法案提供直接的联邦干预以保障黑人能够投票。这一法案授权联邦政府派遣联邦检察官，让他们到一些登记选民不足 50% 的选区去登记合格选民，并禁止所有的文化测试等。这强有力地消除了黑人在投票领域遭受的歧视，黑人投票率迅速提高。③

总之，全国有色人种协进会的法院斗争在教育、投票等关键领域的反隔离并没有取得明显的成效。即使法院做出重要的判决，它也很难得到具体实施。全国有色人种协进会的法院斗争之所以成效不大，主要原因在于它既不能推动强有力的行政（总统）和立法（国会）机关开展行动，又不能改变当时的社会文化心理。只有当非暴力直接行动促使国会和行政部门开展行动，影响社会公共舆论后，变革才在这些领域真正出现。

不可否认，全国有色人种协进会的政治游说在民权法案的通过过程中起了重要的作用，但只有在非暴力直接行动的压力促使总统提出民权法案后，才使后来全国有色人种协进会的游说成为可能。而且，在此过程中，国会议员们也时刻感受到来自良知觉醒的选民和公众舆论的压力，这对法案的通过产生了影响。甚至一向贬低抗议活动的米切尔也承认金非暴力直接行动的威

① 罗森伯格：《空洞的希望》，第 43 ~ 49 页。
② 利昂·弗里德曼编《民权读本：民权运动的基本文件》，第 ix 页。
③ 罗森伯格：《空洞的希望》，第 59 页。

慑力量。1964 年 3 月 26 日，金宣布，如果国会在 5 月 1 日前还不结束冗长的辩论，他的南方基督教领导大会将在华盛顿和全国发起直接行动计划。示威虽然没有发生，但米切尔仍感到它们就像高悬在头顶的达摩克利斯之剑。①

更为重要的是，正是由于非暴力直接行动的巨大压力，才促使总统从开始的犹豫不决和被动地应付危机转为站到了民权这一边。艾森豪威尔总统在民权领域几乎毫无作为，威尔金斯调侃道："如果他以为民权而战的那种方式去指挥第二次世界大战，我们今天所有人都会讲德语。"艾森豪威尔不明确表态支持还是反对民权，其立场是，"马歇尔得到了自己所期望的判决，让他去实施吧"。总之，艾森豪威尔政府对民权事业的支持甚少。肯尼迪总统公开支持民权，但起初做得很少，直到民权示威带来了巨大的压力才进行干预。在任内的前两年，肯尼迪最重要的民权活动是不断地应付危机和避免暴力，他并没有把民权作为优先考虑的大事。谨慎成为肯尼迪处理民权问题的特点，他并不想立刻进行民权立法。金就曾责备肯尼迪一心只想拖延。直到伯明翰运动形成了巨大压力，才促使肯尼迪支持民权立法。总之，在1963 年 6 月提出民权法案之前，肯尼迪一向对支持民权持谨慎态度。②

可见，非暴力直接行动的压力对总统影响很大。他不仅为此提出了强有力的民权法案，而且以其杰出的领导和高超的技巧在民权法案的通过过程中发挥了重要的作用。1963 年 6 月 19 日，肯尼迪向第 88 届国会递交了民权提案。为了让立法提案早日通过，他进行了积极工作。为争取民众支持，肯尼迪在全国范围内举行了一系列声援支持民权立法的活动，一系列会议在白宫召开，先后有 1600 多位头面人物与肯尼迪一起商讨民权法案。肯尼迪总统估计，黑人示威还会持续和扩大，更多的暴力事件会出现，如果政府能够说服商界和社区领导人采取行动打破社区种族隔离，打破公共场所的隔离，那么各种暴力和骚乱事件出现的概率就会大大减少。为此肯尼迪总统和邀请到白宫的人士一起回顾了伯明翰事件和其他地方发生的危机，商讨了具体的解决方法。③ 在决定 1964 年民权法案生死的关键时刻，约翰逊总统发挥了举足轻重的作用。他在立法策略上向具体主持该法案辩论的休伯特·汉弗莱面授机宜，告诉他如何争取关键人物德克森的支持，建议他多花时间和德克森

① 沃森：《国会大厦走廊里的狮子》，第 601 页。
② 罗森伯格：《空洞的希望》，第 78 页。
③ 王波：《肯尼迪总统的黑人民权政策研究》，第 115 页；哈里斯·沃福德：《关于肯尼迪与金：探寻 60 年代的意义》，第 173 页。

相处，同他饮酒、聊天。汉弗莱依计而行，德克森终于愿意同民主党合作。约翰逊还暗中争取赞成票，一般认为，他对犹豫不决的亚利桑那州的参议员卡尔·海登、内华达州的霍华德·坎农、俄克拉荷马州的埃德蒙森、得克萨斯州的拉尔夫·W. 亚巴勒等都做了说服工作，让这些人最后都投了赞成票。① 法案通过后，南方议员的领导人拉塞尔的评价最能证明约翰逊总统的影响："总统对每个人都施加了巨大压力，才使法案毫无疑义地通过了。"② 在1965年选举权法案的制定和通过过程中，约翰逊总统更是起了关键作用。尤其表现在，3月15日，约翰逊在参众两院联席会议上发表民权特别咨文，他宣称剥夺黑人的选举权"是一个错误，绝对是一个错误"；他表示"不拖延、不犹豫、不妥协"地进行选举权立法。7000万名美国人通过三大电视网看到，19年来美国总统第一次亲自到国会就国内事务直接呼吁立法。约翰逊的这篇演讲受到舆论的一致赞扬，民权评论家称之为"总统在民权方面所做的最激进的讲话"。③ 此后，约翰逊总统全力促使法案通过，他在立法进程中发挥了重要的领导作用。他的助手努力工作来收集关键的选票，在重要时刻赢得支持者。约翰逊帮助赢得了共和党领导人德克森的支持，这确保两党都支持政府的措施。

但也应该看到，约翰逊总统在选举权立法过程中主要起了顺应时势、推波助澜的作用，因为金领导的塞尔玛运动已经创造出有利的舆论气氛。南方白人发现反对给予黑人普选权变得越来越困难，他们的国会代表难以抵挡立法的挑战。在向蒙哥马利游行过程中进行的盖洛普民意调查表明，全国76%的人支持选举权法案，令人吃惊的是，南方也有49%的人支持，仅有37%的人反对。路易斯安那的民主党代表黑尔·博格斯总结了来自南方、投票支持立法的40位同事的观点："我支持法案，因为我相信，基本的投票权是美国自由民主的重要部分。"④

此外，金和南方基督教领导大会在致力于非暴力直接行动的同时，也开展了一些政治游说工作。例如，在1964年民权法案的制定和通过过程中，金督促支持者向他们的参议员和参议院的领导人写信、发电报，甚至派出请愿团。金认为，"只有通过这种公共压力，才能打破由南方民主党人和北方右翼

---

① 张立平：《林登·约翰逊与民权法案》，《美国研究》1996年第2期，第119页。
② 沃森：《国会大厦走廊里的狮子》，第620页。
③ 张立平：《林登·约翰逊与民权法案》，《美国研究》1996年第2期，第121页。
④ 史蒂文·劳森：《奔向自由：1941年以来美国的民权与黑人政治》，第115页。

共和党人结成的联盟"。在众议院，有 15 位议员收到金的来信及电报。议员们收到来自其选区的民众以及民权、宗教、劳工组织要求立法的呼吁。[①] 这对民权法案的最终通过起了一定的作用。因此，可以说，非暴力直接行动在民权法案的提出过程中发挥了决定性的作用，并对民权法案的通过产生了积极的影响，而政治游说则只是在民权法案的通过过程中发挥了关键作用。

总之，以南方基督教领导大会为代表的非暴力直接行动策略在民权运动中起了主导作用，以全国有色人种协进会为代表的法律斗争与政治游说也起了重要的辅助与支持作用，二者相辅相成，共同推动了民权运动的快速、深入开展。

第二节　暴力斗争

一　暴力斗争对非暴力直接行动的挑战

长期以来，黑人反对白人种族主义暴行的暴力斗争一直在黑人社会中盛行。民权运动爆发后，虽然非暴力直接行动成为运动的主导策略，但暴力斗争并没有消失。在罗伯特·威廉和马尔科姆·X 的大力宣扬下，在密西西比当地黑人和防卫与正义执事团的勇敢实践中，暴力斗争甚至有所发展，对非暴力直接行动策略构成了很大的挑战。

（1）罗伯特·威廉的挑战

非暴力直接行动策略的主要挑战首先来自北卡罗来纳州门罗的罗伯特·威廉，他强烈主张武装自卫。

重建以来，南方黑人武装自卫的传统就一直根深蒂固。1956 年斯麦利参观金的家时，发现金竟有武装守卫。密西西比黑人尤其热衷于自卫，佩恩写道："摩尔像大多数密西西比的黑人积极分子一样，都随身携带着枪支。他的家武装得很好，在晚上，他的房子周围可能是克利夫兰最亮的地方。"全国有色人种协进会的地方秘书埃弗斯也不相信非暴力，1953 年，他给他的大儿子起了个同肯尼亚的一位游击战领导人相同的名字，还曾经考虑在三角洲地带开展游击战争。在这样的传统和环境中，威廉认同武装自卫的思想其实并不奇怪。迪特默指出，威廉的经历丰富，他曾在军队里服过役，退役后参加了全国有色人种协进会，在与种族主义者斗争的过程中，形成并发展

---

① 霍恩：《重新恢复美国的灵魂》，载《公共关系研究杂志》第 9 卷第 3 期，第 195 页。

第四章　非暴力直接行动面对的支持与挑战 | 183

了武装自卫的思想，这使他成为在 20 世纪 50 年代发起民权运动的南方黑人的典型代表。①

威廉 1925 年出生于门罗的一个普通家庭，在富于斗争传统的家庭环境中长大。他参加过二战和朝鲜战争，1956 年退役。军事训练让威廉这样的黑人老兵有了些安全感。威廉回忆说："他们教导我们最有用的事情是使用武器。"退役后，威廉没有回家摘棉花，但威廉的朋友、退伍老兵本尼·蒙哥马利回家像其他黑人一样摘棉花去了。一天他提前向白人雇主要薪水，并解释说，他要去门罗为他父亲修理汽车，结果被白人老板狠狠地揍了一顿，蒙哥马利盛怒之下，拔出刀子，割断了老板的喉咙。消息传来，白人社会大为震惊。"三 K 党"想要对他实施私刑，但州警察很快把他带出门罗进行审判，最后把他处以死刑。不仅如此，"三 K 党"最终还是抢走了蒙哥马利的尸体，把它放到大街上示众。很多退伍老兵看到这一惨况，都义愤填膺。威廉回忆说："那是第一次事件，它真正使我们意识到了必须要抵抗，大家组织起来，用枪抵抗，或许会有用。"②

1954 年，最高法院颁布布朗判决后，威廉非常高兴。他写道："我感到自己真正是美国的一部分了，我确信这是美国民主新时代的开端。"但不久威廉发现，布朗判决和 1956 年蒙哥马利的胜利反而导致了门罗"三 K 党"人员数量猛增，白人的抵制愈加猖獗。在门罗的全国有色人种协进会分支缩减到只剩下 6 人，他们选举威廉做主席，另一个老兵阿尔伯特·佩里当选为副主席。他们招募了很多工人、农民，一年内达到了 200 人的规模。1957年，"三 K 党"袭击了门罗全国有色人种协进会分支开会的地方，威廉和其他人立即开枪还击，"三 K 党"最终被迫撤退。在威廉和佩里的领导下，门罗的全国有色人种协进会发起了打破门罗乡村俱乐部隔离的运动，在那里，白人孩子能享受到免费的游泳课，但黑人孩子只能在农田的池塘等危险的地方游泳，结果很多黑人孩子被淹死。但他们的努力引起了一些白人自由派的强烈不满，没有取得什么效果。③

---

① 泰森：《罗伯特·威廉、黑人权力与美国黑人自由斗争的根源》，载《美国历史杂志》第 85 卷第 2 期，第 546 页。

② 泰森：《罗伯特·威廉、黑人权力与美国黑人自由斗争的根源》，载《美国历史杂志》第 85 卷第 2 期，第 548 ~ 549 页。

③ 罗伯特·威廉：《带枪的黑人》（Robert F. Williams, *Negroes With Guns*），底特律 1998 年版，第 xviii ~ xix 页。

1958 年 10 月 28 日，在门罗发生了一件更加轰动的事件。两个黑人小男孩，一个 8 岁，一个 10 岁，在与一些白人孩子的亲吻游戏中，分别亲吻了一个 8 岁的白人小女孩。"亲吻事件"发生后，据报道，白人小女孩的母亲说，如果有机会，她会亲自杀死其中一个黑人男孩。小女孩的父亲竟带着枪出去找这两个男孩。白人暴徒们围在一个黑人男孩的家门口大吼大叫，威胁不仅要杀死小男孩，还要对他们的母亲施加私刑。警察逮捕并拘留了两个黑人小男孩。这一事件充分表明白人对性混合的恐惧。两个黑人小男孩被判进入黑人训练学校进行改造，法官告诉他们，只有他们表现良好，才会在 21 岁之前被放出来。① 威廉始终关注这一事件，并对此进行了猛烈抨击，以至于在审判此案时，法官竟不允许威廉进入法庭。不久"亲吻事件"传遍了全世界，极大地损害了美国的国际形象。但它为威廉赢得了国际注意。在这一过程中，威廉也结交了马尔科姆这样的朋友，并疏远了与全国有色人种协进会全国总部的关系。

1959 年，门罗发生了著名的马克·帕克被白人暴徒私刑致死事件。随后又发生了 4 个黑人大学生被白人暴徒折磨的事件。很多黑人义愤填膺，准备报复。威尔金斯也承认："我知道暴力的思想一直充斥着黑人的头脑。"② 同年，一名白人技工强奸怀孕黑人妇女的案件更加激起了黑人的愤怒，一些黑人立即行动起来，想用武力进行报复。威廉告诉他们说，事情会通过法律来处理，全国有色人种协进会可以提供帮助，"如果我们转向暴力，我们就和白人一样坏了"。但经过法院审理，那位白人很快就被宣布无罪释放。听到这个消息，威廉怒不可遏地告诉记者，"以暴抗暴的时刻到来了"。他主张，黑人公民如果不能得到法律的支持，就必须以武力保卫自己，并宣布："既然联邦政府不能阻止私刑，既然所谓的法院认为对我们的人民施加私刑是合法的，那么，以私刑来阻止私刑就是必要的。"第二天，威廉修改了他的言辞："我的意思不是说黑人要出去报复虐待自己的白人，但很显然，在这里，黑人的权利得不到法院的保护，因此在受到白人攻击时，黑人不得不保卫自己。"③ 威尔金斯在报纸上看到了威廉以暴抗暴的话，立即打电话给威廉，告诉他被停职的决定。

---

① 泰森：《罗伯特·威廉、黑人权力与美国黑人自由斗争的根源》，载《美国历史杂志》第 85 卷第 2 期，第 552 页；《自由南方电台》，第 95、101 页。
② 罗伯特·威廉：《带枪的黑人》，第 xxii ~ xxiii 页。
③ 罗伯特·威廉：《带枪的黑人》，第 26 页。

　　1959 年庆祝全国有色人种协进会成立 50 周年大会成为一个高度公共化的事件，会议的一个中心议题是威廉是否应当被继续停职。大会领导人集体反对威廉，马歇尔、马丁·路德·金、戴西·贝茨、威尔金斯等都一致谴责他。威廉极力为自己辩护，他宣称，"在这个所谓的南方民主党的社会丛林中没有第 14 条宪法修正案，没有在法律下的平等保护"。他指出，审判的失败使他很沮丧，很愤怒，但他不倾向于鼓吹战争行为，他只是主张英勇地自卫，认为它是合法合理的。他说："我们作为男人该像男人一样站起来保护我们的妇女和儿童，我是一个人，我要像一个人一样站着行走，而不是爬。"①

　　总之，在一系列关于暴力和非暴力的公共辩论中，威廉一直遭到金、马斯特、拉斯廷等人的批评。尽管如此，他仍坚持，南方社会中一直存在着对法律和秩序的蔑视，在这种地方，只有自卫才能阻止谋杀。他并不反对金的非暴力方法，只是主张斗争要有灵活性。

　　1961 年，自由乘客特意来到门罗，发起非暴力运动，以挑战威廉的武装自卫思想。一个自由乘客宣布，他来到门罗是因为他认为"威廉先生是美国最危险的人"。另一个宣称："如果民权斗争要保持非暴力，我们必须在门罗成功。在这里发生的事情将决定整个南方运动的进程。"威廉回忆说，"我首先把它看作一个挑战，但我也认为这是一个表明金和他们宣扬的东西是胡说八道的机会"。② 自由乘客遭到白人暴徒的攻击，很多人受伤，这场非暴力运动迅速演变成一场暴徒的枪战。

　　骚乱发生后不久，威廉就被指控绑架一对白人夫妇。他不相信美国的司法体制，开始了在国外的流亡生涯。他和家人先飞到加拿大，然后去了古巴。威廉主持的自由南方电台主要面向美国南方广播，并编辑了报纸《十字军战士报》，这些报纸通过各种渠道被大量送到美国黑人手里。他后来又访问越南，并在北京定居下来。虽然一直在国外流亡，威廉还是对学生非暴力协调委员会后期主张的变化产生了影响。1964 年，他们放弃了非暴力，很多成员在激烈的争论中引用威廉的观点作为证据，争取种族平等大会的一些成员这时也对威廉推崇备至。总之，威廉对民权运动后来转向"黑人权力"运动起了重要的推动作用。

---

① 罗伯特·威廉：《带枪的黑人》，第 xxv 页。
② 泰森：《罗伯特·威廉、黑人权力与美国黑人自由斗争的根源》，载《美国历史杂志》第 85 卷第 2 期，第 563 页。

虽然在民权运动中并不起主导作用,但在当时,威廉的自卫策略还是有一定的合理性。面对许多人的批评,威廉首先解释了自卫的定义。他认为自己宣扬的是单纯的自卫,而不是积极主动的进攻。他指出:

> 由于有人对我的立场进行了大量的歪曲,我想澄清我不是为了暴力而鼓吹暴力,或者是为了报复白人而采取暴力。我也不反对马丁·路德·金牧师和其他人所极力主张的消极抵抗。我同金博士唯一的不同在于我赞成争取自由的斗争要有灵活性。这就是说我赞成在可能的时候运用非暴力策略。……在文明的条件下,公民大规模的非暴力抗拒是一种强有力的做法,因为法律保障公民和平示威游行的权利。但在法律无效的地方,个别公民便有权保护他的人身、他的家庭和他的财产。对我来说,这是非常简单而合理的,完全是不言而喻的道理。①

针对威廉的观点,金曾发表文章进行公开回应与批评。他承认白人暴力把运动带到一个面临深刻危机的阶段,认为运动存在三条路线:"首先是纯粹的非暴力,但这种方法不能真正吸引大众,因为它需要特别的纪律和勇气。"金接着指出:"合法的自卫是更现实的,因为所有的社会都把自卫看作是道德和合法的。在自卫的过程中,即使发生了流血冲突,也从来不会遭到谴责,甚至甘地也这样认为。当黑人使用武力自卫的时候,他们不会孤立无援,他们甚至会因此而赢得人们的支持。"可见,在批评威廉的同时,金承认黑人自卫的权利(全国有色人种协进会也是如此),认为它在道德和法律上都可为任何社会所接受。威廉其实也持这样的观点。金认为最不能接受的主张是把暴力作为社会进步的工具,或鼓吹战争。他强调,"在游行中广泛组织起来的大众比少数几个绝望的带枪的人更有力量,我们的敌人喜欢对付少数武装分子,而对大量非武装且意志坚定的群众非常头疼"。他最后断言:"威廉先生告诉我们,除了暴力以外别无选择。他认为我们要么畏缩、屈服,要么拿起武器。"②金似乎有意忽视威廉主张的灵活性,只是抓住了一点来进行批评而不及其余,有失偏颇。正如泰森所写的那样,实际上,金

---

① 罗伯特·威廉:《带枪的黑人》,第3页,译文参见乔安妮·格兰特编《美国黑人斗争史:1619年至今的历史文献与分析》,第375~376页。

② 小马丁·路德·金:《非暴力的社会组织》,载詹姆斯·华盛顿编《希望的自白:小马丁·路德·金基本著作集》,第33~34页。

发明了自己的威廉。他发明了一个激烈反对白人的极端主义者和激进者的形象，然后进行反驳。[1]

从自卫的起源看，威廉认为黑人进行武装自卫乃是迫不得已的行为。他强调："当美国的法律和秩序遭到破坏，当局不能或不愿保护美国人免受无法无天的暴徒侵害的时候，黑人才第一次组织起来保卫自己的家、妻子和孩子。"为黑人妇女强奸案辩护失败后，他对失望的人们说："在一个文明的社会，法律才对强者有威慑，但南方不是文明社会，南方是一个社会的丛林。……我们该用武器来保卫我们自己的妇女和儿童，我们将以暴抗暴。"他认为"南方的黑人不能从法院中得到正义，必须以暴抗暴，以私刑制止私刑"。第二天，威廉虽然稍微修改了他的言辞，但他仍强调如果法院不能保护黑人，黑人是要进行自卫的。[2] 威廉的话反映了许多人的感受，但他这种对暴力的公开宣扬引起了很多争论和批评。福尔曼指出，自卫是人们该做但不该说出来的事情。他很同情威廉的愤怒和失望，但批评他用"以暴抗暴"这样容易引起误解的极端言辞很不明智，他不仅失去了潜在的支持，还容易受到警察的攻击。[3]

从自卫的结果来看，威廉认为自卫取得了很大的成效，在相当程度上阻止了流血，并强迫政府保护。他指出：

> 由于我们自卫，白人也有流血的危险，南方当局因此才突然执行法律和秩序，在此前他们一直对非法的种族主义采取姑息讨好的态度。我们在门罗同样证明了这一点。黑人准备用武器捍卫他们自己时，州和地方的警察迅速控制和驱散了非法暴徒，这是出乎意料的。此外，由于国际局势的关系，联邦政府不希望种族事件把全世界的注意力都吸引到美国南方的局势上来。黑人自卫现在引起了人们的密切关注，如果地方当局不执行法律和秩序，联邦政府就会执行。……门罗和北卡罗来纳当局只是在我们武装起来以后，才开始维持秩序。……自卫防止了流血，强迫法律来建立秩序，这就是门罗事件的意义。[4]

---

[1]　罗伯特·威廉：《带枪的黑人》，第 xxvii 页。

[2]　罗伯特·威廉：《带枪的黑人》，第 26 页。

[3]　詹姆斯·福尔曼：《塑造黑人革命：个人陈述》，第 159、374 页。

[4]　罗伯特·威廉：《带枪的黑人》，第 4～5 页，译文参见乔安妮·格兰特编《美国黑人斗争史：1619 年至今的历史文献与分析》，第 376～377 页。

威廉的话有一定的事实依据。例如，1957 年 10 月 5 日，当"三 K 党"全副武装袭击佩里的家时，他们遇到了威廉和他手下强有力的武装抵抗，很快就被击溃。事后，不仅门罗的一些报刊对"三 K 党"进行了谴责，门罗市委员会也很快在第二天召开了紧急会议，通过了禁止"三 K 党"集会、游行的法令。[①] 但这一法令实际上很难具体实行，联邦也未对此进行干预，威廉的说法有些言过其实。

而且，威廉并不认为武装自卫是唯一的策略，他还主张与其他非暴力形式的斗争相结合，进行灵活处理。他指出："非暴力策略可以继续，而且应当继续。我们也相信非暴力策略，我们用过，而且也用过其他一切策略。但是，我们也认为任何争取解放的斗争应当是机动灵活的。我们不应当认定只有一种方法才能走向解放。"但最终威廉对非暴力并不抱什么希望，他坚持以武装自卫取代非暴力的必然和必要性。他指出："只要有可能，我们都必须把非暴力作为一种手段。可是总有一天局势会使非暴力本身成为一种自杀性行动。那些过去不赞成自卫的黑人一定会起来武装自己。涉及自身的安全和利益，他们一定会改变态度。"他尤其反对作为思想哲学和生活方式的非暴力，"作为一种策略，我们利用和赞成非暴力抵抗。但是，我们也认为如果有人允许别人骂他、踢他和把他打倒在地，允许别人攻击他的妻子和女儿，还说他是虔诚和光明正大的，说回击有损人格，如果以此为理由来拒绝保卫妻子、儿女和自己，那这种人就不具有人的尊严"。[②]

（2）马尔科姆·X 的挑战：暴力革命和自卫思想

自从威廉流亡海外，马尔科姆·X 的暴力革命与自卫思想就成为非暴力直接行动策略的最大挑战。

马尔科姆·X，原名马尔科姆·利特尔，1925 年 5 月 19 日生于美国内布拉斯加州的奥马哈，父母都是加维主义的信徒。由于父亲厄尔·利特尔积极宣传加维主义有关种族纯洁和"回到非洲去"等主张，遭到当地白人种族主义者的嫉恨，生命也受到威胁，在马尔科姆 4 岁以前就搬过两次家。尽管如此，仍难逃厄运，1929 年他们在密歇根州兰辛的家被白人种族主义者烧毁。两年后，利特尔在一次交通事故中丧生，而这很可能是受"三 K 党"支持的白人种族主义者"黑色军团"所为。马尔科姆的母亲路易斯开始独

---

① 泰森：《自由南方电台》，第 88～89 页。
② 罗伯特·威廉：《带枪的黑人》，第 82～83 页。

立支撑这个家庭，但因压力太大，她逐渐精神失常，被送进精神病院。这个有着众多孩子的大家庭由此解体，马尔科姆被一个白人家庭收养。马尔科姆非常聪明，在学校里学习成绩很好，并被选为班长。然而当他的英语老师告诉马尔科姆，他想当律师的梦想对一名"黑鬼"来说不现实的时候，他对学校失去了兴趣。他辍学了，先到波士顿同父异母的姐姐艾拉那里，后来又流落到纽约的哈莱姆。马尔科姆从此开始沉沦，逐步沦为混迹街头的小偷、赌徒、拉皮条客及贩毒、吸毒者。1946 年，马尔科姆因抢劫罪被捕入狱。在监狱里，他博览群书，走上了自学之路。同时，在家庭的影响下，并通过与黑人穆斯林领导人伊莱贾·穆罕默德通信，马尔科姆逐步对正在兴起的黑人穆斯林产生了兴趣。到 1952 年出狱时，马尔科姆已经成为一名虔诚的黑人穆斯林教徒。为此，马尔科姆抛弃了他原来的姓，认为那是以前奴隶主给予的奴隶的名字，故用 X 取而代之，以纪念他在非洲部落里不知名的祖先。马尔科姆以其聪明的才智和雄辩的才能，先后被任命为黑人穆斯林的教长和穆罕默德的代言人，并推动黑人穆斯林运动成为全国性的运动。1964 年 3 月，马尔科姆与黑人穆斯林决裂以后，他的思想又发生了重大的转变，有了质的飞跃，达到了新的境界。不久，他就遇刺身亡。

马尔科姆早期政治思想的核心是以分离为目标、以暴力为手段的黑人民族主义思想。马尔科姆认为，面对白人种族主义者的迫害，要以牙还牙，捍卫天赋的自卫的权利："我们的宗教教导我们聪慧、和平、谦恭、守法和敬人，但如果某人向你挥起拳头，那就送他去坟墓。"[1] 他鼓吹革命，认为种族主义本身违背了法律，因此黑人被迫采取任何可能的行动来自卫，"'三K党'唯一能理解的语言是他自己的语言"；法律及其执行者维护种族主义，因此不得已违法是必要的，"如果黑人被种族主义者伤害或杀害，而政府和执法官员又不判他们有罪，那么黑人为了自己的利益有权自己执行法律来进行报复，即找到犯罪者，然后对他们进行惩罚"。这就是著名的以暴抗暴主张。[2] 他对黑人革命有深刻的认识。在其 1963 年 11 月发表的演说《向基层运动发出的信息》中，他把黑人革命分为两种，一种是被白

---

[1] 约翰·克拉克编《马尔科姆·X：其人及其时代》（John Clark, *Malcolm X: The Man and His Time*），纽约 1969 年版，第 279 页。

[2] 彼得·帕瑞斯：《黑人宗教领导人：一致中的冲突》（Peter J. Paris, *Black Religious Leaders: Conflict In Unity*），肯塔基州路易斯维尔肯 1991 年版，第 205，208 页。

人自由派和美国政府控制，一种是仅仅被上帝掌握。前一种是主张整合的、非暴力的、"被打了左脸，连右脸也送上去"的、"爱你的敌人"的革命，目标仅仅是非隔离化。而真正的革命是建立在土地基础上，以暴力流血的方式，争取民族独立、建立国家，是流血的、不妥协的，具有颠覆和破坏性。① 马尔科姆谴责美国这个国家和政府，认为美国一开始就道德腐化，剥夺、破坏了 2200 万名黑人的人性，美国就是黑人的地狱。他指出种族主义在美国根深蒂固，只有革命才能铲除美国的种族主义。他认为，现在在这个国家的 2200 万名黑人正处于一个政治、经济和精神的牢狱中，虽然政府声称正在解决问题，并已经取得很多进步，但解决不了实质问题，"你没有帮黑人任何忙，如果你把刀子插入我的后背，如果你插入 9 英寸，拔出 6 英寸，那你没有帮什么忙。即使你全拔出来，你也没帮什么忙"。② 他尤其批判美国的虚伪：宣扬自由却实行奴隶制；鼓吹民族融合，却维持种族隔离制。整个美国的政治、经济、社会和文化体制实际上是建立在白人至上基础上的。③ 他对美国的体制已经不抱有任何信心："这个制度本身不能给 2200 万名非裔美国人带来自由，就像母鸡不能生出鸭蛋。……这个国家的政治和经济体制绝对不能为 2200 万名非裔美国人带来自由、正义、平等和尊严。"④

马尔科姆在各方面都几乎与金针锋相对。当金讲非暴力的民权革命时，马尔科姆宣称"没有像非暴力革命这样的东西"。当金愿意与体制合作，甚至寻求与白人当局妥协时，马尔科姆强硬地说："革命是流血，革命是敌对，革命不知道妥协，革命颠覆和破坏挡在它路上的任何东西。"当金参加向华盛顿进军时，马尔科姆谴责它是一场"出卖"。当金呼吁国家实现"美国梦"时，马尔科姆宣布："我没有看到任何美国梦想，我看到的是美国的

① 约翰·克拉克编《马尔科姆·X：其人及其时代》，第 273~276 页。为了证明暴力革命的合理性，马尔科姆接着采取"以子之矛攻子之盾"的方式批判了美国在暴力问题上的双重标准："如果暴力在美国是错误的，那暴力在国外也是错误的。如果以暴力来保卫黑人妇女、儿童、婴儿和男人是错误的，那么美国驱使我们到国外以暴力保卫它也是错误的。如果美国驱使并教导我们以暴力保卫它是正确的，那么你和我做任何必要的事情来保卫在这个国家中我们自己的人民也是正确的。"
② 布鲁斯·佩里编《马尔科姆·X：最后的演说》（Bruce Perry, ed., *Malcolm X: The Last Speeches*），纽约 1989 年版，第 41 页。
③ 大卫·加伦编《他们所了解的马尔科姆·X》（David Gallen, ed., *Malcolm X: As They Knew Him*），纽约 1992 年版，第 126 页。
④ 大卫·加伦编《他们所了解的马尔科姆·X》，第 152 页。

噩梦。"当金以手段必须和目标一样合乎道德为非暴力辩护时，马尔科姆坚称："我们的目标是完全的自由、完全的正义和完全的平等，可采用任何必要的手段。"①

在 1963 年上半年，马尔科姆集中对金进行了猛烈的抨击，认为他不过是个顺从白人主子的"汤姆叔叔"，而爱压迫者的学说只能解除黑人的武装，把黑人变成了一种温顺的、"被打了左脸，连右脸也送上去挨打"的可怜虫。② 他在接受记者的采访时说："任何黑人教导其他黑人被打了左脸，连右脸也送上去挨打是在解除黑人的武装，是在剥夺黑人天赋的、道义的、自然的和明智的自卫权利。"③ 马尔科姆甚至针对金的非暴力学说激愤地批评说："非暴力反抗的时代已经一去不复返了。如果他们能使'三 K 党'不用暴力，那我也赞成非暴力。如果他们能使白人公民委员会不使用暴力，那我也赞成非暴力。但是只要有人不是非暴力的，那任何人也不要对我讲非暴力那一套。"④ 可见，马尔科姆坚决反对非暴力，认为金的非暴力策略是怯懦和消极的，以牙还牙才是必要的。

金在某些场合也做了回击和辩护。他认为，对邪恶不抵抗和非暴力抵抗之间有很大的区别，批评者完全混淆了不抵抗和非暴力抵抗。非暴力也产生了明显的效果，它经常在白人心中产生一种羞耻感，触动他们的良知，使他们形成一种罪恶感。它不会使白人感到舒服，它扰乱了他们的良知和满足感。⑤ 金还把个人自卫与集体行动中的暴力做了区分，认为"从某种意义上讲，自卫是一个错误的问题，因为当被攻击时，保卫自己的家与生命是普通法赋予的权利，但是在一个非暴力的游行示威中，自卫必须从另一个角度来考虑"。⑥

马尔科姆早期强硬、好斗的武装自卫策略和黑人民族主义思想鼓舞了黑

---

① 乔治·布瑞特曼编《马尔科姆·X 如是说：演说与陈辞选》（George Breitman, ed., *Malcolm X Speaks : Selected Speeches and Statements*），纽约 1989 年版，第 9、16、26、116 页。

② 肯尼斯·克拉克编《金、马尔科姆、鲍德温的三次会见》（Kenneth B. Clark, ed., *King, Malcolm, Baldwin : Three Interviews*），康涅狄格州米德尔顿 1985 年版，第 25 页。

③ 肯尼斯·克拉克编《金、马尔科姆、鲍德温的三次会见》，第 42 页。

④ 乔治·布瑞特曼编《马尔科姆·X 如是说》，第 138 页；布鲁斯·佩里编《马尔科姆·X：最后的演说》，第 149 页；史蒂夫·克拉克编《马尔科姆·X 同年轻人的谈话：在美国、英国和非洲的演讲》（Steve Clark, ed., *Malcolm X Talks to Young People : Speeches in the U. S., Britain, and Africa*），纽约 1991 年版，第 51 页。

⑤ 肯尼斯·克拉克编《金、马尔科姆、鲍德温的三次会见》，第 25 ~ 27 页。

⑥ 小马丁·路德·金：《我们将从此去向何方：混乱还是和谐》，第 55 页。

人民众的斗争热情，提高了黑人的尊严和觉悟，也迫使立法领导人积极回应黑人对民权的要求，因为这些最初反对马丁·路德·金的立法领导人发现马尔科姆是更难以接受的选择。可见，马尔科姆的激进主张在一定程度上推动了民权法案的通过。

马尔科姆晚年在思想上发生了重大转变，变得日趋灵活、开放、理智和务实，根据环境和形势的变化而抛却过时的思想，不断地探索黑人自由的新道路。他不仅完全摒弃了早期极端的种族主义思想，在斗争手段上，也逐步由狂热、不切实际转向冷静和务实。他对现实的政治斗争日益感兴趣，并设计了一套具体的、符合黑人斗争需要的政治方案。他还改变了以前在黑人穆斯林期间孤立的、远离一切民权组织的封闭方法，开始特别强调黑人团结和建立强大的同盟。此外，在其黑人民族主义的框架内，马尔科姆还提出了包括泛非主义和人权斗争等在内的国际主义战略，以解决美国黑人的命运问题。

但在转向现实的政治斗争的同时，马尔科姆仍然坚持暴力威慑的策略。他在1964年4月8日发表的演说《黑人革命》中，再次重申革命的基础是土地和流血，革命从来不妥协，不谈判，不同化，革命就是要颠覆体制。马尔科姆说："……黑人正在觉醒。昨天用石块，今天用'莫洛托夫鸡尾酒'（一种自制的炸弹），明天就要用手榴弹，以后还会使用其他可以使用的东西……现在这里就有2200万名非裔美国人决心为独立而斗争……我不是指任何非暴力的斗争，不是指那种有人打你右脸连左脸也送上去的斗争。那些日子已经过去了，已经一去不复返了。"他强调："革命从来就不是用连左脸也送上去挨打的办法来进行战斗的。革命从来也不是爱你的仇敌以及为那些恶意利用你的人祈祷等为基础的。革命从来不是只空喊'我们一定会胜利'就行的。革命只能立足于流血的战斗。"[1] 当然，马尔科姆虽然鼓吹自卫是正当必要的，但同时又要求黑人不要先挑起暴力，不要做任何非法的事情。他对金等民权领导人仍经常进行批评，当金获得1964年诺贝尔和平奖后，马尔科姆评论说："他得到了和平奖，我们得到了问题。……如果我正跟随着一名将军，他正领导着我进战场，敌人这时候给他奖杯，我将不得不怀疑他。尤其是如果在战争结束之前，他就得到了一个和平奖。"[2]

---

① 乔治·布瑞特曼编《马尔科姆·X如是说》，第49~50页。
② 韦斯布劳特：《受局限的自由》，第174页。

　　马尔科姆一如既往，对白人种族主义者采取了坚决斗争、毫不妥协的立场："我们坚持任何必要的自卫，保留最大限度的对种族压迫者报复的权利，……我们将不会单独死去，我们将看到我们的种族压迫者也会尝到死亡的滋味。我们清醒地认识到我们通过报复而自卫的努力，即以暴抗暴，以眼还眼，以牙还牙，将在美国制造出一种典型的种族冲突并逐步升级为一种暴力的、世界范围的、流血的种族战争。"[①] 他甚至宣称："对你我来说，让世界知道我们是多么爱好和平、多么慈善、多么希望遵守法律的时刻来到了，但同时我们不得不让世界知道，如果我们不被承认和尊重，不被像其他人一样对待，我们将毁灭世界。"[②] 他还从国际领域寻找自己所需的斗争资源，亚洲的游击战争、非洲的"茅茅"运动等都成为他手中的武器。[③] 在预测黑人斗争的前景时，马尔科姆多次预言："1964 年将是美国最躁动的一年，是流血的一年，是有许多种族暴力和种族流血的一年。在这个国家成长起来的新一代黑人已经形成这样一种观点，如果有流血，它应该是双方的流血。美国国内的种族问题火花甚至会引起巨大的国际种族战争。"[④] 他还说："1965 年将是最长、最躁动、流血最多、最具爆炸性的一年。"[⑤]

　　马尔科姆尽管言辞激烈，他关于政治暴力的观点却是模糊的。他认为暴力的威慑是更有效的，不要轻易使用它。他给了他的追随者幻想的复仇，而不是实际的复仇，这使白人敌人、同样也使其他反对者迷惑不解。[⑥] 此外，在成百上千人集会时演讲那种特殊的场合下，马尔科姆有时也会有点言不由衷，演讲的措辞（主要是那些宣扬暴力的言辞）与其真实想法之间可能会有些差异，这主要是为了照顾听众的情绪，安抚激进者的不满，吸引更多的追随者，因而不难理解。尽管马尔科姆仍坚持暴力，但他此时的暴力基本上

---

① 乔治·布瑞特曼编《马尔科姆·X 如是说》，第 77 页；约翰·克拉克编《马尔科姆·X：其人及其时代》，第 292 页。

② 乔治·布瑞特曼编《采取任何必要的方式》（George Breitman, ed., *By Any Means Necessary*），纽约 1970 年版，第 23 页。

③ 马尔科姆于 1964 年 12 月 20 日在奥特朋会场的演讲中说到"茅茅"运动时，还特别讲述了一个恐怖的故事：300 人当中，有 50 个人愿意为了自由而杀人，另外 250 人不愿意。然后这 50 个人就被要求杀死这 250 个挡在自由之路上的人："除掉他们，自由将自然到来。"这真令人不寒而栗。见乔治·布瑞特曼《马尔科姆·X 如是说》，第 134 页。

④ 乔治·布瑞特曼编《马尔科姆·X 如是说》，第 48 页。

⑤ 乔治·布瑞特曼编《马尔科姆·X 如是说》，第 174 页；肯尼斯·克拉克编《马尔科姆·X 同年轻人的谈话》，第 92 页；乔治·布瑞特曼编《采取任何必要的方式》，第 166 页。

⑥ 佩里：《马尔科姆：一个改变了美国黑人的人的生平》，第 283～285 页。

是口头上的，他从未卷入任何暴力活动或城市骚乱当中。但这些激烈的言辞确实令美国政府惊恐不安，令国际社会震惊，所有人的神经都被强烈地刺激起来，美国黑人问题由此成为关注的热点，马尔科姆的目的也因此就达到了。而且，通过恐吓白人，马尔科姆使他们中的许多人感到金的非暴力方法相对安全。在这种意义上，有理由认为，马尔科姆创造了一种政治气氛，加速了 1964 年民权法案和 1965 年选举权法案的通过。[1]

不管马尔科姆后期思想发生怎样的变化，他始终坚决反对非暴力、主张自卫，坚持双方对等的原则，并主张："黑人的自由像白人的自由一样有价值，黑人有权利做任何必要的事情来获得他的自由。……我们愿意像别人一样为自由牺牲自己的生命或带走别人（种族主义者）的生命。"[2] 马尔科姆在他的演讲中反复强调自卫，指出："当人们经常成为残酷暴力攻击的受害者时却教导他们不要保卫自己，那是一种犯罪。拥有枪支是合法的，我们愿意遵守法律。但在一些地区，我们的人民经常成为白人种族主义者暴行的受害者，而政府似乎不能也不愿保护他们，我们应该组建我们的步枪俱乐部，在紧急情况下用来保卫我们的生命和财产。我们应该是和平和遵守法律的，但无论何时何地，美国黑人受到不公正和非法的攻击时，他以自卫来应战的时刻就来到了。如果政府认为我说这些是错误的，那就让政府开始做它本该做的工作。"[3] 他反复强调自卫的合理、合法性："我说过的唯一的事情是，在一些地区，政府不愿也不能保卫黑人的生命和财产，那么黑人自己保卫自己的时刻到来了。宪法修正案赋予你我拥有枪支的权利，因而拥有枪支是合法的。但这并不意味着你能带着枪出去寻找白人挑衅……那将是非法的，我们不做任何非法的事情。"[4] 马尔科姆有时激烈的言辞中往往透射出不言而喻的威慑意味："我指的不是出去挑起暴力。……我只对以非暴力待我的人非暴力，但当你把暴力施加给我的时候，你让我变得疯狂，我不能对我做的事情负责了。那就是每个黑人该持的立场。……不要单独死去，让死亡成为双方的事情。"[5] 这就是说，马尔科姆强调大家应共同遵守公平的游戏规则，

① 佩里：《马尔科姆：一个改变了美国黑人的人的生平》，第 286 页。
② 乔治·布瑞特曼编《马尔科姆·X 如是说》，第 113 页。
③ 乔治·布瑞特曼编《马尔科姆·X 如是说》，第 22 页；阿奇·艾普斯编《马尔科姆·X 哈佛演讲录》（Archie Epps, ed., Malcolm X: Speeches at Harvard），纽约 1991 年版，第 172～175 页。
④ 乔治·布瑞特曼编《马尔科姆·X 如是说》，第 43 页。
⑤ 乔治·布瑞特曼编《马尔科姆·X 如是说》，第 34 页。

这在当时一方面具有一定的合理性，另一方面对迫害黑人的种族主义者也不无威慑力。①

（3）密西西比黑人武装自卫的挑战

威廉与马尔科姆主要在思想与理论上为暴力斗争做了论证与阐释，真正把暴力斗争思想用于实践，并对非暴力直接行动策略产生很大挑战的是密西西比黑人的武装自卫斗争。

密西西比黑人武装自卫的传统本来就非常深厚。学生非暴力协调委员会等民权组织深入密西西比农村地区进行选民登记工作，宣扬非暴力思想，但是，当地的很多黑人居民仍采取武装自卫的方式保卫自己。在密西西比的广大农村，试图进行登记的黑人不断遭到骚扰、恐吓、经济上的报复和人身攻击。虽然向法院的示威行动通常是非暴力的，但大多数人遇到袭击时采取武装防御。南部运动中的英雄人物之一，是一位矮小结实的老人——密西西比阿米特县的 E. W. 斯特普托。斯特普托一离家去进行选民登记，他的住房就被炸毁，他开枪射击逃跑的投弹者。斯特普托的行动并非孤立的事件。在开展民权运动的积极分子的住处，或者正开会的会议厅和"自由大厦"周围，均须设立岗哨，这在南部边远地区已很普遍。许多人在住处遭到射击时，都进行了还击。最著名的一个自卫的例子发生在当地农民哈特曼·特布身上，他去法院登记之后，他的家遭到了"三 K 党"的袭击。特布回忆说："我的妻子和女儿逃走了。我拿上步枪，打开保险，找好射击位置，对两名袭击者猛烈反击。"他的解释很简单："我是人，不是非暴力的，我在保卫我的妻子和家庭。"但他和几名民权组织者却因此被捕。② 即使极力认同非暴力哲学的摩西，也承认学生非暴力协调委员会中的许多人与他的思想不同，自卫深深扎根于美国南方的农村社会，仅凭一小批民权工作者是不足以让他们放弃自卫传统的。福尔曼、邦德和大多数学生非暴力协调委员会的积极分子也都把非暴力单纯看作一种策略，而不是生活方式。③ 但 1964 年"自由夏天"

① 关于马尔科姆·X 研究参见拙文《马尔科姆·X 早期思想的轨迹》，《史学月刊》2006 年第 3 期；《超越黑人民族主义——马尔科姆·X 晚期思想探析》，《浙江学刊》2007 年第 6 期；《殊途同归：马尔科姆·X 与小马丁·路德·金思想比较研究》，《人文论坛》第三辑，河南大学出版社 2007 年。

② 迪特默：《当地人民》，第 192 页。

③ 泰森：《罗伯特·威廉斯、黑人权力与美国黑人自由斗争的根源》，载《美国历史杂志》第 85 卷第 2 期，第 545、562 页；玛丽·金：《自由之歌：关于 20 世纪 60 年代民权运动的个人自传》，第 318 页。

运动期间，绝大多数民权积极分子还是依赖非暴力手段进行自我保护。他们驾驶汽车飞速避开当地白人在公路上的袭扰；他们在公路上行动时，还特意使用收发两用的无线电通话设备，让指挥部知道自己的行踪，在危急情况下可以迅速获得援助。①

学生非暴力协调委员会和争取种族平等大会在密西西比民权斗争中的经验挑战了他们对非暴力的信念。1961 年，学生非暴力协调委员会和争取种族平等大会在南方腹地的农村社会组织了选民登记运动。那里自从重建后，白人至上主义者的暴行猖狂地剥夺了黑人的很多权利。两大组织的领导人希望联邦政府能够帮助反对种族主义暴行，对黑人们进行保护。在选民登记运动中，学生非暴力协调委员会和争取种族平等大会的领导人认为，要想赢得美国政府和公众中自由派的支持，运动的组织者就必须保持非暴力的道德水准。他们明白，如果非暴力策略要在南方腹地起作用，联邦保护性的干预就是必不可少的。就在非暴力组织者寄希望于依赖联邦帮助的同时，密西西比地方黑人已经开始组织起来用武力保护他们的社会和民权积极分子。在南方，大多数白人和黑人都普遍拥有枪支等武器。历史表明，南方黑人们愿意用武器捍卫自己的生命、财产和尊严。20 世纪 50 年代末到 60 年代，随着民权运动的发展，地方黑人的武装自卫变得越来越集中和有组织了。②

1964 年成为非暴力哲学和策略在民权运动中发生变化的关键的一年。自从这一年，武装自卫日益成为每个民权组织的南方计划中的一部分。主要是由于"自由夏天"运动的影响，学生非暴力协调委员会、争取种族平等大会内部都产生了对非暴力的质疑。这种转变标志着非暴力作为南方自由斗争哲学和策略的终结。早在密西西比"自由夏天"运动前夕，在学生非暴力协调委员会、争取种族平等大会内部就发生了关于武装自卫和非暴力的激烈争论。学生非暴力协调委员会的一些成员支持非暴力斗争，他们列举了一些原因：为了赢得联邦政府的支持和保护；自卫得不到大部分黑人民众的支持；自卫是一种自杀行为，会导致残酷的报复；等等。摩西是其中的典型代表，他认为，学生非暴力协调委员会的组织者不能期望地方黑人信奉非暴力，但自己的成员是有义务坚持这一方法的。他承认武器在南方黑人文化中

---

① 乔安妮·格兰特编《美国黑人斗争史：1619 年至今的历史文献与分析》，第 281～283 页。
② 乌姆加：《1964 年：密西西比自由运动中非暴力终结的开端》，载《激进史学评论》第 85 卷第 1 期，第 202 页。

代表着一种生活方式，非暴力对大部分地方黑人来说是一种外来的概念。但他坚持认为学生非暴力协调委员会是一个信奉非暴力的组织，因此要求它的组织者必须实行基督教的和平主义。但另有一些成员强烈赞成自卫，他们陈述了自己的理由：武装黑人有效阻止了白人暴徒攻击学生非暴力协调委员会的办事处和当地黑人的住所等。后来在贝克尔的建议下，学生非暴力协调委员会决定实行更灵活的策略，并最终达成共识：不能把枪支放到自由之家或学生非暴力协调委员会的办公室中；民权组织者不能携带任何枪支和武器；学生非暴力协调委员会作为一个组织不能公开宣扬武装自卫；"自由夏天"运动的志愿者若想携带武器就必须离开。[①] 但支持武装自卫和携带武器的人仍很多。民权组织者在"自由夏天"运动中的经历最终促使他们彻底舍弃了非暴力的思想与策略。

1964 年 6 月，学生非暴力协调委员会开始就武装自卫问题在全国范围内展开了讨论。虽然学生非暴力协调委员会、争取种族平等大会在公共场合仍然坚持非暴力的立场，但很多基层成员和志愿者在 1964 年武装起了自己。在南方腹地，没有当地人民的武装保护，民权组织不可能有效运作。尽管学生非暴力协调委员会禁止武装，但仍有好几名学生非暴力协调委员会、联合组织委员会的组织者在"自由夏天"运动期间携带武器。霍利斯·沃特金斯被派到霍姆斯组织"自由夏天"运动的时候，其实还参加了在麦斯顿的武装巡逻，这直接违背了学生非暴力协调委员会的有关规定。由于白人至上主义者炸毁了麦考姆学生非暴力协调委员会组织者的"自由房子"，并屡次对他们施以暴力侵害，联邦政府却漠然置之，他们也不得不在当地建立武装巡逻队，一名组织者回忆说："虽然违背了学生非暴力协调委员会的规定，但我们仍坚持携带武器。"[②]

南方黑人在改变学生非暴力协调委员会关于武装自卫的态度和实践方面发挥了重要作用，北方年轻的积极分子受到了黑人农民和来自南方的民权组织者的影响，许多人还受到了地方运动领导人的影响。对大多数南方黑人来说，非暴力只是个舶来品，不起什么作用。而且，考虑到南方黑人武装自卫的深厚传统，非暴力很难与之竞争。摩西承认正是深受本地人民的影响，学

---

① 乌姆加：《1964 年：密西西比自由运动中非暴力终结的开端》，载《激进史学评论》第 85 卷第 1 期，第 206～207 页。

② 乌姆加：《1964 年：密西西比自由运动中非暴力终结的开端》，载《激进史学评论》第 85 卷第 1 期，第 221 页。

生非暴力协调委员会非暴力策略和实践才发生了转变。而且，地方黑人一直把武装自卫作为维持自由斗争的工具。在联邦政府和自由派的背叛使积极分子失望的同时，黑人农民和工人们的不断牺牲和斗争为学生非暴力协调委员会和其他积极分子带来自信，他们相信自己能依靠有组织的大众来获取政治权利。一些拥有土地的黑人社区也为自由斗争做出了重要贡献，他们有组织的武装自卫有效抵御了"夜行侠"的袭击。运动的积极分子，尤其是地方组织者如果在天黑前进入这种社区，就会比较安全。这些社区有高度的团结和自卫传统，并享受着一定程度上独立于白人种族主义者的自治，成为抵制种族主义者和支持运动的基地。①

　　不断遭遇挫折也促使运动积极分子转向进行武装自卫。非暴力直接行动策略要在密西西比起作用，联邦政府必须要强力干预，从而为民权组织者提供反对白人种族主义暴行的保护。但"自由夏天"运动的经历使运动积极分子和密西西比地方黑人对联邦政府感到非常不满，密西西比自由民主党的失利更加剧了人们的失望。他们遭受了那么多的暴力侵害，做出了那么多的牺牲，却收效甚微，怎能不痛苦？在经历了密西西比自由民主党的失利后，他们决定不再依靠白人自由派、民主党和联邦政府来进行自由斗争，只有依靠自己。②

　　1964年11月，学生非暴力协调委员会向维兰德撤退，并又调整了计划，表明学生非暴力协调委员会成员在武装自卫的具体实践上发生了变化。一次，当"夜行侠"向会场扔汽油弹时，很多学生非暴力协调委员会的成员立即带着武器冲出去，抓住他们。一位北方志愿者看到这样的变化，非常迷惑不解，他一直认为学生非暴力协调委员会是一个非暴力的组织，于是请教津恩。津恩说："你亲眼看到了非暴力运动的终结。"③

　　总之，武装自卫在密西西比传统深厚，密西西比黑人常常不得不依靠武装自卫来保卫自己的生命、财产。这主要是因为联邦政府不能保护运动积极分子和支持者免遭种族主义分子的暴力侵害，这些种族主义者们往往都有当

① 乌姆加：《1964年：密西西比自由运动中非暴力终结的开端》，载《激进史学评论》第85卷第1期，第210页。
② 克利夫兰·塞勒斯：《一去不返的河流：一个黑人革命者的自传及学生非暴力协调委员会的兴亡》，第111页；詹姆斯·福尔曼：《塑造黑人革命：个人陈述》，第386~396页。
③ 乌姆加：《1964年：密西西比自由运动中非暴力终结的开端》，载《激进史学评论》第85卷第1期，第223页。

地执法部门的支持。民权运动兴起后，非暴力直接行动作为一种策略被引入密西西比，并占据了主导地位，但武装自卫并没有消失。1964 年"自由夏天"运动后，密西西比自由运动从非暴力直接行动转向了更多地依赖武装自卫，并在一定程度上，挑战了白人至上主义者，减少了种族主义暴行。

（4）准军事组织"防卫与正义执事团"的挑战

与密西西比黑人武装自卫相似，"防卫与正义执事团"有组织的自卫斗争是南方黑人把暴力斗争思想付诸行动的另一个具体例子。

尽管通过了 1964 年民权法案，南方腹地的许多地方仍拒绝取消隔离。"三 K 党"和其他的种族隔离主义群体利用各种恐怖手段阻碍法律的实施。为了对付这种暴力与恐吓，1964 年 6 月，来自路易斯安那琼斯博罗的黑人们建立了"防卫与正义执事团"，这是一个用来保卫黑人社会与民权工作者的黑人准军事组织。组织领导人查尔斯·西姆斯回忆了执事团建立的具体起因："一天下午，两名民权组织者在一个黑人区遭到六名白人攻击。我们扣留了白人，直到警察到来，但警察当即就把他们释放了。既然不能从法律那里得到保护，那么，我们就该在自己的社区组织一个群体来保护自己的人民。我们实行的是自卫，并不攻击别人，但只要受到攻击，我们会不惜一切代价来保护自己。"他解释为什么要采取那样的立场："警察为了白人对黑人执法，而不是相反。法律仅仅是书本上的，它反对黑人，维护白人。因此我们必须组织起来自卫。"[1] 他特别强调："我们有必要在博加鲁萨市设置执事团，理由首先是黑人和争取民权的工作人员无法得到充分的保护。有了执事团以后，搞恐怖活动的'夜行侠'就不会再杀进这个地区了。我们必须把自己武装起来，因为我们对白人'夜行侠'骚扰妇女和儿童感到愤怒。我认为一个人应当有权用武器自卫。执事团队员不会袭击别人，武器只是用来防卫的。"[2] 执事团成立不久，就与州骑警发生了对抗，由于他们装备了精良的武器，骑警也让之三分。后来"三 K 党"计划在城市中集会时，执事团威胁市委员会要禁止这样的集会，最终"三 K 党"的集会计划失败。

执事团之所以能取得这么大的成就，首先就是因为配有精良的武器装备，甚至比警察局武装得更好。而且，他们组织严密，不公开透露成员的信息，对白人来说几乎就是个秘密组织，令白人种族主义者很是头疼和恼怒。

---

[1] 豪威尔·雷恩斯：《我的灵魂是安宁的：南方腹地民权运动的故事》，第 417 页。
[2] 乔安妮·格兰特编《美国黑人斗争史：1619 年至今的历史文献与分析》，第 394～395 页。

他们还规定了详细的组织细则，每个人都一定要学习并懂得这些细则，在成为防卫队员之前，都要发誓遵守这些细则。这些措施使执事团成为一支战斗力很强的队伍。

此后，防卫与正义执事团不断在全国各地扩展开来，迅速成长为一个遍布南方各地（主要集中于路易斯安那、密西西比和亚拉巴马），甚至扩展到北方，拥有几十个分支的组织。执事团有了几百名成员和成千上万名支持者，不久就成为对马丁·路德·金的非暴力策略日益不满的象征。西姆斯谈了自己对非暴力的看法："非暴力行动是一种善良的行动——如果说警察真正做好他们的工作的话。但是在南部各州，不只在路易斯安那，警察从来没有在白人和黑人发生纠纷的时候来执行公务，除非黑人压过白人。"① 尽管对非暴力的策略不满，执事团仍旧和不同的民权组织开展合作。西姆斯曾公开对金说："对我们来说，在博加鲁萨市拿起武器是很必要的。塞尔玛游行时，如果我在场，我也一定会在塞尔玛组织防卫，那样，或许你们就不会死伤那么多人。警察一定不会骑着马来践踏我，因为我们会拼死反抗。"他的言辞非常激烈："你做你的事情，我做我的事情。""不要扇我耳光，我也不会送上另一边脸。你要是敢扇我，我会砍掉你的头。"他还谈道："每次福尔曼来到这里，我都极力保护他。他欢迎执事团，因为他碰巧来过这里，而金没有。他知道这里多么危险，金不知道。"②

执事团的活动于 1965 年在路易斯安那博加鲁萨市达到顶峰，当时执事团威胁说要发起一场与地方"三 K 党"的内战，这最终迫使联邦政府进行干预，打击了当地"三 K 党"，恢复了秩序。这证明，黑人暴力和公民叛乱的威胁，在强迫联邦政府实施新颁布的联邦法案方面，还是发挥了一定的作用。

二 暴力斗争对非暴力直接行动的支持：暴力威慑

虽然暴力斗争对非暴力直接行动策略构成了很大的挑战，但主张非暴力直接行动的领导人也经常会利用潜在的暴力威胁，来说服或迫使政府和白人自由派答应他们的要求。以向华盛顿进军为例，起初，肯尼迪总统非常不愿意支持游行。在进军前夕，他会见了民权领导人，希望他们取消游行，但遭到一致反对。其最强有力的理由就是肯尼迪总统最担心的暴力问题。伦道夫

---

① 乔安妮·格兰特编《美国黑人斗争史：1619 年至今的历史文献与分析》，第 403 页。
② 豪威尔·雷恩斯：《我的灵魂是安宁的：南方腹地民权运动的故事》，第 420～421 页。

告诉肯尼迪总统："黑人已经在大街上了，不可能让他们离开。而如果他们一定要待在大街上，那么，让他们被致力于民权斗争和受到非暴力纪律约束的组织来领导，而不是把他们留给既不关心民权又不相信非暴力的其他领导人，岂不是更好？"伦道夫使肯尼迪相信，这次进军不会出现日益增强的基层激进性和暴力倾向，主要目的是把激进性纳入安全的渠道。金完全同意这种观点，他认为，在非暴力组织有纪律的领导下，人们能通过游行的方法把不满和悲哀发泄出来。法默也强调："如果我们取消在大街上的示威，然后在立法斗争中被击败，我们会处于非常困难的形势中。结果挫折就会转化为暴力，新的激进领导也会由此诞生。"[1] 最终，总统被说服了，承诺支持游行。

民权领导人最常用的暴力威胁的方法就是利用激进的、主张暴力的马尔科姆作为要挟政府的手段。在向华盛顿进军运动中，马尔科姆·X 也在现场，这让民权运动的支持者、著名演员和剧作家奥兹·戴维斯颇为惊讶。他具体阐述了民权领导人如何利用马尔科姆的暴力威胁来对政府当局施压。他说：

> 让马尔科姆卷入运动是一项伟大策略的一部分。马丁等民权领导人向美国人民展现出他们最好的一面，非暴力的一面，他们的意图是融入美国社会，告诉世界他们不是想反对别人。马尔科姆作为一个主张暴力的局外人，是他们可以利用的筹码。他们可以对权力当局说："看，这里都是非暴力的人。现在，如果你们不合作，就得面对我们的另一个兄弟马尔科姆，他和我们可不一样，为了避免遇到真正的麻烦，劝你们还是合作吧。"这种策略起到了一定的作用。马尔科姆总是出现在运动的某个地方。[2]

在所有的民权领导人中，金可以说是最擅长利用这种暴力威胁的手段了。他虽然极力主张非暴力，但作为一个精通斗争策略的高手，他经常会利用暴力威胁策略来达到自己非暴力直接行动的目的。他经常警告对手，"如果不和我协商，下次你面对的将是学生非暴力协调委员会、马尔科姆或大街

---

① 西特科夫：《为黑人的平等而斗争》，第 148 ~ 149 页；约翰·马丁：《民权与自由主义的危机：1945 ~ 1976 年的民主党》（John Frederick Martin, *Civil Rights and the Crisis of Liberalism：The Democratic Party, 1945 – 1976*），科罗拉多州玻尔得 1979 年版，第 176 页。
② 亨利·汉普顿等编《自由之声：民权运动口述史》，第 163 页。

上的怒火"。① 通过这种方式，金可以很好地与联邦政府打交道，并能与隔离主义分子进行有效谈判。

在《从伯明翰监狱发出的信札》中，金警告一些黑人温和派领导人，不要把他的非暴力直接行动看作是极端主义的，事实上，黑人可以从他的运动中宣泄许多被压抑的怨恨和潜伏的挫折。他希望白人能理解黑人，黑人必须释放这些怨恨和挫折，如果不以非暴力的方式释放，他们将使用暴力。他说："让黑人举行通往市政厅的祈祷朝圣；理解为什么他必须要静坐和自由乘车。如果他们的情绪没有通过这些非暴力的方式表达出来，他们将以不祥的暴力形式发泄出来。这不是一个威胁，而是历史事实。"他写道：

> 如果非暴力哲学没有出现，现在许多南方的大街上一定会血流成河，并且，如果白人兄弟们把我们作为聚众闹事者和外来的煽动者，拒绝支持我们的非暴力，成千上万充满挫折与绝望的黑人就会从黑人民族主义的思想意识形态中寻找安慰，那将不可避免地导致一个令人恐怖的种族噩梦。②

金有效地利用白人对黑人民族主义、黑人暴力和宣扬种族主义思想的穆斯林运动的恐惧来说服听众和政府，让他们接受非暴力直接行动策略。③ 肯尼迪总统就深受过这种策略的影响，认为有必要帮助法默、金和威尔金斯达到他们的目标，以免运动被极端主义分子控制。④ 有一次，他对来访的伯明翰白人领导人的代表们说，马丁·路德·金和南方基督教领导大会把斗争目标集中在伯明翰，他们该为此感激而不是恼怒，否则，学生非暴力协调委员会就会采取暴力行动了。⑤ 肯尼迪兄弟 5 月 15 日会见亚拉巴马的编辑时，也警告他们，如果温和派黑人得不到想要的东西，那么，大门将为黑人穆斯林那样的极端主义群体所打开。⑥

---

① 艾伯特、霍夫曼编《我们一定会胜利》，第 65 页。
② 小马丁·路德·金：《为什么我们不能等待》，第 87 ~ 88 页。
③ 埃里克·林肯编《小马丁·路德·金传略》（C. Eric Lncoln, *Martin Luther King, Jr.: A Profile*），纽约 1984 年版，第 140 页。
④ 西特科夫：《为黑人的平等而斗争》，第 145 页。
⑤ 韦斯：《民权运动领导中的创造性张力》，载大卫·刘易斯编《美国民权运动论文集》，第 63 页。
⑥ 卡尔·雷尔：《约翰·肯尼迪与第二次重建》，第 241 页。

　　马尔科姆本人后来也有意识地利用自己的激进性来促进民权运动的发展。戴维斯回忆说，1965年年初，马尔科姆开始与民权领导人进行对话接触，加入到民权运动当中来，但是，仍从外部对原体制施加影响。他经常警告白人当局："如果你不跟他们谈判，那就不得不来对付我。"① 这一策略尤其体现在塞尔玛运动时期。当时马尔科姆的影响已经在年轻激进的学生非暴力协调委员会中逐渐增大。1965年2月4日，学生非暴力协调委员会邀请马尔科姆在于布朗礼堂召开的大众会议上演讲，当时，金还在监狱里。安德鲁·扬回忆说："媒体通常认为马尔科姆会引发暴力，会让我们难以控制运动。结果，他的演讲非常棒，对我们的运动没有产生消极影响。"克莱塔·斯科特·金（金夫人）当时也在现场。马尔科姆对她说："我想让你知道，我来不是想让他（金）的工作更困难。如果白人知道该如何选择，他们会更愿意听金博士的话。"② 可见马尔科姆的策略取得了很大的成效，在一定程度上促进了运动的发展，并且迫使政府与金等温和派领导人谈判，进行立法改革。民权法案的通过也应该有激进的马尔科姆的功劳。

　　此外，一些原来主张非暴力直接行动的组织（主要是学生非暴力协调委员会、争取种族平等大会）后来日益激进，开始以自身的暴力威胁手段来与政府打交道。争取种族平等大会的许多重要成员很早就承认，武装自卫可以作为对非暴力直接行动的一种补充或代替。到1963年和1964年，他们已经承认武装自卫是合法的，并把它作为一种谈判的工具。例如，1963年5月，争取种族平等大会积极分子杰罗姆·史密斯与司法部长罗伯特·肯尼迪进行了一次激烈讨论。史密斯坚持，如果联邦政府不能保护运动积极分子，他也不能保证永远信奉非暴力。由于联邦政府的漠不关心，丹尼斯也开始改变他以前对非暴力的坚定信念。在1964年1月，丹尼斯警告罗伯特·肯尼迪："黑人不会看着他们的家人挨饿、挨打、坐牢和被杀，却不起来保护他们。如果你们拒绝提供保护，那么，我们将采取任何必要的手段来应对。"③ 这对后来联邦政府采取行动铲除"三K党"的种族主义暴行产生了重要的影响。

---

① 亨利·汉普顿等编《自由之声：民权运动口述史》，第260页。
② 亨利·汉普顿等编《自由之声：民权运动口述史》，第222页。
③ 奥古斯特·迈耶、艾略特·鲁德维克：《争取种族平等大会：民权运动的一个研究（1942～1968）》，第298页。

小结：非暴力直接行动与暴力斗争策略的关系

无可否认，黑人的武装自卫确实在一定程度上可以阻止白人的暴力。一位作家在描述 20 世纪 60 年代早期的佐治亚农村社会时，这样写道："两个种族之间维持相对和平的原因之一是他们同样都拥有武器，而且每一方都知道这一点。"罗尼·罗宾逊虽然同意这样的说法，但又增加了重要的一点，"白人总是拥有更多的力量"。因此，拥有武器并不总能保护黑人免遭暴力，而且白人暴徒的突然袭击可能让黑人无力保卫自己。白人种族主义者力图通过私刑让黑人产生恐惧，以此来控制他们，正如一位作家所写的那样："黑人受害者成为其种族的代表，……事实上，受害者是否犯罪或无辜，比起私刑本身来说并不重要。私刑暴徒们用恐怖行为警告黑人，不要挑战白人种族的至高无上。"① 地方当局的漠不关心助长了白人的恐怖主义，地方治安法官极力偏袒白人种族主义者，根本不理睬黑人受害者的要求。对贫穷的农村黑人来说，法律程序并不存在，施暴者经常逃脱法律的惩罚。为了在这样的环境中生存，很多黑人母亲告诫他们的孩子不要表现抵抗的迹象，担心抗议可能会给他们带来灾难。

整个 20 世纪 50 年代，白人公民委员会与"三 K 党"的恐怖活动猖獗，但地方与州政府视而不见，甚至参与其中。联邦政府对南方的种族主义暴行也袖手旁观。胡佛解释联邦调查局的主要活动是抓获共产主义分子，清除反美活动，而不是保护民权。他强调联邦调查局只是调查有关暴行的信息，具体如何惩罚那是地方政府的事情。可见，种族主义暴行不是胡佛关注的事情，他只是将它看作地方问题。福尔曼表达了许多南方积极分子的观点："联邦调查局简直就是在胡闹。它不会逮捕任何违背了法令条文的地方种族主义分子，相反，它只会玩一种记录和拍照的游戏。"② 很多民权积极分子被迫带枪自卫。

在这样的形势下，南方基督教领导大会、学生非暴力协调委员会、争取种族平等大会等民权组织把非暴力发展成一种现实可行的策略。南方黑人的任何自卫都会冒着残酷报复的危险，无异于自杀。在这种恐怖的环境中，全

---

① 萨利·伯曼兹：《暴力、非暴力与民权运动》（Sally Avery Bermanzohn，"Violence, Nonviolence, and the Civil Rights Movement"），载《新政治科学》（*New Political Science*）第 22 卷第 1 期（2000 年 3 月），第 36 ~ 37 页。

② 詹姆斯·福尔曼：《塑造黑人革命：个人陈述》，第 353 页。

国有色人种协进会的法院斗争成为争取种族正义的主要方式。但到 20 世纪 50 年代中期，南方政治家们公开抵制最高法院的判决，导致了许多黑人质疑法律策略的有效性。马丁·路德·金成为非暴力直接行动思想的主要宣扬者与实行者，他认同甘地的非暴力方法，认为运动要取得成功，有必要赢得黑人社会之外的支持。非暴力把民权运动放在一个更高的道德基础上，从而可以有效赢得白人自由派的支持，获得大众舆论的同情，使联邦政府站在民权一边。

在蒙哥马利公车抵制运动中，金创造了一种非暴力的公民不服从策略来对付隔离分子的暴力。金宣扬的非暴力不是消极的，用他的话来说，是激进的、强制性的。不像法院斗争依靠几个勇敢的当事人和他们的律师，抵制的成功依靠的是黑人工人阶级、女佣和日常劳动者等大众。白人种族主义分子虽然进行了暴力攻击，但由于新兴媒体电视的广泛报道，恐怖不再有效。在后来的奥尔巴尼运动、伯明翰运动、塞尔玛运动等一系列抗议运动中，金的非暴力直接行动策略从非暴力劝说升级为非暴力强制，不断发展与完善。这种非暴力策略之所以能流行开来，是因为它能有效地激励成百万的人开展行动，并赢得来自全国和全世界的支持，它是对付种族暴力最现实可行的方法。与此同时，由于白人种族主义分子的暴力抵制以及联邦政府的漠不关心，学生非暴力协调委员会、争取种族平等大会在南方腹地开展的不事声张的选民登记运动也逐渐发生变化。根据现实的需要，两大组织不得不制定和实行新的策略来吸引媒体注意，强迫联邦政府干预。密西西比"自由夏天"就是这一策略的主要体现。

这一时期，非暴力直接行动策略的主要挑战来自北卡罗来纳门罗的威廉、黑人穆斯林组织的马尔科姆以及一些密西西比的地方民众，他们强烈主张实行以牙还牙、以眼还眼的武装自卫策略来抵抗白人种族主义的暴行。虽然过于激进，没有取得太多效果，但在联邦政府的袖手旁观以及地方政府"助纣为虐"的情况下，他们的行为是完全可以理解的。武装自卫与非暴力抵抗同存共处，彼此竞争，在一定程度上也起了相辅相成的作用。

非暴力直接行动促进了公众的觉醒，公共舆论发生了重大变化，要求华盛顿结束隔离和暴力的压力持续增加。另外，冷战的国际环境也给联邦政府施以巨大的压力。运动的发展要求联邦政府拆除在地方和州政府中的白人至上主义壁垒，惩罚种族主义暴行。

但随着民权运动的深入开展，种族矛盾激化，集体的"三 K 党"又复活了，"夜行侠"活动猖獗，地方黑人不得已武装自卫进行反击。本来20世纪30年代以来，"三 K 党"已不再活跃，但是，由于白人害怕失去白人至上主义，产生了挫折感与恐惧感，1963 年年末"三 K 党"又开始复兴了。10 年来白人公民委员会一直领导着白人的抵制力量，虽然竭力让民权运动停滞不前，但很多白人种族主义者仍感到不耐烦和愤怒。到 1964 年夏天，将近 5000 人加入了"三 K 党"。密西西比官员对"三 K 党"的复兴很不解，因为他们深知，这一定会对社会产生不良影响，创造外来干预的气氛。但地方当局对"三 K 党"的反对仅仅是说说而已。当马歇尔到密西西比进行调查时，司法部对那里的"三 K 党"的信息还几乎一无所知。在这个州大约有 20 名联邦调查局探员，主要是南方人，但他们对形势的恶化听之任之。①

在"自由夏天"运动中，3 名民权积极分子被"三 K 党"残忍地杀害，其中两人是年轻的白人，这引起公众的极大愤慨。惨案也很快成为国际新闻，传遍整个世界，极大地损害了美国的国际形象。来自内外的压力最终迫使总统采取行动，约翰逊总统直接命令胡佛阻止"三 K 党"。联邦调查局立即派探员来进行调查，约翰逊总统派前中央情报局主任杜勒斯去杰克逊与州长及重要的商人领导会面。不久胡佛在杰克逊又设了一个新的联邦调查局地方办事处。胡佛仍然向公众声明，"我们不会对民权积极分子提供保护，联邦调查局不是一个警察组织，而只是一个调查组织"。但同时在私下里，胡佛警告州长、执法官员和商界领导人："三 K 党"的暴行必须终止，他们必须遵守新的民权法。直至夏末，联邦调查局杰克逊办事处共派出了 153 名探员开展工作。约翰逊州长也谴责暴力，他强调"只要他坐在州长的位置上，就不允许无知、仇恨和偏见占领他的州"。因为形势的恶化，他像胡佛一样，也处在巨大的压力之下。他害怕他的州遭到军事占领，因此不得不采取行动反对"三 K 党"。在杰克逊会面时，胡佛给了州长一个已加入"三 K 党"的州高速公路巡警的名单，约翰逊立即解雇了他们。司法部的成员也悄悄来到密西西比配合联合组织委员会的工作。②

鉴于"三 K 党"组织严密，联邦调查局开始实施反间计划，把很多

---

① 迪特默：《当地人民》，第 215~238 页。
② 迪特默：《当地人民》，第 250~251 页。

线人安插到"三K党"内部，从而了解"三K党"的秘密，很多"三K
党"成员由此被捕。这种反"三K党"的斗争一直持续到1971年，在很
多方面切断了"三K党"和地方执法部门之间的联系。民权运动通过强
迫当局惩罚实施暴行的种族主义者，打破了白人至上主义者对地方权力
的控制。[①]

　　总之，在民权运动中，非暴力直接行动与武装自卫紧密结合，迫使政府
不分种族地保护人们的权利。联邦一直对南方施加于黑人的暴行采取袖手旁
观的政策，即使在20世纪五六十年代，也出现了很多白人残害黑人的暴行，
凶手大都没有受到惩罚。尤其是在南方农村地区，黑人经常无法得到政府的
保护。一些人使用武器来保卫自己及家人，但效果有限，因为施暴的白人有
地方和州政府在他们后面撑腰。民权积极分子也经常采取武装自卫的方式免
遭侵犯。在严酷的形势下，南方基督教领导大会、学生非暴力协调委员会、
争取种族平等大会等民权组织开始实施现实的非暴力直接行动策略来改变公
众舆论，赢得自由派支持，强迫联邦政府干预。马丁·路德·金发挥了关键
的作用，他利用南方种族主义者的暴力，采取以非暴力对抗暴力的方法，为
把非暴力抵抗发展成一种现实可行的策略做出了重要的贡献。他知道利用道
德上的高尚赢得白人自由派对黑人运动的支持是一种现实需要，事实上这种
策略也取得了预期的效果。学生非暴力协调委员会的摩西是另一位非暴力策
略的关键人物，他设计的"让中产阶级的白人孩子流血"以吸引全国关注
的"自由夏天"策略，虽然没有达到迫使联邦政府与地方政府直接对抗的
目的，但流血使联邦政府不可能再像以前那样消极对待、置之不理了。随着
运动的进一步发展，非暴力策略逐步完善、成熟，取得了很大的成功。而
且，在冷战的国际环境和新兴的电视媒体出现的时代，大规模的非暴力抵抗
赢得了全国和全世界的注意，这迫使联邦政府不得不进行干预。在20世纪
60年代，面对着国际压力和民权运动日益扩展的规模和范围，联邦政府最
终采取行动挫败了南方的种族主义者。其中的突破与标志是，当1964年
"三K党"杀害了三名民权积极分子后，联邦政策发生了重大变化，约翰逊
总统命令胡佛利用联邦调查局来破坏"三K党"，而不仅仅是收集关于它的
情报，公开实施暴力的种族主义者只能转入地下。1968年，联邦民权立法

---

① 萨利·伯曼兹：《暴力、非暴力与民权运动》，载《新政治科学》第22卷第1期，第47
页。

最终把白人种族主义者的暴行列为联邦犯罪。联邦政府因此开始打破种族主义者和南部地方、州政府之间的联系，消除了白人种族主义者利用暴力恐怖对黑人进行社会控制，赢得了民权运动中的一个重要胜利。[①]

第三节　惠特尼·扬的协调

全国城市同盟比全国有色人种协进会更为保守，但它也为非暴力直接行动提供了重要支持。本来全国城市同盟是一个职业的社会工作组织，一直致力于改善城市中黑人的经济与社会环境，并不直接参加运动。但后来在惠特尼·扬的有效领导下，它不仅参与到运动中来，而且在其中发挥了独特的作用。

在民权运动中，全国有色人种协进会、南方基督教领导大会、争取种族平等大会和学生非暴力协调委员会是四个最重要的民权组织。全国有色人种协进会主要进行法律和立法斗争来确保黑人的权利，其他 3 个组织基本上都实施非暴力直接行动策略来争取民权。南方基督教领导大会的非暴力斗争策略经历了重大的转变，最初它采取非暴力说服的策略，试图改变白人种族主义者的思想观念，但没取得什么成效。后来它转向激进的非暴力强制策略，通过引发白人种族主义者的暴行，吸引媒体关注，动员全国对运动的支持，从而对联邦施加压力，促使它进行干预，取得了民权立法的胜利。学生非暴力协调委员会和争取种族平等大会是比较激进的直接行动组织，它们既在城市中从事非暴力示威活动，又到南部腹地的农村去开展选民登记运动。与南方基督教领导大会不同的是，它们致力于在基层组织民众，培养地方领导，不依赖于外来的干预。后来它们都转向了"黑人权力"，不再相信非暴力和种族融合，主张暴力革命、种族分离以及激进的社会重建等。

在扬的领导下，全国城市同盟也逐步发展成一个民权组织，加入到上述队伍当中来。在当时风起云涌的非暴力直接行动的压力下，扬适应形势的发展，推动他的组织日趋积极。伯明翰运动发生后，全国城市同盟再也不能等闲视之。扬认为，同盟的地方分支不应发起或积极参加设置警戒线与抵制活动，但他们需要站出来与抗议者进行有效的沟通。在此过程中，全国城市同

---

① 萨利·伯曼兹：《暴力、非暴力与民权运动》，载《新政治科学》第 22 卷第 1 期，第 47 ~ 48 页。

盟在示威者与权力机构之间的谈判中发挥了重要作用。此后，扬领导全国城市同盟参加了向华盛顿进军运动，一举改变了组织的公共形象。他为游行提出了 3 项原则：禁止政治家发表演说，禁止批评国会，不允许任何组织代表整个运动发言，努力确保游行成为一场温和的、种族合作的运动。全国城市同盟还捐赠了 12000 美元，为游行提供了重要的资金支持。[①] 由于扬在游行中发挥了关键作用，他开始声望大增，其他民权领导人都对他赞誉有加。但全国城市同盟仍强调，它既不发起也不参加直接对抗行动，它宣布只要看到抗议活动被负责任的组织领导，它就会为非暴力直接行动提供道德支持。[②]

　　不久，在一些主要基金会的帮助下，经过扬的从中协调，6 个民权组织[③]联合在一起，成立了一个新组织——联合民权领导委员会。这一组织有两个主要任务：为各组织募集资金；为领导人交流思想和分享策略提供平台，并在一定程度上减少各组织间的敌对与紧张。作为组织的主席，扬发挥了不可或缺的调解作用。分裂出现时，他能站在一个中间立场上让领导人重新团结，从而创造和平局面。他是一个谈判者、协调者，总是愿意解决不同领导人观点上的分歧。例如，当保守的威尔金斯和激进的福尔曼发生冲突时，他从中进行调解说："我们可能有代沟，但应该记得，我们是有共同目标和战略的，只是在策略上有时会有些不同。这就是联合民权领导委员会存在的重要原因，通过这一组织我们能解决这些分歧。"[④] 刘易斯对此评价说："他是理性的，明智的，我认为是他让我们所有人都变得冷静"。[⑤]

　　作为一名协调者，扬还积极利用南方基督教领导大会、学生非暴力协调委员会和争取种族平等大会进行非暴力抗议所产生的压力，迫使白人权力机构和企业与之谈判，并做出让步。扬喜欢说："你可以发牢骚、抗议、游行、设置警戒线、示威，但是必须有人坐在战略会议上，谋划一个路线；必须有战略家、研究者和职业人员来制订一个计划，那就是我们的作用。"[⑥]扬由此还认为，不能把命运交给一个领导人或依靠一种方法，运动需要不同

①　迪肯森：《富于战斗性的协调者》，第 168～169 页。
②　韦斯：《惠特尼·扬与民权斗争》，第 101～110 页。
③　包括全国有色人种协进会、争取种族平等大会、南方基督教领导大会、学生非暴力协调委员会、全国城市同盟和全国黑人妇女委员会。
④　詹姆斯·法默：《敞开心扉：民权运动的一个自传》，第 217 页。
⑤　韦斯：《惠特尼·扬与民权斗争》，第 116～119 页。
⑥　韦斯：《惠特尼·扬与民权斗争》，第 122 页。

层次的领导和不同的方法策略。他认为不同的民权组织可以提供不同的领导，实施不同的策略。运动需要依靠老的社会领导人、抗议者以及策略家和谋划家之间的合作。① 例如，一旦全国城市同盟与白人商人的会谈（要求他们雇用黑人）失败，扬和他的同事就会把这一消息告诉种族平等大会、南方基督教领导大会和学生非暴力协调委员会等民权组织。这将很快促使这些直接行动组织发起反对顽固商人的示威和设置警戒线的活动。如此一来，白人很容易理解，全国城市同盟是可以与之谈判的更理智和温和的组织。② 法默在其自传中也回忆了扬的这个策略，他写道，扬与对手谈判没有取得理想的效果时，就会利用激进分子作为威胁。他会对公司领导人说："如果你不按我的要求去做，法默和他的争取种族平等大会随后就会来。"他的这种威胁通常都能起作用。③

除了利用直接行动的威胁，扬还经常利用更激进的黑人分离主义者鼓吹暴力的言辞来进行要挟。他在与企业领导人打交道时经常这样说："你看，他们（激进派）桌子敲得越厉害，其他人就越愿意坐到桌边来与我谈判。"④他还这样解释："无论什么时候，有人对我说的话感到不安时，我都会说，'看看谁站在同一阵营里'。"他一遍又一遍地强调："要和温和派、负责任的领导人合作，否则你将不得不对付大街上的激进分子。"他和马尔科姆·X 的关系就是一个显著的例子。马尔科姆不把非暴力作为一种策略，也不把融合作为最终的目标。他称自己是"美国最愤怒的黑人"，谴责主流的民权领导人是"20 世纪的汤姆叔叔"，"长着黑人的身体，却有着白人的头脑"。反过来，民权领导人通常把马尔科姆看作是改善黑白种族关系事业的一种威胁，他们憎恨他的攻击。马尔科姆告诉他的朋友戴维斯，"我看不出，他们为什么恨我。我在后院制造事端，他们在前门收获，把大笔的钱攒到自己手中"。在众多的民权领导人中，扬比任何人都更理解马尔科姆。马尔科姆的律师在很多场合把他引荐给扬认识，一旦彼此了解，他们便相互尊重起来。马尔科姆曾经这样描述他和扬之间的关系："我的存在使大企业在与扬打交

① 韦斯：《民权运动领导中的创造性张力》，载大卫·刘易斯编《美国民权运动论文集》，第 46 ~ 47 页。
② 迪肯森：《富于战斗性的协调者》，第 162 页。
③ 詹姆斯·法默：《敞开心扉：民权运动的一个自传》，第 216 页。
④ 韦斯：《民权运动领导中的创造性张力》，载大卫·刘易斯编《美国民权运动论文集》，第 53 页。

道时感到舒服多了。……我不得不发挥这样的作用，使他们更愿意听从马丁和惠特尼的意见。"①

扬同样重视他们之间的这种关系，并对此加以充分利用。他曾告诉约翰逊出版公司的总裁约翰·J. 约翰逊，他通常都能从大多数想见的公司经理那里赢得一个发言申诉的机会。具体做法是，如果遇到麻烦，扬就会给马尔科姆·X 打电话，请他给某位公司经理去电话，立刻一切问题都解决了。那些经理们总是给扬打回电话问："惠特尼，你认为马尔科姆想对我做什么？"扬立即给出他早已准备好的回答："我想如果你能在我们的社区为黑人做一些富于建设性的事情，那么，无论马尔科姆说什么，你都会用事实堵住他的嘴。"②

由于扬的这种策略和作用，公司与企业领导都愿意与他打交道。扬经常对他们讲："你们要么给负责任的黑人领导以支持，要么只能面对不负责任的领导。"那就意味着公司领导们要么与全国城市同盟谈判，要么对付愤怒的、年轻的激进派；要么在种族问题上做一些建设性的事情，要么面对大街上的骚乱。《时代》杂志前总裁詹姆斯·谢普利的话代表了他们最好的回答："我认为，毫无疑问，大多数支持现有权力机构的美国白人一定会把惠特尼·扬作为最好的选择。"③

总之，扬具有高超的与白人谈判的能力及组织黑人领导人的能力，是美国黑人与白人权力机构之间的桥梁。他没有领导抗议，也没有改变法律，他的方法是理性、说服与谈判。他通过自己的努力把全国城市同盟带入民权运动当中来。在众多民权领导人中，他发挥了作为策略家和协调者的重要作用。他理解温和派与激进派之间创造性的张力对运动的价值，并利用他们之间的竞争迫使政府和大企业的领导人与之谈判，从而实现自己的目标。他是一个黑人与白人之间的协调者，不断赢得白人大企业、基金会和联邦政府的支持，动员它们的资源来支持民权运动，以结束黑人受剥削与歧视的种族不平等状况。

尽管扬在民权运动中起了重要的协调作用，但这种作用的局限也是很明显的。因为扬毕竟是一个比较保守与谨慎的领导人，虽然他领导全国城

---

① 韦斯：《惠特尼·扬与民权斗争》，第 122～123 页。
② 韦斯：《民权运动领导中的创造性张力》，载大卫·刘易斯编《美国民权运动论文集》，第 53 页。
③ 韦斯：《民权运动领导中的创造性张力》，载大卫·刘易斯编《美国民权运动论文集》，第 53 页。

市同盟加入到民权运动中来，但黑人的住房、就业、健康、福利、家庭、教育等社会问题仍是其工作的重点。1963 年，扬提出给予黑人补偿的"国内马歇尔计划"，主要内容包括：克服黑人公民自身的历史障碍；发展美国黑人的潜能；任命最好的教育专家，利用最好的教育设施来教育年轻黑人；扩大黑人的就业面；打破住宅隔离，铲除种族贫民窟；给予贫民窟黑人以良好的医疗与福利；使黑人公民加入健康、教育、福利、住房和就业委员会，参与决策；黑人应自强，抓住每一个获得教育与取得进步的机会；政府、基金会、劳工与商业组织应提供重要的支持；美国黑人应积极参与社会生活的各个方面。① 从中可以看出，他把解决黑人问题的希望主要寄托在联邦政府的财政拨款以及白人企业与基金会的经济援助上。扬在同年全国城市同盟全国代表大会上的发言也体现了这样的特点。他呼吁美国负责任的白人领导人帮助改善黑人的社会经济条件，推进种族融合，积极支持全国城市同盟的"国内马歇尔计划"，对现存负责任的黑人组织与领导提供道德与经济上的援助等。② 可见，扬和他的全国城市同盟致力于与联邦政府、大企业与基金会建立紧密的联系，对地方基层的大众抗议很不热心。但金的南方基督教领导大会、法默的种族平等大会、刘易斯和福尔曼的学生非暴力协调委员会对联邦当局持一定的怀疑态度，主要依赖于直接行动的方法来赢得民权胜利。这种策略上的不同导致他们之间发生很多冲突。扬与激进的学生非暴力协调委员会关系的破裂就是一个显著的例子。在社会变革的基本方法上，二者显著不同。例如，学生非暴力协调委员会在很多方面依赖于全国律师协会提供服务，而全国律师协会是一个著名的激进组织。扬对他们的这种紧密关系很不满，警告学生非暴力协调委员会谨慎从事，担心共产主义对民权运动"渗透"，从而影响白人基金会对运动的捐助。福尔曼认为这些批评是在对全国律师协会扣"赤色分子"帽子进行政治迫害，并违背了学生非暴力协调委员会的公民自由。此外，非暴力协调委员会的基层活动还挑战了扬代表的精英主义。这些冲突最终导致激进的学生非暴力协调委员会与他们温和的"主席"分道扬镳。由于扬对其他实施直接行动的民权组织只能施加有限的影响，他就努力促使联合民权领导委员会支持全国城市同盟与全国有色人种

① 奎查德·巴利斯、莱斯特·布鲁克斯：《城市中的黑人：全国城市同盟的历史》（Guichard Parris and Lester Brooks，*Blacks in the City：A History of the National Urban League*），波士顿 1971 年版，第 413～414 页。
② 迈耶等：《20 世纪的黑人抗议思想》，第 293～295 页。

协进会的活动。关于立法与社会福利、教育问题的讨论由此占满了联合民权领导委员会的日程，这引起了其他民权组织的强烈不满。后来资金的日益枯竭导致了联合民权领导委员会的解体，扬的协调作用也不得不宣告终结。①

更为重要的是，没有 20 世纪五六十年代非暴力直接抗议运动蓬勃兴起所造成的社会环境，全国城市同盟可能还继续作为一个保守的社会工作组织而存在。没有来自直接行动积极分子在大街上发动游行示威的压力，白人当局的领导也不会轻易与扬这样温和的民权组织领导人谈判。换言之，扬的调解和协调起作用的前提是非暴力直接行动已经对企业、基金会和政府施加了巨大的压力，他们不得不做出让步，才能最终解决问题。扬的作用虽然很大，但也只是辅助性的，不起主导作用。

小结：非暴力直接行动主导下的竞争与合作

法律斗争与政治游说、暴力自卫与革命以及惠特尼·扬的协调策略在民权运动中都取得了很大的成就。虽然它们对非暴力直接行动既构成一定的挑战，又提供了很大的支持，但它们并不是民权运动的主导策略。真正起主要作用的还是非暴力直接行动，它包括公民不服从与社会组织两大策略。公民不服从推动了联邦政府制定民权法案，打破了南方的隔离制度；基层组织帮助培养和建立了持久的地方领导与制度，为地方黑人带来了自尊与勇气。

全国有色人种协进会的法律斗争在反隔离的斗争中取得很大胜利，但也存在很大的局限性。由于缺乏可操作性以及白人抵制等原因，法院判决很难得到实施。事实上，只有当美国黑人被动员起来，到大街上去与种族隔离制直接对抗，引发暴力"危机"，吸引媒体注意与公众支持时，联邦政府才被迫干预，进行民权立法，帮助制造南方的变革。而且，1964 年、1965 年民权法与以前的法案不同，包含了强有力的执行措施，例如选举权法案提供了具体实施的新方法，像派遣联邦登记员和投票观察员，废止文化测试等，确保联邦政府能保护美国黑人的投票权，这带来了南方剧烈的变革。不可否认，全国有色人种协进会的游说活动推动了国会通过民权法案，并且非暴力直接行动也受益于全国有色人种协进会的法律与资金援助。但是，民权运动不仅是一场立法斗争，它更是一场给人们思想带来变化的大众运动。没有当

---

①　迪肯森：《富于战斗性的协调者》，第 181～182 页。

地人民到大街上去示威游行以挑战隔离制，运动不会取得什么实质性胜利，普通美国黑人通过直接行动获得的成果远大于通过民权法案获得的成果。它促使了美国黑人新的自信和自尊的萌发，深刻地改变了他们的思想观念。整个美国社会的种族观念、文化价值也因此发生巨变，根深蒂固的种族主义被削弱，自由、平等、民主、法治的观念越来越深入人心。此外，学生非暴力协调委员会长期的基层组织也有力地改变了黑人的思想，它帮助他们克服恐惧、提高觉悟、增加自信、赢得力量，推动他们积极参与影响自己生活的决策，掌握自己的命运，从而为黑人地方社会带来了显著变化。基层组织也培养了本土化的领导，促进了持久的"地方制度"的创立。当地人民在组织者的帮助下建立了多种多样的政治组织和社会团体，学生非暴力协调委员会的成员离开后，这些组织仍能持续地发挥作用。

暴力斗争（包括自卫与革命）在美国南方社会中传统深厚，在民权运动中也有很大影响。但它得不到联邦政府与白人自由派的支持，在占优势的地方种族主义者面前，经常遭到残酷的报复，很难取得理想的效果。而在一定程度上，这种斗争对非暴力直接行动起了重要的支持作用，非暴力策略者经常会利用激进派暴力的威胁，迫使政府干预和让步。至于惠特尼·扬的协调作用，也只有在非暴力直接行动的基础上，才能发挥最大功效。

总之，非暴力直接行动策略（包括公民不服从策略与社会组织策略）构成了民权运动前期的主导策略，是美国黑人在民权运动中争取自由、平等、正义比较行之有效的方法。但非暴力直接行动本身并不能充分发挥这么大的作用，在与法律斗争、政治游说和暴力斗争等策略激烈竞争的同时，也得益于它们有力的支持与帮助，这才发挥了最大的功效。归根结底，民权运动是非暴力直接行动主导下多种斗争策略之间的竞争与合作。

第五章　非暴力直接行动的内部分歧、转向与衰落

第一节　非暴力直接行动的内部分歧

一　公民不服从（社会动员）与社会组织策略的区分

基层组织领导人摩西把民权运动的主要模式分为两种——"社会动员模式"和"社会组织模式"。这正是非暴力直接行动的两种主要模式。

社会动员模式以金和南方基督教领导大会的"公民不服从"策略为代表，主要表现为：短期内制造大规模的、激烈的公共事件，动员大量民众参与运动，吸引媒体关注，唤起全国民众的觉醒，赢得他们的同情和支持，对联邦政府施加巨大的压力，最终迫使它进行干预，实施民权立法。它依赖于大规模事件、外来领导、媒体报道和联邦干预。

金的魅力领导在社会动员模式中发挥了关键作用。金口才极好，擅长演讲。一方面，他常通过媒体发表演说，得到全国民众的认可；另一方面，他常通过召开大众会议，鼓舞地方民众参加运动。一个积极分子维维安说："只有听到金的演讲，我们才知道该如何去做。"[1] 而且游行之后，也经常是由金来阐释人们的成就或抚平他们的伤口。

金的演说天赋得益于南方黑人基督教的传统，他的布道非常有感染力。作家路易斯·洛马克斯曾描述了金的一次布道：

> 金喊道："我穿上了我的游行鞋！"人们回答，"是的，上帝，我也

---

① 利斯科尔：《作为牧师的金》，第253页。

穿上了"，"我今天早晨醒来，自由已在我心中！""说吧，博士，说
吧。""我不会让任何人阻挡我！""让我们游行吧，兄弟，我们和你在
一起⋯⋯""斗争不是黑人与白人之间的斗争！""不，不是，"人们确
认说。"而是善与恶的交锋。""是那样的，是那样的。""上帝没有死，
我知道，因为我能感觉到他⋯⋯""在我的灵魂深处！"人们高声欢呼。
然后，金与地方领导人手挽手，带领人们走上大街，去面对警犬、催泪
弹、消防水龙。①

　　金具有巨大的魅力，甚至被人们神化了。约翰尼·卡雷尔是蒙哥马利公
车抵制运动的主要组织者之一。有人问她运动为什么会成功，她回答说：
"因为上帝送给我们那个人。"她指的是马丁·路德·金。蒙哥马利公车抵
制运动财务委员会的成员 R. D. 内斯比特也把金看作"现代摩西"和"真
正的上帝派来的人"。金 1960 年离开蒙哥马利的时候，当地黑人立刻陷于混
乱之中，很多黑人想跟随他去亚特兰大。抵制运动交通委员会的主席鲁弗·
刘易斯说，蒙哥马利的穷人真的把金看作他们的救世主，他们看不出金和基
督有什么差别。② 密西西比的布莱克威尔回忆说："金博士一出现，你便会
不由自主地注意他。你会喜欢和他接近。他发自内心地热爱人民，使我们狂
热。"③ 即使是激进的卡迈克尔也承认金的魅力。他说："人们爱金，我看到
过南方的很多人努力靠近他，仅仅说，我摸到他了！我摸到他了！甚至包括
年轻人，老人对金则有更多的爱和敬重。他们甚至把他看作上帝。人们不知
道学生非暴力协调委员会是什么，他们只是问，你是金的人吗；我总是回答
说，是的，我是。"④

　　社会组织模式以学生非暴力协调委员会在南部腹地开展选民登记运动时
使用的策略为代表，主要表现为：长期在某一个地方组织群众运动，在当地

① 曼宁·马拉布尔：《种族、改革与叛乱：美国黑人的第二次重建》（Manning Marable, *Race,
Reform and Rebellion: The Second Reconstruction in Black America, 1945 - 1982*），杰克逊 1984
年版，第 86 页；林肯编《小马丁·路德·金传略》，第 158 ~ 159 页。
② 大卫·查普尔：《民权运动中的宗教复兴主义》（David L. Chappell, "Religious Revivalism in
the Civil Rights Movement"）载《非裔美国人评论》（*African American Review*）第 36 卷第 4
期（2002 年冬）。
③ 布莱克威尔口述史（http://www.lib.usm.edu/~spcol/crda/oh/blackwell.htm/2004 年 5 月 3
日获取）。
④ 卡森：《在斗争中》，第 164 页。

建立本土化的领导体制，让当地黑人自治，在他们中实行参与性民主，让他们自己做出重要决策，不断提高他们的政治觉悟，赋予这些普通黑人以自信、尊严与力量。与社会动员模式不同，它不依赖于媒体报道和联邦干预，强调黑人亲手掌握自己的命运。这是一种以群体为中心的自下而上的领导模式，它有意摆脱强有力的全国领导人的控制，与南方基督教领导大会以金为中心的自上而下的魅力型领导模式截然相反。

贝克尔和摩西等人是实施社会组织策略的代表性人物。贝克尔鼓励人们维护尊严，增强自信，认为普通黑人完全有能力从自己的群体中产生新的领导人。她是学生非暴力协调委员会的实际缔造者，相信一场年轻黑人的独立运动可以激发美国黑人的大众斗争。她致力于培养地方黑人领导，积极支持这样的组织者——自己不感兴趣当领导，却在普通民众中发展领导人。摩西深受其影响，曾高度评价贝克尔的作用，认为贝克尔是指导学生非暴力协调委员会的成员学习社会组织策略的专家。

摩西后来在密西西比的农村进行选民登记活动，身体力行地实践了这一模式。他一方面依靠地方基层领导人进入当地社会，一方面招募新的积极分子，建立新的组织和制度，赋予当地人民以自信和力量。摩西身教重于言教，他不是通过演讲激发人们，而是通过自己树立一个典范去影响其他人。他说："我拿我自己冒险，我不愿意做的事情，我也不会要求别人去做。"[1]这样的方式使得人们对他产生了一种认同感。他因此得到了当地居民的拥护与爱戴，很多人甚至把他与《圣经》中的"摩西"联系在一起。

二　公民不服从与社会组织策略之间的关系

金的公民不服从与学生非暴力协调委员会的社会组织策略之间的关系比较复杂。一方面，它们经常在组织、发动、开展地方运动时开展紧密合作。通常先由学生非暴力协调委员会在某一黑人地方社会开展比较长期的组织工作，培养一些本土化的领导，初步发起运动。当运动停滞不前或收效不大时，金与南方基督教领导大会再选择恰当的时机参与进来，吸引媒体和公众的关注，从而继续推动运动向前发展。但另一方面，二者之间也有着深刻的矛盾。南方基督教领导大会一直想让学生非暴力协调委员会成为自己的附属，

---

[1]　萨利·贝尔弗雷奇：《自由夏天》（Sally Belfrage, *Freedom Summer*），弗吉尼亚州夏洛茨维尔 1965 年版，第 26 页。

对它指手画脚。学生非暴力协调委员会的成员则经常批评金和南方基督教领导大会利用他们的组织才能，坐享运动的成果。他们也指责金的魅力型领导，认为它破坏了本土化的领导，给当地黑人的基层组织带来不利影响。这种复杂的关系使得两大民权组织经历了从基本合作到完全分裂的历史过程。

学生非暴力协调委员会本身是在南方基督教领导大会的帮助下建立起来的。在它成立之初，南方基督教领导大会就想控制它，使之成为自己的青年分支。但在贝克尔等人的建议下，学生们建立了自己的独立的组织。自由乘车运动标志着南方基督教领导大会与学生非暴力协调委员会之间蜜月关系的结束。南方基督教领导大会总是告诉媒体，学生非暴力协调委员会是作为他们组织的附属在工作的。这不仅损害了学生非暴力协调委员会的尊严，也让它难以募集到资金。学生们想要得到南方基督教领导大会的资金支持，但又不想被南方基督教领导大会控制。当一群自由乘客（包括学生非暴力协调委员会的福尔曼）在北卡罗来纳的门罗被捕入狱的时候，学生非暴力协调委员会请求南方基督教领导大会提供帮助。沃克探望了入狱的学生，并明确声明，只要"你们按照我们的要求行事"，南方基督教领导大会就同意付律师的账单。沃克企图控制学生非暴力协调委员会的做法引起了学生们的愤怒。这种憎恨情绪甚至延续到三个月后的奥尔巴尼运动，导致两个民权组织之间的矛盾公开化。[①]

1961 年，学生非暴力协调委员会组织者首先发起了奥尔巴尼运动，但在运动过程中，地方社会邀请金参加，以获得更多民众的关注。不久，学生非暴力协调委员会与南方基督教领导大会就开始发生分裂。学生非暴力协调委员会的成员非常憎恨沃克，他们与地方居民的联系密切，并且尊重当地领导，这与抗议运动发生后才来到奥尔巴尼的南方基督教领导大会迥然不同。两大民权组织之间由此经常发生关于策略的争论。当金遵守联邦法官罗伯特·艾略特的判决终止游行后，学生非暴力协调委员会的成员对金的策略的不满达到了顶点。他们公开指责南方基督教领导大会的失误，认为它只是依靠鼓动来发起运动，不能制订长期计划和培养有力的地方领导。[②] 两大民权组织之间的矛盾与分裂被地方当局利用，在一定程度上导致了运动的失败。

---

① 亚当·费尔克拉夫：《拯救美国的灵魂：南方基督教领导大会与小马丁·路德·金》，第 83 页。

② 亚当·费尔克拉夫：《拯救美国的灵魂：南方基督教领导大会与小马丁·路德·金》，第 107 页。

　　伯明翰运动后，南方基督教领导大会的影响达到了顶峰，学生非暴力协调委员会仍坚持在密西西比农村进行默默无闻的社会组织和选民登记，二者之间的区别日益明显。南方基督教领导大会实行"打了就跑"的策略，没有进行扎实的社会组织；学生非暴力协调委员会则长年累月地组织当地黑人。南方基督教领导大会一边打一边跑的做法让学生非暴力协调委员会极为不满，但南方基督教领导大会也有其合理的战略上的考虑，因为非暴力抗议的目的是要吸引全国公众的关注，这就需要媒体进行广泛的报道。媒体只喜欢引人注目的事件，如果"危机"减弱，它便会失去兴趣。而且，一个持续的、激烈的对抗需要几个月来计划，几个月来实施，更需要很多资金支持。① 总之，它需要集中各种有利条件，但不是每个地方冲突都能像伯明翰那样有影响。因此，南方基督教领导大会必须精心选择目标城市才能达到目的。

　　可见，南方基督教领导大会与学生非暴力协调委员会分歧的焦点之一，就是是否组织地方黑人社会。南方基督教领导大会的牧师们以金能传达胜利、带来公众关注而感到骄傲。相反，学生非暴力协调委员会则努力在基层水平发展地方领导人。学生非暴力协调委员会早在 1963 年就来到塞尔玛进行社会组织工作，后来南方基督教领导大会意图干预塞尔玛运动引起学生非暴力协调委员会的反对。许多学生非暴力协调委员会的成员激烈批评南方基督教领导大会的策略。这两个组织有不同的工作方法和领导类型。学生非暴力协调委员会主张在黑人中间进行自下而上的组织工作，在地方社会建立稳固而长久的组织，这种工作既艰巨又缓慢。由此建立的组织具有地方色彩，能够代表当地黑人的意志，从而具备民主性。南方基督教领导大会则主张在短期内动员大量民众参加抗议运动，对长年累月地建立地方组织不感兴趣。学生非暴力协调委员会的成员抱怨说，即使南方基督教领导大会偶尔引发联邦干预，这样的结果也难以保持长久。因此，他们认为，黑人要取得稳固而可靠的进步，就必须凭借强有力的地方基础。南方基督教领导大会的运动确实让地方黑人组织被暴露、削弱和分裂，而且经常导致其理想幻灭。

　　二者也鲜明地体现出民主组织（参与性民主）与魅力型领导的区别。学生非暴力协调委员会以其民主精神为荣，积极实行参与性民主。通过这种

---

① 亚当·费尔克拉夫：《拯救美国的灵魂：南方基督教领导大会与小马丁·路德·金》，第143 页。

民主形式，学生非暴力协调委员会内部所有重要的决定都是群体讨论的结果和广泛共识的产物。学生非暴力协调委员会的成员相信，黑人必须为自己思考和行动，而只有通过参加真正的民主组织，黑人才能增强自信，决定自己的命运。这与南方基督教领导大会自上而下的领导模式形成鲜明对比。学生非暴力协调委员会因此非常厌恶南方基督教领导大会的中心化或魅力型领导类型，认为南方基督教领导大会没有成为一个民主组织，只是围绕着金一个人来运转。

密西西比自由民主党的失败导致学生非暴力协调委员会的挫折与失望。其成员有的开始愤世嫉俗，有的则远离政府，不信任白人自由派，不再相信非暴力，主张自卫和反对白人志愿者等。但两个组织仍维持着一定程度的合作。事实上，学生非暴力协调委员会对南方基督教领导大会的态度也是模糊不清的。它一方面批评南方基督教领导大会，一方面又需要它。虽然学生非暴力协调委员会批评南方基督教领导大会利用它的地方组织的才能，但这种利用不是单方面的。学生非暴力协调委员会也经常利用南方基督教领导大会为自己的运动带来更多的公众关注，或者促进自己的资金募集工作。虽然它不是很欢迎南方基督教领导大会来到塞尔玛，但学生非暴力协调委员会承认，它能利用金在公众中的影响来进一步开展自己的组织工作。民权积极分子之间的个人交情也维系着南方基督教领导大会和学生非暴力协调委员会之间的工作关系。①

当南方基督教领导大会准备从塞尔玛到蒙哥马利的游行以唤起公众觉醒时，它与学生非暴力协调委员会的关系便日益紧张起来。像福尔曼所言，两大组织在"领导概念、工作方法以及开展独立的政治行动还是为民主党组织选民"等一系列问题上产生了严重分歧。一些学生非暴力协调委员会的亚拉巴马分支成员强烈反对这次游行，认为它是无效、危险的，一些人甚至提出与南方基督教领导大会决裂。但后来刘易斯等人还是以个人身份参加了游行，并经历了"流血星期天"的灾难。此后不久，金又领导了另一次游行，可游行队伍没有与警察发生对抗就中途返回了。福尔曼后来回忆说："根据我得来的信息和媒体的报道，此前，金已经与联邦社会关系处主任莱罗伊·柯林斯进行了会晤，同政府达成了妥协。但金并没有告诉游

---

① 亚当·费尔克拉夫：《拯救美国的灵魂：南方基督教领导大会与小马丁·路德·金》，第212~214页。

行者那个协议。不用说，人们感到沮丧、困惑和愤怒。"① 返回塞尔玛后，金宣布暂停一切游行，以等待法院判决的结果。许多来到塞尔玛的年轻的学生非暴力协调委员会积极分子再也按捺不住怒火，纷纷离开。不久，学生们来到蒙哥马利，在那里，福尔曼组织黑人学生从塔斯基吉学院向这个州的首府发起抗议活动。②

塞尔玛抗议是金策略的胜利，但导致了学生非暴力协调委员会组织者非暴力思想的进一步幻灭。就连一向坚持非暴力信仰的刘易斯也开始质疑非暴力的策略："我们仅仅是血肉之躯，我能理解人们不想再挨打了，黑人相信白人真正同情、理解非暴力的能量已经耗尽了。"③ 这标志着学生非暴力协调委员会与南方基督教领导大会之间的关系降到了最低谷，二者的分裂也导致民权运动开始走向衰落。

第二节　非暴力直接行动的转向与衰落

一　非暴力直接行动的"困境"

运动积极分子、著名左派历史学家霍华德·津恩，在奥尔巴尼运动后发表了自己的感想。他认为非暴力策略的局限在于，它最终要依靠外力来解决问题，但南方种族主义根深蒂固，联邦政府又袖手旁观，使它难以取得最佳成效。

津恩起初认为非暴力行动不仅是一种具有巨大号召力的主张，而且是一种行之有效的方式，但奥尔巴尼运动后，他的信心动摇了。他指出，南方有一些地区，完全处在政客、警察、警犬和棍棒的控制之下，一般的非暴力活动根本无法渗入其中，需要的是特殊的斗争策略，简单地重复非暴力示威行动并不能取胜。他提出两种解决问题的方式：要么在南方腹地组织一次黑人武装起义，要么联邦政府进行有力干预。他对联邦政府袖手旁观的政策非常不满，敦促总统履行自己的职责。他建议设立一支代行联邦权力的特种部队，常驻在南方腹地。他讥讽说，许多自由派人士听到这种建议就害怕，司

---

① 克莱鲍恩·卡森等编《目睹奖杯：民权读本——来自黑人自由斗争的文件、演说和直接陈述 1954~1990》，第 220 页。
② 大卫·加里：《背负十字架：小马丁·路德·金与南方基督教领导大会》，第 406 页。
③ 卡森：《在斗争中》，第 161 页。

法部的马歇尔也曾对类似的"建立一支国家警察部队"的建议感到不快，他们担心爆发内战。但津恩相信南方白人会像多数人那样服从权威。他由此得出的结论是：非暴力在南方腹地的封闭社会里是很难实施，不能奏效的。他最终还是把希望寄托在联邦总统身上，认为非暴力行动作为争取社会变革的一种斗争手段，其前途是掌握在美国总统手中的。①

津恩的观察与想法反映了美国联邦主义与种族主义的政治文化制约了非暴力直接行动依靠联邦干预的现实主义策略。很明显，民权运动最现实的策略是能得到联邦政府的干预，但反对集权、反对警察国家的联邦主义观念在美国根深蒂固，同时白人至上主义的文化心理也很难在短期内消除。

因此，在南方实施民权对于肯尼迪和约翰逊政府来说很不容易，因为两位总统都信奉联邦主义，认为权力会腐蚀和危害自由，所以最好是在联邦政府和各个州政府之间实行分权。在联邦体制下，州与地方享有很大的自主权，维持法律秩序的警察是控制在地方政府手中的。只有当地方违背了联邦法院的判决或州不能控制暴力时，联邦政府才有权干预州事务。但州与地方当局恰恰是最强烈反对黑人民权的，他们允许白人对黑人施加暴力而不受惩罚。在这样的体制下，联邦政府很难保护黑人的民权不受侵犯。

但这种"二元"的联邦体制也并非全无益处，金和其他民权积极分子可以利用宪法和联邦法律中所体现的自由、平等原则来为反对州隔离法辩护。除此之外，金在《从伯明翰监狱发出的信札》中解释说，公民不服从也能从"自然法高于州法律"中找到理由。从20世纪50年代末到60年代初，积极分子们不断要求联邦政府在实施民权方面制定一个更积极的政策，这给传统的联邦和州的关系提出了重大挑战。

在政府官员内部和法学家中一直存在关于联邦主义的争论。他们或者反对联邦政府干预，或为政府干预寻找理由。虽然有很多争论，但联邦政府长期以来对民权问题持谨慎态度，不会主动进行干预。因此，如果不是大规模的非暴力直接行动，引发白人种族主义者的暴力，唤起美国公众的觉醒，强迫联邦政府采取决定性的行动，南方合法的隔离体制不会那么快就得以废除。② 但也正因为迫使联邦干预的现实主义策略需要引发一定程度的种族暴

---

① 霍华德·津恩：《非暴力的局限》，载乔安妮·格兰特编《美国黑人斗争史：1619年至今的历史文献与分析》，第342～349页，参见达德利《民权运动：反对派观点》，第155～162页。
② 科莱科：《小马丁·路德·金：激进非暴力的使徒》，第143～148页。

力才能有效，这又引起很多人的批评。而且，暴力本身是把双刃剑，当它被局限在一定的范围内，得到合理利用时，可以取得出人意料的良好效果；但当它失去控制（尤其到了运动后期），联邦政府和大多数白人公众将立即收回对运动的同情和支持，甚至采取敌对和镇压的立场。而非暴力直接行动策略有效的基础就在于激发公众觉醒、推动联邦干预，以前的经验也证明了这一点，因此如果失去以前强有力的联盟，单靠黑人自己的力量，运动很难取得成功。

非暴力直接行动自身的另一个局限是它过于理想主义，不能维持长久，不能让广大普通民众接受，最终容易引发群众性的暴力而无法控制。

在整个民权运动过程中，非暴力直接行动所包含的道德理想主义一直被削弱，而现实主义在不断增强。在 1965 年之前，二者还能比较紧密地联系在一起，在 1965 年以后，二者就完全分裂了。究其原因，主要在于非暴力要求受难、牺牲和宽恕，很少人能做到这些。而且，即使参加非暴力直接行动的人，大都把非暴力作为一种斗争策略，而非生活方式和思想哲学。另外，非暴力也不能保持长久，短期内尚可维持，但长期的牺牲、受难，换来的却是很少的成就和很大的伤害（很多民权工作者失去生命，但很少有白人种族主义分子被感化）。这导致积极分子们的期望越来越高，挫折却越来越大，由此形成巨大的心理反差，容易转向非暴力的反面：现实的武装自卫，以眼还眼，以牙还牙。因此，以非暴力来维持、发展一场大众运动是件很困难的事情。

法默在《新雅各宾派与完全解放》一文中，对非暴力是一种生活方式还是一种斗争策略的问题做了精辟的阐释，并具体分析了这种非暴力大众运动的困境：群众难以控制，不会在任何情况下都坚持非暴力，在受到严重暴力侵害时，很容易转向暴力。

法默首先列举了运动中出现的两种力量：一种是把非暴力完全作为一种哲学和生活方式的理想主义者，另一种是把非暴力看作一种策略的青年一代。他对此进行中和，提出了更灵活的第三种立场。他认为群众没有义务一定要实行非暴力，只有非暴力运动的领导人、骨干成员，才把非暴力作为斗争的一个组成部分，因此不能靠强求内部一致来坚持非暴力。可见，法默很清楚，要求群众实行非暴力很困难。但同时，他又十分担心没有受过训练的群众以暴力来反击敌手的暴力，会给运动带来灾难。因为如果抗议者采取暴力进行反抗，不仅会失去同盟者的支持，还会遭到政府的镇压与舆论的谴责，不会取得成功。他最后提出了解决的方法：一方面在队伍内部加强纪律，扩大非暴力培训活动，同时训练指导人员维持游行队伍的治安，这样内外结合，就可以最大限度地避免运动演变为群众暴行。[1] 但事实证明，这样的方法在后来的抗议运动中，尤其是北方城市的示威运动中很难具体实施，因此导致群众暴力问题不断发生。它严重损害了非暴力直接行动的声誉，由此使运动失去了大多数白人公众的支持，逐步走向衰落。

正是由于非暴力直接行动策略的这两大"困境"无法得到很好的解决，它才最终转向激进的"黑人权力"，即从单纯的道德理想主义（主要依靠白人的良知）演变为注重现实和实效的理想主义（依靠联邦干预的强制力），最后转变为不相信道德理想、强调自立和自决的现实主义（"黑人权力"）。非暴力直接行动的转向与衰落最终导致民权运动的衰落。

二　社会组织传统的衰落：转向"黑人权力"[2]

（1）原因

由于非暴力直接行动中的现实主义策略与理想主义策略面临越来越大的困境，民权运动开始发生重大转变。在此过程中，很多民权参与者经历了痛苦的心理体验，思想观念发生很大变化，这成为运动转向激进的关键因素。

非暴力抗议强调的道德要求提升了民权运动的层次，使很多美国人承认种族主义在道德上的巨大罪恶。但是道德高标也要求人们在面对接连不断的暴行时，保持超常的勇气、纪律和善意。这对很多普通人来说实在难以做到。非暴力直接行动中的一些参加者难免会采取一些暴力行为来报复种族主义者。经过长期的"战争临界"状态后，很多学生非暴力协调委员会的成员忍无可忍，不得不离开运动。

"自由夏天"运动成为学生非暴力协调委员会通向激进主义和"黑人权力"的转折点。在此过程中，白人种族主义分子的暴行不断，但联邦政府没有对民权组织者和参加运动的黑人提供任何有效的保护。大量北方白人大

---

[1]　詹姆斯·法默：《新雅各宾派与完全解放》，（James Farmer, "The New Jacobins and Full Emancipation"），载罗伯特·戈德温编《奴隶解放百年史》（Robert A. Goldwin ed., 100 Years of Emancipation），芝加哥 1964 年版，第 94 ~ 102 页。译文参见乔安妮·格兰特编《美国黑人斗争史：1619 年至今的历史文献与分析》，第 416 ~ 419 页。

[2]　美国学界关于黑人权力的研究参见佩尼尔·约瑟夫《黑人权力研究综述》，载《美国历史杂志》第 96 卷第 3 期（2009 年 12 月）。

学生涌入密西西比，占据很多领导地位，引起很多黑人的嫉妒与不满，黑人积极分子与白人志愿者之间的矛盾由此愈演愈烈。尤其是密西西比自由民主党的失利使学生非暴力协调委员会进入美国政治体制的道路被阻塞了，严重破坏了学生非暴力协调委员会对美国政治体制的信仰，失望、压抑与黑人民族主义的情绪上升，由此他们才发出了"黑人权力"的呼吁，并得以迅速传播。这种"黑人权力"主要不是一种信条，而是一种情绪，是一种愤怒、痛苦和挫折的呐喊，是一种心理释放。它来自学生非暴力协调委员会成员悲惨的经历，如被殴打、入狱、死亡等。民权积极分子们这种长期大量的牺牲、痛苦却得不到立即的、实际的效果，不可避免地使他们产生愤恨情绪，增长了一种被主流社会排斥的痛苦感，最终导致很多黑人对白人文化和价值观的反叛。受过斗争洗礼的新一代年轻黑人尤其对运动的缓慢进步失去耐心，日益感到不满与愤怒。到 1965 年，人们显然已经厌倦了对残暴的警察和种族主义暴徒表达爱意，高尚的道德让位于挫折感、愤怒甚至种族仇恨。

学生非暴力协调委员会领导人摩西和争取种族平等大会领导人丹尼斯思想的变化表明，运动已经开始从非暴力转向"黑人权力"。首先，摩西等人与白人自由派的联盟破裂了。经过民权积极分子的努力，密西西比运动使黑人取得了一些政治上的权利，但他们经济上贫穷，受剥削的条件没有改善。而且，由于白人自由派和黑人温和派失去了对运动的领导，他们一直在诋毁学生非暴力协调委员会领导的联合组织委员会。摩西对此回应说："自由派对我们的不满是不可避免的。我们正在提出贫穷的佃农如何能改善生活的基本问题，这些问题自由派是不能回答的。""自由夏天"计划使摩西筋疲力尽，尤其是亚特兰大会议证明民主党不能信任，他开始对全国的白人自由派感到失望。他感觉种族融合的目标不再可行，提出了建立在"平行制度"基础上的民族主义计划。他在 1965 年年初表达了这种分离主义的倾向："为什么不能建立我们自己的州政府？……联邦政府应该承认我们。"①

其次，摩西等人的非暴力信念也动摇了。摩西本来是最坚定的非暴力信仰者，在运动早期，即使面对咆哮的警犬和警察的暴力，他也勇往直前，坚决不后退。但到 1965 年，5 年的受难牺牲完全耗尽了摩西的精力，他改名并退出学生非暴力协调委员会。一名学生非暴力协调委员会的白人成员康妮·柯里一直关注着摩西的变化。她说："我们过去一直在反复争论非暴力

---

① 迪特默：《当地人民》，第 315、318、325 页。

一种策略还是生活方式,那可能是学生非暴力协调委员会早期最大的争论之一。我像其他人一样,坚持认为以生活方式为核心内容的非暴力作为理想是好的,但它绝对不符合我们的背景和我们成长的经历。……看一下摩西,他的心伤透了。因为摩西一直在受到伤害,他知道一些密西西比人想杀死他,他很敏感。"柯里发现,幻灭对学生非暴力协调委员会的年轻人来说是不可避免的。[①] 丹尼斯在非暴力信念上的变化也尤为明显,3 个民权分子的遇难以及亚特兰大的挫折使他很痛苦,于是质疑起南方自由斗争的策略和代价。他说:"我们以前告诉人们放下他们的枪,不要在密西西比使用暴力。但现在我不能再坚持非暴力的方法是正确的。"[②]

对很多参加运动的普通黑人来说,努力压制他们对白人暴行的怒火,代价经常更为巨大。哈佛心理学家阿尔文·庞森特建议民权抗议中的受害者,如果遭到暴徒殴打,一定要表现出相当的愤怒。典型的非暴力游行者拒绝说:"不,我不恨那些白人,我爱他们,因为他们一定会由于灵魂中充满仇恨而真正受苦。金博士说,我们赢得自由的唯一方式就是通过爱。愤怒和仇恨从来不能解决任何问题。"庞森特博士对此表示怀疑。他了解到:"暴力言辞以及武力斗争经常发生在整个南方的民权工作者中,他们谈论着非暴力和爱警察的时候,却不断被殴打,因此而围着房子暴跳如雷,互相击打对方以发泄怒火……"[③]

很多地区的民权积极分子也怀疑非暴力。尽管甘地式的非暴力对抗在上南方甚至是亚拉巴马和佐治亚还能取得一些胜利,有些民权组织者也能接受这种牺牲,但金的信条在密西西比的现实生活中几乎没有容身之地。相反,像特布这样的地方黑人经常通过使用自动步枪来对抗白人的暴行,成为学生非暴力协调委员会年轻人的榜样。特布是年轻的密西西比自由民主党的重要支持者,他反对金不要还击的非暴力信条,并亲自告诉金说,"我决不做一个非暴力的人"。在 1964 年的民主党代表大会上,特布又遇到了金,并告诉了他自己的家受到攻击的事情。特布实行自卫,赶走了袭击者。金仍然主张非暴力,特布很吃惊,他告诉金,"非暴力没有益处,你会因此被杀"。一个年轻的黑人妇女插嘴说:"如果非暴力不好,什么才是好的?"特布回答

---

① 韦斯布劳特:《受局限的自由》,第 187 页。

② 迪特默:《当地人民》,第 326 页。

③ 奥古斯特·迈耶、艾略特·鲁德维克:《60 年代的黑人抗议》(August Meier and Elliott Rudwick, *Black Protest in the Sixties*),芝加哥 1970 年版,第 136 页。

说："那不是好坏的问题，如果密西西比白人以微笑对我，我也会以微笑对他，如果他拿枪对付我，那么他面对的也将是一杆枪。"特布回答完，房间中所有的人，不论是黑人还是白人都同意他的观点。只有一个例外，金仍坚持自己的非暴力方式，但他也不再反对特布的自卫主张。①

大多数学生非暴力协调委员会领导人和积极分子本来就只把非暴力看作一种策略，当地黑人的这种武装自卫的传统与实践因此深刻地影响了他们。例如，查尔斯·科布在回答非暴力是策略上还是哲学上的问题时，认为它主要是一种策略。他说："纳什维尔的学生中有一些哲学上的信奉者，他们受劳森影响，像早年的纳什和贝弗尔。但在密西西比农村地区，枪是日常生活的一部分，每个人都有枪，它也是打猎的需要。"他也特别举了特布的例子："特布遇到夜行侠，进行了还击。他说，我不是非暴力的，我只是在保护我的妻子和家庭。"当被问到非暴力是否会引起白人的暴力时，他回答说，"密西西比和南方的大多数暴力不像电视上出现的那样，很少是公开的在大街上的暴力，而是'夜行侠'式的突然袭击。我认为带来暴力的是州官员的言辞"。他提到自己对付暴力的方法："有时候遇到白人的暴力恐吓，不抵制，很快离开，那是一个非暴力的反应。"② 沃特金斯在回答学生非暴力协调委员会的非暴力哲学是道德还是策略的问题时，坦率地说："我认为，学生非暴力协调委员会是把非暴力作为一种策略来接受的，而不是把它作为一种生活方式。例如，如果把非暴力作为一种生活方式，那么，当有人来杀你和你的全家时，你应该是坐在那里，让他们任意妄为。我认为任何人也不会到达那种程度。"③

在运动过程中，阶级的分裂也出现在城市中产阶级的领导人与农村、劳动阶级的积极分子之间。前者关注全国性的选举政治，后者则忠于运动的基层组织。1964 年，密西西比自由民主党去亚特兰大挑战全部由白人组成的密西西比州代表团，布莱克威尔回忆道，运动的大人物们敦促基层激进分子接受大会提供的至多两个席位的妥协，而不是努力去取代密西西比白人代表团。布莱克威尔认为，中产阶级黑人领导人被支持约翰逊的力量所操纵，她

---

① 韦斯布劳特：《受局限的自由》，第 188 页。
② 查尔斯·科布口述史（http://www.lib.usm.edu/~spcol/crda/oh/cobb.htm/2004 年 10 月 27 日获取）。
③ 沃特金斯口述史（http://www.lib.usm.edu/~spcol/crda/oh/watkins.htm/2004 年 10 月 30 日获取）。

和同事们拒绝这一妥协，因为"我们没有任何事情值得妥协，除了我们的生命。密西西比和其他地方的神话都破灭了，我们为什么妥协呢？"① 沃特金斯认为创造本土化领导是一种本能，他说："根据我的经验，人们希望的是为自己做事，为自己决策。"他赞扬基层领导的负责和不求私利，并强烈反对北方白人进入南方，认为北方人感到自己高人一等，所以，他们就要努力接管和控制运动，这会引起他们与当地人之间的矛盾，甚至会"严重阻碍当地黑人领导人刚刚产生的主动性"。他尤其反对命令型的、高高在上的领导人，认同基层领导，认为地方的基层领导已经形成了，他们愿意自我决策，告诉精英领导人："我不会听你的，也不会和你在一起。"② 这种力图摆脱上层领导控制，建立自己基层领导的情绪也促发了新的激进思想。

总之，在实践活动中，面临危险与死亡，许多民权积极分子和地方组织者改变了对非暴力的信仰。争取种族平等大会的鲁迪·朗伯德在路易斯安那和密西西比工作时目睹了白人的恐怖行动和警察对黑人的攻击，他回忆说："在向华盛顿进军那年，我们放弃了太多的东西，牺牲了那么多人，却一无所获，我不想再那样做了。……以后，我不再幼稚，不再无知。我不会听马丁·路德·金的了。我不想同对手战斗后却仍旧爱他们了。"③ 3个民权分子被杀后，人们对非暴力的质疑越来越多，民权领导人不再阻止人们携带武器保护自己。一名组织者说："这个国家是不鼓励非暴力的。当梅德加和钱尼被杀后，很多黑人失去了对非暴力的信仰。我们中很少有人把非暴力作为一种生活方式，……只要不失去理智，我们愿意把它作为一种策略，但牺牲生命就不值了。现在它不是一个暴力和非暴力的问题，而是一个生存的问题。"实际上，许多地方黑人一直拥有武器。1964年夏，防卫与正义执事团建立，公开宣扬武装自卫。到夏末，很多学生非暴力协调委员会积极分子也开始携带武器。④

在北方，贫民窟的悲惨生活导致了城市骚乱，这也推动了"黑人权力"的产生。1965年瓦茨骚乱爆发，一共持续了6天，有35人被杀，其中28人是黑人，有900人受伤，3500多人被捕。整个城市街区都被烧为平地。警

---

① 吉姆·罗杰斯：《口述史与民权运动》，载《美国历史杂志》第75卷第2期，第571页。
② 沃特金斯口述史（http://www.lib.usm.edu/~spcol/crda/oh/watkins.htm/2004年10月30日获取）。
③ 吉姆·罗杰斯：《口述史与民权运动》，载《美国历史杂志》第75卷第2期，第571~572页。
④ 杰克·布鲁姆：《阶级、种族与民权运动》，第182页。

察无法应对，政府不得不召集 12000 多名国民自卫队队员来维持秩序。骚乱发生后，金、拉斯廷和扬等民权领导人马上去现场调查。一群年轻人高兴地告诉他们，"我们赢了"。民权领导人问："有 28 名黑人死了，你们的社会被破坏了，而且白人正利用骚乱作为不行动的借口，怎么能说你们赢了？"这群年轻人坚持说："我们赢了，因为我们受到了关注。"① 贫民区的骚乱严重动摇了民权运动领导人的士气，加强了学生非暴力协调委员会反对白人的激进情绪，促进了"黑人权力"的兴起。

　　骚乱在全国的影响越来越大，它们让民权运动黯然失色，并对民权积极分子本身产生了很大影响。塞勒斯回忆说："我们都看到了这个事实，斗争的中心正从南方农村转到北方城市。哈莱姆、瓦茨、芝加哥和费城发生的出人意料的反叛对我们的思想产生了很大影响。"学生非暴力协调委员会、争取种族平等大会已经背弃了民权运动原来的目标和策略。密西西比自由民主党失利后，很多学生非暴力协调委员会积极分子开始与马尔科姆建立紧密的联系。他们得出结论，斗争不能再局限于取得公民权利。一名学生非暴力协调委员会积极分子只是在获得选举权法以后才理解了这一点："我们发现这是一个肤浅的胜利。早期的静坐发生后，我们不得不停下来问，'通过赢得在市中心喝咖啡的权利，我们获得了什么？'同样，现在我们有了投票权以后，也必须问我们自己到底获得了什么。答案是同样的：有了新权利后，黑人的处境事实上并没有比以前得到改善；他们仍旧贫穷，没有权利掌握自己的命运。"贫民区的骚乱促使学生非暴力协调委员会、争取种族平等大会积极分子要求美国社会主要结构实现变革。② 可见，"黑人权力"是伴随着城市骚乱中北方黑人的愤怒而出现的。同时它也是反对把非暴力作为一种策略、把融合作为一个目标的激烈反应，这来源于对种族变革所取得的有限进步的挫折感，以及对无休止的种族暴行的痛苦感。

　　此外，越南战争的不断升级也促进了"黑人权力"的兴起。学生非暴力协调委员会是最早提出反对越战的民权组织，他们的标语为："我们充满恐惧地认识到，一个所谓自由社会的言行不一致。在这样的社会中，对自由的责任竟然与全力以赴地支持军事侵略的责任相互等同。"在很大程度上，学生非暴力协调委员会对战争，尤其是对比例失调的大量黑人青年被征入伍

---

① 小马丁·路德·金：《我们将从此去向何方：混乱还是和谐》，第 112～113 页。
② 杰克·布鲁姆：《阶级、种族与民权运动》，第 208 页。

参加越战的事实的极度愤怒,是它全面接受"黑人权力"思想的原因。①

城市骚乱和学生非暴力协调委员会、争取种族平等大会的转变都深受马尔科姆激进思想的影响。在瓦茨骚乱中,骚乱者就喊着"马尔科姆万岁"和"烧吧,孩子,烧吧"的口号。② 年轻的民权积极分子们不断从马尔科姆那里汲取勇气和力量。在很多人眼里,马尔科姆成为"黑人权力"当之无愧的"思想之父",因此有必要深入探讨他对民权运动转向"黑人权力"的影响。

马尔科姆对北方城市中的下层黑人和种族骚乱的影响是毋庸置疑的。北方黑人在法律上虽然是自由与平等的,但他们大多住在贫民窟中,条件恶劣,生活贫困,教育低下,境况悲惨。黑豹党领导人牛顿曾说,绝望和无用感导致自己采取了反叛的态度。贫民窟的黑人们不接受且公开批评金宣扬的非暴力和爱压迫者的思想。黑人穆斯林成为其中主要的批判者,这一组织扎根于北方城市的下层黑人中。其发言人马尔科姆拒绝民权运动融合的目标,把白人完全看作敌人,反对非暴力抵抗。早期的马尔科姆公开宣扬黑人分离主义,以非常激进的言辞表达愤怒与不满。他批评金的非暴力不起作用,认为白人基本上是不道德的,"不要幻想改变白人的头脑。你改变不了他的思想,不可能呼吁美国的道德觉醒,因为美国的良知已经消亡了。美国失去了所有的良知,根本不知道道德是什么"。③ 他激烈地批评黑人温和派,不信任白人联盟,宣扬武装自卫。

黑人穆斯林虽然言辞激进,却无所行动。马尔科姆后来要求更多的行动,最终与其导师穆罕迈德决裂,加入到民权运动中来。他仍然对以金为代表的温和派民权领导人表示不满:"你不必批评马丁·路德·金,他的行动自会批评他。教导黑人'被打了右脸连左脸也送上去',那是在解除黑人的武装。像金那样的人,他们的工作就是在黑人中宣扬不要回击,不要反对白人……白人跟随金,为他埋单,资助他,支持他,但黑人大众不支持马丁·路德·金。"④ 马尔科姆表达的愤怒反映了北方下层黑人的痛苦。他把激进行动作为黑人达到目的的必要方法,认为北方白人也要对黑人的苦难负责,黑人必须掌握自己的命运。

---

① 埃里克·方纳:《美国自由的故事》,王希译,商务印书馆2002年版,第406页。

② 西特科夫:《为黑人的平等而斗争》,第186页。

③ 杰克·布鲁姆:《阶级、种族与民权运动》,第192~194页;乔治·布瑞特曼编《马尔科姆·X如是说》,第40页。

④ 约翰·克拉克编《马尔科姆·X:其人及其时代》,第176页。

马尔科姆对学生非暴力协调委员会、争取种族平等大会等民权组织的影响是逐渐加深的。1962 年，卡迈克尔是非暴力行动小组（建立在霍华德大学的学生非暴力协调委员会地方分支机构）的一名学生领导人。他和其他积极分子制订了一个"觉醒计划"来讨论有关社会问题。卡迈克尔回忆说：

> 我们的第一次争论是马尔科姆对拉斯廷。运动参与者们有很大的意见分歧，马尔科姆和拉斯廷分别代表着两种对立的观点。拉斯廷的观点是应该完全把非暴力作为一种哲学来信奉，目标是把黑人融合进美国的资本主义体制；马尔科姆则主张制造反对美国资本主义体制的暴力武装冲突，反对融合，主张分离。马尔科姆和拉斯廷的争论对非暴力行动小组和后来的学生非暴力协调委员会产生了深远影响。①

争取种族平等大会的公关部副主任罗伯特·戈尔参加了这次辩论会，他更倾向于马尔科姆的观点。他后来写道："马尔科姆的雄辩是如此令人感动，深深地震撼了我，我仔细聆听他列举白人的罪恶。"②

马尔科姆的魅力确实无法阻挡，很多以前不了解甚至憎恶他的人在听了他的演讲后也改变了看法。争取种族平等大会的积极分子、住在哈莱姆的诗人索尼亚·桑切兹，最初认为马尔科姆是个种族主义分子，是个可怕的人，不想听他的演讲。后来真正听到他的演讲后，马上被吸引住了。她深为他的个人魅力所折服，并称赞说："他帮助美国黑人驱逐了恐惧。他说，'我将高声讲出你们正在想的事情'。他使我们感到神圣，感到大家是一个整体，感到我们被关爱。最终我们有了一些尊严……他让黑人妇女感到自己是宇宙的女王，从而不再自卑，以己为美。"③

马尔科姆与马丁·路德·金不同，作为一名黑人穆斯林的牧师，他不把自己看作融合主义传统的一部分，宣扬的是一种黑人民族主义思想，吸引了北方城市贫民窟中的大量民众。马尔科姆把分离主义看作一种自决，他批评依靠白人取得进步。他在后来"向底层发出的信息"的演讲中，把向华盛顿进军称作是一场"出卖"和"接管"。他讥讽说："他们告诉这些黑人什

---

① 亨利·汉普顿等编《自由之声：民权运动口述史》，第 249 页。
② 曼宁·马拉布尔：《种族、改革与叛乱：美国黑人的第二次重建》，第 100 页。
③ 亨利·汉普顿等编《自由之声：民权运动口述史》，第 255 页。

么时候出发，怎样来，在哪里停，用什么标语，唱什么歌，发表什么演说，然后告诉在日落时离开城市。"非暴力行动小组的成员克利夫兰·塞勒斯跑到华盛顿采访马尔科姆。马尔科姆谈论了这场游行的变化。他说："起先，它被设定为一场公民不服从运动，现在它不是了，它已经融合于体制当中了。"他对游行妥协的批评使很多学生非暴力协调委员会激进分子开始从一个特别的视角来观察和分析这场游行。①

1963 年后期，马尔科姆对很多争取种族平等大会的地方分支产生了直接影响。虽然法默猛烈攻击马尔科姆，宣布"我们不能把贫民窟留给狂暴的民族主义者"，组织的其他地方领导人却并不同意他的观点。1964 年 4 月，马尔科姆敦促积极分子建立一个步枪俱乐部来保卫黑人社会，以免遭警察暴行和白人种族暴力的侵害。很快，克利夫兰争取种族平等大会分支的积极分子刘易斯·罗宾逊就提出了建立步枪俱乐部的建议。②

马尔科姆对学生非暴力协调委员会的影响更大。"自由夏天"运动后，学生非暴力协调委员会派出一个代表团去非洲参观旅行，在那里他们遇到了马尔科姆。刘易斯回忆说：

> 我们意外地遇见了马尔科姆，跟他讨论了很长时间。我们不仅讨论了非洲的问题，也谈论了美国的问题，例如参与民主进程的权利问题。他反复警告我们要谨慎。我感觉马尔科姆正在发生改变，因为他一直说想帮助和支持民权运动，想参观南方，而且鼓励我们坚持斗争。③

1964 年 12 月，哈默等学生非暴力协调委员会和密西西比自由民主党的代表在哈莱姆开展了一次北方城市之行，马尔科姆应邀在他们的集会上发表了演讲。返回时，哈默女士与学生非暴力协调委员会的自由歌手们参加了马尔科姆发起的非裔美国人联合组织的会议。后来，学生非暴力协调委员会组织青少年开展了一次从密西西比麦考姆到纽约进行参观的活动，马尔科姆对这些来自南方的青少年说："1964 年斗争最伟大的成就是成功地把我们的问题与非洲的问题联系在一起，或者说使我们的问题成为一个世界问题。意识

---

① 亨利·汉普顿等编《自由之声：民权运动口述史》，第 163~164 页。
② 曼宁·马拉布尔：《种族、改革与叛乱：美国黑人的第二次重建》，第 100 页。
③ 亨利·汉普顿等编《自由之声：民权运动口述史》，第 206 页。

到你们虽然身在密西西比，但并不孤单是很重要的。"①

1965 年塞尔玛运动期间，马尔科姆的影响在年轻激进的学生非暴力协调委员会成员中已经很大了。学生非暴力协调委员会邀请马尔科姆于 2 月 4 日在布朗礼堂召开的大众会议上演讲。马尔科姆激动人心的演讲推动了学生非暴力协调委员会内部黑人民族主义倾向的发展。克利夫兰·塞勒斯认为这次邀请"加强了马尔科姆与我们斗争和年轻人的联系"。② 就连对学生非暴力协调委员会的激进成员日益不满的刘易斯，也评论说："马尔科姆比其他任何人都能更清楚地表达出美国黑人的渴望、痛苦与挫折。"③

马里恩暴行刚过了三天，也就是 2 月 21 日，马尔科姆就在哈莱姆遇刺身亡。但他对学生非暴力协调委员会的影响却保留了下来，并越来越大。克利夫兰·塞勒斯说：

> 马尔科姆唤起了我们的觉醒。他鼓励和激发我们继续斗争。我们从整体上来看马尔科姆，事实上他已经发生了转变。起先，他是一种有缺陷的人，但他能改变自己，约束自己，教育自己，努力向前。学生非暴力协调委员会派我和刘易斯来参加马尔科姆的葬礼。我们带来了一个信息给马尔科姆，那就是，我们听到你说的话了，我们正在聆听，事实上，我们已经接受了你提供的最好的东西，我们将继续把它融入我们的运动和斗争当中去。④

马尔科姆死后，他成为公认的"黑人权力"思想之父。很多学者也确信，"黑人权力"派是"马尔科姆遗嘱"的执行者。⑤ 马尔科姆的思想确实对其死后的"黑人权力"、城市骚乱等激进运动产生了至关重要的影响。但值得注意的是，马尔科姆晚期思想发生了重大转变。大体来说，其思想经历了从简单模仿白人种族主义的"黑人至上"到超越种族主义的"人权至上"

---

① 亨利·汉普顿等编《自由之声：民权运动口述史》，第 207 页。
② 亨利·汉普顿等编《自由之声：民权运动口述史》，第 220 页。
③ 曼宁·马拉布尔：《种族、改革与叛乱：美国黑人的第二次重建》，第 100 页。
④ 亨利·汉普顿等编《自由之声：民权运动口述史》，第 225 页。
⑤ 彼得·帕瑞斯：《黑人宗教领导人：一致中的冲突》，第 213～215 页；乔治·布瑞特曼编《马尔科姆·X：其人及其思想》（George Breitman, ed., *Malcolm X: The Man and His Ideas*），纽约 1965 年版，第 265 页；西奥多·德雷珀：《黑人民族主义的重新发现》（Theodore Draper, *The Rediscovery of Black Nationalism*），纽约 1970 年版，第 101、117 页；等等。

的转变。其早期思想主要是指他在黑人穆斯林期间的思想，比较偏颇、极端、激进和不切实际。例如，在宗教观上，宣讲荒诞的"雅各布创造白人种族"的神话，激烈地批判基督教；在种族观上，对白人不加区别地仇恨，痛斥白人是魔鬼；在政治观上，主张种族分离和上帝的解决等。但把它放到当时的历史时空和语境中来看，也是可以理解和值得同情的。马尔科姆晚年日趋灵活、开放、理智和务实，根据环境和形势的变化而抛却过时的思想，不断地探索黑人自由的新的思维。在种族观上，他完全抛弃了极端的"白人魔鬼"论，对白人自由派和进步人士及黑人中产阶级不再极力贬斥，而是采取中肯分析、适度联合的态度，把追求美国黑人的自由、正义、平等和尊严作为其唯一的目标，完全摒弃了早期极端的种族主义思想。在宗教观上，他在对正统伊斯兰教日益虔诚的同时，逐步摆脱了黑人穆斯林的束缚，日趋宽容和理性。他的黑人民族主义的核心思想也发生重大的转变。在斗争目标上，从建立独立国家到追求自治社会，到最后变成追求一个黑人身在美国、但保持自己文化特性的自由、平等和正义的社会。在斗争手段上，马尔科姆也逐步由狂热、不切实际转向冷静和务实。他对现实的政治斗争日益感兴趣，并设计了一套具体的、符合黑人斗争需要的政治方案。与此同时，他还采取了暴力威慑的策略，二者相得益彰。他改变了以前在黑人穆斯林期间孤立的、远离一切民权组织的封闭方法，开始特别强调黑人团结和建立强大的同盟。此外，在其黑人民族主义的框架内，马尔科姆还提出了包括泛非主义和人权斗争等在内的国际主义战略，以解决美国黑人的命运问题。但他的思想中仍有一些始终坚持不变的原则，如反对整合与非暴力、主张自卫、激烈批判美国政府等。总之，马尔科姆的后期思想有了质的飞跃，在斗争方法灵活、务实的基础上，主张"完全的自由，完全的正义，完全的平等"。

不过，在马尔科姆死后城市骚乱盛行、思想普遍激进的环境和氛围里，他的思想不可能得到全面的理解和运用。很多人没有觉察，或不加理睬，甚至有意忽视其后期思想的重要变化。后来一些活动家、学者等基本上采取实用主义的立场，大多吸取其比较激进和极端的思想，并按自己政治斗争和政治主张的需要对马尔科姆的思想进行了随心所欲的改造。可以说马尔科姆尽管死了，但其生命已不属于自己，正如学生非暴力协调委员会的主席拉普·布朗所言："没有革命者能宣称他的生命是为了自己，革命者的生命属于斗争。"后来人出于政治斗争的需要，纷纷对马尔科姆进行了符合自己需要的改造，有人甚至寻求把他改变为拥有超自然力量和智慧的圣者。通过推动这种从普通人到圣人的不可思议的转变，偶像制造者们希望他们自己的影响可以长久一些。文化民族主义者、革命民族主义者、社会主义者和泛非主义者等都为自己的特殊目的来纪念和宣扬他。① 可以说，在"黑人权力"时代，每个人都有一个关于马尔科姆的形象，但就像盲人摸象一样，他们只抓住了马尔科姆思想中有利于自己的一个方面而夸大其词，因而是偏颇和不正确的。② 但不管怎样，马尔科姆仍是一个"黑人权力"的范例——一整代非裔美国人活动家的典型榜样和精神教父。虽然后来的这些活动家在举止和表达方式上多样化，甚至他们的一些思想与真实的马尔科姆已有很大不同，但他们对黑人种族骄傲和自决的集体认同仍是相似的，这也说明马尔科姆对他们的深远影响。③

（2）过程

1964 年"自由夏天"运动与 1965 年塞尔玛运动既取得了很大的成就，又暴露出很多问题，非暴力直接行动与民权运动开始面临巨大的危机，从此由盛转衰，开始转向"黑人权力"运动。其中朗兹县自由组织的建立和梅雷迪斯行军两大事件成为"黑人权力"确立的标志。

密西西比自由民主党的挑战失利后，卡迈克尔坚持认为黑人需要建立他们自己的政治结构。他和其他一些学生非暴力协调委员会组织者在 1965 年不事声张地来到朗兹县开展活动。朗兹县位于从塞尔玛到蒙哥马利游行路线的中间。这个县保留着老南方的很多遗迹。地方白人控制着绝大部分土地，它是美国最贫穷的县之一，黑人人口有一半生活在贫困线之下。白人至上主义盛行，1965 年以前没有一个黑人能登记投票。白人通过经济威胁和暴力

---

① 威廉·L. 范·德伯格：《巴比伦的新日子："黑人权力"运动与美国文化（1965~1975）》（William L. Van Deburg, *New Day in Babylon: The Black Power Movement and American Culture, 1965–1975*），芝加哥 1992 年版，第 3 页。

② 威廉·L. 范·德伯格：《巴比伦的新日子："黑人权力"运动与美国文化（1965~1975）》，第 4 页。

③ 威廉·L. 范·德伯格：《巴比伦的新日子："黑人权力"运动与美国文化（1965~1975）》，第 2 页。在笔者看来，因为马尔科姆思想前后差别很大，"黑人权力"派内部又有很多派别，而且他们各自还有一个发展变化的过程，所以需要具体分析马尔科姆与"黑人权力"的关系，不能笼统而论。因此，一些美国学者认为马尔科姆是"黑人权力"的思想之父，"黑人权力"派是马尔科姆遗嘱的执行者的论点显然过于简单化。只能说，马尔科姆是"黑人权力"激进派"部分"思想之父，"黑人权力"激进派是马尔科姆"前期"遗嘱的执行者。而实际上，部分"黑人权力"温和派的观点与马尔科姆晚期思想的实质及其思想发展变化的趋向倒是有些相似之处的。

恐吓等手段阻止黑人投票。黑人农民要想生存，持有短枪或步枪是非常重要的。许多黑人很崇拜金和他的非暴力原则，但他们并不认为这些原则与武装自卫是不可协调的。"三K党"在那里很猖狂，一位参加了从塞尔玛到蒙哥马利游行的白人志愿者维奥拉·利古兹就是在驱车途经朗兹县时被"三K党"暴徒开枪杀害的。这一枪杀事件第二天就上了报纸的头版头条，也就在这一天卡迈克尔悄悄地来到朗兹县帮助组织一场独立的黑人政治运动。此前，卡迈克尔曾利用从塞尔玛到蒙哥马利游行的时机，已经与朗兹县当地黑人取得了紧密的联系，并掌握了一份支持运动的当地黑人的名单。①

地方黑人领导人约翰·休利特在卡迈克尔等人的计划中发挥了重要作用。3月17日，在从塞尔玛到蒙哥马利游行前的几天，休利特成为朗兹县自重建以来第一位登记投票的黑人。两天后，他帮助建立了朗兹县基督教争取人权运动组织，并担任主席。他很欢迎卡迈克尔等人的到来，他回忆说："朗兹县是一个非常贫穷的农业县，大部分黑人不得不生活在恐惧中。我们决定开始与一些组织开展合作，这个县的人们选择了卡迈克尔和他的组织。他们帮助我们开展活动，给予我们领导和鼓舞。"② 卡迈克尔由此称赞说："休利特先生在帮助组织朗兹县人参加斗争的过程中发挥了建设性的作用。"③

当地一些普通黑人也对学生非暴力协调委员会的组织活动给予了大力支持。例如，一名地方高中学生约翰·杰克逊原来很害怕民权组织者，但当他有机会见到了其中的一些人之后，他便兴奋起来，并产生了勇气，开始与他们一起工作。他还说服自己的父母积极参与到运动中来。由于卡迈克尔、鲍勃·曼斯等人一直受到来自"三K党"和白人种族主义者的暴力威胁，所以没有安身之地。杰克逊的父亲冒着巨大的危险，毅然把自己家的空房子提供给民权组织者，作为"自由之家"。④

尽管有卡迈克尔等人的努力和一些当地黑人的支持，但在3月到8月间，只有250名黑人登记投票，主要是因为地方白人采取了各种方式进行抵制和恐吓。他们不想让黑人到法院登记，所以经常改变登记场所，甚至把黑人带到老式监狱里。此外，还有许多种其他威胁的方式。例如，当民权组织者正在等人们来，要带他们去参加测试的时候，许多白人会开着车，举着猎

---

① 亨利·汉普顿等编《自由之声：民权运动口述史》，第269页。
② 亨利·汉普顿等编《自由之声：民权运动口述史》，第270页。
③ 亨利·汉普顿等编《自由之声：民权运动口述史》，第270页。
④ 亨利·汉普顿等编《自由之声：民权运动口述史》，第271页。

枪从旁边驶过。在夏天天热的时候，他们切断水源，让黑人没有水喝。住在种植园和农场的人们，自己是没有土地的，如果他们登记投票，就会被驱逐出种植园，这样，许多家庭便被迫离开他们的庄稼，迁到其他地方谋生。[1]

选举权法案通过后，黑人开始大规模地登记，白人种族主义者对此进行了更强烈的抵制。在一次示威游行中，地方当局逮捕了 3 名示威者，包括一名黑人学生与两名白人。但入狱后一周他们突然无故获释，结果在监狱门口遭到一名白人警察的开枪袭击，导致两名白人一死一伤，那名黑人幸免于难。[2]

但这次谋杀并没有阻止黑人社会成员追求他们的政治权利。1966 年 3 月，地方黑人和学生非暴力协调委员会组织者开始谋划建立独立的政党。他们充分利用亚拉巴马法律来行事，根据法律规定，如果人们不喜欢民主党或共和党，又能在选举中得到相当数量的选票，他们就可以组成自己的政治组织，建立一个政党。可能因为地方黑人文盲比例太高，法律还规定新的政党必须有一个象征。约翰·休利特特意辞去朗兹县基督教争取人权运动组织主席的职务，来主持这一活动。[3]

这个新的组织被命名为朗兹县自由组织，它选择的象征是一只黑豹。约翰·休利特详细说明了选择黑豹的原因："黑豹是一种受到攻击不会后退的凶猛的动物。选择它表明，我们会在必要情况下进行反击。当时，我们县的许多人说我们是一个要杀死白人的暴力组织。但那不是事实，它只是象征了我们要想方设法生存下来。"他为自卫进行辩护："我们携带枪支保护自己，防止被其他人攻击。白人在这个县能携带枪支，法律并没有禁止他们，因此我们也要携带我们自己的枪支。我们不是残暴的人，只是万一遭到攻击才会奋起自卫。"[4]

朗兹县自由组织不断开展选民登记活动的同时，白人的恐吓也在升级。为此，1966 年 3 月，朗兹县自由组织利用一些黑人捐献的土地，建立了一个叫帐篷城的地方，以接纳一些在登记投票后被白人驱逐的黑人佃农。

5 月 3 日，朗兹县自由组织召开了第一次大会，7 个县官员的候选人在会上被提名。但朗兹县自由组织必须先教给选民一些投票的规则。组织者们进行了精心设计，他们首先想找到一个中介把政治信息传达给选民。南方以讲故事的传统而闻名，因此他们认为最好的方式就是以选民熟悉的地方俚语来编写一本

---

① 亨利·汉普顿等编《自由之声：民权运动口述史》，第 272 页。
② 亨利·汉普顿等编《自由之声：民权运动口述史》，第 276 页。
③ 亨利·汉普顿等编《自由之声：民权运动口述史》，第 276 页。
④ 亨利·汉普顿等编《自由之声：民权运动口述史》，第 277 页。

有关投票的喜剧书，结果非常成功。另一种方式是创造一种人们容易记忆的押韵句，例如"为黑豹投票，然后回家"。人们会记住这个句子，并把它作为一个象征与朗兹县自由组织联系在一起。组织者们大量张贴海报，这促使许多人出来投票。很多人是有生以来第一次投票，一些人是年龄比较大的老人。①

治安官和许多白人想阻止朗兹县自由组织在海恩维尔法院召开的大会。这个消息传开后，当地黑人准备通过必要的武力手段进行集会。联邦与州当局不得已达成一个妥协方案——把开会地点改在第一浸礼会教堂。南方基督教领导大会发言人和民主党敦促当地居民投票支持民主党。但朗兹县 2000 名黑人选民中的 900 人选择冒着生命危险，在 5 月 3 日那天把选票投给了朗兹县自由组织，然后回家了。

运动在朗兹县产生了很大影响，约翰·休利特为此评论道："这是这个县的黑人第一次团结起来选出自己公共部门的官员，他们开始改变自己。即使在选举中我们自己的人不能当选，也会激发人们继续在选举那天走向投票箱去投票。"② 后来他在 1970 年当选为朗兹县第一个黑人治安官。朗兹县黑人意识的觉醒最终也在全国乃至国际上产生了影响。黑豹的形象首先传播到整个亚拉巴马黑人地带，后来到 20 世纪 60 年代末，它被奥克兰的黑豹党采用，③ 传播到了美国大部分城市甚至欧洲。

---

① 亨利·汉普顿等编《自由之声：民权运动口述史》，第 278 页。
② 亨利·汉普顿等编《自由之声：民权运动口述史》，第 279 页。
③ 黑豹党于 1966 年 10 月 15 日由牛顿和西尔在加利福尼亚的奥克兰创立，是当时主张"黑人权力"的主要派别。1967 年，该党的第一次首脑会议召开。这时，贫民窟的骚乱、街头枪战、纵火、抢劫等在好几个城市爆发。牛顿由此强调美国黑人不是通过传统的政治渠道，而是直接通过黑豹党的破坏能力来行使权力。黑豹党采纳了毛泽东的主张——"枪杆子里出政权"。他们也通过学习法农的《地球上的可怜人》来开展革命。牛顿从奥克兰的黑人社会中招收很多心怀不满、处于犯罪边缘的黑人成员以发展"革命"的骨干力量。1968年，黑豹党开始引起全国范围内的注意并获得迅速发展。它与学生非暴力协调委员会进行了合并，但旋即分裂。4 月 4 日，小马丁·路德·金被刺后，骚乱在 80 多个城市爆发。三名奥克兰的警察受伤，黑豹党的财政部长鲍贝·胡顿被杀，克利弗等领导人因为街头枪战入狱。黑豹党开始进行游击战术的训练，并提出"让这些猪滚开！"的极端口号。1969 年，黑豹党的组织更为严密，纪律性也加强了。它又提出了"为人民服务"的口号，除了继续重视军事上的作用，开始更强调政治上的作用。他们还建立了"自由学校"和"共产主义政治教育课程"。党的高级领导人公开鼓吹准备革命斗争，颠覆美国政府，把社会主义推广到全美国。1970 年，在很多成员被捕后，黑豹党迅速走向衰落。1971 年，黑豹党的两位重要的领导人牛顿和克利弗发生了公开的分裂，黑豹党逐渐失去了在美国公共生活中的影响。见路易斯·奚斯编《让这些猪滚开！黑豹党的历史与文献》（G. Louis Heath, ed., *Off the Pigs! The History and Literature of the Black Panther Party*），新泽西州梅特切恩 1976 年版，第 2～6 页。

朗兹县自由组织的成功也大大提高了卡迈克尔的名声，深深地改变了他的命运。他很快成为宣扬黑人民族主义思想的主要代表，他的观点与原学生非暴力协调委员会主席刘易斯始终坚持的非暴力和融合思想产生了很大的分歧。卡迈克尔批评刘易斯就像一个年轻的马丁·路德·金，正日益疏远学生非暴力协调委员会的基层成员。他认为，"学生非暴力协调委员会的组织者已经意识到金依靠道德改变社会的方法是不可行的。学生非暴力协调委员会的人看到了赤裸裸的恐怖，他们知道这种恐怖与道德无关，而是与权力紧密联系在一起"。因此，他指出"要想解放，首先必须建立人民大众的政治组织"，他"把大众政治组织看作解决问题的唯一途径"，还强调，"非暴力对我们来说是一种策略而不是一种哲学"。①

面对学生非暴力协调委员会和民权运动中日益增长的黑人民族主义的意识，刘易斯继续宣扬创造一个真正跨种族的民主。他认为，美国社会中真正的融合存在于民权运动本身之中。但他的这种想法遭到了学生非暴力协调委员会内部激进派的强烈反对。早在1965年年初，卡迈克尔和其他两三个人就想挑战刘易斯的学生非暴力协调委员会主席一职。1965年春天，刘易斯应邀去北欧旅行。等他回来，感觉似乎发生了一场政变。很多人说，学生非暴力协调委员会需要有人来与林登·约翰逊对抗，需要有人来与马丁·路德·金对抗。当下，学生非暴力协调委员会主席职位之争终于发生了，那是在1965年5月。刘易斯先是在大会上被重新选为主席，但随后在亚特兰大激进派策划的第二次选举中落选，卡迈克尔当选为新主席。刘易斯非常失望，但仍继续宣扬非暴力的哲学和方法，相信跨种族的民主，相信黑人与白人能在一起工作，因为他始终认为"我们所有人，无论黑人和白人，都在同一艘船上"。②

卡迈克尔取代刘易斯当选主席反映了学生非暴力协调委员会成员思想意识发生的深刻变化。此前不久，学生非暴力协调委员会亚特兰大分会会员已经发表了关于种族问题的意见书，认为白人参加到运动中来的形式已经过时。他们宣称："白人无法在文化的各个方面与黑人相处，要想真正解放，我们就必须和白人分割开来。……我们坚持，只要是白人，不论其自由主义的倾向如何，都无法真正消除白人优越的意识，黑人必须自己组织自己……我

---

① 亨利·汉普顿等编《自由之声：民权运动口述史》，第280页。
② 亨利·汉普顿等编《自由之声：民权运动口述史》，第281页。

们提议我们的组织应由黑人组成、由黑人控制并由黑人资助。"① 亚特兰大计划和卡迈克尔当选主席成为学生非暴力协调委员会迈向"黑人权力"的转折点。

这一转折的真正完成发生在梅雷迪斯游行中。1966 年 6 月,詹姆斯·梅雷迪斯发起从孟菲斯到杰克逊的"克服恐惧游行"。他宣称其目的是鼓励黑人出来登记和投票。在游行过程中,他被一名失业白人开枪射中,传言他已经死亡,但后来报道说他被送到孟菲斯医院急救,脱离了生命危险。由于这一遇刺事件,梅雷迪斯的个人游行立刻引起全国的注意。马丁·路德·金急忙从亚特兰大赶到梅雷迪斯身边,和他在一起的还有学生非暴力协调委员会新任主席卡迈克尔、争取种族平等大会的新主席弗洛伊德·麦基西克以及老的温和派代表——全国有色人种协进会的威尔金斯和全国城市同盟的惠特尼·扬。威尔金斯、扬和金想要游行支持总统的民权法案,但卡迈克尔把游行看成是公布自己新主张的良机,即强调独立的黑人行动或"黑人权力",他和麦基西克坚持利用游行来谴责约翰逊总统不实施现存的民权法。卡迈克尔不断宣扬民族主义情绪,呼吁把白人排除到游行队伍之外,并邀请防卫与正义执事团来为游行提供保护。

准备参加游行的民权组织和领导人开会商讨游行事宜。学生非暴力协调委员会提出了好几个问题。一个是要防卫与正义执事团加入进来;第二是他们不想发布一个全国性的呼吁,他们想要把游行维持在密西西比当地范围内,让当地的黑人分享领导权,分享决策权,直接对当地人产生影响。全国有色人种协进会的威尔金斯和全国城市同盟的惠特尼·扬等温和派领导人反对防卫与正义执事团加入;他们想发布一个全国性的号召,他们想利用密西西比以外的资源来完成游行。会议由此引发了激烈的争论。学生非暴力协调委员会说服麦基西克同意了他们的观点,然后投票,最终的决定必须由金来做出。金努力想把游行开展下去,他又自信能控制激进派,因此决定和学生非暴力协调委员会、争取种族平等大会联合在一起,这激怒了威尔金斯和惠特尼·扬。他们为此愤怒地指责了金,然后就收拾行囊离开,返回纽约。②

金虽然同意参加游行,但他有附加条件,即游行不能排除白人,而且要

---

① 乔安妮·格兰特编《美国黑人斗争史:1619 年至今的历史文献与分析》,第 502~506 页;卡森:《在斗争中》,195~198 页。
② 亨利·汉普顿等编《自由之声:民权运动口述史》,第 284~286 页。

保持非暴力。他最终说服了卡迈克尔等人接受非暴力思想以及黑人和白人一起参加游行的计划，作为回报，他同意联合发表谴责政府不能保护黑人民权的声明。但金缓和激进性的努力失败了，这一要求遭到很多激进的学生非暴力协调委员会、争取种族平等大会年轻成员的反对。有人说："我不再是非暴力的成员了。"另一个人更直接地说："如果某个该死的密西西比白人敢侵犯我，我会送他去地狱。"一些人甚至反对与友好的白人结成联盟，坚持"这该是全部由黑人组成的游行，我们不需要任何白人政党和自由派人侵我们的运动。这是我们的游行"。① 年轻的激进分子们甚至故意跟金对着干，当金祈祷非暴力的时候，他们会喊道："白人一定要流血。"如果金讲基督的爱，他们就高喊："夺取权力。"金的跟随者每次刚要唱《我们将会胜利》，就会被新的学生非暴力协调委员会歌曲《我们将占领》淹没。沿着游行的路线，密西西比黑人组织者听从卡迈克尔的暗示，高喊："嗨！嗨！你知道什么？白人必须离开——必须离开！"每天晚上，当游行者搭起他们的帐篷，卡迈克尔的助手们就会冲着正在观望的密西西比人大声宣布："如果任何人敢侵犯我们的组织者，我们将铲平这个地方！"②

在这种情绪的影响下，学生非暴力协调委员会还是成功地让防卫与正义执事团加入到运动中来，麦基西克也表示支持，这标志着游行开始公开地从非暴力转向武装自卫。安德鲁·扬对此大为不满，他强调南方基督教领导大会是坚决主张非暴力的，并坚持白人应该参加游行。学生非暴力协调委员会中的一些黑人认为他们不仅想让人们得到自由，还想要发展本土化的黑人领导。针对这一主张，扬指出，"发展本土化黑人领导的方式之一就是铲除所有的家长式统治"，但学生非暴力协调委员会和南方基督教领导大会在许多方面都有一些家长式统治，因为"我们像白人一样是外来者"。扬为此批评说，虽然需要发展地方领导，但"你不能因为发展地方领导人遇到挫折就单独谴责白人，我们自己也有部分责任"。③

卡迈克尔辩护说："关于白人的争论不是要不要白人，而是白人领导的问题……学生非暴力协调委员会的立场是非常清楚的，白人自由派可以与学生非暴力协调委员会一起工作，但他们不能要求学生非暴力协调委员会做什

---

① 韦斯布劳特：《受局限的自由》，第 197 页；科莱科：《小马丁·路德·金：激进非暴力的使徒》，第 161 页。

② 西特科夫：《为黑人的平等而斗争》，第 199 页。

③ 亨利·汉普顿等编《自由之声：民权运动口述史》，第 288 页。

么或说什么，我们强烈坚持这一点，因为通过长期的剥削而强加给我们的低人一等似乎表明我们不能领导我们自己。"①

尽管有争论，但为了赢得金的支持，卡迈克尔等人还是稍微改变了他们原来的激烈言辞。不久，学生非暴力协调委员会、争取种族平等大会和南方基督教领导大会三大组织就开始合作组织游行，集中资源，组织人们沿着高速公路召开大众会议和进行集会。学生非暴力协调委员会起了主导作用。

卡迈克尔明确指出了要利用游行呼吁"黑人权力"以及反对越战，为此他和学生非暴力协调委员会做了充分的准备工作。他精心选择格林伍德作为发起"黑人权力"的地方，因为它以前是学生非暴力协调委员会活动的大本营，卡迈克尔本人一直在那里为学生非暴力协调委员会工作并入狱很多次，以至于警察甚至城市中的每个人都认识他。因此，学生非暴力协调委员会在这一地区有着良好的群众基础。②

6月9日下午在格林伍德，来自学生非暴力协调委员会的威利·理克斯面对群众发表演说时，首先发出了"黑人权力"的呼吁。他在上面讲话，底下人欢呼不断。理克斯问人们想要什么，他们回答说"马上自由"，理克斯告诫人们不要"马上自由"，而是要"黑人权力"。他反复地对人们讲"黑人权力"，当他再问人们想要什么的时候，一些人回答"马上自由"，但更多的人回答了"黑人权力"。最终"黑人权力"占据了绝对优势，所有人都在一起雷鸣般地呐喊"黑人权力！""黑人权力！"③ 参加运动的白人因此很受打击，运动明显发生了分裂。

当天下午，卡迈克尔因违反州警察的命令在格林伍德的一所黑人高中学校搭帐篷而被捕，但很快就被保释。在理克斯的鼓动下，他决定晚上举行一个更大的集会，发布"黑人权力"的呼吁。理克斯事先已经让每个人都做好了准备，他对卡迈克尔说，"你只管准备好演讲，我们会反对'马上自由'，我们支持'黑人权力'"。在当天晚上的群众集会上，卡迈克尔首先激愤地宣布："这是我第27次坐牢，我再也不去监狱了！"他接着说："阻止白人鞭打我们的唯一方式是占领，我们一直喊着自由5年了，但仍一无所获。我们现在要开始说黑人权力。"然后他一遍又一遍有节奏地重复："我

---

① 亨利·汉普顿等编《自由之声：民权运动口述史》，第288页。
② 亨利·汉普顿等编《自由之声：民权运动口述史》，第289页。
③ 亨利·汉普顿等编《自由之声：民权运动口述史》，第290页。

们……想要……黑人……权力!"不久人群开始潮水般地一致回应。卡迈克尔喊道:"这就对了,这就是我们想要的东西,现在,从现在开始,当他们问你们想要什么的时候,你们知道怎么回答。你们想要什么?""黑人权力!""你们想要什么?""黑人权力!""你们想要什么?再说一次!""黑人权力!黑人权力!黑人权力!"这些热情的反应甚至让卡迈克尔自己都感到震惊,也激发他继续阐述"黑人权力"的主张。媒体当然不会放过这样激进的言辞,在它们的广泛报道下,卡迈克尔很快成为名震全国的"黑人权力"的代言人。虽然金后来努力劝说卡迈克尔不要用"黑人权力"这个口号,但已经于事无补,无法扭转局势了。①

"黑人权力"的口号与主张引起了很多批评与指责。大部分白人立即把"黑人权力"看作一种威胁,一种有着暴力内涵的逆向种族主义。金也对此进行了批评,但比较克制,安德鲁·扬回忆说:"马丁认为斯托利是有着巨大潜能的年轻人,他并不反对'黑人权力'本身,而是反对'黑人权力'这个口号,因为他说,'如果你真的拥有权力,就不需要一个口号'。"② 贝亚德·拉斯廷与金的观点有些相似,认为"黑人权力不仅对民权运动没有任何真正的价值,而且它的流传也实在是有害的"。它"把运动引入歧途,使其脱离了关于战略和策略的富有意义的辩论","使黑人社会陷于孤立","鼓励了反黑人力量的增长"。他仍"坚持自由派、工会和民权运动三者之间的联合"。③ 一些人指责"黑人权力"就是在号召种族战争。副总统休伯特·汉弗莱长期以来是民权的支持者,称"黑人权力"是"逆向的种族主义"。威尔金斯更严厉,称这个新的口号是"仇恨之父、暴力之母",把"黑人权力"看作一个"逆向的密西西比""逆向的希特勒"和"逆向的'三K党'"。④ 但是,许多黑人欢迎这种思想。

6月24日,梅雷迪斯重新参加了游行。沿着密西西比,一路上发生了很多暴力事件。但最终他们实现了目标,到达了终点杰克逊。三个星期后,4000名新的黑人选民在密西西比得以登记。游行标志着运动进入了一个新

① 小马丁·路德·金:《我们将从此去向何方:混乱还是和谐》,第29页;西特科夫:《为黑人的平等而斗争》,第199页;卡森:《在斗争中》,第209页;亨利·汉普顿等编《自由之声:民权运动口述史》,第291页。
② 亨利·汉普顿等编《自由之声:民权运动口述史》,第294页。
③ 乔安妮·格兰特编《美国黑人斗争史:1619年至今的历史文献与分析》,第518~526页。
④ 罗伊·威尔金斯:《立场坚定:罗伊·威尔金斯自传》,第316~319页。

的阶段。"黑人权力"变成了一种超越密西西比格林伍德的呐喊。它激发了城市骚乱的进一步升级与蔓延,触动了美国白人的神经。

梅雷迪斯游行标志着"黑人权力"时代的到来,"黑人权力"成为运动中一个流行口号,但它的意义经常变化多端,无人能给出确切的解释。激进的学生非暴力协调委员会项目部主席塞勒斯承认他不知道"黑人权力"具体指什么,他和他的同事们也没有连贯的策略来实施这一口号。实际上,"黑人权力"更多是一种情绪,一种神话,而不是系统的计划或项目。

口号提出者卡迈克尔不得不反复向公众解释他的思想。1966 年他先后发表两篇文章《我们想要什么》《通向黑人解放》,并在很多大学发表演讲,对"黑人权力"思想进行了系统的阐释。在现实的政治斗争方面,他指出:"我们必须从政治开始,因为美国黑人是没有财产的,而在这个国家财产就是一切。我们必须为权力而工作,因为这个国家不是通过道德、爱和非暴力,而是通过权力来运作的,因此我们决定赢得政治权力……有了权力,黑人大众能做出或参与做出掌管其命运的决定,从而促使他们日常生活的基本改变。"他举例说:"在郎兹县,'黑人权力'意味着,如果一名黑人被选为治安法官,他就能结束警察的暴行;如果一名黑人被选为税收审核员,他能收集并引导资金修建更好的道路和学校来服务黑人大众——从而把行动从政治权力推向经济领域。"在像郎兹这样黑人占绝大多数的地区:"他们将努力用自己的权力来实行控制;在黑人不占多数的地区,'黑人权力'意味着合适的代表与分享控制。这意味着,通过创立权力基础,黑人能通过施加强大的压力改变全州、全国范围内的种族压迫形势。"他强调黑人应积极参与到美国政治当中去,"黑人要联合起来选举代表,并迫使这些代表为他们的需要说话"。在具体行动上,他领导学生非暴力协调委员会在南方和北方开展选民登记运动,建立独立的政治组织,甚至积极呼吁建立一个全国性的黑豹党。①

在斗争目标上,卡迈克尔强烈反对整合,他指出:"我们从来不是为了得到融为一体的权利而斗争,我们是在和白人至上进行斗争。现在我们在这个国家里进行着一场心理上的斗争,其内容是黑人是否无须经过白人许可有

---

① 斯托利·卡迈克尔:《我们想要什么》(Stokely Carmichael, "What We Want"),载沃尔特·安德森编《抗议的年代》(Walt Anderson, *The Age of Protest*),加利福尼亚州帕利瑟得 1969 年版,第 132 ~ 134 页。

权使用他们想用的词语。如果真有什么融为一体的话，那将是双方的融合。"① 谈到具体原因，他说："整合意味着取得成功的黑人，把他的黑人兄弟抛到贫民窟里，而自己却开着新的跑车。" 他还认为，整合意味着一个鄙视黑人肤色的问题："作为一个目标，它建立在完全接受这个事实的基础上：为了获得一个体面的住房和教育，黑人必须搬到一个有白人邻居的住处，或送他们的孩子去白人的学校。这在黑人和白人中间，强化了白人天生优越、而黑人一定低劣的观点。这就是为什么说整合是一个维护白人至上主义的托词。" 他强调力量对等的联合："只有当黑人社会聚集起足够的政治、经济和职业的力量来在某些方面与白人公平竞争，黑人才相信真正合作的可能性，白人也才接受这种必要性。黑人社会需要发展更大的独立性，即掌握自己事务的机会……"②

在经济上，卡迈克尔号召黑人要同心协力："当我们敦促黑人的钱要流到黑人的口袋里时，我们的意思是指黑人社会的口袋里。我们希望看到钱流回黑人社会，并为黑人社会造福。" 他反对资本主义："我们在黑人中寻求建立的社会不是一个资本主义性质的社会，它是一个充满共产主义精神和人文主义关爱盛行的社会。" 他甚至要求土地和财富的重新分配。③

在思想文化上，卡迈克尔着重强调心理上平等和黑人觉醒的重要性，谴责种族主义对黑人精神的毒害："从出生起，黑人就被告知一系列关于自己的谎言。我们被告知，我们是懒惰的……我们被告知，如果你努力工作，你将取得成功……" 但实际上，"我们被压迫仅仅因为我们是黑人，不是因为我们无知，不是因为我们懒惰，也不是因为我们愚蠢，只是因为我们是黑人"。他还以自己的亲身经历来说明："我记得当我是小孩子时，我经常在星期六去看电影《人猿泰山》。白人泰山经常痛打黑人土著，我却坐在那里高喊，'杀死那畜生，杀死那野人，杀死他们！' 我其实正在说，'杀死我！'……我花了很长时间才抛弃了这些重要的谎言，即黑人天生不能与白人做同样的事情，除非白人帮助他们。" 因此，卡迈克尔强调 "只有黑人能传递黑人自己能做事情的革命的思想，只有他们能帮助在社会中确立一种觉

---

① 卡迈克尔于 1966 年 11 月 19 日在加州大学伯克利分校的演讲：《黑人权力》，载乔安妮·格兰特编《美国黑人斗争史：1619 年至今的历史文献与分析》，第 511 页。
② 斯托利·卡迈克尔：《我们想要什么》，载沃尔特·安德森编《抗议的年代》，第 135 页。
③ 斯托利·卡迈克尔：《我们想要什么》，载沃尔特·安德森编《抗议的年代》，第 140、135 页。

醒的、持续的黑人意识，这将为政治力量提供基础"。为此，"黑人必须为自己做事情，他们必须自己控制并分配贫困拨款，他们必须自己规划教育项目，以使黑人孩子能认同黑人种族"。①

在联盟方面，卡迈克尔对白人自由派心存疑虑："最令人困惑的一件事情是，这场运动的白人支持者害怕进入自己的社会，以除掉那里存在的种族主义。他们从伯克利来，告诉我们在密西西比该做什么，让他们把目光盯在伯克利吧。他们建议黑人要非暴力，让他们在白人社会祈祷非暴力吧……"卡迈克尔虽然希望在贫穷黑人和贫穷白人之间会有一个联盟，但又认为，贫穷白人正变得日益敌视黑人，部分是因为他们看到国家正在把精力集中在黑人贫穷问题上而忽视了他们。因此，在与白人结盟问题上，卡迈克尔是矛盾和犹豫不决的。在对美国的批判方面，他谴责"这个国家从头到尾都是种族主义的，种族主义不是一个人的关系问题，而是一个维护剥削的问题"。② 在国际主义战略方面，卡迈克尔继承了马尔科姆把黑人的自由运动同全世界正在兴起的反殖革命运动联系在一起的主张，并认为黑人社会构成了美国的一个国内殖民地。1967 年在古巴举行的一次拉丁美洲革命者会议上，卡迈克尔专门讨论了这个主题，"我们越来越清楚地看到：我们同你们在共同斗争中是共命运的，我们有着共同的敌人。我们的敌人就是西方白人的帝国主义社会。我们的斗争就是要推翻这个通过对非白人的和非西方人民的第三世界进行经济剥削和文化侵略而养肥自己和扩张自己的制度"。③ 在自卫方面，卡迈克尔指出："黑人需要一支枪，学生非暴力协调委员会重申黑人无论在何处受到威胁或攻击都有权利保卫自己。"他极力为自卫辩护："对于暴力行为，我们希望完全不必要，但是告诉黑人采取特别方式的行动（即暴力）来解决问题的不是我们，责任完全在于白人社会。"④

但卡迈克尔后来为适应不同群众的需要，又对"黑人权力"做了很多不同的解释。他日益变得激进，开始公开宣称支持黑豹党，并最终成为黑豹

---

① 斯托利·卡迈克尔：《我们想要什么》，载沃尔特·安德森编《抗议的年代》，第 138 页。
② 斯托利·卡迈克尔：《我们想要什么》，载沃尔特·安德森编《抗议的年代》，第 139～140 页。
③ 罗伯特·艾伦：《美国黑人在觉醒中》，上海市五七干校六连翻译组译，上海人民出版社 1976 年版，第 7 页。
④ 斯托利·卡迈克尔：《我们想要什么》，载沃尔特·安德森编《抗议的年代》，第 134 页。

党的一名领导人，主张推翻资本主义，宣扬暴力革命。他说："美国资本主义已经建立了一种国内殖民主义的制度，因此在这个国家里争取'黑人权力'的斗争就是把这些殖民地从外来的统治者中解放出来的斗争。……我们企图在黑人中建立的社会不是一个压迫人的资本主义社会，……我们是为争取在美国国内进行财富再分配和结束私有财产而斗争的。"1967年夏，在古巴访问时的一次记者招待会上，当他被问到黑人解放是否要付诸攻击性的暴力时，卡迈克尔回答说："防卫性的暴力和攻击性的暴力之间的界限是很微小的。在美国，我们正在转向公开的游击战。为了在我们的社会内拥有土地、房屋和商店并控制那些社会里的政治活动，我们只能使用攻击性的暴力而没有别的选择。"① 他威胁说："我们已经厌倦了向白人解释。如果白人不能战胜自己的种族主义，兄弟姐妹们，我们别无选择，只好响亮地说：前进吧，否则我们就将越过你们前进。"② 他最终强调，"黑人权力"的真正含义在于种族认同而不是阶级团结，是与"第三世界"联盟而不是与贫穷白人结盟。但他确实没有提出什么切实可行的解决方案，口号多于计划，有些脱离美国的现实，尤其是解决不了贫穷和失业等经济问题。在他的领导下，学生非暴力协调委员会的工作重心从构建黑人社会的政治制度转向了黑人分离主义的言辞呼吁。

虽然少数民权领导人对"黑人权力"持完全批评的态度（如威尔金斯指责"黑人权力"是仇恨之父、暴力之母），但大多数领导人愿意把这个流行的概念纳入自己的话语当中，每个人都用自己的思想意识来解释它，以适应自己的需要。革命者用它来宣扬游击战，自由派用它来要求改革，保守派则以此强调自助。对一些人来说，它意味着联合政治，而对另一些人来说，又意味着独立政治和自决。文化自治、经济进步、黑人认同、武装斗争都能在其中找到自己的位置。③ 虽然这多少令人迷惑不解，"黑人权力"还是产生了一些积极的影响，它使黑人以自己为骄傲，促进了黑人的文化与种族认同，提高了黑人的种族意识，培养了新的种族自尊与自信。

---

① 科莱科：《小马丁·路德·金：激进非暴力的使徒》，第183页。卡迈克尔关于暴力的观点是不断变化的，前期他主要强调自卫，后期则主张开展主动性的暴力革命。他的思想本身也非常复杂，因此经常显得态度暧昧或反复无常。见艾伦《美国黑人在觉醒中》，第261～267页。

② 乔安妮·格兰特编《美国黑人斗争史：1619年至今的历史文献与分析》，第517页。

③ 西特科夫：《为黑人的平等而斗争》，第200～202页。

（3）结果

在卡迈克尔的领导下，学生非暴力协调委员会强调激进的言辞而不是发展切实可行的计划，日益演化为一个黑人民族主义和权威主义类型的组织。它把焦点从南方腹地转向了北方城市。但转到北方城市以后，学生非暴力协调委员会并不能提供切实可行的计划来满足黑人的需要。卡迈克尔只是满足于到处发表演讲，沉迷于获得公众关注，抛弃了早期的基层组织策略。这引起很多学生非暴力协调委员会成员的不满，刘易斯和邦德相继辞职，组织地方黑人的计划因此难以继续开展下去。学生非暴力协调委员会开始变得激进而没有纪律，它不能把黑人对"黑人权力"概念的支持转化为实实在在的政治权力，其处理城市黑人问题的能力因此受到怀疑。由于缺少具体的计划，学生非暴力协调委员会转而致力于培养城市黑人新的种族意识，但愤怒的言辞不能转化为长久的地方运动，因此收效甚微。

此外，随着组织成员数量上的迅速扩张，组织内部出现了很多对立的派别。很多成员变得不负责任，纪律涣散，党派之争愈演愈烈，导致项目无法开展，效率低下。贝克尔感到，"从前人们共同参与决策，从而决定自己的生活，现在则变得都自行其是了"。① 这导致组织成员在很多问题上都产生了重大分歧。白人是否参与又一次成为他们争论的焦点。黑人分离主义者宣扬"黑人权力"，把它等同于反对白人，寻求心理解放，但温和派仍主张保持与白人自由派的联盟。排除白人与保留白人两种观点在组织内进行了激烈交锋，最终结果是学生非暴力协调委员会既驱逐了白人，又解雇了亚特兰大的分离主义者。在城市骚乱和越战等问题上，组织成员也展开了针锋相对的争论，最终赞成骚乱与反对越战的观点占了上风。而且，对这些问题的讨论是在双方极度不信任的情况下发生的，有时气氛恶化到双方要动武或找警察来解决冲突。组织成员间的信任和团结是非常重要的，它的消失成为组织日益无效的一个重要原因。②

可见，学生非暴力协调委员会后期日趋激进，但无实质性计划与行动，并且内部冲突不断，以致难以有效地开展活动。它把焦点从南方农村转到了

---

① 查尔斯·佩恩：《哈默女士不再相关：组织传统的失落》（Charles Payne，"Mrs. Hamer is No Longer Relevant：the Loss of the Organizing Tradition"），载雷蒙德·德安吉洛编《美国民权运动：读物与解释》，第448页。
② 查尔斯·佩恩：《哈默女士不再相关：组织传统的失落》，载雷蒙德·德安吉洛编《美国民权运动：读物与解释》，第446页。

北方城市，从民权改革转向复杂的、相互纠缠的贫穷、无权与文化问题。它接受了"黑人权力"的言辞，表达愤怒与种族认同，但脱离以前的联盟，认同不可控制的城市黑人的激进性，因此导致内部分裂，并遭到政府的敌视而元气大伤。①

1967 年，城市种族骚乱进一步升级，纽瓦克和底特律都发生了大规模的骚乱，财产损失巨大，死伤无数。就在这一年，拉普·布朗接替卡迈克尔当选为学生非暴力协调委员会的主席，他领导学生非暴力协调委员会进一步走向激进，不久就成为让全国黑人武装自己的主要鼓吹者。布朗对纽约的一些人说："我们是在打仗。我们已陷在敌人防线的里面，最好还是拿起枪来！"② 学生非暴力协调委员会一般不直接卷入骚乱当中，但布朗对剑桥骚乱的爆发还是起了重要的鼓动作用。联邦调查局对此展开秘密调查和反对活动，它公开指控学生非暴力协调委员会是个共产主义组织，学生非暴力协调委员会由此进一步走向孤立和衰落。③

由于与原有的白人自由派的关系破裂，学生非暴力协调委员会开始寻找新的联盟。它继续强烈反对越南战争，其成员广泛到"第三世界"旅行，认同激进的革命组织，并宣扬泛非主义和马克思主义思想。他们主张改变、颠覆美国资本主义，认为美国黑人城市发生反叛是国际社会主义运动的一部分。卡迈克尔在此期间进行了 4 个月的"第三世界"旅行。他公开反美，号召革命暴力与泛非主义，主张与第三世界领袖团结在一起。④ 不久，学生非暴力协调委员会就与更激进的组织黑豹党合并，卡迈克尔成为其主席。但由于卡迈克尔支持种族团结而不是阶级团结，谴责黑豹党与白人激进分子的联盟，二者关系很快就破裂了。学生非暴力协调委员会日益走向脱离现实的

---

① 卡森：《在斗争中》，第 242 页。

② 罗伯特·艾伦：《美国黑人在觉醒中》，第 262～263 页。

③ 参见谢国荣《美国联邦调查局对民权组织的监控——以学生非暴力协调委员会为中心》，《历史研究》，2014 年第 3 期。

④ 关于部分激进黑人和组织受第三世界非殖民化运动的影响参见鲁斯·雷天《古巴，黑豹党与 20 世纪 60 年代的美国黑人运动》（Ruth Reitan, Cuba, the Black Panther Party and the US Black Movement in the 1960s: Issues of Security），《新政治科学》（New Political Science）第 21 卷第 2 期（1999 年 6 月）；范尼·威尔金斯：《黑人国际主义者的塑造：黑人权力兴起前的学生非暴力协调委员会与非洲（1960～1965）》（Fanon Che Wilkins, The Making of Black Internationalists: SNCC and Africa Before the Launching of Black Power, 1960–1965），《美国黑人历史杂志》（The Journal of African American History）第 92 卷第 4 期（2007 年冬）；拙文《美国民权运动中的中国因素》，《全球史评论》第七辑，中国社会科学出版社 2014 年等。

乌托邦，孤立无援，解体已经不可避免。

最终，学生非暴力协调委员会的黑人激进主义衰落了。学生非暴力协调委员会赞赏的自发的城市骚乱不断遭到镇压，无法取得成功。也没有成员再愿意深入基层，赢得地方社会居民的信任，发展本土化领导，建立强有力的"地方制度"。他们日益信仰教条的革命原则，缺少地方计划与大众斗争。黑人团结也只能成为虚幻的影子。最终学生非暴力协调委员会在内部冲突、外部压力的形势下不可避免地走向了衰亡。

福尔曼在其自传中总结了运动的教训，他认为学生非暴力协调委员会后期失败的原因在于不能组织黑人，不能把他们放到决策的中心，也无法继续保持它在南方农村获取的权力。[①] 可见，除了外部环境，社会组织传统与策略的丢失是学生非暴力协调委员会走向衰落的根本原因。由于这一老的组织传统消失，新的激进的"黑人权力"思想又缺少实际内容与计划，学生非暴力协调委员会最终无可奈何地退出了历史舞台。

三　"公民不服从"对"黑人权力"的应对：转向温和"革命"

（1）金对"黑人权力"的评价及其思想变化

如上所述，在梅雷迪斯开展密西西比自由进军的第二阶段，争取种族平等大会、学生非暴力协调委员会中一些年轻的积极分子提出了激进的观点：反对非暴力，主张报复，反对白人参与。他们主张，自卫是必需的，因此非暴力不应是参与游行的先决条件。但金确信，使用暴力是不切实际和灾难性的，认为个人受到攻击，当然应该自卫。但"问题不是当个人的房子受到攻击，他是否该使用自己的枪，而是当他参加一个有组织的游行示威时，使用枪支是否明智"。至于白人参与问题，金猜测是由于学生非暴力协调委员会成员的心理基础发生了变化，"黑人有些嫉妒，潜意识里有点自卑"。金认为应该积极创造种族间的理解。在后来的游行过程中，卡迈克尔在格林伍德喊出"黑人权力"的口号，认为黑人应该不惜任何代价取得权力，这一激进口号很快通过新闻媒体传遍整个美国。金评价说，它是不幸的选择，分裂了游行队伍，他认为："我们需要的是合法的权力，我们必须努力工作来培养种族骄傲，并拒绝黑人是邪恶和丑陋的观点。"金确信"黑人权力"的口号是自我失败的，因为它不能提供一个成功的策略："没有人曾听说犹太

---

① 詹姆斯·福尔曼：《塑造黑人革命：个人陈述》，第551页；卡森：《在斗争中》，第296页。

人公开叫喊犹太人权力的口号，但他们拥有了权力。通过群体认同、坚定的决心和创造性的努力，他们赢得了它。爱尔兰人和意大利人也一样。"他反对"黑人权力"的口号，因为他认为这样就孤立了黑人。金建议用"黑人意识"或"黑人平等"这样的口号，认为"黑人与权力合在一起会给人以黑人统治而不是黑人平等的印象"。① 可见，金对"黑人权力"进行了激烈而富于建设性的批评，他的态度，总的来说是既批评又同情理解。

　　金后来在自己的著作《我们将从此去向何方》中对此进行了具体阐释和分析。他首先对"黑人权力"做了总体评价，对"黑人权力"产生的原因进行了综合分析。他认为"黑人权力"是失望的呐喊，是对"白人权力"失败的反应："这个口号为什么诞生在密西西比？在那里，民权积极分子被杀害，私刑盛行，黑人教堂被焚烧或炸毁，犯罪者却逍遥法外。……许多年轻黑人之所以发生转变，从主张黑白合作和非暴力直接行动到宣扬黑人权力，是因为黑人有太多的牺牲，但毫无结果，年轻人由此成为愤怒的孩子。"而且，"即使黑人与白人为民权事业做出同样的牺牲，待遇却完全不同。白人牺牲者受到隆重的礼遇，黑人的生命对美国白人来说则无足轻重"。金接着列举了其他几条"黑人权力"产生的重要原因：黑人对联邦政府非常失望，因为联邦害怕实施已经成为法律条文的民权法，法律无法实施也成为"黑人权力"谴责法治的基本原因；北方贫民窟的悲惨境地：失业、住房歧视、隔离学校等，嘲弄了黑人的希望；政府在越战问题上的自相矛盾：它鼓吹非暴力，却送本国的黑人青年去屠杀越南人。总之，金认为"黑人权力"的呼喊是对白人温和派、联邦政府、白人立法者、白人基督教会、黑人牧师、黑人中产阶级等群体极度失望的结果。②

　　尽管如此，金仍承认"黑人权力"的积极意义。他认为，从广泛与积极意义上讲，"黑人权力"是向黑人民众呼吁积累政治、经济力量来取得他们的合法目标。金一向主张，爱与权力必须紧密联系在一起，不可分离，但"不道德的权力与无权力的道德之间的冲突构成了我们时代的主要危机"。因此，"在追求种族正义的斗争中，黑人必须积极改变黑人的无权力境况。这其中最显而易见的权力来源之一就是政治权力"。金具体阐释了黑人获取政治与经济权力的方法："在黑人社会中唤起政治觉醒，选举黑人到关键的

　　① 小马丁·路德·金：《我们将从此去向何方：混乱还是和谐》，第25~31页。
　　② 小马丁·路德·金：《我们将从此去向何方：混乱还是和谐》，第33~36页。

岗位，利用集体投票来使政治气候自由化。……集中黑人的经济资源来取得经济安全。通过集中黑人的经济资源，养成节俭的习惯与学会明智投资的技术，黑人能够解决他的经济困境。"①

除了追求政治、经济权力，金还认为，"黑人权力"也是在心理上呼吁恢复人的尊严。他指出，奴隶制与种族隔离制损害了黑人的灵魂与精神。因此，"黑人权力是对白人灌输奴隶思想的心理反应"，虽然有时候会过火。它希望黑人找回自己的尊严与价值，不再以做黑人为耻。金对美国主流社会长期污蔑黑人感到愤怒，他指出："在辞典的解释里，黑色是丑陋和低级的，白色是圣洁与高贵的。"历史书中"完全忽视了黑人在美国历史中的贡献"，例如"历史书完全忽视了黑人科学家与发明家，而他们的发明创造的确丰富了美国人民的生活"，甚至"黑人对美国音乐的贡献也遭到了忽视"，"报纸也忽视了黑人对美国生活的贡献"。金宣称，"只要心灵被奴役，身体永远也不会自由"，因此"心理自由，一种坚定的自尊感，是反对身体奴隶制最强有力的武器。林肯的解放宣言、肯尼迪或约翰逊的民权法案不能完全带来这种自由，黑人只有自己亲手签署自己的解放宣言才能真正自由……怀着一种真正自尊的精神，黑人必须勇敢地扔掉自我捆绑的镣铐，对自己和世界说：'我是一个人，一个有着尊严与名誉的人，我有丰富与高贵的历史，无论历史是多么令人痛苦和被人利用，我是黑人，一个漂亮的黑人。'这种自我肯定对黑人来说是一种积极与必要的权力"。②

金虽然承认"黑人权力"有上述积极意义，但认为它总体上还是负面影响大，不能产生有效的结果，它是"来源于确信黑人不能获胜的虚无主义哲学"。金指出，从1956年到1965年，黑人一直充满着希望、爱与非暴力的信念，但是当人们看到越来越多的贫穷、学校隔离和贫民窟，绝望开始到来。金强调，"革命虽然从绝望中产生，但不能靠绝望维持，这是黑人权力最终的矛盾"。他提出了解决方法："面对失望怎么办？仍保持希望。面对歧视与隔离怎么办？坚定地站立，非暴力地前进，接受失望，坚持希望。"③

在金看来，"黑人权力"的另一个消极特点是它"经常表达一种黑人分

---

① 小马丁·路德·金：《我们将从此去向何方：混乱还是和谐》，第36～38页。
② 小马丁·路德·金：《我们将从此去向何方：混乱还是和谐》，第39～44页。
③ 小马丁·路德·金：《我们将从此去向何方：混乱还是和谐》，第44～47页。

离主义的信念"。金确信，黑人不能在孤立中取得政治权力，也不能通过分离主义赢得经济权力。只有对美国社会进行深刻的制度变革，黑人问题才能得到解决。他仍坚持黑白联盟的必要性，认为不唤起美国白人的觉醒，单独有组织的黑人力量将不足以推动国会与政府采取行动。他指出："黑人有能力组成联盟是我们日益增长力量的象征，而不是我们虚弱的象征。在联盟中黑人不依靠白人的领导或意识形态，他是作为一个平等伙伴的身份加入进来的。"因此，"黑人权力的弱点在于看不到黑人需要白人，白人也需要黑人。没有黑人和白人彼此分离的道路，黑白的命运是连在一起的。语言、文化模式、音乐、物质财富甚至美国的食物都是黑白的混合体。黑人是两种文化——非洲文化与美国文化的产物。很多黑人希望只拥有一种特性，但美国的黑人既不完全是非洲人，也不完全是西方人。他是非洲裔美国人，是真正的混血儿，是两种文化的结合"。金由此宣称："我们的命运是与美国的命运紧密联系在一起的，尽管在心理上呼吁认同非洲，但黑人必须面对这个事实，美国现在是他的家，是他通过'血、汗和眼泪'帮助建立起来的家。既然我们是美国人，那么，解决我们问题的方式不应该是建立一个分离的黑人国中之国，而是通过把创造性的少数与同情的多数紧密联系起来，一起朝着我们所有人需要的安全与正义的'无色'权力前进。自由是分享权力，黑人从来不想拥有所有的权力，但黑人必须分享权力。"①

对金来说，"黑人权力"最具破坏性的特点是它"经常有意无意地呼吁报复性暴力"。金并不反对自卫，但他很清楚"防卫性暴力与进攻性暴力之间的界限是非常模糊的"。他强调，黑人在追求自由过程中面对的主要问题是有效性问题，认为美国黑人企图用暴力推翻压迫者的努力都不会有成效。事实也证明："黑人骚乱成就很少，结局悲惨，是一种自我破坏与自杀行为。"金对国际联合斗争也不以为然，坚信其不切实际："认为美国黑人是世界上三分之二有色人种的一部分，总有一天这些被压迫的有色人种将联合起来，挣脱白人压迫枷锁的论调，不在严肃讨论的范围之内。"因为"没有什么有色人种民族，刚独立的非洲国家正忙于自己的内部事务"。金然后列举了非暴力直接行动取得的巨大成就：静坐、自由乘车、蒙哥马利运动、伯明翰运动、向华盛顿进军、塞尔玛运动、芝加哥运动都很有成效。所以金确信，"暴力不现实，以暴力来推翻美国政府不可能发生，因为政府拥有强大

① 小马丁·路德·金：《我们将从此去向何方：混乱还是和谐》，第48~54页。

的力量。美国黑人的暴力革命得不到白人甚至大多数黑人的同情和支持，因此也不可能成功"。因此，"必要的变革战略与有策略的计划是必须让黑人尽快融入美国主流社会"。他主张，"暴力不能唤起良知，权力与道德必须和谐一致。非暴力是一种正确行使权力的权力，它既拯救黑人，也拯救白人"。他尽量为白人着想，"一些白人害怕黑人获得权力后会报复白人，黑人必须向白人表明，他没有什么可恐惧的，黑人愿意宽恕"。因为"融合与自由不能截然分开。一方面融合是真正群体间、个人间的生活；另一方面，它是双方分享权力"。他特别指出，"美国黑人的自由斗争不同于亚非的独立斗争，在一个压迫者与被压迫者同居一家的多族裔的社会里为种族正义而斗争时，自由必须通过融合才能实现"。因为"通过暴力你能杀死一名说谎者，但不能了解真相。通过暴力你能杀死一名怀恨者，但不能消除仇恨。黑暗不能消除黑暗，只有光明能做到这一点"。他最后坚定地宣称，非暴力抵抗"是黑人争取自由最切实可行的、道德上最完美的方式"，"如果在美国的每一个黑人都转向暴力，我会成为唯一批评这一错误做法的人"。因为，"黑人权力的最大矛盾之一在于它不停地宣扬不模仿白人的价值观，却鼓吹暴力，而暴力是美国社会中最残酷、最不文明的价值观"。①

总之，当运动到了新的阶段，要求完全的、实质性的（经济）平等时，面对盟友的消失和"黑人权力"的挑战，金仍坚持非暴力是最好的方法。他认为"黑人权力"是一个没有计划的口号，没有一个确定的将来。他仍相信，非暴力直接行动是社会变革最有效的动力，即使在北方城市也不例外："如果10万黑人在一个大城市的一个战略位置游行，他们会使市政活动难以运行，……如果必要，他们可以每天都重复这样的活动。不伤害生命与破坏财产，他们会吸引像瓦茨骚乱导致的冤屈那样多的注意。他们在保持尊严和纪律的同时，将向世人宣布他们坚定不移的决心。"② 在此基础上，他最终提出了积极解决黑人困境的总方案：培养一种人的感觉，争取人的尊严、价值、勇气和无畏；追求群体认同感；充分而富有建设性地利用已经拥有的自由；实施强有力的计划来根除种族不正义；关注整个社会，树立新的价值观；等等。③

---

① 小马丁·路德·金：《我们将从此去向何方：混乱还是和谐》，第54～64页。
② 小马丁·路德·金：《我们将从此去向何方：混乱还是和谐》，第21页。
③ 小马丁·路德·金：《我们将从此去向何方：混乱还是和谐》，第122～133页。

金对"黑人权力"的矛盾态度,反映了他的思想正在发生重大变化。1965 年以后,金到纽约黑人区讲话时,嘘声四起,甚至有人向他投掷臭鸡蛋。这些贫民窟里的贫穷的年轻黑人直截了当地告诉金:"不要对我们唱非暴力的歌,也不要唱进步的歌,因为非暴力和进步只属于中产阶级的白人和黑人,我们对你不感兴趣。"① 金大受触动,1965 年,他在与阿里克斯·哈利会面时说:"我们必须面对这个事实,白人温和派喜欢用来证明其渐进主义的所谓黑人的进步,其实是微不足道的。尤其对黑人大众来说,几乎没有取得什么进步,即使民权法案也只是适用于中产阶级黑人。在黑人大众中,尤其是在北方的贫民窟里,境况没什么变化,甚至更糟。"②

在这艰难而关键的时刻,金毫不退缩,进行了新的积极的探索。1966 年,为领导芝加哥运动,他带领全家离开南方,搬入芝加哥的黑人贫民区,开始接近和了解黑人社会的最底层。几天以后,他能看到贫民窟居民对自己孩子的影响:"他们的脾气变得暴躁,有时会做出违背常理的事情。"他们的公寓太闷热、太拥挤,缺少娱乐。不久金就看到这令人窒息的环境在自己家庭中产生了不满情绪的大爆发。③ 在芝加哥贫民区这种糟糕而且充满成见甚至敌意的环境中,金除了发动反种族隔离及降低房屋租金的活动外,还有意识地深入到黑人群众中,从此"他第一次懂得,在厕所和饭店取消种族隔离,对于陷入北方贫民窟中无比贫穷的人来说是毫不相干的。他也最后懂得,为什么非暴力逐渐不为人所接受了……"④ 金开始反思自己:"在一次芝加哥的群众大会上,我受到一些黑人权力运动成员的嘘声。……为什么他们要嘘一个那样同情他们的人呢?……我曾经向他们抒发我的梦想,也曾向他们宣称,在不久的将来他们会获得自由。……现在他们发出嘘声,是因为我们未能实现我们的许诺。……他们怀有敌意是因为他们眼看着他们准备接受的梦想变成了可怕的梦魇。"⑤ 他开始把种族问题和贫穷问题联系起来,开始联系到国家制度。他说:"这些社区成为贫民窟,并非仅仅是黑人不喜欢卫生或不保护它,而是因为整个制度使它走了这样一条路。我们把这条路

---

① 小马丁·路德·金:《我们将从此去向何方:混乱还是和谐》,第 55 页。
② 埃里克·林肯编《小马丁·路德·金传略》,第 252 页。
③ 小马丁·路德·金:《我们将从此去向何方:混乱还是和谐》,第 113~114 页;韦斯布劳特:《受局限的自由》,第 182 页。
④ 埃里克·林肯编《小马丁·路德·金传略》,第 168 页。
⑤ 小马丁·路德·金:《我们将从此去向何方:混乱还是和谐》,第 45 页。

叫作贫民窟之路——糟糕的住宅不仅是住宅本身,它还意味着糟糕的学校和糟糕的工作。它还意味着三代人所共同走的路,即三代人共同忍受着糟糕的住房和糟糕的教育。"① 因此他呼吁,"黑人必须得到他应得到的东西,必须给黑人特殊的待遇,这可能与传统的平等机会与平等对待的思想相冲突,但一个几百年来一直'虐待'黑人的社会,必须给黑人以补偿和优待,才能确保黑人在一个正义与公平的基础上竞争"。② 金开始怀疑现有制度的合理性。1967 年夏,他告诉一名记者:"这些年来,我一直在为改革现存的社会结构而工作。在这里搞一点,在那儿搞一点。现在我的感觉不同了,我认为我们必须将整个社会加以重建,并且来个价值观上的革命。"③ 他深信他所生活的社会是个病态的社会,从而开始把民权、财富分配和战争联系起来。他说:"资本主义有些部分是错误的……运动必须使它自己转向整个美国社会的重建。"④

金已经意识到,要重新选择方向。他开始制定新的策略,但他不能得到老的民权联盟的支持,因此他开始努力在一个更激进原则的基础上争取创立一个新的联盟,他把更多重点放在了阶级政治上。他指出:"事实上有更多的贫穷白人。……当我们谈论我们将往哪里去的问题时,我们要坦诚地面对这个事实:这场运动必须转向重建整个美国社会的问题。为什么美国有4000 万穷人?当你开始问这个问题时,你正在提出一个关于经济制度的问题,一个更广的财富分配的问题。当你问这个问题时,你开始怀疑资本主义经济。共产主义忘记生活是个人的,资本主义忘记生活是社会的,友爱的王国是建立在两者更高的综合之上的。"⑤ 金日益成为一名西方资本主义的反对者,或者用他的话来说,变成一名民主社会主义的宣扬者。⑥ 金以瑞典实行了更加平等的财富分配、有免费的医疗保险、没有贫民窟、没有贫穷和失业为例指出,制度性的种族主义只能通过激进的经济权力的再分配来铲除,

---

① 埃里克·林肯编《小马丁·路德·金传略》,第 192 页。
② 小马丁·路德·金:《我们将从此去向何方:混乱还是和谐》,第 90 页。
③ 埃里克·林肯编《小马丁·路德·金传略》,第 201~202 页;戴森:《我或许不能与你一起到达那里》,第 39 页。
④ 埃里克·林肯编《小马丁·路德·金传略》,第 236 页。
⑤ 菲利普·方纳:《美国黑人的声音》,第 461~462 页;小马丁·路德·金:《我们将从此去向何方:混乱还是和谐》,第 187 页。
⑥ 埃里克·林肯编《小马丁·路德·金传略》,第 230 页。

利益集团不得不放弃他们的一些美元，美国也必须向民主社会主义前进。①
这种呼吁财富与权力的重新分配以及社会经济结构重新改造的要求对黑人运
动的联盟来说是不可接受的，他们不愿意削弱他们自己的权利和利益。正当
金开始努力开展他的"穷人运动"计划时，不幸遇刺身亡，其梦想最终没
有实现。民权运动也从此走向衰亡。

（2）金后期领导的运动及其失败原因

为了应对"黑人权力"的挑战，金在新的思想指导下，到北方领导了
两次重要的运动，期望用非暴力的方式改造社会，解决贫民窟和贫穷问题，
实现真正自由平等的梦想，结果失败了。

金首先决定把南方的运动带到北方的芝加哥。1966 年，他在一次北方
城市的旅行中警告说："一些人感到民权运动已经结束了，因为我们有了
1964 年民权法案和后来的选举权法案，我感到非常震惊。人们一遍又一遍
地问，你想要别的什么东西？……让我们看一下我们的大城市。"②

城市骚乱不断爆发，非暴力的方法遇到很大的挑战。当金飞到洛杉矶努
力为黑人发起一次非暴力直接行动时，瓦茨的黑人居民竟然以嘘声和责骂来
对待他。金知道这些黑人想要什么。他曾在瓦茨骚乱爆发的 10 天前在费城
说过，"我们需要大规模的计划来改变美国社会的结构，以使财富能得到更
好的分配"。他更多地强调"需要从民权转向人权"，"需要为经济正义而斗
争"。但金在瓦茨遭到嘲笑。很多北方城市的黑人领导人也不愿意金过来。
然而，芝加哥的积极分子邀请金和南方基督教领导大会成员进入，因为他们
觉得自己的地方运动失去了方向。

拉斯廷警告金不要去芝加哥。他很清楚市长理查德·戴利和他的民主党
政治机器是很可怕的对手，芝加哥的一些黑人领导就是戴利机器中的一部
分，北方的黑人教会也不像南方那样热情友好。一些芝加哥的黑人牧师后来
攻击了金和他的计划。但芝加哥作为黑人积极分子的一个斗争目标是很难抗
拒的。1950～1960 年，芝加哥黑人人口激增，接近城市人口的四分之一，
但集中住在城市的一个很小的区域中。1959 年，美国民权委员会称芝加哥
是"这个国家中最为隔离的大城市"。③

---

① 埃里克·林肯编《小马丁·路德·金传略》，第 236 页。
② 亨利·汉普顿等编《自由之声：民权运动口述史》，第 298 页。
③ 亨利·汉普顿等编《自由之声：民权运动口述史》，第 298 页。

1962 年，芝加哥社会组织合作委员会成立，开展了反对学校隔离政策的斗争。当组织第一次号召抵制公共学校时，20 多万名黑人学生积极响应，待在家中。这是一种大规模的基层支持。但到 1965 年，芝加哥社会组织合作委员会已经无力发起大规模运动了，它邀请金和南方基督教领导大会进入芝加哥。1965 年夏天，芝加哥社会组织合作委员会和南方基督教领导大会结成联盟，发起了著名的芝加哥自由运动。运动计划解决黑人教育、就业和住房等领域中的问题，但焦点是解决住房领域的歧视问题。金和南方基督教领导大会起初非常乐观，自信会得到城市中自由派的支持。他们相信通过有纪律的大众运动，能迫使戴利市长进行谈判和让步。贝弗尔说："我们要创造一个新的城市，没有人能阻止我们。"[1]

1966 年 1 月 7 日，经过三天的战略会议后，金向媒体宣布，南方基督教领导大会不久要在芝加哥发起一场非暴力抗议运动。他说，之所以选择这个城市是因为它的贫民窟问题是北方城市种族问题的典型。[2] 改革并不局限在城市和州，希望制定广泛的联邦立法以解决全国范围内的贫民窟问题。金对非暴力策略在北方的前景很乐观，他说："我们现在必须做的是把非暴力扩展到我们北方的广大地区，因为我认为一个强有力的非暴力运动在北方能像在南方一样有效。……我们能以激进的非暴力方式工作，而不会破坏生命和财产。"[3]

但芝加哥的黑人对运动并不热心，甚至有些敌视。芝加哥的黑人牧师屈从于戴利的机器，对民权漠不关心。当南方基督教领导大会的组织者到达芝加哥时，他们竟然召开新闻发布会，敦促金离开芝加哥。城市中大多数黑人政治家也受到白人权力机构的控制，"六个黑人市议员只是点头的工具"。金甚至不能指望从芝加哥贫民窟的黑人居民那里得到支持。他们依赖民主党的机器来获得公共福利，根本不想挑战这个体制。尽管存在很多反对意见，面临很大困难，但金拒绝忽视北方贫民窟存在的问题。他说："芝加哥将是南方基督教领导大会和自由运动在北方的试验场，如果我们能打破芝加哥的

---

① 约翰·萨蒙德：《我的心灵向往自由：民权运动史 1954～1968》（John A. Salmond, *My Mind Set on Freedom: A History of the Civil Rights Movement, 1954–1968*），芝加哥 1997 年版，第 140 页。

② 大卫·加里：《背负十字架：小马丁·路德·金与南方基督教领导大会》，第 457 页。

③ 大卫·加里：《背负十字架：小马丁·路德·金与南方基督教领导大会》，第 573 页。

体制，那么，在这个国家中，就没有什么地方的障碍不可克服了。"①

　　1月26日，马丁·路德·金正式搬进芝加哥的贫民窟居住，希望他的存在能吸引全国对贫民窟问题的注意。他到达时，戴利已经开始采取行动阻止南方式的危机在芝加哥发生。当金表示，他准备为了民权事业而违反任何法律的时候，戴利的回答是："我坚信你们没有任何理由来违反法律。"金决定把抗议集中在开放住宅的问题上，选择"结束贫民窟的运动"作为口号。②

　　1月29日，金宣布他要领导一次房租罢交运动，要求芝加哥的房东立即改善他们房屋的居住条件。戴利进行了精心抵制，他并不在每个计划上都反对芝加哥运动，而是通过吸收运动的一些项目，进行一些表面上的变革来吸引公众，并充分利用媒体来削弱运动。通过这些措施，他有效地打乱了运动的进程。③

　　组织者们以前的乐观情绪开始消退，逐渐意识到问题的严重性。他们原以为作为戴利机器一部分的许多黑人会支持运动，但事实并非如此，因为这些人的切身利益是与参与维持政治机器紧密联系在一起的。戴利利用选票做交易，牢牢控制着这台强大的政治机器。他常常利用这样的策略警告人们："如果不投民主党的票，你就不会得到福利；如果不投民主党的票，你就不会得到政府提供的住房。"这导致在芝加哥收买选票盛行（例如，圣诞节时，民主党会向一些黑人选民赠送圣诞树），从而使戴利得到很高的支持率。④ 戴利还控制黑人的投票，把黑人的选民登记率保持在一个很低的水平。安德鲁·扬批评说，起先，他们并不把戴利市长作为敌人，因为，1963年伯明翰运动时，他帮了南方基督教领导大会很大的忙。但现在情况不同了："戴利市长想要竭力维持一个政治机器，而我们却极力想打碎这个机器。我们努力让更多的黑人选民登记。市长觉得如果登记选民太多，他就控制不了了。他把运动看作是对他机器的直接威胁，而我们把机器看作是贫民窟、贫穷和黑人遭受剥削的基础。"⑤

　　戴利市长确实是一个迥异于南方官员的、金不曾遇到过的对手。金习惯于公然反对南方社会，分析当时的形势，并提出很多问题。那些当局的反应

---

① 大卫·加里：《背负十字架：小马丁·路德·金与南方基督教领导大会》，第448页。
② 科莱科：《小马丁·路德·金：激进非暴力的使徒》，第155页。
③ 科莱科：《小马丁·路德·金：激进非暴力的使徒》，第157~158页。
④ 亨利·汉普顿等编《自由之声：民权运动口述史》，第304页。
⑤ 亨利·汉普顿等编《自由之声：民权运动口述史》，第301~302页。

几乎总是否定的:"不,这不是一个问题,不关你的事,离开这个城市。"那种否定可以唤醒黑人社会和他们的支持者,从而有利于推动运动的发展。可见,开展运动有点像柔道,必须利用对手的力量才行。但戴利市长认为芝加哥市是一个自由社会,不像南方的城市,不是一个种族主义的温床。因此,一旦金提出一个问题,他就会想出一些补救措施,经常不解决实际问题,但确实是一个解决方法。在许多白人和媒体眼中,很难把戴利看作一个敌人,因为他总是对批评做出回应。① 戴利的观点是"不能让我对芝加哥的贫民区负责,因为有一个房地产市场,有私人的土地所有者,有私人的房主。我会尽力来改造这些贫民窟,支持努力改善城市住房条件的人"。②

由于戴利的有效抵制,虽然芝加哥抗议活动持续了好几个星期,但运动一直没有进展。南方基督教领导大会因此决定实施更激进的非暴力策略,强迫戴利和市政府反对运动提出的正义要求,引发"危机",迫使联邦政府行动。金呼吁开展一场大规模的公民不服从运动,把芝加哥改造成一个正义和开放的社会。6月10日,金在一个自由运动集会上发表了关于"黑人权力"问题的讲话。大约6万人听了这次演说。③ 这次集会后,5000名游行者开始向市政厅进发。金提出了自由运动的要求,主要内容包括要求房地产公司、银行与市政府取消在住房上对黑人的歧视,并呼吁通过1966年民权法案等④,金夫人和她的四个孩子也在其中。他们与市长进行了艰苦的谈判,但提出的要求全部遭到拒绝。在会议上,芝加哥社会组织合作委员会的领导人阿·拉比非常愤怒,他警告戴利,芝加哥运动将在住房歧视这个特别问题上从谈判转向直接行动。⑤

那年夏天,芝加哥持续笼罩在闷热当中。7月12日,警察关闭了城市西边一些年轻黑人打开的消防水龙,这引发了他们的骚乱。在后来的搏斗中,有10人受伤,24人被捕。很多窗户被打碎,商店遭到洗劫。第二天晚上,当局报告说,"莫洛托夫鸡尾酒"(一种自制的炸弹)、狙击者的子弹以及扔向消防队员的石头混杂在一起,导致11人受伤,其中包括6名芝加哥

---

① 亨利·汉普顿等编《自由之声:民权运动口述史》,第303页。
② 亨利·汉普顿等编《自由之声:民权运动口述史》,第303页。
③ 亨利·汉普顿等编《自由之声:民权运动口述史》,第306页。
④ 克莱鲍恩·卡森等编《目睹奖杯:民权读本——来自黑人自由斗争的文件、演说和直接陈述 1954~1990》,第300~303页。
⑤ 亨利·汉普顿等编《自由之声:民权运动口述史》,第307~308页。

警察。次日晚上，警察和狙击者在两个黑人社区的大街上又激烈交火，造成2人死亡。① 金、扬、拉比等运动的领导人立即赶到黑人社区的大街上帮助结束暴力。

年轻的帮派成员受到新的"黑人权力"口号的激励，是南方基督教领导大会遇到的新难题，而且，贫民窟的居民比南方黑人更难以接受非暴力纪律的约束。戴利因此指责南方基督教领导大会引发了年轻黑人的骚乱。阿·拉比为金辩护说："戴利市长关于骚乱是由马丁·路德·金发动的指责绝对是荒谬的。金决定到北方城市的原因是，他长期以来一直作为消防队员在努力扑灭全国各地爆发的骚乱，他感到解决骚乱的唯一方法是把黑人社会的能量纳入到建设性的、非暴力社会变革的渠道中来。"他还旗帜鲜明地反对骚乱，认为"骚乱对运动和我们做的每一件事情都是威胁。无论在选举权还是在公共设施领域，我们成功的唯一道路是得到了整个社会的支持和理解。骚乱没有办法促进那种理解"。②

最终组织者与市政府达成一个初步的协议，当局同意为黑人修建一些游泳池，但这些变化对铲除芝加哥的贫民窟和贫穷没有多大影响。很多激进分子对谈判和协议感到非常不满，认为民权运动的领导人做出了太多的让步。很快，对这一协议的冷嘲热讽就广泛传播开来。一名专栏作家写道，市政厅正在开展一场运动使芝加哥的黑人成为这个国家中最潮湿的人。他也引用一名民权组织者的话说，"我认为他们是希望让我们全长出鳃来游走"。金努力与大街上的黑人领导人谈判，帮助保持和平。州长命令1500名国民自卫队队员进入城市西部，但到星期六早晨，骚乱就平息了。

金和芝加哥运动决定转移战场，把示威从贫民窟转向白人社区，从而引发"危机"，强迫市政府做出让步。南方基督教领导大会再次面对挑战，即要在激起白人种族主义暴力的同时，阻止黑人报复性的暴力，因为"只有黑人被媒体描述为暴力的受害者而不是作恶者，这一策略才会成功"。③

不久，自由运动就发起进入白人社区的游行以抗议住房领域的种族隔离，但游行者们遇到了很多敌对的白人"暴徒"的阻拦。7月30日（星期六），杰克逊和拉比领导的游行遭到了石头和瓶子的袭击，很多人被击伤。

---

① 亨利·汉普顿等编《自由之声：民权运动口述史》，第309页。
② 亨利·汉普顿等编《自由之声：民权运动口述史》，第309~310页。
③ 科莱科：《小马丁·路德·金：激进非暴力的使徒》，第170页。

星期天，350 名游行者在盖奇花园遭到了 4000 名白人"暴徒"的阻挠，31 人受伤。同一天，拉比领导了一次进入马凯特花园的游行。他针对戴利市长"在这个城市中没有贫民窟，城市中的种族分布是人们自愿的"这一说法，决定带领黑人去白人社区中的房地产公司一探究竟，结果遭到白人的威胁。尽管如此，他仍坚定地宣称："我们不会害怕恐吓，我们要进入这些白人社区游行，必须让这个城市承认存在事实上的隔离，并迫使它进行弥补。"他们驱车来到马凯特花园，停下车，绕着社区游行。但回来后，发现大量的汽车被烧毁或被推翻。而且在游行过程中，很多年轻的白人不时地扔砖头攻击他们。警察们却在一边坐视不理。[1]

8 月 5 日，阿·拉比和杰克逊又领导了一次 600 人的游行，当局被迫出动 1200 名警察来维持秩序。金也参加了游行，他到达后，几千名白人"暴徒"突然发起了骚乱。愤怒的白人种族主义者喊着"黑鬼回家去！""我们恨黑鬼！""杀死黑鬼！"等口号，并向示威者投掷石头。金被击中倒地，在助手的帮助下继续进行游行。安德鲁·扬亲历了当时恐怖的情景，由此大发感慨地说："在南方我们遇到的暴徒只是几百甚至几十人，他们都是来自下层民众。但在北方，妇女、儿童，丈夫、妻子全部从他们的房子出来变成'暴徒'。在某种程度上，这更令人恐惧。"[2] 金后来告诉媒体："我在整个南方开展过很多次示威，但我从来没看到过在芝加哥那样充满敌对与仇恨的暴徒。"[3]

开放住宅游行导致的暴力引起了全国的注意，市政府为此很尴尬，他们千方百计制止了示威游行。一场"峰会"按计划在 8 月 17 日（星期三）召开。戴利运用了自己的政治技巧，努力把各方人物召集到谈判桌前，宗教、商业、劳工和自由运动领导人都在其中。安德鲁·扬阐述了与戴利进行谈判的理由："芝加哥比南方的任何一个城市都要大，我们不能长时间维持一场激进运动。我们想从戴利那里得到一些解决方案，达成一些协议，然后开展缓慢的、长期的变革。"[4]

---

[1] 亨利·汉普顿等编《自由之声：民权运动口述史》，第 311 页。

[2] 亨利·汉普顿等编《自由之声：民权运动口述史》，第 312～313 页。

[3] 科莱科：《小马丁·路德·金：激进非暴力的使徒》，第 170 页；詹姆斯·理查德：《北方的抗议：小马丁·路德·金、芝加哥与民权运动》（James Richard, *Northern Protest: Martin Luther King, Jr., Chicago, and the Civil Rights Movement*），马萨诸塞州剑桥 1993 年版，第 123 页。

[4] 亨利·汉普顿等编《自由之声：民权运动口述史》，第 314～315 页。

第一次"峰会"结束后，工作委员会在 10 天后终于达成了协议。在谈判进行的同时，游行也在继续。戴利得到了法院的禁令，把每天的游行限制在城市中的某一区域。法庭判决也禁止游行在一天的繁忙时期和天黑后进行，把游行的人数限制在 500 人之内。拉比为此愤怒地指出："法庭判决以后，警察局宣布不能保护多人的游行。我们对这样的命令感到很愤怒。它削减了我们谈判的力量，但我们又不得不忍受。"① 芝加哥运动看来难逃失败的厄运，扬说："我们没有希望，我们不能施加足够大的压力。"②

但游行在法庭判决的压力下继续进行，而且郊区并没有受到这个判决的影响。金决定继续保持压力。他宣布，如果要求得不到满足，黑人将向全部由白人组成的郊区西塞罗进军游行。州长宣布他将派来国民自卫队。在西塞罗即将发生流血对抗的前景强迫戴利的机器重新开始谈判。8 月 26 日（星期五），一个十点协议终于达成，协议内容包括，芝加哥市致力于支持和实施开放住宅法，芝加哥房地产董事会保证遵守法律，各级政府许诺公共住房非隔离化、停止建设以高层公共住房为特征的贫民窟，银行不再阻止黑人得到买房抵押金等。来自劳工、商业和宗教社会的组织一致同意这一协议。运动则取消了进一步开放住宅的游行。③

这次"峰会"后，金强调遵守这一协议的重要性，他指出，"我们骚乱的夏天是由我们拖延的冬天导致的，实施协议是很有必要的"。他还坦率地承认"我们需要面对事实"，贫民窟不会在短期内得以铲除，游行起的作用有限，只有通过大规模的联邦反贫困计划才能最终实现目标。但协议遭到了很多人的批评。星期一早晨，一些白人指责戴利出卖了芝加哥，好几个黑人积极分子也极为不满。金在随后的一次集会上介绍开放住宅的协议时，他的演说被要求"黑人权力"的呼吁打断了。学生非暴力协调委员会在集会的传单上写着：

　　醒来吧，兄弟，自己来做决定吧！不然的话，有谁会为你讲话？金说今晚我们该庆祝一场伟大的胜利，因为他让市政府做出了一些让步。可是这些让步只是戴利的空头支票而已，他对这个城市中的黑人说谎已经很多年了。醒来吧，兄弟！我们需要得到一些"黑人权力"，让黑人

① 亨利·汉普顿等编《自由之声：民权运动口述史》，第 315 页。
② 科莱科：《小马丁·路德·金：激进非暴力的使徒》，第 172 页。
③ 克莱鲍恩·卡森等编《目睹奖杯：民权读本——来自黑人自由斗争的文件、演说和直接陈述 1954~1990》，第 303~310 页。

能为自己讲话！①

　　争取种族平等大会也对协议不满，其地方领导人鲍勃·卢卡斯认为黑人在这次"峰会"中一无所获，决定继续开展向西塞罗的游行，日期重新定在 9 月 4 日。虽然金劝说卢卡斯不要去领导游行，但他还是坚持如期举行。大约 200 名学生非暴力协调委员会、争取种族平等大会激进分子参加了西塞罗游行，他们虽然得到了 3000 名国民自卫队队员的保护，但还是遭到了愤怒的白人"暴徒"乱扔瓶子与石头的攻击，最终被迫后退。

　　芝加哥运动最终草草收场，没有取得预期的目标：开放住宅的协议成为一纸空文，没有实施。而且，随着贫民窟持续呼喊"黑人权力"以及种族骚乱的发生，白人对黑人事业的同情被恐惧取代，1966 年开放住宅法案因此没有得到通过。运动之所以失败，首先是因为芝加哥的黑人不同于南方黑人。他们不是隔离的，他们有投票权，虽然其选票经常不得不投给戴利。他们会来听金的演说，但不会留下来游行。尽管金强调非暴力，但芝加哥黑人在此期间采取了一些暴力行为，金无法阻止它。争取种族平等大会的成员琳达·布赖恩特就指出：参加金领导的芝加哥游行的民众从来没参加任何非暴力的讲习班，他们从来没听过任何"爱你的敌人"的演讲，他们只是一些愤怒的人们。他们游行时，如果遭到白人的砖头和瓶子的袭击，就会捡起砖头，朝白人扔回去。② 其次，戴利市长不同于"公牛"康纳和克拉克。他并不反对金来到他的城市，并严令禁止城市警察使用暴力或恐吓手段。金依赖他对手的残暴来引发全国愤怒的策略，被戴利轻而易举地就化解了。③ 金的策略还削弱了白人自由派对他的支持，他们对运动产生的混乱及骚乱的蔓延日益感到不满，也对消除住房隔离可能引起的房产贬值和生活条件恶化感到不安。

　　可见，改善北方贫民窟的条件比早期南方的非隔离斗争更艰难。芝加哥运动深刻暴露了非暴力方法在北方的局限性。鲍勃·卢卡斯对黑人抓起石头扔回去的做法感到高兴，他相信"在南方起作用的非暴力，在北方并不能

---

① 亨利·汉普顿等编《自由之声：民权运动口述史》，第 317～318 页。
② 亨利·汉普顿等编《自由之声：民权运动口述史》，第 318 页；克莱鲍恩·卡森等编《目睹奖杯：民权读本——来自黑人自由斗争的文件、演说和直接陈述 1954～1990》，第 315页。
③ 萨蒙德：《自由在我心中》，第 140～141 页。

发挥作用"。① 拉比后来承认："我认为马丁或我们中的任何一个人都没有意识到这是一个多么顽固的城市、民主党的组织是多么强大。对我们来说，这是一个理解权力结构必须学习的经验。"著名黑人记者路易斯·洛马克斯认为："芝加哥不仅是马丁自身的失败，也是他以非暴力方式解决复杂的社会—经济问题的失败。"②

芝加哥运动结束后，金对美国社会的基本看法发生了改变。他对美国民主的信念发生了变化，认为种族主义不仅是一个南方问题，更是一个全国问题；种族主义不仅是非理性的偏见，它也深深扎根于国家的经济与社会体制中。芝加哥运动教会他这一点。他懂得需要国家经济结构的根本变革，才能铲除贫穷，其思想开始从自由主义向民主社会主义转变。③

1967年，他对越战也不再保持沉默，发出了强有力的反战的声音。尤其是当金阅读《堡垒》杂志，看到越南孩子的惨境时，大受触动，更加坚定了反战的立场。金充分意识到这一立场会给他造成政治上的损失，而且可能断绝南方基督教领导大会的经济来源，但他不能容忍战争的罪恶。他解释说："美国参加越战是如此邪恶，我不能再对此表示谨慎。在我心灵深处，我感到我们是错误的。真正发出预言的时候到来了，我愿意走那条路。"金的许多同事和温和派黑人领导人激烈反对金的新立场。后来金在一次著名演讲中公开指责美国政府是当今世界上战争的最大承办商，批评越南战争耗费掉了本来用于国内贫穷项目的资金，谴责政府派军队去保卫南越的自由，却不能保护本国的民权工作者和确保黑人的自由等。④ 这导致潮水般的批评。很多自由派报纸，包括《华盛顿邮报》《纽约时报》以及很多黑人报纸等都批评金的言论，甚至金的一些朋友也指责他。但金坚持自己的观点，他说："我政治上不明智，但我道德上是明智的……我真的感到，必须有人来说美国是错误的，但每个人都害怕说它。"关于社会舆论的民意调查告诉金，73%的美国人不同意他反对越南战争的立场，60%的人认为这会给民权运动带来消极影响。即使在美国黑人调查者中，仅25%的人支持他对战争的批评；48%的人说他是错误的。⑤ 在这样的形势下，当有人问金为何不改变反

---

① 亨利·汉普顿等编《自由之声：民权运动口述史》，第319页。
② 科莱科：《小马丁·路德·金：激进非暴力的使徒》，第175页。
③ 关于这一转变过程，具体参见戴森《我或许不能与你一起到达那里》，第78~100页。
④ 彼得·利维编《让自由之声响起：现代民权运动文件史》，第207~210页。
⑤ 艾伯特、霍夫曼编《我们一定会胜利》，第27页。

战的立场时，他这样回答："我不是一个'一致派'的领导人，我不会看南方基督教领导大会的预算来决定什么是对错，我也不受所谓民意的摆布。一个真正的领导人最终不是一个寻求一致的人，而是一个持异议者。"①

越南问题导致了金对美国政治与社会的批判日益激烈。他批评美国社会"一直并将继续是一个种族主义社会"，因此，"运动必须转向重建整个美国社会。除非有一个经济与政治权力的重新分配，否则我们正在处理的问题是不会得到解决的"。他在1967年对南方基督教领导大会的职员说："我们必须意识到，我们现在不能解决我们的问题，除非有一个美国经济与政治权力的重新分配。……这个国家需要一个价值观的革命……我们必须看到，种族主义、经济剥削和军国主义的邪恶全部交织在一起，你真的不能铲除一个而不破坏另一个。"总之，"美国社会的整个结构必须改变"。他强调："我们必须制定新的项目，采取新的策略，不去依赖政府的好意。""南方基督教领导大会必须从早期和现在不充分的抗议阶段提高到对现代制度的邪恶进行大规模、积极的非暴力抵抗阶段。"因此，"不要将运动想成是一个把黑人整合进美国社会现存的所有价值观体系中的运动，而是一个要改变那些价值观的运动"。② 总之，在金看来，美国是一个病态社会，它不能通过和平改革得以重生。他不情愿地意识到，通过进行深刻的社会重组（包括经济、政治权力的分配）而引发的价值观革命，对恢复国家的灵魂是必要的。③

1967年秋，金宣布在第二年春季开展"穷人运动"计划。④ 针对当时此起彼伏的城市骚乱，他认为它们发生的真正原因是白人社会的巨大罪恶的结果——白人的激烈抵制、严重的黑人失业、种族歧视和越南战争，而非暴力直接行动提供了一个针对骚乱的建设性选择："使一个城市的运作混乱而不破坏它，比骚乱更有效，因为它能持续更长的时间，可以耗费更大的社会

---

① 詹姆斯·华盛顿编《希望的自白：小马丁·路德·金基本著作集》，第276页。
② 大卫·加里：《背负十字架：小马丁·路德·金与南方基督教领导大会》，第581~582页；艾伯特、霍夫曼编《我们一定会胜利》，第28~31页。
③ 杰拉尔德·麦克奈特：《最后的运动：小马丁·路德·金、联邦调查局与"穷人运动"》（Gerald D. McKnight, *The Last Crusade: Martin Luther King, Jr., the FBI, and the Poor People's Campaign*），科罗拉多州玻尔得1998年版，第3页。
④ 参见戈登·曼特尔《黑人、棕色人和穷人：小马丁·路德·金、穷人运动及其遗产》（Gordon Keith Mantler, *Black, Brown And Poor: Martin Luther King Jr., The Poor People's Campaign And Its Legacies*），杜克大学博士学位论文，2008。

资金，却并不会导致严重的灾难。"① 他警告说，"要么是激进的大规模非暴力，要么是骚乱"。② 当记者们问金抗议计划的情况时，他回答说，南方基督教领导大会计划通过把成千上万的贫穷居民带到华盛顿，在那里搭建帐篷，等待联邦行动，从而把非暴力提升到公民不服从的水平。具体来说，"穷人运动"计划从全国的 10 个城市和 5 个农村社会招募 3000 名贫穷的黑人、白人、波多黎各人、墨西哥裔美国人和印第安人，对他们集中进行非暴力训练，然后派他们去华盛顿进行游行。运动也包括遍及全国、在一些重要工业和商业城市进行的支持性示威和抵制活动。金说："这是一项巨大的工作，以前我们只是在一段时间内动员一座城市。现在我们正在动员整个国家。"运动的直接目的是推动国会通过金提议的照顾弱势群体的权利法案（需要 120 亿美元拨款），内容包括结束住房歧视、确保穷人就业以及贫民窟重建等。运动还计划在首都搭建帐篷，建立复活城，然后从城中出发，不断向立法者进行游说，开展大规模游行，把全国的注意力集中在弱势群体的困境上。金强调，虽然运动的性质和目标仍将保持非暴力和融合，但抗议者将开展大规模的公民不服从运动，通过在国会和政府大楼前进行静坐和中断交通等措施，使国家首都停止运作。他警告说，城市将无法正常运行，除非国会同意让联邦政府确保每个公民都能就业并得到收入。③ 由于运动现在挑战了整个美国的体制，要求财富与收入的重新分配，因此金甚至直接对《纽约时报》的一个记者说："在某种意义上说，我们正在从事的是阶级斗争。"他相信，大规模的非暴力直接行动一定会迫使美国政府和大多数的美国白人做出让步，带给穷人所需的经济正义。④

　　谈起发起"穷人运动"的具体原因，金这样解释说："我们现在有了投票权，我们能去任何餐馆、任何旅馆以及我们想去的美国的任何地方。但是那没有意义。如果人们去了一家餐馆却没钱付账，那对他来说有什么用呢？"因此他说，南方基督教领导大会必须攻击贫穷和经济剥削问题。那就

① 大卫·韦伯编《美国的公民不服从：文献史》（David R. Weber, *Civil Disobedience in America: A Documentary History*），纽约伊萨卡 1978 年版，第 222 页；大卫·加里：《背负十字架：小马丁·路德·金与南方基督教领导大会》，第 574 页。
② 詹姆斯·华盛顿编《希望的自白：小马丁·路德·金基本著作集》，第 69 页。
③ 大卫·加里：《背负十字架：小马丁·路德·金与南方基督教领导大会》，第 579 页；大卫·韦伯编《美国的公民不服从：文献史》，第 224 页。
④ 科莱科：《小马丁·路德·金：激进非暴力的使徒》，第 189～190 页。

是他发起"穷人运动"的原因。①

"穷人运动"的发生也得益于罗伯特·肯尼迪的支持。1967年3月，年轻的黑人律师、金的同事玛利亚·莱特在参议院劳工委员会前证实密西西比的贫穷问题。到4月，这个委员会在杰克逊召开了听证会。很多参议员，包括罗伯特·肯尼迪来到密西西比视察，亲眼看到了密西西比穷人的惨状，很受触动。1967年夏天，当看到约翰逊总统宣布对底特律的骚乱进行军事镇压后，肯尼迪知道"总统不会再做更多的事情了"。8月，城市骚乱在美国很多城市的内城扩展开来，这时，莱特去弗吉尼亚肯尼迪的家拜访了他。她回忆了当时的情景："我告诉他我要去亚特兰大看望金博士，他说：'告诉他，把穷人带到华盛顿。'我把这一建议告诉了金，'穷人运动'由此诞生。"②

但南方基督教领导大会新的执行主任威廉·卢瑟福认为，"攻击贫穷的想法并不很吸引人，没人会预料到，下一次的主要运动是集中于美国的穷人和贫穷问题"。南方基督教领导大会内部很多成员对此提出反对或质疑。詹姆斯·贝弗尔是想在北方的城市开展运动，铲除贫民窟；何西阿·威廉主张待在南方，做选民登记工作；杰西·杰克逊正在实施"面包篮子计划"，努力施加非暴力的压力来获得就业机会；扬更倾向于待在南方，因为南方基督教领导大会资金匮乏，当时的预算还不到100万美元。南方基督教领导大会董事会的成员玛利亚·洛根对此也不抱有热情。她抱怨说："这一计划太大，难以处理。而且，考虑时间的紧迫性，我不确信我们能成功。我不相信国会和华盛顿当局会欢迎我们，把穷人带到政府面前就像扇他的脸。因此我对它持保留意见。"③

但金仍坚持己见。1967年12月初，金宣布，如果没有特殊情况，南方基督教领导大会打算在4月1日把所有种族的穷人带到华盛顿，然后一直待下去，直到美国做出反应。据金夫人回忆：那时候他工作非常努力，四处奔波，宣传这一想法。他很有信心，认为这将成为非暴力如何在经济上改变人们生活的真正考验。约翰逊总统问他："金博士，如果你失败了怎么办？"他说："那样，失败的不是马丁·路德·金，而将是美国。"他仍然坚信非

---

① 亨利·汉普顿等编《自由之声：民权运动口述史》，第454页。
② 亨利·汉普顿等编《自由之声：民权运动口述史》，第453～454页。
③ 亨利·汉普顿等编《自由之声：民权运动口述史》，第455页。

暴力是人们能够利用的最重要的武器。他表示："如果地球上只有一个人坚持非暴力的信念和实践，那人就是我。"①

和以往一样，拉尔夫·艾伯纳西仍然全力支持金的主张，负责具体的筹备工作。他说，在组织"穷人运动"时，他们做了大量的计划和工作。他们用汽车、小型包机，走访遍了密西西比和亚拉巴马穷人集中的地方，尽力开展组织，唤醒民众。他特意提到，"在密西西比一个地区，当金看到一个苹果被分成4份分给4个饥饿的学生时，眼泪不由自主地流下来"。②

运动计划在冬天里开始成型，金于1968年2月7日在华盛顿召开记者招待会宣布了这一计划。他此时正承受着巨大的压力，境况艰难。一方面，他正日益受到来自黑人运动内部的攻击。黑人民族主义像波涛一样涌现出来，黑豹党开始崭露头角，学生非暴力协调委员会也脱离了非暴力。但他仍不愿意使用暴力来反对种族主义，因此而饱受批评。另一方面，他因为向左转得太远受到约翰逊甚至自由派汉弗莱的谴责。而且，因为参加反战运动，他意识到真正支持自己的人已经很少了。他在记者招待会上向一名来自哥伦比亚广播公司的记者丹尼尔·斯科夫抱怨说，记者们总是推动他说一些尽可能激进的话，否则"就不会上晚间的电视新闻"，可是只有斯托利·卡迈克尔和拉普·布朗才会说这些话，记者们的这种做法其实是"在鼓励暴力"。③

正当南方基督教领导大会全力组织"穷人运动"时，金却受詹姆斯·劳森之邀，于3月18日到孟菲斯去指导那里的黑人清洁工人罢工。安德鲁·扬对金的行为感到迷惑和不满，他抱怨说：金去孟菲斯让南方基督教领导大会的成员们很不解。因为南方基督教领导大会已经在地图上标出了15座城市准备进行组织工作。他们正在尽力组织贫穷的白人、墨西哥人、南方黑人和北方黑人，那是规模巨大的组织工作。此时金却分身去做别的事情，让人吃惊。但金回应说他不能拒绝劳森的邀请，他只是去做个演讲，很快就回来。④

罢工组织者邀请金来的主要意图是希望得到他的支持和全国的注意，从而改变罢工无人关注的局面，这一目的确实达到了。金在大众会议上发表了演说，当时，底下的人超过了15000人，金为他们的斗争精神所感动，决定不久将在孟菲斯发起一次游行。3月28日，他果真返回来领导了游行。由

① 亨利·汉普顿等编《自由之声：民权运动口述史》，第456页。
② 亨利·汉普顿等编《自由之声：民权运动口述史》，第456页。
③ 亨利·汉普顿等编《自由之声：民权运动口述史》，第457~458页。
④ 亨利·汉普顿等编《自由之声：民权运动口述史》，第459页。

于金没有预先让南方基督教领导大会成员做好游行的组织工作，尤其是没有对参与者进行非暴力训练，导致了游行发生变故，出现了很大的骚乱。一些年轻的黑人帮派分子根本不受非暴力纪律的约束，四处打砸商店的玻璃。在极度混乱的形势下，金无法继续领导运动，在伯纳德·李和艾伯纳西两人的护送下，他才安全地离开现场。①

位于游行路线上的许多商店都被破坏了，有280人被捕，60人受伤，1名16岁的男孩被警察杀死。后来联邦调查局向全国主要的新闻社论办公室发表备忘录，把非暴力游行在孟菲斯的崩溃看作是在金领导的华盛顿"穷人运动"期间可能发生暴力的先兆。好几家报纸按照联邦调查局这样的逻辑来撰写报道，一时间，报纸上刊登的全是关于金的负面消息。《纽约时报》甚至把孟菲斯暴力看作是"金博士最尴尬的失败"，建议他取消"穷人运动"。这令金很受伤害，甚至使他对"穷人运动"和自己的将来也产生了悲观情绪。②

第二天开完记者招待会后，金离开了孟菲斯，但他并不打算放弃，发誓一定要返回来再领导一次游行，南方基督教领导大会的职员将通过开办非暴力训练课程和事先与地方领导合作，来监督这场新的游行。那天晚上，金回到亚特兰大，住到艾伯纳西家中。艾伯纳西夫人注意到金的状态很差：他不想回答暴力的问题，他不想任何人把自己与发生的暴力联系在一起，他很压抑。③

在星期六，金召开了一次成员紧急会议。他在会上宣布，南方基督教领导大会不能在族裔的基础上铲除贫穷、无知和疾病，必须团结所有人。虽然很受打击，但金很快就恢复过来，他说："我们总是能把单数变成多数。有时候，我感到自己的工作变成了徒劳，但不久神圣的精神降临，我便再次复活了。"他祈祷自己从压抑中走出来，继续领导孟菲斯运动。④

4月3日，金和艾伯纳西回到孟菲斯与地方领导会面商讨新的游行事宜，游行时间定在了4月8日。那天下午，反对游行的临时禁令发布了。南方基督教领导大会计划第二天在法庭上挑战这一禁令。金宣布无论出现什么结果，他将领导这次游行。那天晚上，金计划在迈森教堂发表一次演说。

在那里，金发表了著名的《我登上了山之顶峰》的演讲。金谈论了在

---

① 亨利·汉普顿等编《自由之声：民权运动口述史》，第460～461页。
② 大卫·加里：《背负十字架：小马丁·路德·金与南方基督教领导大会》，第615页；艾伯特、霍夫曼编《我们一定会胜利》，第33页。
③ 亨利·汉普顿等编《自由之声：民权运动口述史》，第463页。
④ 亨利·汉普顿等编《自由之声：民权运动口述史》，第463～464页。

孟菲斯再次开展游行的必要性以及牧师在社会变革中的重要性。他还具体讲述了黑人社会发起一场经济抵制运动的必要性。他最后说：

> 我不知道即将发生的是什么，我们前进的道路会出现困难，但它对我来说并不重要，因为我已经登上了山之巅。我不在意自己是否会长寿，我只是想按上帝的意愿办事，他允许我到达了山顶。我从上面看去，我看到了希望之地，但是或许我不能与你们一起到达那里。今晚我很高兴，我什么都不担心，我什么都不害怕。我的眼睛看到了即将到来的上帝的荣光。①

这一精彩演说成了金的临终绝唱。第二天，安德鲁·扬在联邦法庭上争取到可以游行的判决，但很快他就和艾伯纳西等人在旅馆中目睹了金中弹身亡。金遇刺的消息迅速传播开来，美国各地的黑人以暴力来进行回应。骚乱在110个城市爆发，政府出动了7.5万名国民自卫队队员来维持秩序，39人在骚乱中丧生。

"穷人运动"并没有因暴力而中断。在马丁·路德·金遇刺仅4个星期后，南方基督教领导大会的新主席艾伯纳西从孟菲斯出发，领导了第一个向华盛顿进发的群体，正式拉开了"穷人运动"的序幕。通过公车、汽车、走路和火车等形式，来自南部、西部以及纽约等地的穷人聚集到靠近林肯纪念堂的商业街。5月13日，在华盛顿的商业街，艾伯纳西欢迎穷人在他命名为复活城的地方安顿下来。复活城其实就是一个在城市空地上用帐篷和棚屋构建的地方。

像金计划的那样，"穷人运动"的目标是把全国和世界的注意集中到贫穷问题上。使用的方法和策略是把这个国家中最贫穷的人聚集到首都，让政府的各个部门都听到他们的请求和抱怨。

但"穷人运动"一开始就不是很顺利。按照当时的设计，复活城是一个拥有1500人的社会，这些人由1500名从全国各地招募来的训练良好、纪律严明的示威者构成。但金的遇刺使运动向后推延，而越来越多的人希望参

---

① 詹姆斯·华盛顿编《希望的自白：小马丁·路德·金基本著作集》，第286页；亨利·汉普顿等编《自由之声：民权运动口述史》，第465页。

与运动，复活城无法容纳如此之多的人，于是引起了很多不满和混乱。①

复活城最多的时候曾拥有过 2500 名市民，其中大多是黑人，另外还包括 200 名土著美国人、少量的墨西哥裔美国人，还有大约 100 名贫穷白人。但许多白人抱怨他们在活动中不受重视。

除了种族、人际关系方面的矛盾外，伯纳德·李还提到了居住条件方面的困难：每天下雨，地上泥泞不堪，物资匮乏。尽管如此，他比较现实，认为"无论怎样，我们建立了一座城市，人们真的住在那个城市里，存在问题是很正常的"。迈克尔·哈林顿②被邀请来到复活城参观后，感到非常失望。在此前，他已经从新闻报道中得知那里存在很多暴力和很多无组织状态。当他亲临其境后，看到情况果然如此，他很快就离开，而且不想再来。他感觉民权运动已经结束，博爱社会一去不复返了。③

深陷泥泞和惨境之中，复活城的人们迫切需要开展一些行动来提升他们的精神。在 5 月末的一天，杰西·杰克逊带领 300 多人的游行队伍来到农业部进行示威。后来他们来到附近的一家咖啡店，吃喝完毕后，杰克逊宣布，政府欠我们的太多了，他们应该为这顿晚饭埋单。然后他们就径直离开了。

但祸不单行，复活城建立三个星期后，"穷人运动"又失去了一个强有力的联盟。罗伯特·肯尼迪刚刚获得加利福尼亚民主党总统初选的胜利，就在 6 月 5 日早晨遭受了致命的枪击，于 6 月 6 日去世。这给运动组织者带来沉重的打击，安德鲁·扬为此痛苦地说：

> 金死后，我们没有时间悲哀，甚至没有时间来怀念他，我们必须继续他的工作。但是罗伯特·肯尼迪的刺杀让所有事情都停止了。我们开始在罗伯特·肯尼迪被刺杀的背景下思念马丁·路德·金，因为罗伯特·肯尼迪在金的葬礼上一直和我们在一起。我们中的许多人开始把他看作将来的希望。我们把我们的一点忠诚、一点信任和一点希望转移给他，但现在他也走了。④

---

① 亨利·汉普顿等编《自由之声：民权运动口述史》，第 476 页。
② 他著有《另一个美国》，被认为引发了"向贫困开战"。金后来与他关系密切，经常一起讨论问题。
③ 亨利·汉普顿等编《自由之声：民权运动口述史》，第 476~478 页。
④ 亨利·汉普顿等编《自由之声：民权运动口述史》，第 479~480 页。

　　人们士气更加低落，复活城很快就支撑不下去了。威廉·卢瑟福悲哀地说：复活城失败了。南方基督教领导大会原本希望通过展示美国穷人的困境来得到美国公众的反应。但是在两三个星期内，经过在司法部、联邦调查局和农业部等部门前的示威活动，结果很明显，这种情况没有发生。"穷人运动"带给这些来自全国各地无家可归的穷人很大的挫折。事实上，它让很多人的希望和梦想都破灭了。帐篷被抛弃了，人们不得不离开。① 复活城在1968年6月24日终于被完全拆毁，"穷人运动"以失败而告终。

　　总之，金努力运用"公民不服从"来解决社会经济问题，难度很大。他的目标和手段都过于激进，要求完全的、实质性的经济平等和美国社会的结构性变化，强迫政府进行政治、经济权力的重新分配，直接触动了政府和白人自由派的利益，所以不可能得到他们的支持。金对美国资本主义进行了激烈的批评，他认为，"美国资本主义的一些东西是错误的，我们对整合进这个价值体系不感兴趣。一个激进的权力的重新分配必须发生，我们必须做一些事情来改变它们"。因此，"我们必须形成一个计划，我们必须制定新的策略，它不依赖于政府的好意，而是要强迫不情愿的当局屈从于正义的要求"。计划最重要的目标"包括保障性年薪和铲除贫民窟"，而保障性收入实现的条件是，它"必须以社会的平均收入而不是最低收入为标准，它必须是动态、变化的，随社会总收入的增长而增长"。② 只有这样，才能确保黑人在经济上的平等。在斗争手段上，他强调"非暴力必须适应城市的条件和民众的情绪，非暴力抗议必须达到一个新的水平——大规模公民不服从。……大规模公民不服从是唯一的选择"。具体来说："我们将找到一种方法，在必要的时候扰乱我们的城市，创造'危机'，强迫国家注意这样的形势，把它揭示出来，但同时不破坏生命和财产。""我们将安营扎寨——把帐篷搭建在白宫前面，直到国会开展行动。我们要让它知道，除非我们的问题得到解决，否则，美国将长久地被麻烦困扰。这个国家将不得安宁，除非它限期解决我们的问题。"③

　　事实上，金的这个非暴力计划也难以具体实施。因为，首先他已经从主张直接的"公民不服从"（违反不正义的南方隔离法）转向强调间接的"公

---

①　亨利·汉普顿等编《自由之声：民权运动口述史》，第480～481页。

②　小马丁·路德·金：《我们将从此去向何方：混乱还是和谐》，第164页。

③　大卫·加里：《背负十字架：小马丁·路德·金与南方基督教领导大会》，第580～581页；大卫·韦伯编《美国的公民不服从：文献史》，第222～225页。

民不服从"（违反交通法等普通法规）①。在美国重视法治的环境中，这种违法行为很难得到大多数人的认同。其次，金的态度也日趋强硬，使白人感到不舒服。金在早年对公民不服从的辩护中，比较同情隔离分子，认为他们只是愚昧的受害者，强调黑人通过满怀爱心地面对压迫者的邪恶说服和改变他的能力，相信这最终会实现救赎与和解，其结果就是博爱社会。但他也承认，不开展强有力的斗争，没有人会放弃他的特权。后面的观点在他后期的言辞中占了优势地位，他越来越强调力量而不是说服。他坦率地阐明了非暴力的强制性特点："非暴力直接行动寻求引发'危机'和制造压力，以迫使一个经常拒绝谈判的社会面对问题。"② 这种非暴力强制的策略通过吸引媒体关注与迫使联邦干预，取得了很大的成就。但后来金的目标越来越激进，超出联邦政府和白人自由派可接受的程度。以前的斗争经历已经表明，没有联邦政府的干预，南方黑人难以取得胜利。金开始挑战这一传统方法，直接与联邦政府对抗而不是获得它的支持，因此很难获得成功。此外，金力图把反战运动与民权运动结合起来，他 1967 年后公开发表反战演讲，批评联邦政府的越南政策，这进一步失去了自由派和联邦政府的支持。

　　同时，由于城市骚乱的影响，非暴力直接行动也越来越难以得到公众的理解与支持。媒体在其中起了消极的作用。大众媒体尤其是电视本来在运动前期帮助唤醒了全国对黑人在大街上游行与唱歌的同情，但在后期它们对黑人骚乱的报道却阻碍了黑人的事业，它把公众的同情变成了抵制。③ 因为电视是把双刃剑，观众会根据看到的电视画面对示威者表示支持或反对。当抗议者转向暴力，公众便不再支持他们了。电视帮助通过了民权立法，也在 1965 年城市骚乱后迅速动员了白人的抵制。④ 城市骚乱使白人很恐惧，也使白人难以区分骚乱和示威。到 1966 年晚期，85% 的白人得出结论，示威影响了黑人的事业。一位伊利诺伊州的家庭主妇表达了这种观点："我在电视

---

① 直接的公民不服从指直接违反要抗议的法律，如黑人故意进入某些州法律禁止他们进入的地方；间接的公民不服从不是违反自己所抗议的法律，而是违反其他法律，旨在使这一抗议公开化并给政府和社会带来巨大压力，如通过违反交通法规来引起社会注意而表达自己的抗议。见何怀宏编《西方公民不服从的传统》，吉林人民出版社，2001，第 7 页。

② 施昌特：《一个梦想还是两个？》，第 143 页。

③ 威廉·布林克、路易斯·哈里斯：《黑人与白人：美国当今的种族态度研究》（William Brink and Louis Harris, *Black and White: A Study of U.S. Racial Attitudes Today*），纽约 1967 年版，第 10 页。

④ 大卫·加里：《塞尔玛抗议》，第 165 页。

上看到了这些示威，觉得他们是野蛮人。"一位休斯顿的白人妇女说："大多数游行的可怜人不知道他们为什么游行。"只有少数白人对示威策略抱有同情心。白人日益感到，示威只会引起麻烦，失去白人中的朋友，使人们害怕黑人；这是一种非理性的不耐烦的信号，经常预示着暴力的发生。而且，在大多数白人眼里，与示威紧密联系在一起的是骚乱。大多数白人对骚乱的反应是非常愤怒的，许多人把骚乱的爆发看作是受到共产主义分子的影响。一名新泽西的家庭主妇说："人们害怕起黑人，在人群中看到他们，就以为他们马上会引起一场骚乱。"① 因此，示威不再引起白人对黑人困境的同情。运动既失去强有力的联邦政府和自由派的支持，又得不到大多数公众的同情和理解，它的失败就在所难免了。

金斗争策略的日益强硬可能也与他对白人看法的变化有关。金对白人的看法在他临终之年发生了重大改变，以前他相信大多数美国人投身于种族正义的事业，只有少数南方白人和北方顽固者阻碍它。但是芝加哥运动以后，他明白只有少部分美国白人真正奉献于黑人事业，主要是校园里的学生，而大部分美国人是没有觉醒的种族主义者。② 他的这一观点在《新闻周刊》于1966年所做的民意测验中得到了有力的证实。测验结果表明，大多数白人强烈反对消除住房隔离，北卡罗来纳的一名退休警察说："这会把我撕碎！黑人是低下的，完全不可能做我的邻居，这种事想都不愿想。"芝加哥一名连锁店的经理说："如果他们举止得当，就不会打扰我。但他们总是脏兮兮的，会带来老鼠与臭虫，他们会毁掉一个社区。"俄亥俄州的一名老年妇女说："他们经常做卑鄙的和没用的事，我不希望种族混合，我愿意和我同肤色的人待在一起，他们和我做同样的事情"。纽约一名38岁的家庭主妇说："无论他们去哪里，他们都会把东西搞得一团糟。他们对自己的房子没有感情，只会制造贫民窟。"密西西比若利埃的一名家庭主妇说："他们是脏的，如果他们得到住房计划，两年内房子就会变成垃圾堆。"白人公众反对消除住房隔离的情绪如此强烈，以至于约翰逊总统提出的1966年开放住宅法案在国会中无法通过。即使一些白人说他们不介意黑人作为他们的邻居，也毫无例外地都持有保留意见。白人的担心包括：社会接触将带来麻烦，房产贬

---

① 威廉·布林克、路易斯·哈里斯：《黑人与白人：美国当今的种族态度研究》，第121～124页。
② 戴森：《我或许不能与你一起到达那里》，第39页；埃里克·林肯编《小马丁·路德·金传略》，第201～202页。

值，社区不久将住满黑人，白人将走得一干二净等。最令白人害怕的是，消除住房隔离将导致种族通婚。① 金在自己的书中也分析了白人的偏见、恐惧和非理性。他深刻指出，一些白人反对打破住宅隔离，但否认自己是种族主义者。他们拿出一些诸如黑人犯罪率高、文化低下之类的证据，其实是用隔离的悲惨后果作为理由，实在是一种奇怪而扭曲的逻辑。无可否认的事实是，白人反对开放住宅，仅仅因为他们有意无意地感到黑人天生低下、堕落和邪恶，这其实是一种当代的种族主义和白人至上主义。② 因此，面对种族主义思想如此强烈的白人，马丁·路德·金思想日趋激进，也就不难理解了。

尽管如此，金的大规模公民不服从策略还是取得了一定的成效，联邦政府被迫采取肯定性行动计划来对黑人进行补偿和优待，以解决黑人的经济问题。虽然这一计划当时没有产生直接效果，但影响深远，在后来的实践中，有力地促进了黑人获得实质性的平等地位。

---

① 威廉·布林克、路易斯·哈里斯：《黑人与白人：美国当今的种族态度研究》，第131~132页。值得注意的是，一些上层富裕白人的种族主义情绪倒没有下层白人那么强烈。例如，住在芝加哥郊区的一名富裕的律师说："如果没有塞尔玛游行，就不会有民权法。如果没有静坐，什么事情也不会为了黑人的利益而做。"芝加哥一名著名的新闻广播员评论说："一个人的肤色对我没有影响，如果他想搬到我的社区，我不会反对。"底特律郊区的一名商人说："他们的脑子和我们是一样的，根本没有什么区别。"这说明教育与理性主义对人的影响还是很大的。见威廉·布林克、路易斯·哈里斯《黑人与白人：美国当今的种族态度研究》，第139页。

② 小马丁·路德·金：《我们将从此去向何方：混乱还是和谐》，第118~119页。

结　语

第一节　非暴力直接行动在民权运动中的主导作用

民权运动中的非暴力直接行动来源于美国本土的基督教和平主义传统与外来的甘地思想，初步产生于蒙哥马利公车抵制运动中，大规模兴起于全国范围内以青年学生为主体的静坐与自由乘车运动中。它自身包含的两大策略"公民不服从"与"社会组织"在这些运动中开始初步形成①，民权运动也随之兴起。后来这两大策略随着民权运动的发展在规模与程度上不断拓展与升级，基本上都经历了从单纯的道德理想主义（主要依靠白人的良知）到注重现实和实效的理想主义（依靠联邦干预的强制力）的转变过程，从而把理想与现实紧密结合起来。具体来说，以马丁·路德·金为代表的公民不服从策略适应形势的需要，从非暴力劝说演变为非暴力强制。它通过有意识地引发种族暴行和利用媒体来改变社会舆论，赢得自由派的支持，迫使联邦政府进行制度变革；同样，以学生非暴力协调委员会为代表的社会组织策略也做出重大调整，从在密西西比农村默默无闻地进行选民登记的组织工作转向招募北方白人大学生，以吸引"聚光灯"，迫使联邦进行干预。它们此时的目标都是联合联邦政府和自由派，反对南方的种族主义，取消隔离，获得选举权等。可见，非暴力直接行动不是消极的，而是取得社会变革激进的、强有力的和强制性的方法。

事实证明，在这一阶段，非暴力直接行动确实取得了巨大的成就，它在推动民权立法和改变民众思想方面功绩卓著，成果斐然，民权运动也由此达到高潮与顶峰。具体来说，公民不服从策略为总统提出民权法案提供了决定性的动力，并在法案的通过过程中起了重要的作用；社会组织策略则在赋予

---

① 其主要特征表现为：坚定的非暴力组织者和抗议者通过扰乱商业、填满监狱和使法院超负荷工作引发了南方城市的"危机"；他们又通过服从被捕坐牢来体现对法治原则和秩序的尊重。参见科莱科《小马丁·路德·金：激进非暴力的使徒》，第200页。

地方黑人力量、建立地方组织与制度方面发挥了关键的作用。尤为重要的是，非暴力直接行动对民众的思想影响很大，这是其他任何策略都无法比拟的。它通过非暴力讲习班、大众会议、自由之歌、教育策略和利用媒体的公关策略等方法，不仅影响了参与运动的精英上层，也深刻改变了黑人民众的思想，提高了他们的觉悟，克服了他们的恐惧，赋予了他们力量，消除了他们的自卑，提升了他们的尊严。它们也改变了社会舆论与民意，唤起了白人公众的觉醒，使自由、平等和民主的观念深入人心。

由于这样的成就，与同时期的法律斗争、暴力斗争等策略相比，非暴力直接行动的优势非常明显。全国有色人种协进会的法律斗争策略虽然在法院、国会赢得很多胜利，并对非暴力直接行动提供了一定的资金支持和法律援助，但由于它不能推动联邦政府采取强有力的行动，也不能触动和改变当时根深蒂固的种族主义思想，它的成果大多成为一纸空文，很难实现。只有在非暴力直接行动抗议迫使联邦政府进行立法干预，并深刻改变了黑人民众的思想与白人公众的观念时，这些纸面上的成就才比较顺利地转化为活生生的现实。而且人们通过积极参加非暴力直接行动所获得的心理上的尊严和精神上的满足远大于法律斗争的有限成果。暴力斗争在南方黑人社会中虽然传统深厚，并在一定程度上阻止了"三K党"等白人种族主义者的暴行，但由于实力相差悬殊，进行武装自卫的地方黑人很难取得成功。他们又不可能得到地方政府和联邦政府的支持和保护，因为很多地方政府本身就是由种族主义者组成的，黑人不可能从那里得到正义；联邦政府则受制于联邦主义的束缚，起初基本对地方上的种族暴行采取放任自流的政策。因此，这种暴力斗争策略容易使黑人陷于孤立，甚至成为白人种族主义者进行武力屠杀的借口，很难取得实质性的成果。公开的种族主义暴行的消失最终还是得益于密西西比"自由夏天"运动的开展。在运动过程中，三位民权分子，其中两名是来自北方的白人志愿者被暴徒杀害，激起了全国的义愤。这迫使联邦政府和联邦调查局进行积极地干涉，通过派线人打入其内部等手段，最终破坏了严密的"三K党"组织。至于惠特尼·扬的协调策略，也只有在非暴力直接行动占优势和主导地位的情况下，才发挥了重要的作用。可见，民权运动归根结底是非暴力直接行动主导下的竞争与合作。

1965年后，民权运动在各方面都发生了重大的变化。其斗争目标从追求政治平等转向经济平等，斗争地域从南方农村转向北方城市，贫民窟中的年轻黑人因此越来越成为运动参与的主体，原来强有力的盟友——联邦政府与白人自由派也逐渐放弃了对运动的支持。由于这些外部原因，更重要的是因为非暴力直接行动的现实主义策略与理想主义策略自身的困境，最终导致了它从注重现实和实效的理想主义转变为不相信道德理想的现实主义（学生非暴力协调委员会的"黑人权力"）和不现实的理想主义（金与南方基督教领导大会的"温和革命"），其原有的理想与现实的结合破裂了。年轻的学生非暴力协调委员会积极分子们不断遭受的挫折与由此带来的痛苦的心理体验成为他们转向"黑人权力"的关键因素。他们不能再忍受长期的受苦受难和联邦政府的漠不关心，挫折感、压抑感与愤怒感不断上升，最终转向"黑人权力"的呐喊。他们原来信仰的非暴力、联合与融合的思想被摒弃，组织传统也不断衰落，暴力革命、社会重建、分离主义与民族主义等情绪与主张占了上风。但这些高谈阔论的"革命者"们只限于言辞激进和吸引媒体注意，缺乏切实可行的计划与行动，又失去联盟与支持，日益孤立，没有取得什么实际成果。面对"黑人权力"的挑战和社会形势的变化，金和南方基督教领导大会也日趋激进。金试图以非暴力手段改造社会，重新分配财富和权力，并把它与反对越战紧密联系在一起，其方法是通过实行大规模的间接公民不服从阻挠联邦政府的正常运行以迫使它答应抗议者的要求，推行进一步的社会、经济改革。由于他把目标直接针对联邦政府，不再依赖政府的好意，而是直接与之对抗，有些过于激进，而且他又不能有效控制示威中的骚乱，结果既失去联邦政府与自由派的支持，又不能得到白人公众的同情，失败在所难免，民权运动也从此走向衰亡。当然考虑到黑人要求实质性平等的强烈愿望和当时根深蒂固的白人种族主义的抵制，学生非暴力协调委员会与南方基督教领导大会的这种激进的转变，也应得到理解。

从中可以看出，非暴力直接行动的兴衰与美国民权运动的兴衰基本上是一致的。民权运动大致经历了两个阶段，从 1955 年至 1965 年是第一阶段，其斗争方式主要是非暴力直接行动，目标是争取进入美国主流社会，这也是民权运动的兴盛期；1965 年到 1968 年是第二阶段，"黑人权力"派占了上风，以暴抗暴取代了非暴力直接行动成为运动的主要形式，运动目标也转向了黑人分离主义。而这一时期正是民权运动走向衰落的时期。可见，非暴力直接行动兴，则民权运动兴；非暴力直接行动衰，则民权运动也衰。这更证明非暴力直接行动在民权运动中的中心地位。

第二节　非暴力直接行动的历史地位

　　民权运动中的非暴力直接行动在美国政治文化传统中有其历史的根源，它继承了美国少数或弱势群体反抗压迫、争取自由斗争的经验，并在新的环境和时代中有所发展与创新，深刻影响了当时和后来其他社会运动的兴起。但从美国黑人斗争史的传统来看，非法的暴力反抗与合法的宣传鼓动才是美国黑人社会长期以来的传统，非暴力直接行动是比较少见的，它虽然继承了以往斗争的一些特点，但也有很多显著不同之处。因此，在黑人斗争史上，它更多的是一种创举，是在民权运动中产生的新策略，在当时的美国社会环境与时代背景下，是比较适宜和有效的策略。

一　对美国政治文化传统的继承与创新

　　提起美国民权运动之前的非暴力，人们马上会想起印度的甘地和俄国的列夫·托尔斯泰，他们尤其是甘地，对民权运动中的非暴力直接行动影响很大。但不能单纯强调他们作为美国当代非暴力思想先驱的作用，美国自身也有源远流长的非暴力传统。历史上，殖民地时期的贵格派教徒，内战前的废奴主义者与和平主义者，工业化时期的无政府主义者，20世纪早期的和平主义进步派，20世纪30年代静坐罢工的工人，两次世界大战期间的拒绝服兵役者等，都属于非暴力抵抗社会邪恶的本土化美国传统。民权运动中的非暴力直接行动是对历史经验的继承与发展创新。

　　美国历史中非暴力公民不服从的实践从争取信仰自由的斗争开始。美国革命以前，信奉非暴力的宗教派别主要是贵格派和其他的和平主义派别。马萨诸塞海湾殖民地的非主流教派，就包括贵格派教徒和后来的浸礼会教徒，他们采取反对和不服从的态度努力争取宗教自由，反对主流教派（即公理会）的统治秩序，因此经常遭到罚款、监禁和扣押财物（因为他们拒绝付税来支持主流教派的牧师）的惩处，甚至还惨遭驱逐、鞭打和吊死的厄运，付出了非常巨大的代价。因此美国的非暴力公民不服从开始于抵制宗教迫害或折磨，而不是反对世俗的不正义。这些早期的不服从者只是在宗教上激进，而他们的政治观点还是认同于主流社会的。[1]

---

　　[1]　大卫·韦伯编《美国的公民不服从：文献史》，第20页。

　　19 世纪 30 年代的废奴主义在宗教复兴主义的背景下出现，最早也信奉非暴力。加里森在为 1833 年成立的反对奴隶制协会所写的宣言中极力赞成非暴力，而且他也身体力行。但加里森的非暴力与贵格派的和平主义一样，只限于说教，没有付诸社会行动。①

　　1849 年，梭罗在他的著名的《公民不服从》一文中强调的是违法，而不是和平主义。他拒绝缴税，拒绝与政府合作，并支持布朗的暴力起义。梭罗明显把个人看得比政府还重要。正由于强调个人、强调个性，所以梭罗对大众、多数裁决为基本规则的民主政体实际上抱有一种深深的警惕。梭罗采取了间接的公民不服从的形式，通过拒绝纳税来反对美国政府允许的奴隶制和对墨西哥的战争。梭罗的反抗就目的和标准而言，并不是要实现某种特殊的宗教理想或者个人的道德原则，也不是依据个人原则来做出正义与不正义的判断，它是要公开地诉诸多数的正义感，试图和平地说服和改变他们，并欣然接受入狱或剥夺财产等后果。这种反抗是一种个人的反抗，而不是一种持续的、有组织的群众运动。②

　　无政府主义成为在 19 世纪和 20 世纪之间美国非暴力思想的重要联系纽带。所有无政府主义者的最终目标是建立一个非暴力运行、不需要任何强有力国家的社会。他们主张消极抵抗以及方法与目标的纯洁性。一战的爆发激发了以拒绝服兵役为形式的非暴力运动，它后来为二战中的拒绝服兵役者所继承并发展壮大。20 世纪初的妇女争取选举权运动则代表了进步主义时期最接近公民不服从和直接行动传统的方法。

　　1914 年成立的和解之友会发展了后来非暴力思想的基督教和平主义传统。1932 年，著名哲学家莱因霍尔德·尼布尔的著作《道德人和不道德的社会》出版。当时他是和解之友会的全国主席。他认为，当非暴力用于变革社会时，它不可避免地包含强制。他说："一旦强制和抵制原则作为社会变革的必要条件被接受，单纯的和平主义因此将被抛弃。"他的结论是，道德劝说和暴力反叛都不能实现黑人的解放，可选择的方式是非暴力大众运动："如果坚持甘地及其追随者们那样的耐心和纪律，就会获得单纯的道德说服和暴力所不能得到的正义。"③

----

①　斯托顿·林德编《美国的非暴力：文献史》，第 xxvi－xxvii 页。
②　何怀宏编《西方公民不服从的传统》，第 20～28 页。
③　斯托顿·林德编《美国的非暴力：文献史》，第 xxxvi 页。

　　阶级冲突的现实也影响了非暴力的实践和理论。美国工会工人的直接行动几乎都是非暴力的。他们相信只有开展直接行动创造压力，劳工法才会实施。破坏资本主义的方式不是政治，而是总罢工。他们还努力实行工会自治与参与性民主。二战中与二战后的非暴力运动在许多方面直接继承了20世纪30年代的劳工运动。例如，在二战期间，新成立的争取种族平等大会曾用静坐来反对种族隔离；因拒绝服兵役而入狱的人在联邦监狱中也使用过类似的方式。二战后，非暴力运动的许多领导人（如马斯特和詹姆斯·派克）在大萧条时期是劳工组织者。帕克斯夫人在拒绝让座之前曾在高地民族学校学习过，而"高地"是南方劳工组织者的主要训练中心。学生静坐的方法毫无疑问也受到了前代人静坐罢工的影响，他们的主题歌《我们一定会胜利》就是以前的罢工工人们演唱过的。①

　　民权运动中的非暴力直接行动既继承了美国历史中很多非暴力运动的特点，又有自己显著不同的风格和内容。它促使很多普通大众，而不是仅仅少数坚定的知识分子参与运动，从而推动了社会的基本变革。换言之，非暴力抗议运动让成千上万的穷人和未受教育的人参与其中，他们利用非暴力追求实质性的成果，包括工作和自由等，并深深改变了思想观念，从中获益匪浅。②

　　而且，民权运动中的非暴力直接行动不像以前的非暴力方法那样消极或顺从，相反，它是积极地抵制不正义、带来社会变革的强制性方法，因为它经常施加身体和道德上的压力，迫使反对者进行谈判。就像法默说的那样，"我们不能影响作恶者的心灵，却可以强迫他终止邪恶的行为"。通过斗争实践，积极分子们也意识到，非暴力直接行动必须更多地依赖冲突和强制，即使付出引发白人种族主义者暴力的代价。就像金在《从伯明翰监狱发出的信札》中写的那样："没有坚定的法律和非暴力的压力，我们的民权运动就不会取得一丁点成就。"非暴力直接行动把政治、经济和道德压力施加给南方隔离主义社会，扰乱了秩序，使商业停顿，填满了监狱，暴露了种族不正义。它最终在迫使联邦政府进行立法干预和推动联邦法院实施支持民权判决方面发挥了关键的作用。③

---

① 斯托顿·林德编《美国的非暴力：文献史》，第 xxxvii 页。
② 斯托顿·林德编《美国的非暴力：文献史》，第 xl ~ xliv 页。
③ 科莱科：《小马丁·路德·金：激进非暴力的使徒》，第 138 ~ 139 页。

除了具有广泛的大众参与性和目标、手段的激进性等特点，民权运动中的非暴力直接行动还充分利用了当时冷战的国际环境与新兴的电视媒体，从而使它更加有效。

二战后的国际关系格局推动了美国民权运动的兴起。在这一时期，美国与苏联正在进行激烈的冷战以决定谁将控制世界力量的平衡。到 20 世纪 50 年代，一股新的力量——"第三世界"崛起在世界舞台上。第三世界人民正在打破殖民枷锁，加快建立自由独立的国家。约翰·肯尼迪很早就意识到这一事实。他在 1960 年写道："在亚洲、中东和非洲，人们在殖民主义统治下长期处于睡眠状态，现在却第一次急切地渴望新的国家认同和独立。"他担心新独立的国家投向苏联的怀抱，以至于美国和西方失去对世界力量平衡的把握，因此呼吁制定一个新的外交政策。他说："我们美国人民应领导世界范围内革命的潮流，指导它，并帮助它取得健康的成果。"1961 年当选总统后，肯尼迪立即开始修正美国的外交政策，把第三世界作为重点。他的策略首先是呼吁赢得非洲、亚洲、中东和拉美被压迫人民的心灵。他认为，通过外交联系、思想交流和经济援助，可以在这些地区建立强有力本土化的抵制共产主义的情绪，并使它们的人民相信，美国是站在整个全球平等、自由、独立和人类尊严这一边的，从而确保他对第三世界外交政策的成功。①

但是，一个严重的国内问题——美国黑人的苦难和他们日益兴起的自由斗争——阻碍了肯尼迪的策略对第三世界的影响。他承认，"种族隔离与暴力严重损害了美国在国际上的形象"。② 此外，非洲等国家的一些黑人外交官在美国遇到歧视常引起外交危机。肯尼迪总统时期，由于大量新独立的非洲国家的外交官来到美国，他们在住房、就餐等社会生活的各方面都遭到歧视，常常被拒绝提供服务，让美国政府十分尴尬。③ 美国黑人领导人、第三世界领导人和肯尼迪的一些民权建议者由此不断推动总统实行反对美国种族主义和压迫的政策。而且，民权运动正好出现在第三世界国家赢得独立和力量的时代，这一事实也加剧了美苏对世界霸权的竞争。苏联经常会利用美国

---

① 艾伯特、霍夫曼编《我们一定会胜利》，第 43 ~ 44 页。
② 艾伯特、霍夫曼编《我们一定会胜利》，第 45 页。
③ 参见雷内·罗曼妮《没有外交豁免权：非洲外交官、国务院与民权（1961 ~ 1964）》（Renee Romano, No Diplomatic Immunity: African Diplomats, the State Department, and Civil Rights, 1961 – 1964），《美国历史杂志》（The Journal of American History）第 87 卷第 2 期（2000 年 9 月）。

国内存在的对黑人的歧视和隔离来攻击美国。这一困境给了日益兴起的民权运动一个有力的武器，因为大众游行、抗议活动和种族暴力会让全世界都来目睹这一令美国难堪的形势。在巨大的压力下，美国政府或者被迫答应黑人的要求，或者失去它对第三世界的影响。这成为民权运动和非暴力直接行动策略在争取美国黑人自由斗争中可以利用的事实。

虽然在以往的美国历史中，黑人遭到剥削、殴打和压迫的现象一直存在，但大多数美国人和其他国家的人们对此几乎一无所知。因此，大众媒体尤其是电视在暴露种族隔离与压迫的现实以及促使民权运动引起全国和全世界的关注方面发挥了重要作用。在 1958 年早期，83% 的美国住户已经拥有了电视机，96% 的人家拥有收音机。电视在 20 世纪 50 年代末期的迅速扩展与民权运动的兴起几乎同步进行，电视由此提供了一个窗口，使成千上万的人能通过它来观看黑人的斗争。此外，通信技术的进步使电视媒体也更加容易报道情况复杂的抗议示威。1962 年 6 月，美国第一个通信卫星发射成功，进入预定轨道运行。这一革命性的变化使电视画面能传遍整个世界。这对民权运动产生了深刻的影响，它确保了全世界包括第三世界的人民都能看到黑人争取自由的斗争。此外，电视新闻制造技术的革新也使得电视对大众非暴力抗议的报道更加有利。①

可见，民权运动中的非暴力直接行动之所以具有这样新的特点，并如此有效，也在于它生逢其时，巧妙利用了战后冷战的国际环境，并深受当时新兴电视媒体的影响。

二　对当时和后来其他社会运动的影响

在非暴力直接行动抗议中，黑人男女冒着生命危险追求自由激励着其他人做同样的事情，尤其促进了其他少数或弱势群体争取权利的斗争。许多参加了非暴力直接行动的积极分子又参加了 20 世纪 60 年代的其他抗议与改革，并利用了他们此前学习到的组织技能。例如，一个"自由夏天"的志愿者马里奥·萨维奥，领导了加州大学伯克利分校的言论自由运动。许多妇女积极分子投入了妇女运动中。其他志愿者参加了反对越南战争的运动。在随后的几年里，拯救地球的生态运动吸引了以前的民权积极分子。许多进步和左派学生从运动中出现了。像埃里克·方纳在《美国自由的故事》中所

----

① 艾伯特、霍夫曼编《我们一定会胜利》，第 46~47 页。

言："令人吃惊的是，不久，新左派和第二波女权主义就随着民权革命而兴起，这鼓舞了许多美国人来表达他们的悲哀和宣布他们自己的权利。到 20 世纪 60 年代晚期，奇卡诺人和其他少数族裔、弱势群体争取权利的运动已经风起云涌，点缀着政治的舞台。许多人借用了黑人运动和新左派运动的对抗策略，采用了'权力'和'解放'的语言，并对传统的组织和法律方法不屑一顾。"① 利用抗议和游行来攻击不正义并非开始于 60 年代，但是那 10 年里发生的事件，尤其是民权运动，使它们在美国文化中更突出和重要。因为民权运动和它孕育的非暴力直接行动——静坐、抵制、游行、自由乘车、选民登记运动等，美国变成了一个更开放、更宽容的国家。②

（1）对学生新左派运动的影响

首先，民权运动中的非暴力直接行动从思想上、组织上孕育、推动了学生新左派运动的产生与发展。新左派最主要的思想源泉来自黑人争取自由的运动。静坐抗议比任何其他事情都更为有力地刺激了白人学生的反抗运动。一位学者认为："对于新左派来说，自由的意义始于黑人的斗争。"美国社会中最遭排斥的成员要求享受所有的社会福利，富有的中产阶级家庭的孩子断然否定了社会主流价值观，这两种力量交汇在一起，组成了一个强大的联合力量，导致了后来为人们熟知的 20 世纪 60 年代的"大反叛"。黑人运动与白人新左派运动共有一些基本观点：需要改正的邪恶已经渗透于美国社会机制之中，为了向美国人说明改革的迫切性，采取直接行动是完全必要的。新左派从黑人运动那里，尤其从学生非暴力协调委员会那里学到了日常生活是一个政治领域、日常生活的决定都带有政治内容的思想。两个运动都充满了乐观主义，两者都认为，对美国社会的道德观和体制进行大规模、大范围的改革，不仅必要，而且完全可行。③

激进的民权组织学生非暴力协调委员会对白人学生左派有重要的影响。没有学生非暴力协调委员会在南方发展的非暴力策略和组织技术，白人学生的激进主义将不可能扩展得那么快。不仅汤姆·海登和其他学生争取民主社会组织的领导人从他们在南方的经验中学习知识，而且学生争取民主社会组织、北方学生运动和其他的白人学生组织也吸引大量学生参加民权活动。很

---

①　埃里克·方纳：《美国自由的故事》，第 418～419 页（译文根据原文做了一些改动）。

②　雷蒙德·德安吉洛编《美国民权运动：读物与解释》，第 366 页。

③　埃里克·方纳：《美国自由的故事》，第 402～403 页。

多积极分子既是学生非暴力协调委员会的成员，又是学生争取民主社会组织的成员。到 1965 年，学生非暴力协调委员会不仅是一个民权组织，也成为新左派的一部分。学生非暴力协调委员会激发了一小部分的积极分子发起 20 世纪 60 年代中期的学生权利运动与反战运动。学生非暴力协调委员会的榜样对学生争取民主社会组织来说尤为重要，学生争取民主社会组织作为最大的新左派组织的出现是与学生非暴力协调委员会的兴起相一致的。很多学生非暴力协调委员会积极分子——包括凯西·海登、鲍勃·泽尔纳等人，在学生争取民主社会组织中发挥了重要作用。通过这些成员，许多在南方斗争中发展的价值观和组织技术被学生争取民主社会组织吸收。[1]

非暴力直接行动对争取言论自由的学生运动也有重要影响。1964 年 9 月 14 日——秋季学期的第一天，加州大学伯克利分校校方发布一系列禁令，禁止学生在校园内进行政治活动，禁止在选举中持有党派观点，禁止募捐和招募成员等。这一禁令引发了声势浩大的自由言论运动。马里奥·萨维奥的演讲"结束历史"发表在 1964 年 11 月自由言论运动早期的加州大学伯克利分校，标志着学生运动的开始。萨维奥是争取种族平等大会的一个成员，参加了"自由夏天"，并从中吸取了很多用于发展学生运动的思想与策略。他认为，相对富裕的学生像黑人一样，也是受压迫者。他在演讲中指出："去年夏天，我去密西西比参加了那里的争取民权的斗争。今年秋天我又参加了另一阶段同样的斗争，这次是在伯克利。对一些观察家来说，这两个战场似乎完全不同，但事实并非如此。它们追求同样的权利——在民主社会中作为公民参与的权利，而且，反对同样的敌人。……今天美国面临的最关键问题是自治问题和种族正义问题。"[2]

其次，学生新左派运动使用与民权运动中的非暴力直接行动基本相似的策略，即社会组织策略与"公民不服从"策略。

由于 20 世纪 60 年代前期主要社会症状表现在贫困和种族歧视两个方面，这就决定了学生寻求变革的具体目标是为社会下层和少数族裔争取经济与政治公正。这集中体现在致力于社区改革的"经济研究与行动计划"的实施上。这一计划由一系列各不相同的城市社区计划组成，主要致力于解决以经济问题为中心的社区居民关心的种种问题，在 1964 年夏秋"经济研究

---

① 卡森：《在斗争中》，第 53，175 页。
② 彼得·利维编《让自由之声响起：现代民权运动文件史》，第 194 页。

与行动计划"高潮时期，有数以千计的学生争取民主社会组织成员出没于北方许多大中城市的贫民窟或破败街区。在进行种族平等和经济公正宣传的同时，他们主要从事于社区教育工作，为贫穷黑人和白人初高中学生进行家教或办补习学校，从文化和技术上帮助半熟练和非熟练工人摆脱长期结构性失业的威胁。与此同时，他们到富人区向自由派白人募集社区行动资金，力图与倾向于改革的政治力量结盟，形成一股自下而上的政治压力以推动地方和联邦政府关注贫困问题并研究解决途径。[①] 这一策略与学生非暴力协调委员会在南方腹地开展选民登记运动所采取的社会组织策略非常相似，实际上，他们也正是学习并借用了学生非暴力协调委员会的很多组织技术来开展他们自己的工作。像学生非暴力协调委员会激进分子一样，学生争取民主社会组织组织者努力帮助发展地方居民的领导能力，但有时他们的反权威倾向有些过于极端。[②]

在加州大学伯克利分校发生的言论自由运动中，从1964年9月中旬到1965年1月初，学生通过静坐、游行示威、罢课、占领行政大楼等公民不服从的方式与校方和警察乃至州市当局对抗，由于得到众多教师和校外社会力量的支持和声援，最终迫使以克尔校长为首的加大行政当局节节退让，取消了禁令。广大师生员工不仅在校园内获得了言论和政治活动自由的权利，还获得了参与学校管理、决策和改革的权利。这样的策略也用在反战运动中。越南战争的升级使反战运动愈演愈烈。4月17日，25000名示威者云集华盛顿，拉开了20世纪60年代第一次大规模反战示威的序幕。此后，反战规模越来越大，到1967年秋，出现了参加人数达10万之众的反战大示威，[③] 公民不服从运动由此达到巅峰。

（2）对妇女运动的影响

民权运动中的非暴力直接行动在一定程度上推动了当代妇女运动的兴起与发展。参加运动的妇女积极分子在吸收社会平等和个人自由的思想、学习组织策略的同时，也遭遇到了非常普遍和严重的不平等待遇。她们被排斥在民权组织中那些有实权的位置之外，经常被分配去干一些为男成员打杂的工

---

① 吕庆广：《当代资本主义内部的反叛与修复机制——60年代美国学生运动分析》，《南京大学学报》2003年第2期，第57页。

② 卡森：《在斗争中》，第177页。

③ 吕庆广：《当代资本主义内部的反叛与修复机制——60年代美国学生运动分析》，《南京大学学报》2003年第2期，第58～59页。

作，如打字、煮饭、洗衣和打扫卫生等。年轻的学生非暴力协调委员会积极分子凯西·海登和玛丽·金吸取她们在民权运动中的经验，提出反对妇女受压迫的思想。在一份 1965 年发布的备忘录中，她们认为，性别像种族一样是一个被压迫和受局限的类别或等级。她们总结说："我们社会作为一个整体，在对待黑人和对待妇女方面，存在着许多相同之处。"但真正让海登和金感到愤怒的是妇女在这些运动中的地位问题。①

从海登和金的经历可以看出，激进的民权组织学生非暴力协调委员会成为女权主义的发源地之一。尽管学生非暴力协调委员会中的妇女成员在建立、组织和运作学生非暴力协调委员会方面发挥了关键的作用，推动了学生非暴力协调委员会的不断发展，但她们也是组织中大男子主义压迫的受害者。她们的艰苦工作没有得到回报，她们在组织中仍旧被看作低男人一等。这种受压迫和低人一等的感觉导致了在学生非暴力协调委员会内部女权主义意识的兴起。随着民权运动的进步与学生非暴力协调委员会条件的恶化，越来越多的妇女开始意识到她们自己在组织中的被压迫地位，并对此进行了抵制，从而帮助孕育了现代女权主义运动。

而且，妇女运动也基本使用与民权运动中的非暴力直接行动同样的策略，即进行社会组织与开展公民不服从。到 1967 年，全国各地的妇女建立起小型的"提高觉悟"学习小组，来讨论她们种种不满情绪的根源。许多人认为，建立她们自己运动的时刻已经来临，这个运动不仅要争取全国妇女组织提出的平等权利，而且还要争取妇女的"解放"。除了下基层举办"提高觉悟"学习班外，女权激进派还倾向于仿效黑人学生组织的斗争形式，举行、参加大规模的静坐、游行活动，其中最引人注目的一次是对 1968 年 9 月美国小姐选美比赛庆典的大冲击，引起了很大轰动。②

总之，民权运动中的非暴力直接行动有力地推动了新左派运动、言论自由运动和女权运动等其他社会运动的产生与发展，在此过程中，激进的民权组织学生非暴力协调委员会对它们产生了尤为关键的影响，它们基本采纳了它的很多思想与策略。例如，学生非暴力协调委员会的经验影响了汤姆·海登，使他后来成为全国著名的新左派领导人；也影响了凯西·海登和玛丽·

---

① 埃里克·方纳：《美国自由的故事》，第 415 页；彼得·利维编《让自由之声响起：现代民权运动文件史》，第 197 页。
② 王恩铭：《当代美国的妇女运动》，《美国研究》1995 年第 3 期，第 42 页；埃里克·方纳：《美国自由的故事》，第 416 页。

金，促使她们写下了现代女权运动的一篇早期宣言；还影响了马里奥·萨维奥，使他成为伯克利言论自由运动的著名领导人。①

运用于民权运动的非暴力直接行动策略也广泛用于学生运动、反战运动和女权运动，为取得运动目标发挥了关键的作用。但值得注意的是，在新左派运动与反战运动中，公民不服从策略由于常常没有精心谋划，也没有清晰的原则指导，更没有通过非暴力训练得以充分准备，它更多的是自发性质的，以至于经常促发了少数学生与警察的暴力冲突。而且，违法学生经常有意逃脱法律的制裁，也与以往金强调的"公民不服从"有所不同。

（3）对其他少数族裔和弱势群体争取权利斗争的影响

民权运动中的非暴力直接行动激发了其他少数族裔群体和弱势群体争取自由的斗争。奇卡诺人（墨西哥裔美国人）、土著美国人等少数族裔以及同性恋者等少数群体组成了他们自己的自由运动组织。以奇卡诺人为主体的联合农场工人组织，把反对种族偏见的斗争与争取经济平等的斗争结合起来，进行了非暴力的大罢工运动，以年轻的墨西哥裔美国学生为基础的奇卡诺运动也如火如荼地在全国展开。丹尼斯·班克斯领导土著美国人积极分子发起"红色权力"运动，激发了全国民众对他们持续受压迫境遇的同情。同性恋权利运动在 20 世纪 60 年代后期也引起全国的注意。这些组织和运动都或多或少地受到了民权运动中非暴力直接行动的影响。

美国黑人争取民权的非暴力斗争为美国农场工人的斗争提供了榜样。300 多万墨西哥裔农场工人在 20 世纪五六十年代来到美国寻找工作机会。他们的工作条件和居住环境恶劣，工资很低，并且没有任何福利保障。而且，不像黑人，他们是比较分散的群体，种族主义者的分而治之政策、语言障碍等不利条件也阻碍了他们争取权利的斗争。看起来，组织这些分裂的、无家可归的和穷困的墨西哥裔农场工人成为一个团结有力的非暴力积极分子联盟似乎是不可能的。但在 1962 年，杰出的劳工组织者塞萨尔·查韦斯等人创立了农场工人联合会，在三年时间里就招募了大约 1700 名成员，为后来运动的发展奠定了重要的组织基础。1965 年，查韦斯领导农场工人联合会，发动成千上万的农场工人在加利福尼亚举行大罢工，反对当地的葡萄园种植园主对他们的压迫与剥削。他们要求基本的工资、体面的住房和人道的工作条件。农场主采取雇用其他不参加罢工的工人和赢得法院禁令等各种方

---

① 卡森：《在斗争中》，第 301~302 页。

式来抵制罢工，甚至对举行罢工的工人进行野蛮殴打。但查韦斯宣扬非暴力，拒绝所有形式的暴力。他主张，只有通过非暴力的方法才能取得一场长久的道德胜利。1968 年 2 月，一些联合会的成员对长期的罢工感到灰心失望，提出破坏庄稼和设备的激进方法。查韦斯的回应是通过进行 25 天的绝食来证明非暴力行动的力量。1969 年，罢工的农场工人集中开展了葡萄抵制活动。农场工人联合会的组织者扩散到整个美国，进行地方抵制。在一年时间里，农场工人联合会的支持者促使好几个大城市的超市连锁店停止购买未经联合会认可的葡萄。1970 年，由于葡萄抵制，很多葡萄园种植园主遭受了严重的经济损失，因此被迫答应工人的要求。这样，从 1965 年到 1970 年，罢工持续了几乎 5 年时间，最终确保大约 4 万农场工人得到较高的工资、免遭杀虫剂的毒害和优先加入工联组织等。①

可见，像民权运动一样，非暴力直接行动策略在墨西哥裔农场工人的斗争过程中起了关键作用。查韦斯在领导工人进行罢工、设置警戒线和联合抵制等非暴力斗争的同时，努力保持同情和善意，避免暴力和仇恨。全国农场工人协会把劳工冲突愤怒的武器转变为争取正义的非暴力工具，吸引媒体与全国的注意，迫使雇主做出一些让步，政府也被迫颁布法律，保护农场工人的权益。

城市中的墨西哥裔美国年轻人在 1967～1971 年也被唤起了深刻的政治与社会觉醒。他们受到美国黑人的民权运动、反战运动以及加利福尼亚的农场工人的罢工斗争的鼓舞，这些年轻人开始为他们的权利而斗争。尤其是黑人通过开展非暴力斗争最终获得了原本就属于自己的权利，他们的成功向这些美籍墨西哥学生展示了一个美好的前景，也坚定了他们争取墨西哥人平等权利的决心。② 鲁道夫·考基·冈萨雷斯为这些年轻的积极分子提供了强有力的领导，1965 年他建立了争取正义运动，致力于结束警察暴行和反对在公共学校领域的歧视等。③ 此后，这些美籍墨西哥学生就着手在校园里开展各类有关奇卡诺的活动，宣传奇卡诺思想。1966 年 6 月由墨西哥裔农场工人倡导的"斯塔尔县大罢工"因地方政府和农场主的联手遏制而失败，但

---

① 菲利斯·恩格伯特编《关于美国民权的原始资料》（Phillis Engelbert, ed., *American Civil Rights: Primary Sources*），底特律 1999 年版，第 87～96 页。
② 钱皓：《美国 20 世纪 60 年代"奇卡诺运动"探微》，《世界民族》2001 年第 3 期，第 20 页。
③ 菲利斯·恩格伯特编《关于美国民权的原始资料》，第 139 页。

这一失败唤醒了墨西哥人的民族主义意识。1968 年，加利福尼亚州、得克萨斯州、科罗拉多州和新墨西哥州的美籍墨西哥学生同时走出校园，上街游行，争取民族权利。① 1969 年 3 月，成百上千的丹佛高中的学生也走出他们的课堂进行抗议活动。像整个西南部许多奇卡诺学生的斗争一样，丹佛学生的抗议也是为了反对学校中的歧视。例如，学校里禁止讲西班牙语，学校老师让奇卡诺学生直接进入职业学校，而却建议白人学生接受大学预备课程的教育。几天以后，争取正义运动就在丹佛市召开发起了"第一届全国奇卡诺青年自由大会"。会议吸引了 2000 多名代表参加，他们分别来自全国各地的奇卡诺学生组织、社区组织和政治组织。② 这标志着"奇卡诺运动"的正式诞生。

土著美国人受到民权运动中非暴力直接行动的激发，在 20 世纪 60 年代晚期和 70 年代也发起争取权利的斗争。运动建立了美洲印第安人运动组织来进行领导，这一组织利用对抗策略突出显现美国政府的政策对印第安人施加的不正义，它还努力改善保留区和城市中印第安人的生活条件。美洲印第安人运动（又叫"红色权力"运动）中的第一次公民不服从活动就是所谓的"强制捕鱼运动"（Fish in）。由于华盛顿州地方政府以保护环境为名义剥夺了当地土著美国人传统上捕鱼的权利，1964 年年初，印第安人积极分子们发起了特意违背州捕鱼法而进行的强制捕鱼的抗议活动。"捕鱼运动"显然受到 20 世纪 60 年代早期美国黑人发起的静坐运动的激发，在当时的静坐运动中，黑人学生要求整个南方只为白人提供服务的便餐柜台和公车站点为他们提供服务。黑人学生的斗争精神和策略给了印第安人以很大的鼓舞和启发。成百上千的印第安人积极分子在运动期间被捕，很多人遭到警察和狱警的殴打，但他们仍顽强坚持下来。当一些著名演员加入示威队伍后，印第安人赢得了全国的注意。最终在美国诉华盛顿州的案件中，联邦法官做出了保障印第安人捕鱼权的判决。③ 70 年代初，印第安人权利运动达到了高潮，积极分子们占领了联邦印第安人事务局的办公大楼，并参与了苏部落对翁迪德尼的占领，翁迪德尼便是 80 年前那桩臭名昭著的屠杀印第安人事件发生

① 钱皓：《美国 20 世纪 60 年代"奇卡诺运动"探微》，《世界民族》2001 年第 3 期，第 20 页。
② 菲利斯·恩格伯特编《关于美国民权的原始资料》，第 149 页。
③ 菲利斯·恩格伯特编《关于美国民权的原始资料》，第 111～118 页。

的地方。①

　　同性恋者长期以来得不到美国主流社会的承认，他们经常受到歧视和侵害。民权运动中的非暴力直接行动在一定程度上为同性恋者提供了特别的技能和思想，尤其激发了新的激进的同性恋权利阵线派别的出现，导致了很多不被媒体注意的小的政治示威的发生。男、女同性恋者开始广泛使用黑人自由斗争中经常使用的抵制、游行、示威等抗议方法。这些新的策略与他们长期以来不懈地组织、宣传努力结合在一起，形成了迅速增长的强有力的全国力量，开展了一直延续至今的同性恋权利运动，对美国社会影响深远。②

三　对美国黑人斗争传统的继承与创新

　　美国黑人具有源远流长的斗争传统。密谋、起义和暴动是早期黑人解放斗争的主要形式。早在殖民地时期，就发生过几次影响较大的奴隶起义，到19世纪以后，这样的暴力反抗日益增多。1800年，弗吉尼亚州里士满一个叫加布里埃尔·普罗瑟的奴隶不堪忍受奴役，决定起来反抗，甚至不惜牺牲生命，以获得自由。他开始在弗吉尼亚组织一场颠覆奴隶制的暴动。他为此联络了好几千名黑人，并收集了一些枪支弹药，进行了比较周密的计划与准备。但起义还没发动就被两个知情的奴隶告密，当局很快派军队逮捕了密谋的起义者，加布里埃尔和他的30多个同谋者被处绞刑。③ 1822年，自由黑人登马克·维齐在南卡罗来纳州查理斯堡组织奴隶起义。他联络了很多在农场工作的黑人奴隶，制订了周密的计划，同海地的黑人建立了联系，并且已经开始制造武器。但起义还没发动，便被一个奴隶告密了。当局立即行动，逮捕了包括维齐在内的131个黑人，结果维齐和其他30多名奴隶起义者被处绞刑，此后还有40多人遭到流放。1831年纳特·特纳起义是当时规模最大的一次奴隶起义。特纳之前没有进行什么计划与组织，指望大批奴隶会跟从他起义，把所见到的白人统统杀光。他于8月21日带领几个同伙突然起

---

① 　埃里克·方纳：《美国自由的故事》，第424页。
② 　参见西蒙·霍尔《美国同性恋权利运动与爱国抗议》（Simon Hall，"The American Gay Rights Movement and Patriotic Protest"），载《性别史杂志》（*Journal of the History of Sexuality*）第19卷第3期（2010年9月）；贾德·莱顿：《看不见的自由：美国黑人民权运动中的男女同性恋》（Jared E. Leighton，*Freedom indivisible：gays and lesbians in the African American civil rights movement*），林肯大学博士学位论文2013年。其他相似的社会运动还包括环境保护运动、残疾人争取权利运动等。
③ 　艾伯特·霍夫曼编《我们一定会胜利》，第99页。

事，一天时间内，吸引了 70 多个奴隶加入起义者的队伍，杀死了 60 多名白人。白人当局迅速派兵进行镇压，很快就平息了事态，当场屠杀了 120 多人，逮捕了数百人。很多起义者在经过审讯后被送上绞刑架。特纳在逃亡、躲避 2 个月后，也最终难逃被捕处死的厄运。① 特纳起义在南部各地引起强烈反响。镇压起义后，奴隶主对奴隶进行了更严密的防范与管制，后来的奴隶起义或暴动数量就很少，规模也很小了，难成气候。

总之，在当时的环境下，奴隶起义和暴动成功的希望微乎其微。主要因为黑人奴隶们孤立无援、没有文化、遭受恐吓，要组织暴动本来就极端困难。即使仓促起事，他们又缺少组织计划、缺少群众基础，经常还有叛徒告密，只是一群乌合之众，没有什么力量。而且，白人统治者控制着绝对强大的暴力工具，很容易就将暴动镇压。历史上，每一次奴隶暴动都彻底失败了，领导人最终都惨遭杀害。在极端困难的条件下，美国奴隶暴动大都成为一种纯属冒险的英勇行为，结局悲惨。

在黑人奴隶起义衰亡的同时，主要由北方自由派白人发起的废奴运动兴起了，形成三个重要的派别：道德说教派、政治行动派和暴力派。威廉·加里森是道德说教派的代表人物。他组织建立了反奴隶制协会，主要通过演讲、分发报纸、书籍和小册子进行宣传鼓动工作，主张对奴隶制进行非暴力消极抵抗，宣扬宗派主义和无政府主义，反对参与政治和武力斗争，反对奴隶起义。它的主要武器是单纯的道义上的劝说，强调教育宣传与道义说服的力量，轻视群众参与和政治行动的重要性。而且，他的主张也过于激进，很不现实。由于美国联邦宪法里有赞成奴隶制的条文，加里森极力谴责联邦政府与联邦宪法，甚至建议解散联邦。② 这种不讲究策略甚至有些幼稚的主张根本无法实现。

加里森的思想与策略引起了反奴隶制协会内部一些人的不满，废奴主义的队伍发生了分裂，反对者另外组建了"美国和外国反奴隶制协会"，主张通过政治行动解决奴隶制问题，同时他们也不放弃道德说教。这一派成为政治行动派。③ 逃亡奴隶弗·道格拉斯逐渐成为这一派别的代表人物。他起先是一个坚定的加里森主义者，后来由于实践与思想的变化，认识到加里森的

---

① 威廉·福斯特：《美国历史中的黑人》，余家煌译，三联书店 1960 年版，第 100、102 页。

② 威廉·福斯特：《美国历史中的黑人》，第 109、137 页。

③ 吴金平：《自由之路——弗·道格拉斯与美国黑人解放道路》，中国社会科学出版社 2000 年版，第 56 页。

局限，脱离了其阵营。他支持联邦，也欢迎奴隶武装起义，强调废奴运动者在宪法范围内进行工作。他在政治行动派思想的基础上，对此进行改造，逐渐形成了自己的合法主义改革策略，主张在宪法范围内行动，团结大多数，积极开展斗争，① 取得了很大的成就。奴隶制的最终废除有他的一份功劳。但他主要还是依靠宣传鼓动与个人行动，依赖于联邦政府，没有发动群众来开展斗争，很难触动当时根深蒂固的社会文化心理，以致很多成果不容易保持下来。

约翰·布朗是主张以武力废除奴隶制的代表人物。1859 年 10 月 16 日，他率领他小小的"军队"22 人，在哈波斯渡口发动攻击，其中有黑人 5 名。他们占领了联邦军械库，控制了城镇。但出乎布朗意料的是，黑人并没有投奔到他的旗下，当地白人也没有动静。主要原因在于布朗袭击的地点是弗吉尼亚州奴隶较少的地方，而且大多数是家庭仆人。布朗事先也没有在群众中进行鼓动宣传工作。地方军队很快就围住布朗的队伍，一场血战后，击败并俘虏了他们。布朗被判处绞刑，英勇就义。② 布朗虽然勇气可嘉，但他这种无计划、无组织的军事冒险在当时是很难取得成功的。

奴隶制短期内废除无望，很多奴隶在北方自由派人士的支持下，走上了艰险的逃亡之路。其中"地下铁路"最为有名。它的主要目的就是帮助奴隶摆脱南部奴役而逃到北部，最终逃往加拿大。"地下铁路"由经理人（逃亡运动组织者）、车站（供逃亡奴隶食宿、隐蔽的地方）、乘务员（向导）、乘客（逃亡奴隶）等组成。它的路线纵横交错，在特拉华、马里兰、弗吉尼亚、肯塔基和密苏里等州都有许多路线通往加拿大。有记载可查的为地下铁路工作的人员共有 3000 多人，③ 他们主要由一些白人教友派成员、自由黑人甚至逃奴组成。他们的无私奉献与艰苦努力解救了很多南方黑人奴隶，在一定程度上破坏了南方的奴隶制，增强了北部反奴隶制的力量。但通过这种方法解救的奴隶毕竟是少数，它不能从根本上铲除奴隶制，只能是一种权宜之计。

内战与重建废除了奴隶制，但很快黑人又陷入种族隔离制的桎梏之下。在这样的不利环境下，布克·华盛顿发起塔斯克基运动来为黑人争取权益。

---

① 参见吴金平《自由之路》中的有关论述。
② 威廉·福斯特：《美国历史中的黑人》，第 192～193 页。
③ 南开大学历史系美国史研究室等编《美国黑人运动解放简史》，第 93～94 页。

他于 1881 年创办了塔斯克基学院，以此为基地，开始实施他的计划。他强调职业技术教育的极端重要性，因此非常注重教授黑人农艺和手工技术，贬低历史学、数学和科学对黑人学生的重要意义，鼓励黑人学习实用技艺和培养忍耐性与不折不挠的品德。他还特别强调获得财产的重要性。他的基本理论是：只要具备了以上这些条件，黑人就一定会在社会上排除一切障碍而富裕起来。他还主张发展黑人的商业，反对黑人追求政治权利、公民权利和享受高等教育的权利。[①] 他相信，黑人只要待在南方，享受到实用的教育，拥有一份实用的工作，获得财产，就一定能最终赢得自己的公民权利。[②] 1895年，布克·华盛顿应邀在亚特兰大国际博览会上公开阐述了他的观点，呼吁南方白人与黑人都要"就地汲水"，实际上是让黑人埋头工作，不要抱怨和抗议，接受种族歧视和种族隔离的社会现实。亚特兰大演说备受白人赞扬。从此他声名鹊起，身价倍增，被南方、北方的白人扶植为黑人的领袖，掌握了很大的权力。华盛顿的塔斯克基运动单纯强调职业技术教育与经济路线，反对黑人追求政治权利，虽然以谦逊、服从、牺牲和妥协换取了联邦政府与一些自由派的支持，但也有很大的缺陷。杜波依斯就批评华盛顿的主张造成这样不良的后果：黑人的选举权被剥夺；法律上确立了黑人的劣等公民地位；白人撤走了对黑人高等教育的支持。[③]

在华盛顿权力达到顶峰的时候，杜波依斯 1903 年出版了《黑人的灵魂》，公开向布克·华盛顿的妥协路线提出挑战。与华盛顿提倡黑人要谦逊、服从不同，杜波依斯主张走积极斗争的道路。他倡导黑人要挺身而出，积极鼓动，为争取宪法赋予他们的权利而呐喊、斗争。1905 年 7 月 11 日至14 日，杜波依斯发起召开了尼亚加拉运动第一次会议。会上发表了一项《原则宣言》，内容包括：反对白人种族主义暴行，不断地抗议与鼓动，争取黑人拥有选举权等作为公民的一切权利，使黑人受到全面教育，在法庭上受到公正待遇并且参与审判，取缔歧视黑人的制度，践行美国《独立宣言》所确立的平等、自由原则，实施宪法第 13 条、14 条、15 条修正案等。[④] 运

---

① 威廉·福斯特：《美国历史中的黑人》，第 445～446 页。

② 迈耶等编《20 世纪的黑人抗议思想》，第 8 页。

③ 张聚国：《杜波依斯对解决美国黑人问题道路的探索》，《史学月刊》2000 年第 4 期，第 96页。

④ 张聚国：《杜波依斯对解决美国黑人问题道路的探索》，《史学月刊》2000 年第 4 期，第 96页。

动持续了约 4 年之久，在全国各地召开会议，宣传它的纲领。1906 年，杜波依斯在哈波斯渡口会议上发表演说，阐述了尼亚加拉运动的政策。他说："不得到充分的人权，我们决不会满足。我们为自己要求一个自由美国人所有的政治权、公民权和社会权；在我们没有获得这些权利之前，我们会永不停止地抗议，永不停止地向全国人民宣传。"① 杜波依斯的尼亚加拉运动主张积极斗争，要求政治权利，比华盛顿的计划更为全面。但他主要依赖黑人小资产阶级知识分子的宣传鼓动，缺少大众的参与，时间又短，成就不大。

一战期间与一战后，黑人掀起了第一次大移民的浪潮，北方城市中出现了很多黑人聚居区。这种新的环境为加维运动的突然兴起奠定了基础。加维主义的创立者马库斯·加维先后创立了政治组织"世界黑人改进协会"、经济组织"黑星航运公司"及报纸《黑人世界》等，广泛宣传其思想主张，并发起了黑人有史以来最大规模的有组织的群众运动。城市贫民、黑人退伍军人以及刚刚迁移到北部城市的黑人农民组成了运动的基本队伍。加维宣扬黑人需要一个自己的民族和国家，而"非洲是非洲人的非洲"，他督促白人美国帮助黑人在非洲建立黑人自己独立的国家和政府。他曾在一封信中写道："黑人问题不仅在美国，而且在全世界也普遍存在。世界黑人改进协会就是要通过在非洲为黑人种族建立一个国家来解决这个问题。在那里，黑人种族能得到最充分的机会来发展自己，而这在一个白人种族政府控制少数黑人种族的体制下是永远无法实现的。"② 加维极力主张种族纯洁，反对种族通婚和融合。在经济上，加维与布克·华盛顿相似，主张自立和自强，是"黑人资本主义"的鼓吹者。③ 提高黑人的种族尊严和骄傲是加维一直努力的目标。他一再宣扬"黑人是漂亮的"，希望帮助黑人恢复埃塞俄比亚帝国的荣耀，把黑人从无助的被压迫的感觉中解脱出来，恢复自我意识、自尊、自信和自豪感。④ 但加维反对在美国追求种族间的社会平等，认为那不现实，他希望白人自由派能帮助黑人在非洲实现其目标。这导致他和全国有色

---

① 威廉·福斯特：《美国历史中的黑人》，第 455 页；小莱昂·贝内特：《先于五月花号：美国黑人史（1619~1964）》（Lerone Bennett, Jr., *Before the Mayflower: A History of the Negro in America, 1619–1964*），巴尔的摩 1966 年版，第 281 页。

② 艾米·雅克·加维编《马库斯·加维的哲学与观点》（Amy Jacques-Garvey, ed., *Philosophy and Opinions of Marcus Garvey*），纽约 1968 年版，第 Lx 页。

③ E. U. 艾森-乌当：《黑人民族主义——在美国寻找认同》（Essien-Udom, *Black Nationalism: A Search for An Identity in America*），芝加哥 1962 年版，第 50 页。

④ 艾米·雅克·加维编《马库斯·加维的哲学与观点》，第 Lv 页。

人种协进会的领导人杜波依斯之间产生了深刻的矛盾。加维批判杜波依斯是"黑人在世界上的最大的敌人",而杜波依斯认为加维"是黑人种族在美国和世界上最危险的敌人"、"是个疯子和叛徒"。① 两人的矛盾给黑人斗争带来了不利的影响。

加维关于建立一个自由平等的国家的计划,在无数黑人心中激起了对未来的憧憬。运动如火如荼地开展起来。协会的机关报《黑人世界》很快成为世界上发行量最大的报纸之一。1919 年协会已有 30 个分会遍布全国,到 1921 年增至 418 个,同时还有 422 个分会在筹备中,这时会员已达 400 万人。黑星航运公司在成立的第一年募集到 610860 美元,并获得三艘船只。公司完全由黑人管理,经营一条美洲和非洲之间的航线。遗憾的是,由于经营管理不善,加之混进了一些无赖和骗子,黑星航运公司于 1922 年 4 月宣告破产。② 同年,他本人还被美国政府以邮件诈骗为名逮捕入狱,最后被驱逐出境,加维运动也由此一蹶不振。

综上所述,尽管在具体的斗争目标与斗争手段上各不相同,美国黑人的斗争大致还是可分为非法的暴力反抗与合法的宣传鼓动两种传统。前者强烈反对美国的体制,主张主要依靠黑人自己的力量,采取暴力流血的手段,彻底打碎"万恶"的奴役体制,以实现自己的解放。后者则基本认同美国的体制,相信美国自由民主的信条,主要采取个人或少数人宣传鼓动的方式,完全依赖于联邦政府与白人自由派的支持与行动,以获得黑人作为美国人所应有的一切权利与自由。③ 正如著名历史学家约翰·富兰克林总结的那样,"美国黑人两大抗议传统,一个是安静的、非暴力(合法)的反对奴隶制、反对剥夺权利、反对歧视和隔离的抗议,另一种是个人或集体的暴力"。④

民权运动中的非暴力直接行动既继承了二者的优点,又抛弃了它们的一些缺陷,⑤ 取长补短,并在新的环境下做了一些创新。它也基本认同美国的主流体制,认为黑人能从这一体制中获得自由,但同时又强烈反对地方的隔

① 西奥多·德雷珀:《黑人民族主义的重新发现》,第 51 页。
② 卜振友:《略论加维运动兴起的原因》,《内蒙古民族师院学报》2000 年第 2 期,第 88 页。
③ 加维运动虽然反对美国体制,主张分离,但它主要采取宣传鼓动的方式,并寄希望于白人自由派的帮助,因此也归入合法的宣传鼓动这一传统。
④ 艾伯特、霍夫曼编《我们一定会胜利》,第 97 页。
⑤ 主要继承了法律斗争注重现实的优点和暴力斗争不屈不挠的斗争精神,抛弃了法律斗争比较被动和渐进、暴力斗争既不理想又不现实的缺陷。

离制度，主张毫不妥协地与之进行斗争。其方法不仅是宣传、鼓动、劝说与建议，而且组织大众进行直接行动，甚至不惜违反隔离法，激发白人种族主义者或地方当局实施暴力行为，吸引媒体注意，制造紧急事态和强大压力，迫使联邦与自由派合作，进行干预。同时它又灵活机动，在关键时刻进行妥协谈判，确保运动成果。可见，动员大众参与，[1] 开展直接行动是这一策略新的特点，它确保黑人成为有力量的平等的一方而不是请求与建议的弱者来与地方当局、联邦政府谈判，迫使地方当局不得不做出让步，联邦政府也不得不进行干预。[2] 同时，它又采取非暴力这样高尚的道德方式，触动了白人自由派的良知，获得了他们的同情与理解。这样它就把强制力量与道义力量、理想与现实紧密地结合在一起，很容易取得成功。从结果来看，非暴力直接行动不仅推动联邦政府进行广泛地立法改革，从制度上铲除了种族隔离，而且它还深刻地改变了民众的思想观念，使整个社会的文化心理得以发生根本的变革。黑人变得自尊、自信，长期扭曲的心理得以恢复正常。作为生活方式与价值观念的白人至上主义逐渐消失，公开的种族主义在社会上再也没有容身之地了。自由、平等的观念越来越深入人心。这一社会文化心理与思想观念上的巨大变化是前所未有的成就，代表了非暴力直接行动区别于以前其他策略的另一显著特点。

此外，在南方腹地进行社会组织与选民登记也是一种非常规的非暴力直接行动。这种社会组织策略主张深入南方农村，逐家挨户教育动员，发展地方黑人领导，建立地方组织和制度，帮助黑人克服恐惧，建立自信、自尊。对于地方黑人来说，虽然长期以来也有自发组织的传统（经常与自卫联系在一起），但这种扎实、有效的基层组织（非暴力是其核心内容）也是前所未有的事情。[3] 它还经常与公民不服从紧密结合在一起，使组织与动员策略

---

① 加维运动也有很多群众参与，但他们参与更多的是经济活动，没有开展任何直接行动抗议，对政府与社会施加的压力有限。民权运动前，另一次组织群众参与的尝试是在二战期间，伦道夫曾计划组织一场"向华盛顿进军"的非暴力大众运动，但还没有具体实施，罗斯福总统就迫于压力，发布行政命令取消了国防工业中的隔离。伦道夫随后取消了游行。这场"夭折"的非暴力直接行动已经显示了巨大的威力，成为后来民权运动中非暴力直接行动的先声。

② 但这种压力必须适中，不能超出联邦政府可承受的程度，否则容易引起反作用，非暴力直接行动后期的激进转变并没有达到自己的目标就说明了这一道理。

③ 这种基层组织也扩展了美国的参与性民主，其主要思想包括：主张人们有权参与做出影响他们生活的决策，相信普通人有能力重新塑造自己的生活，反对自上而下的官僚等级组织等，激进的平等主义是其思想的核心。

相互配合，在民权运动中发挥了更大的作用。

　　总之，非暴力直接行动乃是民权运动中最有成效的一种主导性斗争策略，它分别是对美国政治文化传统与美国黑人斗争传统的继承与创新，促进了后来黑人以及其他少数族裔或弱势群体争取权利的斗争，在美国历史上具有深远的影响。

参考文献

一　基本文献

[1] Blauner, Bob ed. *Black Lives, White Lives: Three Decades of Race Relations in America.* Berkeley: University of California Press, 1990.

[2] Blaustein, Albert P. and Robert L. Zangrando, ed. *Civil Rights and African Americans: A Documentary History.* Evanston, Ill. : Northwestern University Press, 1991.

[3] Breitman, George, ed. *Malcolm X Speaks: Selected Speeches and Statements.* New York: Pathfinder, 1989; *By Any Means Necessary* . Pathfinder, 1970.

[4] Campbell, Clarice T. , ed. *Civil Rights Chronicle: Letters From the South,* Jackson: University Press of Mississippi, 1997.

[5] Carawan, Guy and Candie, ed. *Sing for Freedom: The Story of the Civil Rights Movement through its Songs* . Bethlehem, Pa. : Sing Out Corp. , 1992.

[6] Carbado, Devon W. and Donald Weise. *Time on Two Crosses: The Collected Writings of Bayard Rustin.* Cleis Press, 2003.

[7] Carmichael, Stokely. *Ready for Revolution: The Life and Struggles of Stokely Carmichael.* New York: Scribner, 2003.

[8] Carson, Clayborne [et al.] ed. *The Eyes on the Prize: Civil Rights Reader: Documents, Speeches, and Firsthand Accounts from the Black Freedom Struggle, 1954 – 1990.* New York: Penguin Books, 1991.

[9] Carson, Clayborne, ed. *The Movement: 1964 – 1970.* Westport, Conn. : Greenwood Press, 1993.

[10] Clark, Kenneth B. , ed. *King, Malcolm, Baldwin: Three Interviews.* Middletown, Conn. : Wesleyan University Press, 1985.

[11] Clark, Steve, ed. *Malcolm X Talks to Young People: Speeches in the U. S. , Britain, and Africa.* New York: Pathfinder, 1991.

[12] Crawford, Curtis. *Civil Disobedience: A Casebook.* New York: Crowell, 1973.

[13] D'Angelo, Raymond. *The American Civil Rights Movement: Readings & Interpretations.* [Guilford, CT]: McGraw – Hill/Dushkin, 2001.

[14] Davis, Jack E. *The Civil Rights Movement.* Malden, Mass. : Blackwell Publishers, 2001.

[15] Engelbert, Phillis, ed. *American Civil Rights: Primary Sources.* Detroit: U · X · L, 1999.

[16] Epps, Archie, ed. *Malcolm X: Speeches at Harvard.* New York: Paragon House, 1991.

[17] Farmer, James. *Lay Bare the Heart: An Autobiography of the Civil Rights Movement.* New York: Arbor House, 1985.

[18] Foner, Philip S. ed. *The Black Panthers Speak.* New York: Da Capo Press, 2002.

[19] Foner, Philip S. ed. *The Voice of Black America: Major Speeches by Negroes in the United States, 1797 – 1973.* New York: Capricorn Books, 1975.

[20] Forman, James. *The Making of Black Revolutionaries: A Personal Account.* New York: Macmillan, 1972.

[21] Friedman, Leon, ed. *The Civil Rights Reader: Basic Documents of the Civil Rights Movement.* New York: Walker & Co. , 1968.

[22] Gallen, David, ed. *Malcolm X: As They Knew Him.* New York: Carroll & Graf, 1992.

[23] Greenberg, Cheryl Lynn. *A Circle of Trust: Remembering SNCC.* New Brunswick, N. J. : Rutgers University Press, 1998.

[24] Gould, Lewis , *The Documentary History of the John F. Kennedy Presidency, Vol. 14: John F. Kennedy, Martin Luther King Jr. , and the Struggle for Civil Rights,* Bethesda, MD: LexisNexis, 2005.

[25] Hampton, Henry and Steve Fayer with Sarah Flynn. *Voices of Freedom: An*

Oral History of the Civil Rights Movement . New York: Bantam Books, 1990.

[26] Johnson, Ann K. *Urban Ghetto Riots, 1965 – 1968: A Comparison of Soviet and American Press Coverage.* Boulder: East European Monographs ; New York: Distributed by Columbia University Press, 1996.

[27] King, Coretta Scott. *My Life with Martin Luther King, Jr.* NY: Holt, Rinehart and Winston, 1969.

[28] King, Martin Luther, Jr. *Stride Toward Freedom.* New York: Harper & Row, 1958; *Strength to love.* Philadelphia: Fortress Press, 1963; *Why We Can't Wait.* New York: The New American Library, 1964; *Where Do We Go from Here: Choas or Community.* Boston: Beacon Press, 1968.

[29] King, Mary. *Freedom Song: A Personal Story of the 1960s Civil Rights Movement.* New York: Quill, 1987.

[30] Levy, Peter B. *Let Freedom Ring: A Documentary History of the Modern Civil Rights Movement.* New York: Praeger, 1992.

[31] Lewis, John. *Walking with the Wind: A Memoir of the Movement.* New York: Simon & Schuster, 1998.

[32] Lynd, Staughton. *Nonviolence in America: A Documentary History.* New Yoke: The Bobs – Merrill Compancym Inc. 1966.

[33] Lyon, Danny. *Memories of the Southern Civil Rights Movement.* Chapel Hill: Published for the Center for Documentary Studies, Duke University, by the University of North Carolina Press, 1992.

[34] Meacham, Jon, ed. *Voices in Our Blood: America's Best on the Civil Rights Movement.* New York: Random House, 2001.

[35] Meier, August and Elliott Rudwick. *Black Protest in the Sixties.* Chicago: Quadrangle Books, 1970.

[36] Meier, August, Elliott Rudwick And Francis L. Broderick. *Black Protest Thought in the Twentieth Century.* Indianapolis: Bobbs – Merrill, 1971.

[37] Meredith, James. *Three Years in Mississippi.* Bloomington and London: Indiana University Press, 1966.

[38] Moldovan, Russel. *Martin Luther King, Jr. : An Oral History of His Religious Witness and His Life.* San Francisco: International Scholars,

1999.

[39] Moon, Elaine Latzman. *Untold Tales, Unsung Heroes: An Oral History of Detroit's African American Community, 1918 – 1967.* Detroit: Wayne State University Press, 1994.

[40] Perry, Bruce, ed. *Malcolm X: The Last Speeches.* New York: Pathfinder, 1989.

[41] Pohlmann, Marcus D. , ed. *African American political thought*（6 卷本）. New York; London: Routledge, 2003.

[42] Raines, Howell. *My Soul Is Rested: The Story of the Civil Rights Movement in the Deep South.* New York: Penguin, 1977.

[43] Robinson, Jo Ann Ooiman, ed. *Affirmative Action: A Documentary History.* Westport, Conn. : Greenwood Press, 2001.

[44] Rosenberg, Jonathan and Zachary Karabell. *Kennedy, Johnson, and the Quest for Justice: The Civil Rights Tapes.* New York: W. W. Norton, 2003.

[45] Rustin, Bayard. *Strategies for Freedom: The Changing Patterns of Black Protest.* New York: Columbia University Press, 1976.

[46] Sellers, Cleveland. *The River of No Return: The Autobiography of a Black Militant and the Life and Death of SNCC.* New York: William Morrow, 1990.

[47] Shakoor, Jordana Y. *Civil Rights Childhood.* Jackson: University Press of Mississippi, 1999.

[48] Towns, W. Stuart, ed. *"We Want Our Freedom": Rhetoric of the Civil Rights Movement.* Westport, Conn. : Praeger, 2002.

[49] Tushnet, Mark V. *Thurgood Marshall: His Speeches, Writings, Arguments, Opinions, and Reminiscences.* Chicago: Lawrence Hill Books, 2001.

[50] Weber, David R. *Civil Disobedience in America: A Documentary History.* Ithaca, N. Y. : Cornell University Press, 1978.

[51] Washington, James Melvin ed. *A Testament of Hope: The Essential Writings of Martin Luther King, Jr.* San Francisco: Harper & Row, 1986.

[52] Wexler, Sanford. *The Civil Rights Movement: An Eyewitness History.* New York, NY: Facts on File, 1993.

［53］ Wilkins, Roy. *Standing Fast*: *The Autobiography of Roy Wilkins*. New York: Viking Press, 1982.

［54］ Williams, Robert F. *Negroes With Guns*. Detroit: Wayne State University Press, 1998.

［55］ Williams, Juan, ed. *Eyes on the Prize*: *America's Civil Rights Years*, *1954 – 1965*. New York, NY: Penguin Books, 1988.

［56］ X, Malcolm, with the assistance of Alex Haley. *The Autobiography of Malcolm X*. New York: Grove Press, 1965.

［57］ Youth of the Rural Organizing and Cultural Center. *Minds Stayed on Freedom*: *The Civil Rights Struggle in the Rural South*: *An Oral History*. Boulder: Westview Press, 1991.

［58］ http：//www. lib. usm. edu/ ~ spcol/crda/index. html/2005 – 6 – 12.

［59］ http：//www. crmvet. org/ Civil Rights Movement Veterans/2004 – 12 – 19.

二 英文论著

［1］ Albert, Peter and Ronald Hoffman ed. *We Shall Overcome*: *Martin Luther King, Jr. , and the Black Freedom Struggle*. New York: Pantheon Books, 1990.

［2］ Anderson, Jervis. *Bayard Rustin*: *Troubles I've Seen*: *A Biography*. Berkeley: University of California Press, 1998.

［3］ Ashmore, Harry S. *Civil Rights and Wrongs*: *A Memoir of Race and Politics 1944 – 1994*. New York: Pantheon Books, 1994.

［4］ Banner – Haley, Charles T. *The Fuits of Integration*: *Black Middle – class Ideology and Culture*, *1960 – 1990*. Jackson: University Press of Mississippi, 1994.

［5］ Barbour, Floyd B. , ed. *The Black Power Revolt*. Boston: Collier Books, 1968.

［6］ Bedau, Hugo Adam. *Civil Disobedience in Focus*. London ; New York: Routledge, 1991.

［7］ Belfrage, Sally. *Freedom Summer*. Charlottesville: University Press of Virginia, 1965.

［8］ Bland, Randall W. *Private Pressure on Public Law*: *The Legal Career of Justice Thurgood Marshall, 1934 – 1991*. Lanham, Md. : University Press of America, 1993.

［9］ Blumberg, Rhoda Lois. *Civil Rights*: *The 1960s Freedom Struggle*. Boston, Mass. : Twayne Publishers, 1984.

［10］ Bloom, Jack M. *Class, Race, and the Civil Rights Movemen*. Bloomington: Indiana University Press, 1987.

［11］ Branch, Taylor. *Parting the Waters*: *America in the King Years, 1954 – 1963*. New York: Simon and Schuster, 1988; *Pillar of Fire*: *America in the King Years, 1963 – 1965*. New York: Simon & Schuster, 1998.

［12］ Brauer, Carl M. *John F. Kennedy and the Second Reconstruction*. New York: Columbia University Press, 1977.

［13］ Brink, William and Louis Harris, *The Negro Revolution in America*. New York, Simon and Schuster , 1963; *Black and White*: *A Study of U. S. Racial Attitudes Today*. New York, Simon and Schuster , 1967.

［14］ Brown, Cynthia Stokes. *Refusing Racism*: *White Allies and the Struggle for Civil Rights*. New York: Teachers College Press, 2002.

［15］ Bruyn, Severyn T. and Paula M. Raymanm. *Nonviolent Action and Social Change*. New York: Irvington Publishers: distributed by Halsted Press, 1979.

［16］ Cagin, Seth and Philip Dray. *We Are Not Afraid*: *The Story of Goodman, Schwerner, and Chaney, and the Civil Rights Campaign for Mississippi*. New York: Bantam Books, 1991.

［17］ Carson, Clayborne. *In struggle*: *SNCC and the Black Awakening of the 1960s*. Cambridge, Mass. : Harvard University Press, 1981.

［18］ Chafe, William H. *Civilities and Civil Rights*: *Greensboro, North Carolina, and the Black Struggle for Freedom*. New York: Oxford University Press, 1980.

［19］ Chalmers, David M. *Hooded Americanism*: *The History of the Ku Klux Klan*. Chicago: Quadrangle Books, 1968; *Backfire*: *how the Ku Klux Klan Helped the Civil Rights Movement*. Lanham, MD: Rowman & Littlefield, 2003.

［20］ Chong, Dennis. *Collective Action and the Civil Rights Movemen.* Chicago: University of Chicago Press, 1991.

［21］ Clarke, John. *Malcolm X: The Man and His Times.* New York: Macmillan, 1969.

［22］ Cochran, David Carroll. *The Color of Freedom: Race and Contemporary American liberalism.* Albany: State University of New York Press, 1999.

［23］ Cohen, Carl. *Civil Disobedience: Conscience, Tactics, and the Law.* New York: Columbia University Press, 1971.

［24］ Colaiaco, James A. *Martin Luther King, Jr.: Apostle of Militant Nonviolence.* Houndmills, Basingstoke, Hampshire: Macmillan Press, 1988.

［25］ Chabot, Sean, *Transnational Roots of the Civil Rights Movement: African American Explorations of the Gandhian Repertoire,* Lanham, Md.: Lexington Books, 2012.

［26］ Collier – Thomas, Bettye and V. P. Franklin ed. *Sisters in the Struggle: African American Women in the Civil Rights – Black Power Movement.* New York: New York University Press, 2001.

［27］ Crawford, Vicki L., Jacqueline Anne Rouse and Barbara Woods, ed. *Women in the Civil Rights Movement: Trailblazers and Torchbearers, 1941 – 1965.* Brooklyn, N. Y.: Carlson Pub., 1990.

［28］ Crowe, Daniel. *Prophets of Rage: The Black Freedom Struggle in San Francisco, 1945 – 1969.* New York: Garland Pub., 2000.

［29］ Curry, Constance et al. *Deep in Our Hearts: Nine White Women in the Freedom Movement.* Athens, GA: University of Georgia Press, 2000.

［30］ Davis, Townsend. *Weary Feet, Rested Souls: A Guided History of the Civil Rights Movement.* New York: W. W. Norton, 1998.

［31］ Dickerson, Dennis C. *Militant Mediator: Whitney M. Young, Jr.* Lexington: University Press of Kentucky, 1998.

［32］ Dickerson, James. *Dixie's Dirty Secret: The True Story of How the Government, the Media, and the Mob Conspired to Combat Integration and the Vietnam Antiwar Movement.* Armonk, N. Y.: M. E. Sharpe, 1998.

［33］ Dittmer, John, George C. Wright and W. Marvin Dulaney. *Essays on the American Civil Rights Movement.* College Station: Published for University of

Texas at Arlington by Texas A&M University Press, 1993.

[34] Dittmer, John. *Local People: The Struggle for Civil Rights in Mississippi.* Urbana: University of Illinois Press, 1994.

[35] Draper, Theodore. *The Rediscovery of Black Nationalism.* New York: The Viking Press, 1970.

[36] Dudziak, Mary L. , *Cold War Civil Rights: Race and the Image of American Democracy*, Princeton, N. J. : Princeton University Press, 2000.

[37] Dyson, Michael. *I May Not Get There With You: The True Martin Luther King Jr.* New York: The Free Press, 2000.

[38] Evans, Sara. *Personal Politics: The Roots of Women's Liberation in the Civil Rights Movement and the New Left.* New York: Vintage Books, 1980.

[39] Fairclough, Adam. *To Redeem the Soul of America: The Southern Christian Leadership Conference and Martin Luther King, Jr.* Athens and London: The University of Georgia Press, 1987.

[40] Farrell, James J. *The Spirit of the Sixties: Making Postwar Radicalism.* New York: Routledge, 1997.

[41] Fendrich, James Max. *Ideal Citizens: The Legacy of the Civil Rights Movement.* Albany, N. Y. : State University of New York Press, 1993.

[42] Fisher, Paul L. and Ralph Lowenstein, ed. *Race and the News Media.* New York: Praeger, 1967.

[43] Forman, Seth. *Blacks in the Jewish Mind: A Crisis of Liberalism.* New York: New York University Press, 1998.

[44] Friedland, Michael B. *Lift Up Your Voice Like a Trumpet: White Clergy and the Civil Rights and Antiwar Movements, 1954 - 1973.* Chapel Hill: University of North Carolina Press, 1998.

[45] Garrow, David J. *Bearing the Cross: Martin Luther King, Jr. , and the Southern Christian Leadership Conference.* New York: W. Morrow, 1986.

[46] Garrow, David J. *Protest at Selma: Martin Luther King, Jr. , and the Voting Rights Act of 1965.* New Haven, Conn. : Yale University Press, 1978.

[47] Garrow, David J. ed. *Atlanta, Georgia, 1960 - 1961: Sit - Ins And Student Activism.* Brooklyn: Carlson Publishing, 1989.

[48] Godwin, John L. *Black Wilmington and the North Carolina Way: Portrait of a*

Community in the Era of Civil Rights Protest. Lanham, Md. : University Press of America, 2000.

[49] Goldfield, David R. *Black, White, and Southern: Race Relations and Southern Culture, 1940 to the present.* Baton Rouge: Louisiana State University Press, 1990.

[50] Graham, Allison. *Framing the South: Hollywood, Television, and Race during the Civil Rights Struggle.* Baltimore: Johns Hopkins University Press, 2001.

[51] Graham, Hugh Davis. *The Civil Rights Era: Origins and Development of National Policy, 1960 - 1972.* New York: Oxford University Press, 1990; *Civil Rights and the Presidency: Race and Gender in American Politics, 1960 - 1972.* New York: Oxford University Press, 1992.

[52] Grant, Joanne. *Ella Baker: Freedom Bound.* New York: Wiley, 1998.

[53] Grofman, Bernard ed. *Legacies of the 1964 Civil Rights Act.* Charlottesville, VA: University Press of Virgina, 2000.

[54] Graham, Hugh Davis and Ted Robert Gurr, ed. *Violence in America: Historical and Comparative Perspectives.* New York: Bantam Books, 1969.

[55] Hanigan, James P. *Martin Luther King, Jr. and the Foundations of Nonviolence.* Lanham, MD: University Press of America, 1984.

[56] Harris, Paul. *Civil Disobedience.* Lanham, MD: University Press of America, 1989.

[57] Hendrickson, Paul. *Sons of Mississippi: A Story of Race and Its Legacy.* New York, Vintage Books, 2003.

[58] Higham, John ed. *Civil Rights and Social Wrongs: Black - White Relations Since World War II.* Pennsylvania, PA: The Pennsylvania State University Press and the Balch Institute, 1997.

[59] Holmes, Robert L. *Nonviolence in Theory and Practice.* Belmont, Calif. : Wadsworth Pub. Co. , 1990.

[60] Jacobs, Ronald N. *Race, Media & the Crisis of Civil Society: From the Watts Riots to Rodney King.* Port Chester, NY, USA: Cambridge University Press, 2000.

[61] Johnson, Paul E. *African - American Christianity: Essays in History.* Berkeley: University of California Press, 1994.

［62］ Jones, Charles E. *The Black Panther Party（Reconsidered）*. Baltimore: Black Classic Press, 1998.

［63］ King, Richard. *Civil Rights and Idea of Freedom.* Athens and London: The University of Georgia Press, 1996.

［64］ Kluger, Richard. *Simple Justice: The History of Brown v. Board of Education and Black America's Struggle for Equality.* New York: Vintage Books, 1977.

［65］ Kool, V. K. *Perspectives on Nonviolence.* New York: Springer – Verlag, 1990.

［66］ Lawson, Steven F. *Civil Rights Crossroads: Nation, Community, and the Black Freedom Struggle.* Lexington: University Press of Kentucky, 2003.

［67］ Lawson, Steven F. *Running for Freedom: Civil Rights and Black Politics in America since 1941.* New York: McGraw – Hill, 1997.

［68］ Lee, Taeku. *Mobilizing Public Opinion: Black Insurgency and Racial Attitudes in the Civil Rights Era.* Chicago: University of Chicago Press, 2002.

［69］ Levine, Daniel. *Bayard Rustin and the Civil Rights Movement.* New Brunswick, N. J.: Rutgers University Press, 2000.

［70］ Levy, Peter B. *The Civil Rights Movement.* Westport, Conn.: Greenwood Press, 1998.

［71］ Lewis, Anthony and the New York times. *Portrait of a Decade: The Second American Revolution.* New York: Bantam Books, 1964.

［72］ Lewis, David Levering. *The Civil Rights Movement in America: Essays.* Jackson: University Press of Mississippi, 1986.

［73］ Lischer, Richard. *The Preacher King: Martin Luther King, Jr. and the Word that Moved America.* New York: Oxford University Press, 1995.

［74］ Loevy, Robert D. ed. *The Civil Rights Act of 1964: the Passage of the Law that Ended Racial Segregation.* Albany, NY: State University of New York Press, 1997.

［75］ Louis, A. DeCaro, Jr. *Malcolm and the Cross: The Nation of Islam, Malcolm X, and Christianity.* New York and London: New York University Press, 1998.

［76］ Marable, Manning. *Race, Reform and Rebellion: The Second Reconstruction in Black America, 1945 – 1982.* Jackson: University Press of Mississippi,

1984.

［77］ McAdam, Doug. *Political Process and the Development of Black Insurgency, 1930 – 1970*. Chicago: University of Chicago Press, 1982; *Freedom Summer*. New York: Oxford University Press, 1988.

［78］ McCartney, John T. *Black Power Ideologies: An Essay in African – American Political Thought*. Philadelphia: Temple University Press, 1992.

［79］ McKnight, Gerald D. *The Last Crusade: Martin Luther King, Jr. , the FBI, and the Poor People's Campaign*. Colo. : Westview Press, 1998.

［80］ McWhorter, Diane. *Carry Me Home: Birmingham, Alabama: The Climactic Battle of the Civil Rights Revolution*. New York: Simon & Schuster, 2001.

［81］ Meier, August. *A White Scholar and the Black Community, 1945 – 1965: Essays and Reflections*. Amherst: University of Massachusetts Press, 1992.

［82］ Meier, August, and Elliot Rudwick. *CORE: A Study in the Civil Rights Movement, 1942 – 1968*. University of Illinois Press, 1973.

［83］ Mills, Kay. *This Little Light of Mine: The Life of Fannie Lou Hamer*. New York, N. Y. , U. S. A. : Dutton, 1993.

［84］ Miller, Patrick B. , Therese Frey Steffen and Elisabeth Schäfer – Wünsche eds. *Civil Rights Movement Revisited: Critical Perspectives on the Struggle for Racial Equality in the United States*. Münster: Lit, 2001.

［85］ Morris, Aldon D. *The Origins of the Civil Rights Movement: Black Communities Organizing for Change*. New York: Free Press ; London: Collier Macmillan, 1984.

［86］ Moses, Greg. *Revolution of Conscience: Martin Luther King, Jr. , and the Philosophy of Nonviolence*. New York: Guilford Press, 1997.

［87］ Muse, Benjamin. *The American Negro Revolution: From Nonviolence to Black Power, 1963 – 1967*. Scarborough, Ont. : Fitzhenry & Whiteside, Ltd. , 1968.

［88］ O'Brien, Eileen. *Whites Confront Racism: Antiracists and Their Paths to Action*. Lanham, Md. : Rowman & Littlefield Publishers, 2001.

［89］ Olson, Lynne. *Freedom's Daughters: The Unsung Heroines of the Civil Rights Movement from 1830 to 1970*. New York: Scribner, 2001.

［90］ Parris, Guichard and Lester Brooks. *Blacks in the City: A History of the*

National Urban League. Boston: Little, Brown, 1971.

[91] Patterson, Lillie. *Martin Luther King, Jr., and the Freedom Movement*. New York: Facts on File, 1989.

[92] Pauley, Arth E. *The Modern Presidency & Civil Rights: Rhetoric on Race from Roosevelt to Nixon*. College Station: Texas A&M University Press, 2001.

[93] Payne, Charles. *I've Got the Light of Freedom*. Berkeley: University of California Press, 1995.

[94] Peake, Thomas R. *Keeping the Dream Alive: A History of the Southern Christian Leadership Conference from King to the Nineteen – eighties*. New York: P. Lang, 1987.

[95] Perry, Bruce. *Malcolm: The Life of A Man Who Changed Black America*. Barrytown, N. Y.: Station Hill, 1991.

[96] Pfeffer, Paula F. *Philip Randolph, Pioneer of the Civil Rights Movement*. Baton Rouge: Louisiana State University Press, 1990.

[97] Polsgrove, Carol. *Divided Minds: Intellectuals and the Civil Rights Movement*. New York: Norton, 2001.

[98] Powledge, Fred. *Free at Last?: The Civil Rights Movement and the People Who Made it*. Boston: Little, Brown, 1991.

[99] Ralph, James R. *Northern protest: Martin Luther King, Jr., Chicago, and the Civil Rights Movement*. Cambridge, Mass.: Harvard University Press, 1993.

[100] Ransby, Barbara. *Ella Baker and the Black freedom Movement: A Radical Democratic Vision*. Chapel Hill: University of North Carolina Press, 2003.

[101] Reed, Christopher Robert. *The Chicago NAACP and the Rise of Black Professional Leadership, 1910 – 1966*. Bloomington, Ind.: Indiana University Press, 1997.

[102] Riches, William Terence Martin. *The Civil Rights Movement: Struggle and Resistance*. New York: St. Martin's Press, 1997.

[103] Riddlesperger, James W., Jr. and Donald W. Jackson, ed. *Presidential Leadership and Civil Rights Policy*. Westport, Conn.: Greenwood Press, 1995.

[104] Robinson, Jo Ann. *Abraham Went Out: A Biography of A. J. Muste*.

Philadelphia: Temple University Press, 1981.

[105] Robnett, Belinda. *How long? How long?: African – American Women in the Struggle for Civil Rights.* New York: Oxford University Press, 1997.

[106] Romero, Francine Sanders. *Civil Rights Policymaking in the United States: An Institutional Perspective.* Westport, Conn. : Praeger, 2002.

[107] Rogers, Kim Lacy. *Righteous Lives: Narratives of the New Orleans Civil Rights Movement.* New York: New York University Press, 1993.

[108] Ross, James Robert. *The War Within: Violence or Nonviolence in the Black Revolution.* New York: Sheed and Ward, 1971.

[109] Salmond, John A. *My Mind Set on Freedom: A History of the Civil Rights Movement, 1954 – 1968.* Chicago: Ivan R. Dee, 1997.

[110] Schlueter, Nathan W. *One Dream or Two?: Justice in America and in the Thought of Martin Luther King, Jr.* Lanham, Md. : Lexington Books, 2002.

[111] Schneier, Rabbi Marc. *Shared Dreams: Martin Luther King, Jr. and the Jewish Community.* Woodstock, Vt. : Jewish Lights, 1999.

[112] Schultz, Debra L. *Going South: Jewish Women in the Civil Rights Movement.* New York: New York University Press, 2001.

[113] Silver, James W. *Mississippi: The Closed Society.* New York: Harcourt, Brace & World, 1966.

[114] Simpson, Andrea Y. *The Tie that Binds: Identity and Political Attitudes in the Post—Civil Rights Generation.* New York: New York University Press, 1998.

[115] Sitkoff, Harvard. *The Struggle for Back Equality, 1954 – 1992.* New York: Hill and Wang, 1993.

[116] Streitmatter, Rodger. *Mightier than the Sword: How the News Media Have Shaped American History.* Boulder, Colo. : Westview Press, 1997.

[117] Theoharis, Jeanne and Woodard, Komozi ed. *Freedom North: Black Freedom Struggles outside the South: 1940 – 1980.* New York: Palgrave Macmillan, 2003.

[118] Theoharis, Athan. *These yet to be United States: Civil Rights and Civil Liberties in America since 1945.* Australia: Wadsworth/Thomson Learning,

2003.

[119] Thornton, J. Mills. *Dividing Lines*: *Municipal Politics and the Struggle for Civil Rights in Montgomery*, *Birmingham*, *and Selma.* Tuscaloosa: University of Alabama Press, 2002.

[120] Torres, Sasha. *Black, White, and in Color*: *Television, Policing, and Black Civil Rights.* Princeton, N. J. : Princeton University Press, 2003.

[121] Tushnet, Mark V. *Making Civil Rights Law*: *Thurgood Marshall and the Supreme Court, 1936 – 1961.* New York: Oxford University Press, 1994.

[122] Tyson, Timothy B. *Radio Free Dixie*: *Robert F. Williams and the Roots of Black Power.* Chapel Hill: University of North Carolina Press, 1999.

[123] Van Deburg, William L. *New Day in Babylon*: *The Black Power Movement and American Culture, 1965 – 1975.* Chicago: University of Chicago Press, 1992.

[124] Viorst, Milton. *Fire in the Street.* New York, Simon And Schuster, 1978.

[125] Ward, Brian and Tony Badger eds. *The Making of Martin Luther King and the Civil Rights Movement.* New York University Press, 1996.

[126] Watson, Denton L. *Lion in the Lobby*: *Clarence Mitchell, Jr. 's Struggle for the Passage of Civil Rights Laws.* New York: William Morrow and Company, 1990.

[127] Watters, Pat. *Down to Now*: *Reflections on the Southern Civil Rights Movement.* Athens, Ga. : University of Georgia Press, 1993.

[128] Weill, Susan. *In a Madhouse's Din*: *Civil Rights Coverage by Mississippi's Daily Press, 1948 – 1968.* Westport, CT, USA: Greenwood Publishing Group, Incorporated, 2002.

[129] Weisbrot, Robert. *Freedom Bound*: *A History of America's Civil Rights Movement.* New York: Norton, 1990.

[130] Weiss, Nancy J. *Whitney M. Young, Jr. , and the Struggle for Civil Rights.* Princeton, N. J. : Princeton University Press, 1989.

[131] Wilson, Bobby M. *Race and Place in Birmingham*: *the Civil Rights and Neighborhood Movements.* Lanham, Md. : Rowman & Littlefield

Publishers, 2000.

［132］ Wofford, Harris. *Of Kennedys and Kings: Making Sense of the Sixties.* Pittsburgh: University of Pittsburgh Press, 1992.

［133］ Wolfenstein, E. Victor. *The Victims Of Democracy: Malcolm X and the Black Revolution.* Berkeley: University of California Press, 1981.

［134］ Zangrando, Robert L. *The NAACP Crusade Against Lynching, 1909 – 1950.* Philadelphia: Temple University Press, 1980.

［135］ Zinn, Howard. *SNCC, the New Abolitionists.* Boston: Beacon Press, 1965.

三　英文论文

［1］ "A Round Table: Martin Luther King, Jr. " *Journal of American History*, Vol. 74, No. 2 (September 1987): 436 – 467.

［2］ Bermanzohn, Sally Avery. "Violence, Nonviolence, and the Civil Rights Movement. " *New Political Science*, Vol. 22, No. 1 (March 2000): 31 – 48.

［3］ Carbado, Devon W. and Donald Weise. "The Civil Rights Identity of Bayard Rustin. " *Texas Law Review*, Vol. 82, No. 5 (April 2004): 1133 – 1195.

［4］ Colston, Freddie C. , "Dr. Benjamin E. Mays: His Impact As Spiritual And Intellectual Mentor Of Martin luther King,", *The Black Scholar*, Vol. 23, No. 2, (Winter/Spring 1993): 6 – 15.

［5］ Cull, Nicholas, "The Man Who Invented Truth: The Tenure of Edward R. Murrow As Director of Unite States Information Agency During the Kennedy Years", *Cold War History*, Volume 4, Number 1 (October 2003): 23 – 48.

［6］ Cha – Jua, Sundiata Keita and Lang, Clarence, "The 'Long Movement' as Vampire: Temporal and Spatial Fallacies in Recent Black Freedom Studies", *The Journal of African American History*, Vol. 92, No. 2 (Spring, 2007): 265 – 288.

［7］ Chafe, William H. "The Gods Bring Threads to Webs Begun. " *Journal of American History*, Vol. 87, No. 4 (march 2000): 1531 – 1551.

［8］ Chappell, David L. "Religious Revivalism in the Civil Rights Movement. " *African American Review*, Vol. 36, No. 4 (Winter 2002): 581 – 596.

［9］ Chilcoat, George W. and Jerry A. Ligon. "Theatre as an Emancipatory Tool: Classroom Drama in the Mississippi Freedom Schools. " *Journal of Curriculum Studies*, Vol. 30, No. 5 (September 1998): 515 – 543.

［10］ Dickerson, Dennis C. , "African American Religious Intellectuals and the Theological Foundations of the Civil Rights Movement, 1930 – 1955", *Church History*, Vol. 74, No. 2 (Jun. , 2005): 217 – 235.

［11］ Danielson, Leilah C. , " ' In My Extremity I Turned to Gandhi ': American Pacifists, Christianity, and Gandhian Nonviolence, 1915 – 1941", *Church History*, Vol. 72, No. 2 (Jun. , 2003): 361 – 388.

［12］ Eynon, Bret. "Cast upon the Shore: Oral History and New Scholarship on the Movements of the 1960s. " *Journal of American History*, Vol. 83, No. 2 (September 1996): 560 – 570.

［13］ Eagles, Charles W. , "Toward New Histories of the Civil Rights Era," *The Journal of Southern History*, Vol. 66, No. 4 (Nov. , 2000): 815 – 848.

［14］ Fairclough, Adam. "State of the Art: Historians and the Civil Rights Movement. " *Journal of American Studies*, Vol. 24, No. 3 (1990): 387 – 398.

［15］ Findlay, James. "Religion and Politics in the Sixties: The Churches and the Civil Rights Act of 1964. " *Journal of American History*, Vol. 77, No. 1 (June 1990): 66 – 92.

［16］ Hon, Liada Childers. " ' To Redeem The Soul of America ': Public Relations and the Civil Rights Movement. " *Journal of Public Relations Research*, Vol. 9, No. 3 (September 1997): 163 – 212.

［17］ Hall, Jacquelyn Dowd, "The Long Civil Rights Movement and the Political Uses of the Past", *The Journal of American History*, Vol. 91, No. 4 (Mar. , 2005): 1233 – 1263.

［18］ Hall, Simon, "The American Gay Rights Movement and Patriotic Protest", *Journal of the History of Sexuality*, Vol. 19, No. 3 (September 2010): 536 – 562.

[19] Jensen, Richard J. "Working in 'Quiet Places': The Community Organizing Rhetoric of Robert Parris Moses." *The Howard Journal of Communications*, Vol. 11, No. 1 (2000): 1 – 18.

[20] Joseph, Peniel E., "The Black Power Movement: A State of the Field", *The Journal of American History*, Vol. 96, No. 3 (Dec., 2009): 751 – 776.

[21] King, Richard. "Citizenship and Self – Respect: The Experience of Politics in the Civil Rights Movement." *Journal of American Studies*, Vol. 22, No. 1 (1988): 7 – 24.

[22] Kirk, John A., "State of the Art: Martin Luther King, Jr.", *Journal of American Studies*, Vol. 38, No. 2, (Aug., 2004): 329 – 347; "The long and the short of it : New Perspectives in Civil Rights Studues", *Journal of Contemporary History*, Vol. 46, NO. 2 (April 2011): 425 – 436.

[23] Kosek, Josep Kip. "Richard Gregg, Mohandas Gandhi and the Strategy of Nonviolence." *The Journal of American History*, Vol. 91, No. 4 (March 2005): 1318 – 1348.

[24] Luders, Joseph E., "Civil Rights Success and the Politics of Racial Violence", *Polity*, Vol. 37, No. 1, (Jan., 2005): 108 – 129.

[25] Lawson, Steven F. "Freedom Then, Freedom Now: The Historiography of the Civil Rights Movement." *American Historical Review*, Vol. 96, No. 2 (April 1991): 457 – 471.

[26] Meier, August and John Bracey. "The NAACP as a Reform Movement, 1909 – 1965: To Reach the Conscience of America." *Journal of Southern History*, Vol. 59, No. 1 (February 1993): 3 – 30.

[27] Marshall, Burke, "Theories of Federalism and Civil Rights", *The Yale Law Journal*, Vol. 75, No. 6 (May, 1966): 1007 – 1052.

[28] Murphree, Vanessa. "The Selling of Civil Rights." *Journalism History*, Vol. 29, No. 1 (March 2003): 21 – 31.

[29] Nasstrom, Kathryn L. "Beginning and Ending: Life Stories and the Periodization of the Civil Rights Movement." *Journal of American History*, Vol. 86, No. 2 (September 1999): 700 – 711.

［30］ McMillen, Neil R. "Black Enfranchisement in Mississippi: Federal Enforcement and Black Protest in the 1960s." *The Journal of Southern History*, Vol. 43, No. 3 (August 1977): 351 – 372.

［31］ Perlstein, Daniel. "Teaching Freedom: SNCC and the Creation of the Mississippi Freedom Schools." *History of Education Quarterly*, Vol. 30, No. 3 (Fall 1990): 297 – 324.

［32］ Rachal, John R. "We'll Never Turn Back: Adult Education And The Struggle For Citizenship In Mississippi's Freedom Summer." *Adult Education Quarterly*, Vol. 50, No. 3 (May 2000).

［33］ Rogers, Kim Lacy. "Oral History and the Civil Rights Movement." *Journal of American History*, Vol. 75, No. 2 (September 1988): 567 – 576.

［34］ Reitan, Ruth, Cuba, "the Black Panther Party and the US Black Movement in the 1960s: Issues of Security", *New Political Science*, Vol. 21 Issue 2 (Jun1999): 217 – 230.

［35］ Romano, Renee, "No Diplomatic Immunity: African Diplomats, the State Department, and Civil Rights, 1961 – 1964", *The Journal of American History*, Vol. 87, No. 2 (Sep., 2000): 546 – 579.

［36］ Sinsheimer, Joseph A. "The Freedom Vote of 1963: New Strategies of Racial Protest in Mississippi." *The Journal of Southern History*, Vol. 55, No. 2 (May 1989): 217 – 244.

［37］ Santoro, Wayne A., "The Civil Rights Movement's Struggle for Fair Employment: A 'Dramatic Events – Conventional Politics' Model", *Social Forces*, Vol. 81, No. 1 (Sep., 2002): 177 – 206; "The Civil Rights Movement and the Right to Vote: Black Protest, Segregationist Violence and the Audience", *Social Forces*, Vol. 86, No. 4 (June 2008): 1391 – 1414.

［38］ Tyson, Timothy B. "Robert F. Williams, Black Power, and the Roots of the African American Freedom Struggle." *The Journal of American History*, Vol. 85, No. 2 (September 1998): 540 – 570.

［39］ Umoja, Akinyele O. "1964: The Beginning of the End of Nonviolence in the Mississippi Freedom Movement." *Radical History Review*, Vol. 85, No. 1 (Winter 2003): 201 – 226.

［40］ Watson, Denton L. "Assessing the Role of the NAACP in the Civil Rights Movement." *Historian*, Vol. 55, No. 3 (Spring93); "Did King Scholars Skew Our Views of Civil Rights?" *Education Digest*, Vol. 57, No. 1 (September 1991); "The Papers of the '101st Senator': Clarence Mitchell Jr. and Civil Rights." *Historian*, Vol. 64, No. 3、4 (Spring/Summer 2002): 623 – 641.

［41］ Wilkins, Fanon Che, "The Making of Black Internationalists: SNCC and Africa Before the Launching of Black Power, 1960 – 1965", *Journal of African American History*, Vol. 92 Issue 4 (Fall2007): 468 – 491.

四 英文博士论文

［1］ Brooks, Maegan Parker, *From The Front Porch To The Platform: Fannie Lou Hamer And The Rhetoric Of The Black Freedom Movement*, University Of Wisconsin – Madison, 2009.

［2］ Charron, Katherine Mellen, *Teaching Citizenship: Septima Poinsette Clark and Transformation of the African American Freedom Struggle*, Yale University, 2005.

［3］ Hill, Lance Edward. *The Deacons for Defense and Justice: Armed self – defense and the Civil Rights Movement*. Tulane University, 1997.

［4］ Hale, Jon N., *A History of the Mississippi Freedom Schools, 1954 – 1965*, University of Illinois at Urbana – Champaign, 2009.

［5］ Hogan, Wesley C. "*Radical manners*": *The Student Nonviolent Coordinating Committee and the New Left in the 1960s*. Duke University, 2000.

［6］ Leighton, Jared E., *Freedom Indivisible: Gays and Lesbians in the African American Civil Rights Movement*, The University of Nebraska – Lincoln, 2013.

［7］ Mantler, Gordon Keith, *Black, Brown And Poor: Martin Luther King Jr., The Poor People's Campaign And Its Legacies*, Duke University, 2008.

［8］ Strain, Christopher Barry. *Civil Rights and Self – Defense: The Fiction of Nonviolence, 1955—1968*. University Of California, Berkeley, 2000.

［9］ Umoja, Akinyele Kambon. *Eye for An Eye: The Role of Armed Resistance in the Mississippi Freedom Movement*, Emory University, 1996.

五 中文论著（含译著）

［1］ 罗伯特·艾伦：《美国黑人在觉醒中》，上海市五七干校六连翻译组译，上海人民出版社，1976。

［2］ 卜振友：《略论加维运动兴起的原因》，《内蒙古民族师院学报》2000年第2期。

［3］ 埃里克·方纳：《美国自由的故事》，王希译，商务印书馆，2002。

［4］ 威廉·福斯特：《美国历史中的黑人》，余家煌译，三联书店，1960。

［5］ 约翰·富兰克林：《美国黑人史》，张冰姿等译，商务印书馆，1988。

［6］ 乔安尼·格兰特编《美国黑人斗争史：1619年至今的历史文献与分析》，郭瀛等译，中国社会科学出版社，1987。

［7］ 何怀宏编《西方公民不服从的传统》，长春：吉林人民出版社，2001。

［8］ 何章银：《种族集团与艾森豪威尔政府的民权政策》，《世界历史》1994年第3期；《美国黑人民权运动内部竞争新论》，《南京师大学报》2004年第2期；《试论美国黑人民权运动内部的合作》，《学海》2004年第4期。

［9］ 华涛：《约翰逊总统与美国"肯定性行动"的确立》，《世界历史》1999年第4期。

［10］ 姬红：《民权运动与美国南方黑人政治力量的兴起》，《美国研究》2000年第2期。

［11］ 李道揆：《争取正义乐队的指挥：小马丁·路德·金牧师》，《美国研究》1987年第1期。

［12］ 吕庆广：《当代资本主义内部的反叛与修复机制——60年代美国学生运动分析》，《南京大学学报》2003年第2期。

［13］ 刘绪贻：《20世纪30年代以来美国史论丛》，中国社会科学出版社，2001。

［14］ 南开大学历史系美国史研究室等编《美国黑人运动解放简史》，人民出版社，1977。

［15］ 钱皓：《美国20世纪60年代"奇卡诺运动"探微》，《世界民族》2001年第3期。

［16］ 王波：《肯尼迪总统的黑人民权政策研究》，上海人民出版社，2002。

［17］ 王恩铭：《当代美国的妇女运动》，《美国研究》1995年第3期。

［18］ 王希:《多元文化主义的起源、实践与局限性》,《美国研究》2000 年第 2 期。

［19］ 吴新云:《美国民权运动中的黑人妇女》,《妇女研究论丛》2001 年第 5 期。

［20］ 吴金平:《自由之路——弗·道格拉斯与美国黑人解放道路》,中国社会科学出版社,2000。

［21］ 谢国荣:《民权运动的前奏——杜鲁门当政时期美国黑人民权问题研究》,人民出版社,2010;《民权运动之前奏:杜鲁门当政时期的黑人民权问题》,《历史研究》2005 年第 2 期;《二战对美国民权运动的影响》,《世界历史》2005 年第 3 期;《1960 年代中后期的美国“黑人权力”运动及其影响》,《世界历史》2010 年第 1 期;《美国联邦调查局对民权组织的监控——以学生非暴力协调委员会为中心》,《历史研究》2014 年第 3 期;《“漫长的运动”叙事模式及其超越》,《历史研究》2014 年第 6 期;《美国学术界对马丁·路德·金的研究》,《史学理论研究》2011 年第 4 期;《布朗案判决与美国民权运动述评》,《历史教学》2011 年第 10 期。

［22］ 张立平:《林登·约翰逊与民权法案》,《美国研究》1996 年第 2 期。

［23］ 张聚国:《杜波依斯对解决美国黑人问题道路的探索》,《史学月刊》2000 年第 4 期。

［24］ 张友伦、肖军、张聪:《美国社会的悖论——民主、平等与性别、种族歧视》,中国社会科学出版社,1999。

索 引

A

埃德蒙皮特斯桥 Edmund Pettus Bridge 76，77，79

艾伯纳西，拉尔夫 Abernathy，Ralph D. 51，268

艾森豪威尔 Eisenhower 17，18，29，112，180

安德森，威廉 Anderson，William 50，54

奥尔巴尼运动 Albany Movement 49，50，52～54，56，58，60，64，76，82，131，135，136，143，155，205，218，221

奥伦奇，詹姆斯 Orland，James 75

B

巴奈特，罗斯 Barnett，Ross 16，95

白人公民委员会 White Citizens' Council 17，18，24，103，162，191，204，206

邦德，朱利安 Bond，Julian 35

鲍德温，詹姆斯 Baldwin，James 146

暴力斗争 Violent Struggles 2，11，182，195，199，200，204，214，278，297

暴力革命 Violent Revolution 188，190，208，246，247，253，279

贝弗尔，詹姆斯 Bevel，James 33，62，63，268

贝克尔，埃拉 Baker，Ella 35

伯明翰 Birmingham 16，28，41～44，47，57～67，82，116～121，127，128，132，133，143，148，153，157，159，162，166，168，174，180，202，219，222，282

伯明翰运动 Birmingham Movement 57，58，65～68，72，73，83，85，116～121，126～128，133，135，143，153，159，168，178，180，205，208，219，253，259

博恩托，阿米莉娅 Boynton，Amliya 74，75，77，144

布赖恩特，柯蒂斯 Bryant，Curtis 87

布朗，拉普 Brown，Rap 234，249，269

布朗，约翰 Brown，John 294

布朗案 Brown Case 14～18，31

布劳克，萨姆 Blauch，Sam 93，154

布特维尔，阿尔伯特 Boutwell，Albert 59

C

C 计划 Project C 58，60

参与性民主 Participatory Democracy 106，217，219，282，298

查韦斯，塞萨尔 Chavez，Cesar 289

城市骚乱 Urban Riots 194，228～230，233，234，244，248，250，257，266，268，274

《从伯明翰监狱发出的信札》Letter from Birmingham City Jail 61，174，202，222，282

D

大众会议 Mass Meeting 1，24，27，28，30，39，45，50，52，55，56，67，74，93，109，130～134，137，138，148，151，203，215，233，242，269，278

戴利，理查德 Daley，Richard 257

戴维斯，奥兹 Davis，Ossie 201

丹尼斯，戴夫 Dennis，Dave 91，102，104

德克森，埃弗里特·M. Dirksen，Everet M. 170

第三世界 the Third World 246，247，249，283，284

蒂里私刑案 Till Case 31

杜波依斯 Du Bois 11，295～297

F

法律斗争 Legal Struggles 13，18，118，166，167，172，173，176，178，179，182，213，214，278，297

法默，詹姆斯 Farmer，James 2，4，7，8，223

范恩，大卫 Vann，David 65

方纳，埃里克 Foner，Eric 230，284，285，288，292

防卫与正义执事团 The Deacons for Defense and Justice 182，199，200，228，240，241

非暴力强制 Nonviolent Coercion 81，83，85，205，208，274，277

非暴力劝说 Nonviolent Persuasion 56，81～83，85，205，277

非暴力讲习班 Nonviolence Workshops 33，34，39，57，62，92，96，130，278

非暴力直接行动 Nonviolent Direct Action 1～8，10，13，18，19，22，26～28，30，31，36，39，49，61，67，72，81，83，85，86，89，115，116，119，126，128～130，135，137，141，142，147，153，154，156～160，162，164，166，172～182，188，195，198～200，202，203～205，207～209，213～215，221～224，235，251，253，254，257，266，267，274，277～280，282～292，297～299

非洲 Africa 42，65，120，188，189，191，193，232，233，249，253，283，296，297

福尔曼，詹姆斯 Forman，James 152

妇女运动 Women's Movement 284，287，288

复活城 Resurrection City 267，271，272

G

甘地 Gandhi 1，2，4，6～9，18，22，25，26，32，33，37，40，51，65，79，186，205，226，277，280，281

高地民族学校 Highlander Folk School 20,92, 131, 282

哥伦比亚广播公司 Columbia Broadcasting System（CBS） 47, 84, 126, 127, 144, 269

格莱戈，理查德 Gregg, Richard 9, 15

格雷，维多利亚 Gray, Victoria 99

格林斯伯罗 Greensboro 32, 34, 38

格林伍德 Greenwood 91~94, 98, 152, 242, 244, 250

隔离 Segregation 3~5, 7, 13~21, 23, 24, 30~41, 43, 45, 47~50, 52~55, 57~68, 70, 72, 82, 85, 99, 101~103, 106, 118~120, 128, 131, 135~138, 142, 145~147, 153, 155, 156, 158, 161, 163, 164, 166, 167, 169, 172, 173, 176~180, 183, 190, 199, 202, 205, 212, 213, 222, 251, 252, 255, 257, 261~264, 273, 275~277, 282~284, 294, 295, 297, 298

公民不服从 Civil Disobedience 4, 5, 22, 26, 31, 38, 39, 48, 49, 56, 61, 62, 86, 106, 115, 129, 142, 156, 205, 213~215, 217, 222, 232, 250, 260, 266, 267, 273, 276, 277, 279~281, 286~289, 291, 298

公民学校 Citizenship School 95, 130, 131, 138, 140, 141

公牛康纳 Bull Connor 59, 65

古巴 Cuba 65, 185, 246, 247, 249

古德曼，安德鲁 Goodman, Andrew 103, 104

H

哈莱姆骚乱 Harlem Riot 73

哈里斯，帕特丽夏 Harris, Patricia 63

哈林顿，迈克尔 Harrington, Michael 272

哈默，范妮·鲁 Hamer, Fannie Lou 94~96

海登，汤姆 Hayden, Tom 36, 102, 285, 288

汉弗莱，休伯特 Humphrey, Hubert 107, 180, 243

豪斯，乔治 House, George 2

和解之友会 Fellowship of Reconciliation（FOR） 1~6, 8, 9, 26, 33, 281

黑豹党 Black Panther Party 230, 238, 244, 246, 249, 269

黑人民族主义 Black Nationalism 189, 192, 195, 203, 225, 231, 233, 234, 239, 247, 269, 296, 297

黑人穆斯林 Black Muslims 119, 189, 192, 203, 230, 231, 234

黑人权力 Black Power 11, 183~186, 196, 208, 224, 225, 228~230, 233, 235, 238, 240, 242~255, 257, 260, 261, 263, 264, 279

胡佛 Hoover 42, 73, 103, 104, 204, 206, 207

华莱士，乔治 Wallace, George 66

华盛顿，布克 Washington, Booker 294~296

《华盛顿邮报》 Washington Post 74, 125, 128, 162, 265

"灰狗"长途汽车 Greyhound Bus 40, 41, 44, 135

霍华德大学 Howard university 6~8, 95, 164, 231

J

基层组织 Grassroots Organizations 20, 27, 28, 39, 56, 90 ~ 92, 98, 101, 109, 153, 174, 208, 213 ~ 215, 218, 227, 248, 298

基督教和平主义 Christian Pacifism 1, 2, 18, 277, 281

吉欧, 劳伦斯 Guyot, Lawrence 91, 94, 97, 102, 130

加里森, 威廉 Garrison, William 293

加维, 马库斯 Garvey, Marcus 296

教会 church 4, 6 ~ 9, 27, 30, 35, 49, 55, 62, 63, 67, 69, 75, 90, 93, 105, 106, 110, 130 ~ 133, 140, 150, 151, 171, 174, 251, 257, 265

杰克逊, 吉米 Jackson, Jimmy 75

杰克逊, 杰西 Jackson, Jesse 268, 272

金, 克莱塔 King, Coretta 203

金, 玛丽 King, Mary 110, 145, 156, 288

金, 马丁·路德 King, Martin Luther 1, 18, 21 ~ 26, 30, 61, 62, 82 ~ 84, 147, 154, 162, 172, 176 ~ 178, 186, 192, 195, 202, 216, 222, 229, 238, 241, 243, 247, 251 ~ 256, 259, 261 ~ 263, 265, 266, 267, 273, 275 ~ 277, 282

津恩, 霍华德 Zinn, Howard 44, 95, 221, 222

静坐 Sit In 3, 4, 31, 32, 34 ~ 40, 48, 50, 56, 60, 89, 135 ~ 137, 144, 145, 153, 157, 163, 166, 202, 229, 253, 267, 275, 277, 280, 282, 285, 287, 288, 291

K

卡迈克尔, 斯托利 Carmichael, Stokely 80, 244, 269

凯尔西, 乔治 Kelsey, George 7

凯森, 桑德拉 Kaysen, Sandra 102

考克斯, 科兰德 Cox, Colander 70

科布, 查尔斯 Cobb, Charles 91, 95, 110, 111, 114, 227

克拉克, 肯尼思 Clark, Kenneth 15, 191, 193

克拉克, 塞普玛 Clark, Septima 140

肯定性行动计划 Affirmative Action Program 164, 276

肯尼迪, 罗伯特 Kennedy, Robert 35, 41 ~ 43, 45, 47, 63, 86, 117, 119, 146, 203, 267, 272

肯尼迪, 约翰 Kennedy, John 35, 65, 117, 119, 120, 203, 283

口述史 Oral History 19, 87, 110, 111, 114, 130, 141, 147, 148, 150, 151, 153, 154, 156, 216, 227, 228

L

拉塞尔, 理查德 Russell, Richard 170, 171

拉斯廷, 贝亚德 Rustin, Bayard 2 ~ 4, 22, 26, 29, 243

莱特, 玛利亚 Wright, Maria 267

朗兹县 Lowndes County 80, 155, 235 ~ 239

劳夫, 约瑟 Ralph, Joseph 107, 108

劳森, 詹姆斯 Lawson, James 2, 4, 32,

269

李，伯纳德 Lee，Bernard　269，271

李，郝伯特 Lee，Herbert　89

里伯，詹姆斯 Ribe，James　78

里根，伯妮斯 Reagan，Bernice　134

里斯，弗雷德里克 Reese，Frederic　74，75

理克斯，威利 Ricks，Willie　242

理 想 主 义 Idealism　56，57，85，97，
112，113，115，223，224，277，279

联邦调查局 Federal Bureau of Investigation
（FBI）　40～42，73，89，103，104，
111，113，204，206，207，249，266，
270，272，278

联 邦 干 预 Federal Intervention　13，48，
52，67，73，78，81，84，85，97～
101，104，109，112～114，121，145，
159，178，179，215，217，219，
222～224，274，277

联 邦 主 义 Federalism　97，113，116，
117，164，222，278

联 合 组 织 委 员 会 Council of Federated
Organization　91，96，98～101，103，
112～114，197，206，225

林德，斯托顿 Lynd，Stoughton　106，153

刘易斯，约翰 Lewis，John　31，33

流血星期天 Bloody Sunday　76，78，122，
124，125，128，144，162，220

卢卡斯，鲍勃 Lucas，Bob　263，264

卢瑟福，威廉 Rutherford，William　268，
272

鲁宾，拉里 Rubin，Larry　151

鲁尔维尔 Ruleville　95

伦道夫，菲利普 Randolph，Philip　2，4，
5，68

伦纳德，佛瑞德 Leonard，Fred　44

伦纳德，乔治 Leonard，George　77

罗宾逊，阿米莉娅 Robinson，Amliya
74，75，77，144

罗宾逊，乔 Robinson，Joe　3，5，20，22

洛根，玛利亚 Logan，Maria　268

M

马里西特，安德鲁 Marrisett，Andrew　66

马斯特，A．J·Muste，A. J.　2，3，5

马歇尔，伯克 Marshall，Burke　41，113，
117，118

马 歇 尔，瑟 古 德 Marshall，Thurgood
166，168

《迈向自由》Stride Toward Freedom　21，
23～26，81，82，154，161，176

麦基西克，弗洛伊德 McKissick，Freud
240

麦考姆 McComb　87～91，98，112，130，
154，197，232

曼恩，弗洛伊德 Mann，Floyd　43

梅雷迪斯，詹姆斯 Meredith，James　95

梅雷迪斯行军 the Meredith March　235

梅斯，本杰明 Mays，Benjamin　6，7

媒体 Media　1，3，9，20，28，30，32，
41～44，47，48，51，52，54，58，
61，64，65，74，75，77，82～85，
98，100，101，103，109，113，114，
120，121，125～130，141～146，158，
162，171，173，203，205，207，208，
213，215，217～220，243，250，
258～262，274，277～279，283，284，
290，292，298

美 国 广 播 公 司 American Broadcasting
Company（ABC）　84，144

魅力型领导 Charismatic Leadership 22，27，36，39，217~220

门罗 Monroe 182~185，187，188，205，218

蒙哥马利改进协会 Montgomery Improvement Association 22~24，26

蒙哥马利公车抵制运动 Montgomery Bus Boycott 5，6，18，19，21，22，24，26~28，30~33，38，39，143，152，166，172，176，205，216，277

孟菲斯 Memphis 146，148，157，240，269~271

米切尔，克拉伦斯 Mitchell，Clarence，Jr. 169，173

密西西比 Mississippi 16，17，39，40，45，46，48，57，73，74，86~88，90~115，129，130，135~140，141，149~152，155，156，163，167，168，175，182，195~200，205，206，216，217，219，220，224~229，232，233，235，240，241，243，244，246，250，251，267，268，275，277，278，286

密西西比自由民主党 Mississippi Freedom Democratic Party 96，100，102，107，108，114，150，198，220，224，226，227，229，232，235

民权法 Civil Rights Act 1，30，68~73，80~83，85，109，112~114，116~119，121，122，124，127~129，145，149，164，166~171，173~176，178~182，192，194，199，203，206，213，240，251，252，255，257，260，275，277

民权立法 Civil Rights Legislation 1，68，72，79，83，116~118，120，121，125~127，129，159，164，166，169，

171~176，180，207，208，213，215，274，277

民权运动 Civil Rights Movement 1~11，14~22，24，27，28，30~33，39，40，42，44，48，49，51，54，56，60，62，66，68，72，75，77，80，81，85，86，97，98，106~110，115~118，122，124，130，134，138，141，143，146~157，162~164，167，168，173，174，176，177，182，183，186，195，196，199，201~208，210，216，221~224，228~230，232，235，239，243，248，249，257，258，261，262，265，272，274，277~280，282~292，297~299

民主社会主义 Democratic Socialism 256，265

摩尔，阿莫兹 Moore，Amzie 86

摩西，罗伯特 Moses，Robert 87，112

莫尔豪斯学院 Morehouse college 6，7，22

N

纳尔逊，威廉 Nelson，William 6，7

纳什，黛安 Nash，Diane 31，33

纳什维尔 Nashville 4，31~34，36~39，42，43，48，130，136，227

南方腹地 Deep South 20~22，39，47，55，58，66，80，86，90，102，123，129，148，161，178，196，197，199，205，221，222，248，287，298

南方基督教领导大会 Southern Christian Leadership Conference（SCLC） 28~31，35，36，45，49，52，56~61，

63，66～68，71～78，81～85，87，91，96，116，118，120，121，124，131，133，140～145，156，167，168，172～175，177，179，181，182，202，204，207～210，212，215，217～221，238，241，242，257～261，265～272，279

尼布尔，莱因霍尔德 Niebuhr，Reinhold 281

尼克松，E·D Nixon，E·D　20

《纽约时报》New York Times　2，47，74，75，125，128，162，265，267，270

O

欧文斯，韦布 Owens，Webb　87

P

帕克斯，罗莎 Parks，Rosa　19，38

帕特森，约翰 Patterson，John　42

派克，詹姆斯 Peck，James　40，282

贫民窟 Slum　212，228，230～232，238，245，251，252，255～261，263，264，267，268，273，275，278，287

普里切特，劳里 Pritchett，Laurie　50～52

Q

奇卡诺人 Chicano　285，289

钱尼，詹姆斯 Chaney，James　103

穷人运动 the Poor People's Campaign　143，257，266～273

琼斯，查理 Jones，Charlie　134，151

全国城市同盟 National Urban League　177，208，209，211～213，240

全国广播公司 National Broadcasting Company（NBC）　84，127，142，144

全国有色人种协进会 the National Association for the Advancement of Colored People（NAACP）　1，2，10，12～14，16，18～20，24，29，34，36，43，50，51，57，71，86，87，90，91，94，118，119，166～170，172～179，182～186，208，209，212，213，240，278，297

R

融合（整合）Intergration　17，37，102，135～137，158，160，163，176，179，190，208，210，212，225，229～232，239，245，254，267，279，296

S

萨维奥，马里奥 Savio，Mario　284，286，289

塞尔玛运动 Selma Movement　72，74，75，77，83～85，116，121，124，126，128，135，143，156，181，203，205，219，233，235，253

塞勒斯，克利夫兰 Sellers，Cleveland　74，87，182，232，233

三K党 the Ku Klux Klan　10，17，18，34，41，58，65，66，80，86，95，98，152，162，177，183，188，189，191，195，199，200，203～207，236，243，278

沙特尔史沃斯，佛瑞德 Shuttlesworth，Fred　57

社会动员 Community Mobilization 215，217

社会组织 Community ~ organizing 30，36，39，56，74，85，86，90，93，102，109~111，112，115，129，148，156，186，196，213~217，219，224，250，257，258，260，277，285~288，298

圣奥古斯丁运动 St. Augustine Movement 72

施沃纳，克尔 Schwerner, Kerr 103

史密耶，西德 Smyer, Sid 65

私刑 Lynch 10，11，13，29，31，104，152，177，183，184，187，204，251

斯麦利，格伦 Smiley, Glenn 5

梭罗 Thoreau 22，281

T

泰勒，本 Taylor, Ben 94

汤普森，弗兰克 Thompson, Frank 169

唐纳德森，伊凡诺沃 Donaldson, Ivanovo 94，150

同性恋权利运动 Gay Rights Movement 289，292

土著美国人 Native Americans 271，289，291

W

危机 Crisis 11，31，40，47，48，57，65，83，84，91，97，117，118，120，121，126，127，145，177，180，186，201，213，219，235，251，259~261，273，274，277，283

威廉，罗伯特 Williams, Robert 182~185，196

威廉斯，何西阿 Williams, Hosea 76，268

威诺娜 Winona 96，97

维尔廉，理查德 Valeriani, Richard 75

维维安，C. T Vivian, C. T 75

文化测试 Literacy Tests 69，70，74，80，94，95，122，123，140，151，179，213

《我们一定会胜利》We Shall Overcome 47，50，123，135，137，202，265，266，270，282~284，292，297

沃福德，哈里斯 Harris Wofford 35，119，177

沃克，怀亚特 Walker, Wyatt 52

沃特金斯，霍利斯 Watkins, Hollis 197

伍德，亚伯拉罕 Wood, Abraham 63

X

X，马尔科姆 X, Malcolm 63，182，188~195，201，210，211，230

西根特勒，约翰 Seigenthaler, John 42~44

西姆斯，查尔斯 Sims, Charles 199

吸引"聚光灯" Attract the "Spotlights" 109，277

现实主义 Realism 9，97，113，115，116，222~224，279

向华盛顿进军 The March on Washington 4，5，8，29，31，57，68~70，72，118，120，143，173，191，201，208，228，253，298

小石城危机 the Little Rock Crisis 31

协调策略 Mediation Strategies 213，278

谢劳德，查尔斯 Sherrod, Charles 49

新左派 New Left　9，285，286，288，289

休利特，约翰 Hewlett, John　155，236~238

选举权法 Voting Rights Act　78~81，83，115，116，121，123~126，128~130，151，175，179，181，213，229，237，257

选民登记 Voter Registration　30，73~75，80，86~102，105，109~115，118，122，129，131，135，140，145，148~150，162，195，196，205，208，216，217，219，237，244，259，268，277，285，287，298

学生非暴力协调委员会 The Student Nonviolent Coordinating Committee（SNCC）　9，31，36，37，39，42~44，49~52，54~56，69，70，73，74，76，78，85~95，97~103，105，108~112，114，130，134，138，142，144~146，148~156，167，174，185，195~198，202~205，207~210，212，214，216~221，224~242，244，246~250，263，264，269，277，279，285~288

学生争取民主社会组织 Students for a Democratic Society（SDS）　102，285~287

Y

亚拉巴马 Alabama　16，17，20，21，24，28，32，33，40~46，48，57，59，60，65，66，68，73，74，77，119，120，125，126，135，136，142，158，161~163，200，202，220，226，237，238，268

亚特兰大 Atlanta　22，35，40，41，47，48，52，76，102，108，130，148，216，225~227，239，240，248，268，270，295

扬，安德鲁 Young, Andrew　22，53，74，78，79，84，133，140，144，241，243，259，262，271，272

扬，惠特尼 Young, Whitney　208~211，213，214，240

伊斯特兰，詹姆斯 Eastland, James　107

舆论 Public Opinion　1，72，78，81，113，126，128~130，141，142，144，146，157~162，177，179，181，205，207，223，265，277，278

约翰逊，伯妮斯 Johnson, Bernice　54

约翰逊，弗兰克 Johnson, Frank　78

约翰逊，林登 Johnson, Lyndon　122，181，239

约翰逊，莫迪凯 Johnson, Mordecai　7

约翰逊，威廉 Johnson, William　70

越南战争 Vietnam War　229，249，265，266，284，287

Z

争取种族平等大会 Congress of Racial Equality（CORE）　1~5，8，9，28，40，42，43，47，85，91，102~104，108，167，168，174，185，196，197，203~205，207~210，225，228~232，240~242，250，263，264，282，286

芝加哥 Chicago　2，10，16，33，71，119，126，143，146，147，157，224，

226，229，235，253，255，257～265，275，296

种族主义 Racism　1，8，11，13，15，17，18，24，34，39，40，47，56～58，62，65，73，81～86，88，90，95，96，101，103，110～112，120，127，128，130，131，143～146，149，150，159～165，170，176，182，183，187～190，192～196，198～200，202～208，214，221～225，231，234，236，237，243，245～247，256，260～262，265，266，269，275～279，282，283，289，295，298

种族暴力 Racial Violence　10，57，85，193，205，222，232，284

自卫 Self～Defense　10～13，45，46，68，79，97，105，182，183，185～189，191～199，203～207，213，214，220，223，226～228，230，234，236，237，241，246，247，250，253，261，263，264，271，278，298

自由乘车 Freedom Ride　39～45，47，48，50，56，86，97，98，118，135，137，157，168，202，218，253，277，285

自由歌手 The Freedom Singers　54，232

自由投票 Freedom Vote　99～101，114

自由夏天 Freedom Summer　57，99，100，102～109，114，129，130，135，136，138，141，148，151，152，156，196～199，205～207，217，224，225，232，235，278，284，286

自由学校 Freedom School　90，102，105，106，109，130，138～140，238

自由言论运动 Freedom Speech Movement　286

自由之歌 Freedom Song　1，46，47，50，53～56，63，67，69，93，110，130，134～138，145，151，196，278

自尊 Self～Respect　15，30，34，38，54，79，81，106，109，132，139，140，147，150～152，154～156，176，177，213，214，247，252，296，298

后 记

这本书是在我的博士论文的基础上修改而成的。回想博士论文的写作过程，我不由得感慨万千。在 2005 年，我突然患上胃病，此后就一直饱受胃疼折磨，导致身体与精神状态都不是很好。而这一时期正是写论文的关键时期，我为此痛苦不堪。论文初稿虽然很快写完，但写得很不理想，存在诸多问题。感谢导师李剑鸣先生，他不仅花费了大量时间与精力为我修改字句、指出问题，还在精神上不断安慰我、鼓励我，帮我渡过了难关。

2006 年博士毕业后，我又经历了一番曲折。由于各种原因，我并未直接走向教学科研岗位，而是来到首都师范大学历史系做了一名辅导员。本想"曲线救国"，希望不久能转岗，但不成想，这辅导员一干就是 6 年。这期间我已心灰意冷，对转岗几乎不抱希望，唯一聊以自慰的是在干好本职工作的间隙，发表了一些学术论文，没有完全浪费原来之所学。至于博士论文，已放弃了出版的可能。但没想峰回路转，2012 年在很多人（尤其是恩师李剑鸣老师）的帮助下，我终于转到教师岗。因此这篇博士论文才得以开启修改出版之路。

从写博士论文到现在出版博士论文，我要感谢的人很多。首先是博士导师李剑鸣老师。业师对我而言学术上只能仰望，但生活中他极其平易近人。李师在指导我写论文时，曾言思路、写作和表述是制约我学术成长的最大瓶颈，鼓励我多读书，多练习，争取有所突破。可惜我资质驽钝，又不够努力，到现在为止也没有多少成绩，愧对恩师。其次是硕士导师杨玉圣老师，回想我刚读研时，懵懂无知，从"考研基地"曲阜师范大学来到北师大，之前没有读过一点英文资料，基础极差，是杨师让我走进了学术的门径，初步了解了一些学术之道，并鼓励推荐我考了李老师的博士，从此我才真正走上了一条我原先未曾设想的学术之路。

在博士论文写作过程中，南开大学美国历史与文化研究中心的韩铁教授、杨令侠教授和张聚国博士，在我开题以及论文草成时，分别为我提出了很多有益的建议。论文答辩会上，北京师范大学张宏毅教授、中国社会科学院世界历史所孟庆龙研究员、南开大学张友伦先生、韩铁教授提出了宝贵的修改意见。此外，我的好友谢国荣、谢文玉、雷芳、董瑜、孙洁琼、高红清、范鑫、苏麓垒、王花蕾、周立红、夏洞奇等提供了复印资料、提出建议等不同形式的帮助。对以上诸位师友的帮助，我铭记在心，十分感激。

最后要感谢我的家人。感谢我的父母，他们长久以来一直在背后默默地关心着我、支持着我；感谢我的爱人张彦，她在自己教学科研的紧张工作之余，不仅在生活上对我进行了精心的照料，而且在工作上给予了我无私的帮助；也感谢我的岳父母，他们在我女儿出生后，承担了很多照看孩子的重任。

本书最终能出版，也要感谢首都师范大学历史学院的资助，感谢社会科学文献出版社人文分社总编辑张晓莉女士和责任编辑叶娟女士认真负责的工作。

当然本书也有一些不尽如人意之处。虽然笔者尽了很大的努力，但仍留下一些遗憾。首先，在一手文献的利用上，并未能充分利用总统民权缩微胶卷等政府档案，使相关论述略显薄弱；一些网上口述史资料也因某些原因被转移储存空间甚至消失，为后来人的查找带来麻烦。其次，在最新成果的追踪上，虽然注意到国际视野下美国民权运动研究的一些新进展，但只是略提一二，并未充分展开论述，这也将是我下一步要努力研究的内容。

最后需要说明的是，本书部分内容修改后曾发表在《美国研究》《历史教学》《全球史评论》《中国社会科学报》等刊物和报纸上。如今书稿既已出版，就要接受读者的批评。笔者学识浅薄，谬误之处难免，恳请方家学者指正。

于 展

2015 年 6 月 15 日

图书在版编目（CIP）数据

非暴力直接行动与美国民权运动/于展著.—北京：社会科学
文献出版社，2015.12
ISBN 978 - 7 - 5097 - 8619 - 2

Ⅰ.①非…　Ⅱ.①于…　Ⅲ.①民权运动 - 研究 - 美国
Ⅳ.①D771.25

中国版本图书馆 CIP 数据核字（2015）第 304439 号

非暴力直接行动与美国民权运动

著　　者／于　展

出 版 人／谢寿光
项目统筹／张晓莉　叶　娟
责任编辑／叶　娟

出　　版／社会科学文献出版社·人文分社（010）59367215
　　　　　地址：北京市北三环中路甲 29 号院华龙大厦　邮编：100029
　　　　　网址：www.ssap.com.cn
发　　行／市场营销中心（010）59367081　59367018
印　　装／三河市尚艺印装有限公司

规　　格／开　本：787mm×1092mm　1/16
　　　　　印　张：22.75　字　数：393 千字
版　　次／2015 年 12 月第 1 版　2015 年 12 月第 1 次印刷
书　　号／ISBN 978 - 7 - 5097 - 8619 - 2
定　　价／89.00 元